黒死病の時代のジャクリー

近江吉明

未來社

はしがき

ここにフランス民衆蜂起研究の一つの試みを一冊の書物にまとめることになった。偶然にもそれは二〇世紀最後の年度の出版と相成ったという事情もあり、歴史学を取り巻く今日の諸状況下における本書の位置について、一言ふれておこうという気持になった。

ここ二〇年来、日本の歴史学はたとえば「戦後歴史学」批判といった文脈の中で、新しい歴史学の構築にむけての努力が積み重ねられ、多くの成果を生み出してきた。しかし現状では、新機軸を明確にし体系性をもつような歴史学の全体理論を提示するというところまでには至らず、個別の歴史事象なり、歴史上の諸問題の「読みなおし」「再考」の段階にとどまっているように思える。一面からすれば、従来の枠組み・座標軸の相対化あるいはその解体過程にあるともいえる。

しかしそのような状況の下で民衆蜂起をめぐる研究状況は大きく変化してきた。これについては後に詳論されるが、主にアナール派が提起してきた方法論の適用によって、新たな民衆蜂起像の分析・解釈が容易になり、とりわけ全体史的歴史分析の試みが可能となったからである。その結果、これまでの事件史的な理解に陥りがちであった民衆蜂起研究の再生をうながす土俵が明確となり、蜂起の原因・経過・結果の確認のみにとどまらず、そこから、民衆蜂起の諸現象の背後にひそむ意味の解釈や、また、それらを生み出す社会経済的構造の分析など、全体史的に捉えるという歴史学の根本課題に接近しつつ、民衆蜂起が総体として検討できるようになった。とはいえ、本書もまたもう一つの民衆蜂起像の提示にとどまざるを得ないことをあらかじめおことわりしておかねばならない。

第二には、現代とのかかわりである。言うまでもなく、歴史学は過去と現在の対話であり、従って、「すべて歴史は現代史」であるといえる。つまり、歴史学は現在を生きる研究主体からの過去への問いかけ、問題の設定、問題の所在の明示が如何に重要であるかを端的に示している。しかしながら、ここのところ歴史学が現代的な問題に関心を持つことにはいささか消極的になってきているように思われる。もちろん、問題関心の提示とはいっても、歴史学が今日の政治や文化に引きずられ過ぎてはならず、慎重でなければならないのだが、そうしたリスクを抱えながらも歴史研究の手続きとしてこれを欠落させるわけにはいかないだろう。

さて、世紀の変わり目の現在、われわれの前に立ちはだかる危機的状況の一つに、地球規模で展開し深化する環境破壊の問題がある。その一例として、資本主義のグローバル化にともない顕在化している世界の都市化現象の進行・都市人口の増大、あるいは乾燥地域の拡大（日本では農地・山林の荒廃化など）が、われわれの生産力・生活水準・便利さの追求といった「発展」との絡みのなかで推移していると指摘されて久しい。さらに、今日の危機状況としてさまざまな混乱を見せはじめたものに、社会諸組織や社会教育体系の揺らぎ・制度疲労の問題がある。これらは社会環境の一種の破壊現象とも言えるものだろう。しかし、これらの現代の危機状況についての科学的分析は深められつつも、肝心な危機打開のための方策はとなると、発想の転換・近代的価値基準の変更の提案はおろか、未だ有効な手段を見いだせないでいるというのが現状であろう。これに歴史学が無関心でいられるはずはない。

だからといって、こうした問題に歴史学がどう係わるかはそう簡単なことではないし、また、生かじりの自己陶酔的な論理の提供ですむことでもない。まして中世後期の民衆蜂起研究が直ちに現代の危機解決に解答を与えられるわけではない。そうではなくて、本書の場合、以上のような今日的問題関心から、市場経済の動きに巻き込まれ、領主制というシステムの混乱が誰の目にもはっきりと映るようになった、一四・一五世紀フランスの「領主制の危機」ともいわれる、その危機状況を捉えなおしたら何が見えてくるのかということに、まずこだわっていくことにある。しかも民衆蜂起という比較的情報量の多い事象の分析を切り口に、当時の社会が、さらには民衆がどのようにして目前の構造的な危機状況に対応していたのかを究明することによって、その時期に理解された諸問題・諸矛盾を明確にし、そうした状況下で、普通の人間としての民衆が多くの誤解・偏見・優柔不断・しがらみを抱えながらどのように悪戦苦闘したのかを明確にしてみたい。むしろ、うまくいかなかったところに着目することが、今日の問題の所在を明らかにし二一世紀を展望する場合の示唆につながるのではないかと考えたからである。

換言すれば、フランス中世後期社会の危機的状況を本書では「黒死病の時代」という表現で一括することになるが、そうした現実の下で、その時代を生き抜いた民衆自身がそれにどのような不安・あがき・失望を抱き、如何なる危機克服の方向・希望を持ち、対応・行動したのかを、そしてどのようなメッセージを後世に遺したのかを、一三五八年に発生したジャクリー蜂起分析を通して探り出そうとした。

しかし、果たして本書においてそれをどこまで達成できたかは読者諸氏の判断を仰がねばならない。大方の忌憚のないご批判を請う次第である。

黒死病の時代のジャクリー

目次

《仏文略記一覧》

A.D.	Archives Departementales.
A.H.R.S	*Annales historique de la Révolution française.*
A.N.	Archives Nationales.
A.E.S.C.	*Annales Economies, Sociétés Civilisations.*
B.E.C.	*Bibliothèque de l'Ecole des Chartes.*
C.N.S.S.	Congrès National des Sociétés Savantes.
C.T.H.S.	Comité des Travaux Historiques et Scientifiques.
M.A.	*Le Moyen Age.*
N.H.P.	*Nouvelle Histoire de Paris.*
R.H.	*Revue Historique.*
R.H.E.S.	*Revue d'Histoire Economique et Sociale.*
S.H.F.	*Publication de la Société de l'Histoire de France.*

黒死病の時代のジャクリー

ジャクリー蜂起関連地図（14 世紀中葉のフランス）

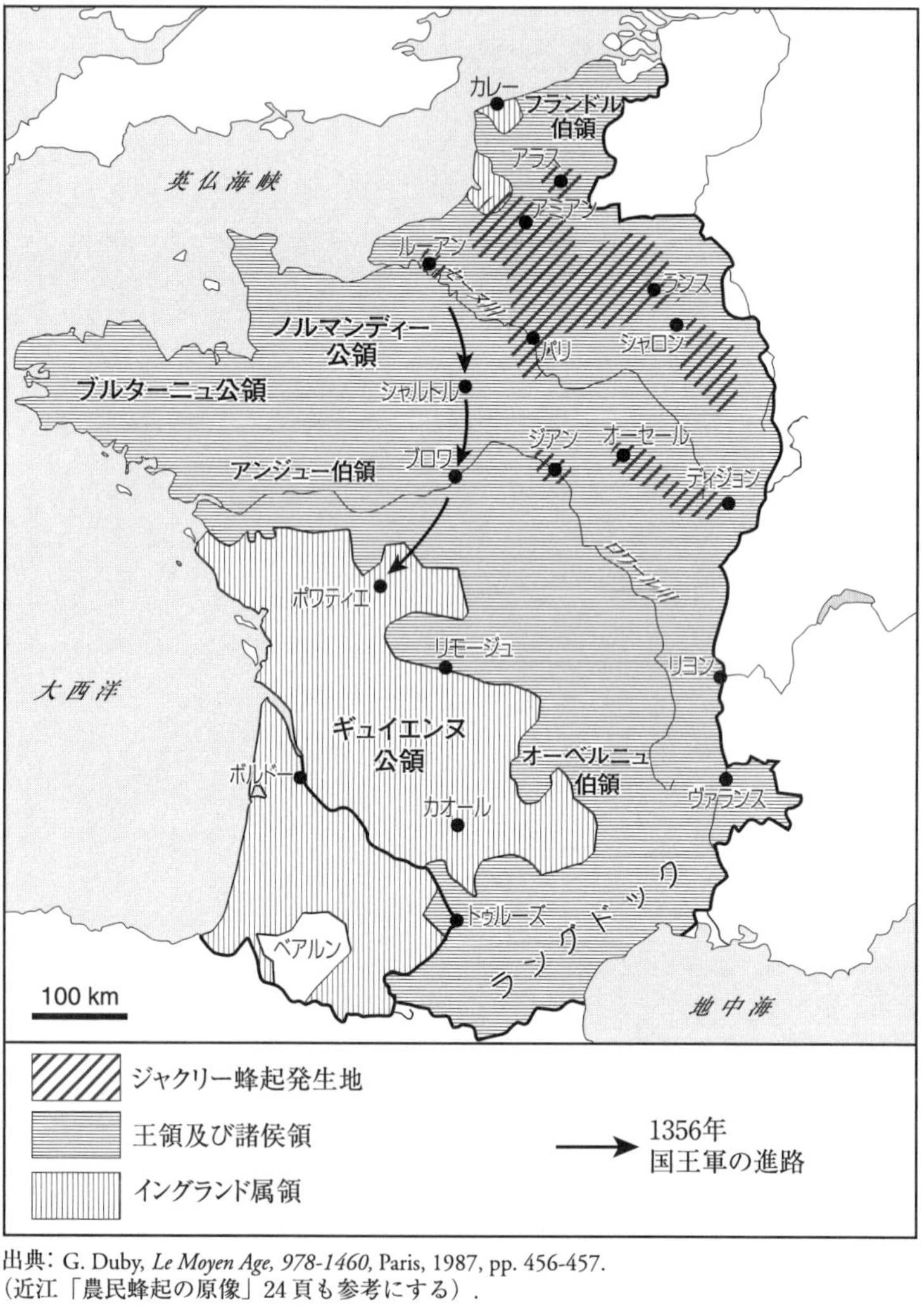

出典：G. Duby, *Le Moyen Age, 978-1460,* Paris, 1987, pp. 456-457.
（近江「農民蜂起の原像」24 頁も参考にする）.

序章

一 ジャクリーとは

黒死病が西ヨーロッパ全体に蔓延し、人口の三分の一が消滅したといわれた時からほぼ一〇年目の一三五八年五月二八日、フランス北部のイール-ド-フランス地方を中心にピカルディ、ノルマンディ、シャンパーニュ、マルヌといった諸地方にまたがる地域に、後にジャクリーといわれるようになる農民を中心とした民衆蜂起が発生した。当時は、前期百年戦争の山場でもあったポワティエの戦いでフランス国王軍が敗北し、国王ジャンⅡ世がイングランド国王軍の捕虜になるなどヴァロワ王権の権力的機能が大きく後退していた時期であった。『フロワサール年代記』などによれば、蜂起衆は六千人にもふくれあがり、蜂起軍を構成した彼らは各地の城や貴族の館を攻撃したという。ほぼ二週間後の六月一〇日にボーヴェー地方の蜂起主力部隊がナヴァール王シャルル等貴族混成軍に鎮圧されると、各地の蜂起も順次、摂政シャルル（後のシャルルⅤ世、在位一三六〇～一三八一）配下の兵士達によって鎮定されてしまうのであるが、その規模・性格・影響力などの点から同時代人は言うに及ばず多くの人々に記憶され、今では、フランスはもとより世界各地の歴史書にも登場し、中世後期の領主制の危機の一つの現象として語り継がれるようになった。

そのためか、フランスではすでに一九世紀中葉にはS＝リュス『ジャクリーの歴史』(1)のような実証的な研究が完成していて、その時に、現在一般的に理解されているような農民蜂起としてのジャクリー像がほぼでき上がっていた。それから第二次世界大戦後の一九五〇年代までは実質的な研究の進展はみられず、また、農民蜂起としてのジャクリー解釈に変更はなかった。しかしながら、一九七〇年代以降のフランスにおける民衆史・民衆蜂起史の研究の深化（M＝モラ／Ph＝ヴォルフ『ヨーロッパ中世末期の民衆運動』(2)など）の中で、中世後期社会の最大級の民衆蜂起としての理解に加えて、当蜂起の社会史的側面を明らかにする研究や蜂起発生の原因を景気変動に結び付けた分析、さらには農民蜂起としての側面を否定する仕事などが相次いだ。とりわけ、当時パリで展開されていたエティエンヌ＝マルセル等パリ都市民蜂起（一三五六～五八、以下、「マルセル蜂起」と略記）の影響、E＝マルセルとの諸関係を重視するR＝カゼル[3]の主張は、リュス以来の当該蜂起像に大きな修正を迫るものであった。また他方で、ジャクリー研究に関する史料整理・史料批判も進み、「年代記」「特赦状」「手紙」などの史料の読み直しも比較的自由に行なえるようになった。

二　本書のねらいと構成

以上のようなジャクリー研究をめぐる状況の変化の中で、著者自身も一九七〇年頃より、ジャクリーなどフランス中世後期（一三世紀中葉から一五世紀末）の民衆蜂起研究を始めていたが、一九九〇年代に入り、フランスでは「新たな政治史」の復権ということが言われ始め、前期百年戦争あるいは大黒死病期の政治的混乱のなかで当蜂起を問題にしようという動きが出てきた。つまり、民衆蜂起の「全体史的」位置づけをめざす動向と捉えることができるように思うが、その結果、当蜂起をもっと多様な側面から捉え直すことの重要性が益々明らかになってきた。このような現状に鑑み、ここ二十数年来の仕事を一つにまとめ、もう一つのジャクリー像を提示することにより、当該蜂起をめぐる論議に一応の管見を提示しようと思い立った。他方、我が国においては「世界史」の教科書にジャクリーが常連として登場していながら、その原因・展開・結果・歴史的評価などについては未だに定説を見ていないという状況下にある。ワット＝タイラーの研究と比較してみれば一目瞭然で、ジャクリーの場合には研究書、翻訳書ともに皆無である。こうした現実を打破しようというのが本書を上梓しようとした第二の動機である。

本書をまとめるにあたり、全体として次のような点に留意した。第一に、当該研究の第一人者であったリュスの実証研究に依拠しながらも新しい史料の追加に心がけ、第二に、いわゆる一九世紀的な単純な「事件史」的認識を超えるために「蜂起衆」「ソシアビリテ」といった分析視角を導入し、新たなジャクリー像の抽出をめざし、第三には、一三五〇年代に関する「封建制の危機」研究（G＝ボワ）[4]や一九九〇年以降のPh＝コンタミンヌ[5]の政治史・軍事史の研究成果に基づき、当蜂起の歴史的性格を多面的に捉え、第四に、フランス中世後期の民衆蜂起の歩みの中に当蜂起を位置づけた。

以下、本書の構成について若干ふれて置くことにしよう。第一章では、一七五八年のM＝スクゥス以来のジャクリー研究を網羅的に概観し、同時に、リュス研究の史学史的位置付けを行ない、またとりわけ、フランスにおける一九七〇年以降の民衆蜂起研究の理論的進展に注目し、当該研究の今日的意味を浮き彫りにする。第二章では、ボワ、カゼル、B＝ゲレメク、モラ等のいわゆる「封建制の危機」研究にかかわる諸成果を利用しつつ、一三五〇年代フランスの危機状況を政治・軍事的、領主制的、社会的の三つの側面から分析する。ここでの論点の一つは、前期百年戦争下におけるヴァロワ王権・全国三部会体制の平和維持能力の欠如、二つには、コンパニー（野武士団）の横行や飢饉・黒死病の発生などの事態の中における中世領主制的経済システムの破綻、第三には、民衆の貴族批判の質と量に関してである。第三・四・五・六章は、それぞれマルセル蜂起とジャクリー蜂起の実証的分析である。第七章は、「ジャクリー」の用語の出現とその定着過程、ならびに「農民蜂起」を意味する普通名詞化の局面への注目により、当蜂起像の変化の様子とその背景について検討する。終章では、一三世紀末から一五世紀末にかけての民衆蜂起史の流れのなかにジャクリーを浮かべてみて、その揺れ具合や風向き、進行方向などを見定めることになる。

黒死病の時代の「危機」の真只中にあって、ジャクリー蜂起に立ち上がった人々は一体何を問題とし、何に異議申し立てをしたのか。またどのような展望をもっていたのであろうか。さらに彼等は自らの行動をどのように自覚していたのであろうか。民衆蜂起研究の歴史はそれほど蓄積があるわけではないが、先行研究の諸成果も利用しながらそれらの疑問に答えていくことにしよう。

三 「蜂起衆」・「領主制の危機」について

本書では、ジャクリー蜂起に立ち上がった民衆を「蜂起衆」（peuples révoltés, émeutiers）の表記で一括表現することにした。この用語は、G＝ルフェーヴルがフランス革命期の革命主体を「革命的群衆」[(6)]と言い表したものの中世民衆蜂起版として使用することにしたものである。「単純結合体」あるいは「半意識的集合体」としての群衆（日常的な農村民衆や都市民衆）が何らかの契機をへて主体的かつ自覚的な「結集体」に変化した段階の民衆をさしている。しかも蜂起の中核を担うこの蜂起衆は、特定の変革理念や思想に基づいて集団を形成するというのではなく、村落共同体内の教区やコンフレリなどの日常的な社会的結合関係（ソシアビリテ sociabilité[(7)]）を基盤に成立するものと想定した。本論の分析では、蜂起衆へと変化する局面での、それを支えるところの諸条件・きっかけ・行動形態なども含め検討されることになる。

また本書では、一四世紀中葉の時代を「黒死病の時代」と表現し、その時代の政治・社会・経済上の構造的特徴を「領主制の危機」というタームで示した。だが本書はこの領主制の危機の分析を主要テーマとはせず、かつこれをめぐる長い論争にも深入りせず、ここでは、一三世紀後半期からの市場経済の展開・「領主財産の危機」・商品作物栽培経営地の拡大などの、経済上の変化にともなう中世領主制の政治・社会システムの危機状況全体を領主制の危機と表現した。この面では、とりわけボワの「封建制の危機」研究[8]に多く依拠した。

四　ジャクリー関連史料の分布状況

それぞれの史料についての、詳細な史料・文献情報および史料論的言及は、分析に際して行なうことにして、ここでは本書で扱うことになるジャクリー関連史料の分布状況を全体としてあらかじめ整理しておこう。

まず「年代記」だが、これはジャクリー蜂起の勃発・展開・結末についての豊富な情報を提供すると同時に、当時のそれぞれの立場からのジャクリー像を正直に示した作品として貴重である。幸いなことに、フランス歴史学協会編などで、『フロワサール年代記』[9]『ギヨーム＝ド・ナンジー（ジャン＝ド・ヴェネット）年代記』[10]『ジャン＝ル・ベル年代記』[11]『ノルマンディー年代記』[12]『大（ジャンⅡ世・シャルルⅤ世統治下）年代記』[13]『初期ヴァロワ年代記』[14]『リシャール＝レスコー年代記』[15]の計7本が使用できる。比較史料論[16]の視点での分析も含めて多面的な利用が可能である。

次いで、フランス国立文書館所蔵のＪ系列「特赦状」の存在は、ジャクリー蜂起の個人および共同体情報を大量に収めた史料として、ジャクリー分析の際の核となる史料群であり、また、最大の情報量を誇っている。言うまでもないことだが、当該史料の活用にあたっては史料批判の面での十分な配慮・注意が必要となるが、とりわけ、蜂起衆成立前後の民衆の動きに係わる「証言」が豊富である。[17]この史料のおかげで、蜂起の最中に死亡したり、あるいはその鎮圧過程で殺害された蜂起関係者数が不明なので総数は分からないものの、特赦を発給された個人・共同体の数や地域的分布もおおよそ割り出せることとなった。これと同等の史料的価値を持つものとして、オワズ県立文書館所蔵の「恩赦状」も、ジャクリー蜂起勃発地の一つのサン゠ルゥ゠デスラン事件の背景を語る史料として貴重である。

さらに、「王令」として発布された一三五七年三月三日の『大勅令』と翌年五月一四日の『コンピェーニュ勅令』は、ジャクリー蜂起の原因究明に際し役に立つ。また、マルセル蜂起の動きなど、当時の政治的状況を間接に物語ってもいて、三部会開催のねらいや、その国制史上の位置・意味を捉えるのに不可欠である。当時の政治的状況を正確に掌握するという意味では、パリ商人頭マルセルの数通の「手紙」の存在も無視できない。彼の立場やそこでの発言を通して、パリを中心としたセーヌ・オワズ・マルヌの各河川流域における政治的・軍事的ヘゲモニーのありようを伝えてくれる。マルセルと摂政シャルル（後のシャルルⅤ世）との政治的対立関係の変化も、この分析で追跡可能となる。

他では、ジャクリー研究で最も困難とされる思想史的な諸問題を読み解く手掛かりとして数編の文芸作品がある。『薔薇物語』と『狐物語』はその代表的なものである。「年代記」との併用によって、当時の民衆の政治・社会意識状況[18]をおさえるのに役立つ。

ジャクリー後から始まる、蜂起像の変遷、「物語」としてのジャクリー像の定着、「農民蜂起」を示す普通名詞としての「ジャクリー」の確立などの問題を明らかにするためには、一七・一八世紀の研究書や啓蒙書、さらには芝居用台本など多種多様な史料を見ていくことになるが、これらについては、それぞれ使用の段階で詳論することにする。

（1）Siméon Luce, *Histoire de la Jacquerie d'après des documents inedits*, Paris, 1er éd.1859, 2e éd. 1894, rep. 1798.

（2）Michel Mollat et Philippe Wolff, *Ongles bleus, Jacques et Ciompi, les révolutions populaires en Europe aux XIVe-XVe siècles*, Paris, 1970; Guy Fourquin, *Les Campagnes de la région parisienne à la fin du Moyen Age*, Paris, 1964; id., *Les Soulèvements populaires au Moyen Age*, Paris, 1971.

（3）Raymond Cazelles, «La Jacquerie fut-elle un mouvement paysan?», *Comptes rendus des séances de l'Académie des Inscription et Belles-Lettres*, année 1987, juillet-octobre, pp. 354-666.

（4）Guy Bois, *La Crise du féodalisme*, Paris, E. H. E. S. S., 1976.

（5）Philippe Contamine, *Guerre, état et société à la fin du Moyen Age, études sur les armées des rois de France*, Paris, 1972.

（6）G＝ルフェーヴル（二宮宏之訳）『革命的群衆』　創文社　一九八二年。この点では、日本史にみられる「一揆衆」（例えば、勝俣鎮夫『一揆』、岩波書店、一九八二年）や「一揆勢」・「一揆集団」（保坂智『民衆運動史（1）一揆と周縁』青木書店、二〇〇〇年）などの表記と共通する部分も多かったが、日本とフランスの中世後期における都市や農村の政治的・社会的な在り方の相違もあり、また、都市や村落内部の民衆の「蜂起衆」化の過程が若干異なると考え、使用しなかった。しかし、比較史の問題としてもこれについては機会をあらため論議する必要がある。

（7）二宮宏之『全体を見る眼と歴史家たち』木鐸社、一九八六年、一一二―一七二頁。二宮は「フランス絶対王政の統治構造」の中で、社会的結合関係の視点から、「自然生的な」「空間的・地縁的結合」を想定していて、これには「共同体のヴェクトル」とそれを取り込む「支配・総合のヴェクトル」の両面があるという。したがって、これは「ニュートラルなもの」（高沢紀恵「パリの地縁的『共同体』」『社会史研究』、第八号、一九八八年）と捉えられる。

（8）G. Bois, *op. cit.*; id., «Noblesse et crise des revenus seigneuriaux en France aux XIVe et XVe siècle : essai d'interprétation», in *La Noblesse au Moyen Age*, éd. par Ph. Contamine, Paris, 1976, pp. 219-233.

（9）Les Chroniques de Froissart, éditées par S. Luce, G. Raynaud, L.Mirot, *S. H. F.*, 1869-1967, 14 volumes parus（以下、Chron. de Froissart と略記）

（10）La Chronique de Guillaume de Nangis avec continuations, éditée par H. Géraud, *S. H. F.*, Paris, 1847（以下、Chron. de G. Nangis と略記）

（11）La Chronique de Jean le Bel, éditée par J. Viard, *S. H. F.*, Paris, 1905（以下、Chron. de J. le Bel と略記）

(12) La Chronique normande de XIVe siècle, éditée par A. et E. Molinier, *S. H. F.*, Paris, 1882（以下、Chron. de normande と略記）

(13) Les Grandes chroniques de France, éditée par P. Paris, t.VI, Paris, 1838（以下、Grandes chron.と略記）; La Chronique des règnes de Jean II et Charles V, éditée par R. Delachenal, *S. H. F.*, Paris, 1910-1920（以下Chron. de Jean II と略記）

(14) La Chronique des quatre premiers Valois, éditée par S. Luce, *S. H. F.*, Paris, 1862(以下、Chron. des Valois と略記）

(15) La Chronique de Richard Lescot, éditée par J. Lemoine, *S. H. F.*, Paris, 1896（以下、Chron. de R. Lescot と略記）

(16) Marie-Thérèse de Medeiros, *Jaques et chroniqueurs. Une Etude comparée de récits contemporains relatant la Jacquerie de 1358*, Paris, 1979. 本書における「年代記」使用に際しては、このM・T＝メデイロの比較史料論研究の成果と各年代記編集者の解説を合わせて利用した。各年代記の推定編纂年を確認しておこう。ジャクリー蜂起と同時代に執筆されたものとして『ギョーム＝ド・ナンジー』『リシャール＝レスコー』があるが、他は、『ノルマンディー』が一三六九～一三七二年の間に、『大年代記』がジャクリーから二〇年後から一三八三年の間に、『初期ヴァロワ』が一四世紀最後の二〇年（メデイロは、それを一三九七～一三九九年と特定する〈M.-T.de Medeiros, *op. cit.*, p.117〉）の間に、そして、『フロワサール』が一三六九から一四〇〇年頃にかけて書かれ、『ジャン＝ル・ベル』にいたっては一五世紀前半期にまとめられるという具合いにジャクリーより随分たってから世に出たものである。

それぞれの年代記の基本性格についてはどうであろうか。各年代記の編集者解説やメデイロによれば『フロワサール』『ジャン＝ル・ベル』は大貴族の立場で書かれ、騎士道的精神に基づく解釈に貫かれているという。特に『フロワサール』の場合には、確かにジャクリーの直接の目撃者でないことによる誇張された記述が目立つ。しかし、リエージュのサン・ランベール聖堂参事会員のジャン＝ル・ベルの記述は冷静で、比較的公平である。『ギョーム＝ド・ナンジー』は、後半を受け継いだ年代記者のジャン＝ド・ヴェネットがリエージュ出身のカルメ派の托鉢修道会の修道士でもあり、鎮圧の悲惨さについて同情的であるなどジャクリーについて矛盾した、含みのある言及をしていて彼の立場は微妙であるが、実際の見聞に基づく発言は貴重である。サン＝ドニ修道院の修道士によって書かれた『リシャール＝レスコー』の場合も同様である。これに反して、『初期ヴァロワ』はルーアンの聖職者によって記されていて、民衆にたいする贔屓の姿勢を明確にし、『ノルマンディー』も、誰の手によって編纂されたかは未だ不明（上層の貴族ではないが、貴族の家系に属する人物とみられている）であるが、ジャクリーの記述においては蜂起の指導者や蜂起衆にたいして同情的である。『大年代記』は、シャルルV世の筆頭顧問官であったピエール＝ドルジュモンによって書かれたと目されていて、ヴァロワ王権の公式記録としての性格をもつが、ジャクリーの描写は冷静である。

(17) *La Faute, la repression et le pardon* (Actes du 107e Congrès National des Sociétés Savantes, Brest, 1982), éd., par C. T. H. S., Paris, 1984. 民衆蜂起の史料として「特赦状」を扱うということは、本格的なジャクリー研究者のS＝リュス以来一般的となっている。但し、「特赦状」の史料批判をめぐる集中的な議論は、この一九八二年のブレストで開かれた第一〇七回仏国内学術会議が始めてであった。

この会議では、「中世末期フランスにおける裁判官としての国王のイメージ」(C＝ゴヴァール)「一四世紀における特赦の意味と機能」(P＝テグジエ)「特赦状の史料的価値」(P＝ブロン)「特赦状における国王にたいする侮辱」(J＝オルー＝ドディノ) などの報告があり、特赦状の史料的性格やその限界、さらには、史料批判のポイントなどについての具体的な指摘がある。

(18) 本書における文芸作品の利用に関する部分は、基本的にM＝モラの史料引用・史料批判に基づいた (Michel Mollat, *Genèse médiévale de la France moderne, XIV-XVe siècles*, Paris, 1970, pp. 55-68) が、原野昇・鈴木覺・福本直之『狐物語の世界』東京書籍、一九八八年や、原野・鈴木・福本共訳『狐物語』白水社、一九九四年、篠田勝英『薔薇物語』平凡社、一九九六年の巻末「解説」などを参考にした。

第I章　ジャクリー研究の歩み

はじめに

フランス中世後期の民衆蜂起研究の歩みのなかにジャクリー研究を体系的に位置づけ述べたものはまだない。ただ幸いなことに、A＝ルゲ(1)とF‐O＝トゥアティ(2)の仕事から、その掌握が可能となった。彼らの仕事に基づいて、これまでのジャクリー研究の全容を確認し、本書の各章での分析に際し、先行研究として引用することになる研究文献を吟味することにしたい。その作業を通して、今までの研究の到達点を明らかにし現在および今後の課題をはっきりさせることにしよう。

「領主制の危機」とも表現された、一三世紀末から一五世紀中葉のフランスには、アンシャン＝レジーム期の民衆蜂起と比較しても規模・量ともにそれに劣らないほど多くの蜂起が発生した。それらに関する研究は、一九世紀中葉より始まったが、その中でジャクリー研究は、マルセル等パリ都市民蜂起のそれとともに、フランス近代の紆余曲折の歩みとのかかわりで深められ、独特の蜂起像を作り出し始めた。その流れを一九世紀、一九七〇年代までの研究、最近の動向の三期に区分し、整理して、それぞれの時期の研究の特徴や問題点を析出していくことにする。

（1） André Leguai, «Les Révoltes rurales dans le Royaume de France du milieu du XIVe à la fin du XVe», *Le Moyen Age*, 1982, série 4, T. 37, pp. 49-76.
（2） François-Olivier Touati, «Révolte et société : l'exemple du Moyen Age», in *Violence et contestation au Moyen Age*, éd. par Actes du 114e C. N. S. S., Paris, 1990.

一　一九世紀の研究

「奴隷蜂起がローマ共和政崩壊の前奏曲であったように、バガウダエの蜂起はローマ帝国の衰微と一致し、ジャクリーの蜂起は、かつては必要で役に立ったがその時以来、我が国にとって決定的に重荷となった体制の終りと没落の前奏曲であった」[1]とは、S＝リュスの代表的著書の中での発言である。一八四八年直後の時代状況の中で、F＝エンゲルスが『ドイツ農民戦争』をまとめた頃の認識なのだが、権威に対する、あるいは強制された秩序に対しての集団的・階級的抵抗が注目されていたからなのであろう。

S＝リュスは、「年代記」ばかりでなく「特赦状」の中からジャクリー関連の記述を整理・検討し、実証主義の基本に従いながら「反貴族」の農民蜂起と結論づけた。彼の研究の特徴は次の三点に整理される。まず、ジャクリー勃発の原因として、ポアティエ後の大野武士団の横行、領主制的抑圧の強化を挙げ、さらに、その契機として『コンピェーニュ勅令』を明示した点である。

第二には、パリのマルセルとの関係を重視して、年代記・特赦状の検討から、慎重な言いまわしながらマルセルにジャクリーのプロモーターとしての役割を見出そうとした姿勢である。第三にはG＝カール指揮下の農民軍の分析を年代記などから行ない、そこからジャクリー全体の歴史的性格を明らかにしようとした点である。その脈絡の中で一三五八年八月一〇日の「特赦状」はジャクリー参加者全員に対するそれと理解された。このように、ジャクリー蜂起に関する[2]本格的で実証的な歴史研究がはじめて登場した。当時、リュス批判をしたJ＝フラメルモンの研究でも勃発日など事実経過の面での修正はあったものの、リュスのジャクリー像をくつがえすものではなかった。

F＝ペランも『中世の民主主義の研究』[3]で、ジャクリー以外の動きにも目を向け、主にマルセルらのパリ都市民の運動などに注目したが、このように当時の歴史家をして、「政治的、社会的、経済的抵抗あるいは、むしろ幾つかの圧迫を越えようとする意志」[4]に着目させたのは、まだ不十分だった現実の「民主主義」などの近代国民国家的諸条件の完成を願う気分の中で、多分に近代の到来を準備する中世末期への思い入れが強かったからであった。

この傾向は他の啓蒙書[5]の類にも確認できる。だが民衆蜂起を歴史研究の直接の対象として位置づけまとめたものはそれほど多くない。そのなかで、L＝ミロの仕事[6]は「マイエ（マイヨタン）蜂起」など一三八〇年代の「都市蜂起」を扱い、シャルルV世死亡後の「反税闘争」としての側面を強調したもので、ジャクリーを直接の分析対象とはしていないが、蜂起参加者の実態把握に力点が置かれた研究として注目される。リュス同様、「特赦状」分析を中心に実証的裏付けに細心の注意をはらうなど当時の民衆蜂起研究のねらいやその方法を知るうえでも無視できない。

しかし、リュスであれミロであれ、切り口は事件史的関心であり、運動論的、構造史的分析にまでには至っていない。これは、H＝ピレンヌのフランドル地方の民衆蜂起研究やR＝ドラシュナルの仕事[7]でも例外ではなかった。

（1） S. Luce, *Histoire de la Jacquerie*, 1re éd., Paris 1859 ; 2e éd. augmentée, 1894 ; reprint, 1978.

（2） Jeule Flammermoent, «La Jacquerie en Beauvaisis», *R. H.*, t. 9. Janv.-Fev., 1879, pp. 123-143; 同様の研究として、L'Abbé E. Morel, «La Jacquerie dans le Beauvaisis, principalement aux environs de Compiègne», *Cabinet Historique de l'Artois et de la Picardie*, 1891.

（3） François-Tommy Perrens, *La Démocratie en France au Moyen Age, Histoire des tendances démocratiques dans les populations urbaines au XIVe et au XVe siècle*, t. I. II 1873 ; reprint, 1975.

（4） F.-O. Touati, *op. cit.*, p. 7.

（5） F.-T. Perrens, *Histoire générale de Paris, Etienne Marcel, prévôt des marchands 1354-1358*, Paris, 1974 ; Noël Valois, *Notes sur la*

révolution parisienne 1356-1358, la revanche des Frères Braque, Paris, 1883.
（6） Léon Mirot, *Les Insurrections urbaines au début du règne de Charles VI*, Paris, 1906.
（7） Henri Pirenne, *Le Soulèvement de la Flandre maritime de 1323 à 1328*, Bruxelles, 1900; Roland Delachenal, *Charles V*, t. I, Paris, 1909.

二　一九七〇年代の研究

一九七一年に、M＝ドマンジェが『ジャクリー』[1]を公にした。これはジャクリー六〇〇周年記念の取り組み[2]に参加していた活動家としての彼が、一九六〇年代後半の政治的革新の動きの中でまとめたものだが、ジャクリー評価の面で、オワズ県を中心とした地方史研究の成果が十分に反映されているとはいえ、リュスを越えるものではなかった。ただ近現代フランス史の中でジャクリーの呼称が果たしてきた役割やその意味が正確にまとめられている点では史学史的に重要である。

中世後期の民衆蜂起研究で、リュスらの仕事を越え、フランス外の民衆蜂起をも視野に含め諸蜂起を網羅し整理し、新たな分析方法の提示も含め、当該研究を前進させたのはM＝モラとPh＝ヴォルフ[3]であった。

彼らは一三世紀末からの蜂起関連の地図・年表の作成に着手し、研究の片寄りを克服しようとし、他方で、蜂起の体系化・類型化に迫ろうとした。そのため、《蜂起の広がりの中のあらゆる現象を考慮》する必要を説いた。例えば、ルーアン蜂起など一三八〇年代の部分では、一四世紀後半期に増大した貧困化の問題、都市における雇い人の問題、職人の労働生活状態の問題、親方でさえ他人に自分の労働を賃貸しすることが余儀なくされた問題、異常な数の放浪人と都市における未熟練労働者を路頭に迷わせる集団移住の問題、これらの事実から彼らが失業と低賃金に苦しんだという問題などである。(4)

こうした分析視角は、彼らの一九五〇年代の社会経済史研究(5)がベースとなってはじめて可能となったものであることがわかる。その分析の結果、ジャクリーは中世後期民衆蜂起の中に位置づけられ、また、「領主制の危機」研究や政治史・社会史などの研究成果に立脚した、ジャクリーの総合的研究がめざされた。

七〇年代のもう一つの潮流を作り出した研究者としてG＝フルカンがいる。彼は、『中世における民衆蜂起』(6)において、蜂起の類型的把握を試みている。その一つは「救済待望の運動」、第二には「社会的流動性にともなう蜂起」、第三には「景気変動に結びついた蜂起」だという。とくに第三類型の「景気変動に結びついた蜂起」の事例の中の、農民のそれとしては、一三二三―二八年のフランドル海岸地域の蜂起、一三五八年イール・ド・フランスのジャクリー、一三八一年イングランドの農民蜂起、一五世紀アラゴンにおける農民の「激動」が、また、都市のそれとしては一四世紀初頭の都市蜂起と一三七八年から八三年の都市蜂起が挙げられ、その最大のものとしてのジャクリーはパリ北部の比較的豊かな穀倉地帯に発生した農民蜂起で、小麦などの穀物価格の変動に端を発した、富農層主導の運動であったとした。以上のように、彼は独自のジャクリー発生要因を検出したが、蜂起の評価という面では、複数の蜂起勃発地の可能性が強調されたとはいえ、反領主制の農民蜂起という伝統的理解にとどまった。(7)

むしろ彼の主張の最大の特徴は、R＝ダランドルフらの社会学的な社会闘争概念を通じて、「反乱」と近・現代の「革命」を区別しようとしたところにあるように思える。「反乱」は一般的に耐え難くなったある運命からの脱出であって、圧制者に対する闘争という側面が二次的・間接的でしかなかったという点が強調される。従って、「反乱」は破壊的行為を引き起こすが未来を予知できなかったという。また、社会的不平等・解放の概念に言及し、中世の解放は、重税・恣意税に対しての、あるいは国王役人に対する激しい対立であって、社会的不平等が問題になったのではないとした。[8] しかし、蜂起それ自体の実証分析が不十分なために、その論証の面では説得性に欠けるものであった。

ところで、七〇年代は実証レヴェルでの進展はなかったとはいえ、フルカンとは違った視点からジャクリーに言及した重要な研究がある。

まず、R＝カゼル[9]は一四世紀前半期の動きを政治史上——とくに、王権・国家機構の変質に注目——の危機の深化とのかかわりで位置づける。一三五〇年代の民衆蜂起の理解に際し、蜂起の要因分析の一つとして彼の仕事は無視できない。その彼が七〇年代末に、ジャクリーの農民蜂起としての解釈に修正を迫った。[10] しかし、余りにも政治史的判断にすぎるとの印象が強いものであった。この点については本章第四節において詳論される。

A＝ルゲ[11]は、一三世紀末、一四世紀初頭の都市騒擾を分析し、その中で主だった都市蜂起の諸要因、蜂起主体を明らかにしている。また、「領主制の危機」の進行とのかかわりで、都市内に顕在化した諸矛盾を整理するなど社会構成史研究の諸成果が重視され、それとの関連で蜂起の性格を、反領主の闘争、都市内闘争、反国王権力・課税の三つに分けるなど、中世後期の民衆蜂起解釈の新たな指標を提示している。

さらに、M‐T＝ド＝メデイロ[12]はジャクリー関連史料分析の一つとして、各種「年代期」の比較分析を試みている。対象となったのは、『ジャン＝ル‐ベル年代記』『フロワサール年代記』『ジャン＝ド‐ヴェネット年代記』『R＝レスコの後継者による年代記』『初期ヴァロワ年代記』『一四世紀ノルマンディ年代記』『フランドル年代記』『ジャンⅡ世・シャルルⅤ世治下の年代記』であり、その分析結果から、《Jacques》と《Jacques Bonshommes》の呼称の意味とその実態把握、およびその使用開始時期の推定などに力点が置かれた。

以上のように、フランスにおける七〇年代の研究は、中世後期全体の動きの中での民衆蜂起の全体史的掌握をめざす総合的研究が始まった時期とみなすことができる。

（1） Maurice Dommanget, *La Jacquerie*, Paris, 1971.

（2） Le Syndicat des Instituteurs de l'Oise, *La Jacquerie, 600e anniversaire des «effrois»*, Creil, 1958.

（3） Michel Mollat et Philippe Wolff, *Ongles bleus, Jacques et Ciompi. Les révolutions, populaires en Europe aux XIVe et XVe siècles*, Paris, 1970. この研究をベースに、近江吉明「一四世紀北フランスにおけるジャクリー」（『専修史学』第五号、一九七二年）ではG＝カールの蜂起軍の分析が行なわれた。

（4） *Ibid.*, p. 177; M. Mollat (dir.), *Histoire de Rouen*, Toulouse, 1979, p. 120.

（5） M. Mollat, *Le Commerce maritime Normand à la fin du Moyen Age*, Paris, 1952; Ph. Wolff, *Commerces et Marchands de Toulouse (vers 1350-vers 1450)*, Paris, 1954.

（6） Guy Fourquin, *Les Soulèvements populaires au Moyen Age*, Paris, 1972.

（7） G. Fourquin, *Les Campagnes de la région parisienne à la fin du Moyen Age*, Paris, 1964, p. 233; A. Leguai, *op. cit.*, p. 52.

（8） G. Fourquin, *Les Soulèvement.*, p. 34.

（9） Raymond Cazelles, «Les Mouvements révolutionnaires du milieu du XIVe siècle et le cycle de l'action politique», *R. H.*, N. 228, 1962; id., *Nouvelle histoire de Paris de la fin du règne de Philippe Auguste à la mort de Charles V. 1223-1380*, Paris, 1972.

（10） R. Cazelles, «La Jacquerie fut-elle un mouvement paysan?», *Académie des Inscriptions et Belles Lettres*, 1978, pp. 654-666. 蜂起発生地や勃発要因などを中心に再検討をしたP＝デュルヴァンの研究にも注目する必要がある（Pierre Durvin, «Les Origines de la Jacquerie à Saint-Leu-d'Esserent en 1358», *Actes du 101e C.N.S.S.*, Lille, 1976, philol. et hist., pp. 365-374.）

（11） A. Leguai, «Les Troubles urbains dans le nord de la France à la fin du XIIIe et au début du XIVe siècles», *R.H.E.S.*, N.54-3, 1976.

（12） M.-Th. De Medeiros, *Jacques et chroniqueurs, Une étude comparée de récits contemporains relatant la Jacquerie de 1358*, Paris, 1979. 同様に「年代記」を分析したものとして、近江吉明「ジャクリー農民蜂起の原像」（『歴史学研究』第五一九号、一九

八三年）があり、そこではG＝フルカン批判も展開される。その後、『フロワサール』に関してはP‐F＝アンソワーズによる本格的な研究が出た（Peter F. Ainsworth, *Jean Froissart and the Fabric of History; Truth, Myth and Fiction in the Chroniques*, Oxford, 1990）。

三　最近の動向

一九八〇年代に入ると、B＝シュヴァリエの一四、一五世紀の都市の民衆蜂起をめぐっての主張[1]がまず注目された。モラとヴォルフの問題提起を受けての彼の論調は、「この時期に観察される、少なくとも《暴動 émotions》とか《騒擾 émeute》といわれた『混乱』は、労働者の組織によって使用される階級闘争というよりも、非常にしばしば、権力の周辺のぼんやりした対立であったりする[2]」としながらも、同時に、それと平行して、当時の「労働の世界」の中にある大きな変化が生じているとして、その深い構造的変化とは親方層の二つの権力的側面（職業コンフレリと同業組合の長）に対する職人組合 corporation の設立なのだとしている点[3]が特徴的である。

彼は中世後期を一三五〇年で前後に区分し、それまでの領主制の危機研究の成果に立脚した、多角的な基準に基づく蜂起の評価を試みている。例えば、一三五〇年以前の状況は農村の閉塞と都市の停滞という表現で認識され、それぞれの蜂起が「中世的」か「近世的」かを明確にしようとしている[4]。この基準は長期波動の中で中世後期の民衆蜂起を位置づける重要なメルクマールの一つになることは間違いないように思える。

次に、シュヴァリエのそれの農民蜂起版としてA＝ルゲの仕事[5]が指摘されねばならない。彼は、一四、一五世紀全体を見渡し、フランドル沿岸地域の蜂起、ジャクリー、テュシャン、ノルマンディの人々のイングランド侵入に対する抵抗などを扱い、「徹底した研究でない[6]」としつつも、そこから各蜂起の類似点、相違点を明らかにして中世後期フランスの農民蜂起の変化を捉えている。この仕事の中で特に注目されるのは、この時期の農民蜂起の持つ多様な側面、単に反領主、《悲惨さ》に対する動きのみにとどめることの出来ないそれらの実態が抽出されている点である。例えば、ジャクリーに関して、カゼルの問題提起に興味を示しつつも、ジャクリーから農民を排除し、都市側（マルセルなど）の扇動ときめつけるのには賛同を示していない。

シュヴァリエとルゲの仕事は、中世後期の全体史的把握の中で民衆蜂起を見定めようという七〇年代のモラとヴォルフの提起に具体的に答え、さらに緻密な理論化をめざそうとしたものであったといえるだろう。

さて、最後に検討すべきは先にも挙げたF-O＝トゥアティの仕事である。これは、一九八九年にパリで開かれた「中世における暴力と異議申立て[7]」をめぐるフランス国内学術会議の中でまとめられたものである。この企画には、①領主権力と財政的異議申立て、②蜂起と民衆運動、③一五世紀における党派、④婦女暴行、⑤ヨーロッパにおける言学的ゆがみ、と広範囲に及ぶテーマが並び、広く暴力一般の中で民衆蜂起が問題にされる。

トゥアティの整理に基づけば、一九六八年以来、中世の民衆蜂起研究は、《民衆革命 révolutions populaires》《蜂起 soulèvements》《農民運動 mouvements paysans》といったいい方で研究が進んだという。しかしながら、それらはおおむね、その厳しさ、その指導者及び参加者の目的、その原動力などにみられる多様性において、その体系化・類型化がきわめて難しく、今までのところ時代別にも部門別にも、また階層別にも整理しえないでいるという。

それでも、モラやヴォルフが願ったような《蜂起の広がりの中のあらゆる現象を考慮する》研究姿勢の中で、蜂起の政治的、制度的、あるいは今までは厳密にすぎた社会・経済的諸側面を根本的に見捨てることなく、文化人類学的な、異なった諸要素の研究の組合わせによる整理された分析視角が出てきているという。

例えば、R＝ミュシャンブレドらが日常的な社会的結合関係（ソシアビリテ）に注目したのもその一つであり、それは、中世の蜂起が現在の常識や狭い経験に基づいた概念だけでは見抜けないということを示してもいる。しかし、蜂起研究はM＝ブロックの共有地をめぐる闘争の研究が証明しているような領主制の研究と切り離しては成立しないというきびしさがあるとした。

彼はこうして、これまでの研究のゆきづまりを打破する方向として、第一に、蜂起の《原因》究明をあげ、それに際し長期の時間の流れと瞬間、構造と局面、個人と集団の関係などに注目することを強調する。第二には、蜂起の持つ合法性・正当性への着目である。第三には、日常的秩序の逆転現象としての蜂起の動き、第四には、蜂起にみられる党派性の存在などに関する分析の有効性を指摘する。

最後に、彼は蜂起に中世的特殊性はあるのかと自問し、もしあるとしたら、それは中世の社会構造とその発展あるいはこの時期の経済システムに規定されるとし、より磨かれた方法によって社会の構成要素を分析すること、従って《土台》に興味を持つことによってのみ、その中世的特殊性が見えてくるとした。[8]

つまり、「古い見解」と「新しい問題」との有機的な協力関係・共同歩調の必要が説かれている。このように民衆蜂起研究における総合化の方向が具体的に示されるようになったと見てよいだろう。これによって、ジャクリー研究の一層の深化が可能となった。

（1） Bernard Chevalier, «Corpolations, conflits politiques et paix sociale en France aux XIVe et XVe siècles», *R.H.*, N. 543, 1982; id., *Les*

Bonnes villes de France du XIVe au XVIe siècles, Paris, 1982. 近江吉明「民衆蜂起にみる都市と農村」（『歴史学研究』第五八七号、一九八八年）。

（2）B. Chevalier, Corpolations., p. 18.

（3）*Loc. cit.*

（4）*Ibid.*, pp. 20-21.

（5）A. Leguai, Les Révoltes rurales.

（6）*Ibid.*, p.73.

（7）F.-O. Touati, *op. cit.*

（8）*Ibid.*, pp. 9-14. 九〇年代に入り、ジャクリー蜂起を中心とした主だった「農民蜂起」の読み直しを求める仕事が出ている。H＝ヌヴーは、蜂起の原因究明、抗議の形態、正当性概念の存在およびその両義性、一つの行為としての軍事占領、戦術の選択における強制と慣習の実態、蜂起の成功と敗北の意味などの検討から、記号表現としての「農民蜂起」に疑問を呈し、それを一つの実態としては把握しきれなくなったと結論づけた（Hugues Neveux, *Les Révoltes paysannes en Europe XIVe-XVIIe siècle*, Paris, 1997）。また、F・O＝トゥアティの問題提起をうけて、近江吉明「ジャクリー蜂起における蜂起衆の成立とその展開——『特赦状』の分析から——」（『専修人文論集』第五六号、一九九五年）が出た。

四　R＝カゼルの仏・一四世紀民衆蜂起理解をめぐって

一九八五年、日本の西洋中世の民衆運動研究ではR・H＝ヒルトン編著の『一三八一年イングランド一揆』[1]に収められた諸論稿が話題となった。従来のワット＝タイラー一揆の理解としてあった農民蜂起という認識のみでは、当蜂起の多様な姿をフォローできなくなっているからである。この点について、赤沢計真は、『山城国一揆五〇〇年記念シンポジウム』において、「ワット＝タイラーの一揆におけるイースト・アングリアの動向——一三八一年イングランド一揆の地域史的分析——」[2]と題して、そうした研究状況を整理しつつイングランド一揆の歴史的特質についての分析と方法の課題を明確にしている。

さて、そのヒルトン編著の本の中に、カゼルの論稿が見える。カゼルは、一三五六—五八年のマルセル都市民蜂起を中心とした初期ヴァロワの政治史的研究を手がけている歴史家である。その彼がフランス側の民衆蜂起を扱っていて、同時期の蜂起として比較史的に検討されることの多かったジャクリー蜂起を問題にしている。

すでに明らかなようにジャクリー研究には一九八〇年代初頭までに二つの流れがあった。一つは、フルカン[3]の蜂起主体富農論であり、第二には、モラ、ヴォルフの諸階層・諸身分による民衆蜂起としての理解である[4]。実証的には、ともにリュスのジャクリー研究[5]を基礎とするものであった。

では、カゼルの主張の特徴はどの辺にあるのか。また、カゼル説のもつ問題点についてはっきりさせておきたい。

(一) ジャクリー蜂起の原因をめぐって

これまでの研究では、前期百年戦争におけるポアティエの敗北、黒死病の大流行、穀物価格の低下そして初期ヴァロワ朝の政治的危機などの諸状況を前提として、直接には、一三五八年五月の『コンピェーニュ勅令』に見られる臨時税の徴収にジャクリー蜂起勃発の契機を求めるのが通説であった。

これに対して、カゼルは「どんな史料にも、この反乱の原因として税負担に言及しているものはない。税負担は、重要な役割を明確には演じていなかった」[6]として、まず経済的原因説を否定している。また、実際上も「都市では七〇戸毎に、農村では一〇〇戸毎に一人の兵士の毎日の生活費分の課税が決定されていた。このように、都市は農村地域より重い負担であった。このレヴェルの一戸毎の税は前例のないものではなかったし、前の年にも全国三部会（ラングドゥイル三部会）の同意の下に徴収されていた」[7]のだから、この負担に怒り蜂起したのではないというのである。

次いで、いわゆる農業経済の危機原因説にも同意を与えていない。一三五八年以前の数年間を見ても、農産物の収穫量が減少したという状況はなく、マルセルのイープルのエシュヴァン宛の手紙にも、穀物やブドウはむしろ豊作であったと書かれているほどであった。収益の面でも、穀物価格の下落は一〇年の間に復活しており、「低い農産物価格もほとんどジャクリーの原因とはいえなかった」[8]と明快である。農民達はそもそも産出量や収益という点で悩んでいなかったというのである。

では、一般的な意味での農民の悲惨さという側面についてはどうであろうか。この点でもカゼルの整理はすっきりしている。黒死病による人口減少で、農業労働の供給及び保有農の数が減少しているために、労賃は上がり、保有規模も増大しているのである。そればかりか、「ジャクリーによって攻撃されたヴァロワやブリー、そしてシャンパーニュにある二、三の修道院所領を除いた地域で農奴制が事実上消滅していたという点に注意してみよう。それゆえ、農民階級の経済状態によってジャクリーは説明しえない」[9]と、経済的要因の総てを否定している。

(二) ジャクリー蜂起の主体・参加者

結論からいえば、①運動は耕作者（農夫）の中からは起こらなかった。②ジャクリー参加の責任から農民が免除されている。③蜂起主体は農村手工業者である。④蜂起参加者は多様で、手工業の総ての業種、各レヴェルの聖職者、高身分の者、国王役人なども含まれる、といった主張である。

従来の年代記の理解からすれば、農民が蜂起の中心となり、他の手工業者や聖職者、役人などの参加はあくまでも二次的なものとしか考えられず、その農民も富農が中核的存在であったという解釈で落ち着いていた。この傾向はジャック・ボノームを「まぬけでお人好しの田子作」と翻訳する際にも、ほぼ共通して確認できることであった。

カゼルの主張の第一の根拠はヴァロワやブリー、そしてシャンパーニュといった地域では、二、三の例外を除いて、農奴制が事実上消滅していたという事実。第二には、「事件後の特赦状には、しばしば「人夫」homme de labour という用語が出てくる」[10]「つまり、彼らは十分に鋤や犂を使用する労働者でありえた——耕地で働いている——、しかし、彼らは運搬人でありえたし、あるいはブドウ酒おろし人夫、河岸人夫でありえた」[11]という点である。前者は、農奴制が廃止されていれば対領主（貴族）の矛盾は少ないはずであり、後者は、そもそも年代記の記述にはジャック達が農業経営者であるとの指摘がないのだから、従って、ジャクリー蜂起は農民蜂起とはいえないという評価になるのであった。また、「特赦状」をよくみると、蜂起参加者としては「農民達よりも農村手工業者の方が多かったように思える」[12]。さらに、「ジャクリー参加責任から農民が免除されているように見える。五月の終りと六月の初めは、耕作者が収穫し蓄えようとしていた穀類に損害を与えかねない時期でもあり、決して参加しているようには思えない。もし、蜂起するなら、夏から秋の終りまで待ったであろう」[13]という具合に、農民の入る余地は全くない。すなわち、蜂起主体は農村手工業者であり、蜂起参加者もむしろ手工業労働者が主流をなしていたというのである。

(三) ジャクリー蜂起の本質は？

以上のような問題意識に基づいて、カゼルは以下のようなジャクリー像を描き出している。そして、この点にこそ彼の問題提起の新しさがあるといえる。一言でいえば、初期ヴァロワの政治危機状況下の一現象として位置づけた点である。ジャクリーはあくまでもマルセルら諸都市のブルジョア勢力、摂政シャルル、ナヴァール王シャルルの三者の政治的対抗図式の「作品」として認識されている。

第一に、王太子シャルルは政治的目的として、「河川流通に富の源泉をもっていたパリ都市民に対して決定的痛打をあびせようとした。すでに、セーヌ川のムランを占領していた彼は、五月九日からは、マルヌ川のモーを支配下においていた。オワズ川を封鎖し続けたのは、この河川が単にパリの食料ルートであったからでなく、さらに、マルセルを支持した北部諸都市とパリを結ぶものであったから」[14]としている。確かに王太子シャルルは、コンピェーニュに拠点を置いて、五月一四日には『コンピェーニュ勅令』を発布していた。

第二には、マルセルと彼に味方した都市民達の目的である。「彼らは貴族の力の象徴となり、その土台となったような、例えば城などを破壊し始め[15]」、パリ盆地の多くの町を取り囲んでいた要塞の削減や、敵にまわった貴族の領主館の破壊をすすめていた。食料品雑貨商のピェール＝ジルは三〇〇人のパリ都市民軍を率いて、ボンヌィルでは騎士の領主館を燃やし、さらにジョネスにおいてピェール＝ドォルジュモンの領主館を燃やし、モーへと進軍していた。パリ都市民軍のもう一人の指揮者であった造幣局長官のジャン＝ヴァイヤンはシリー‐ル‐ロンでカール指揮下のジャック達と合流し、エルムノンヴィルに向かっていた。

こうしたパリ都市民軍の戦闘行動は、パリと提携した諸都市のそれに呼応したものであったという。アミアンやボーヴェーなどの諸都市との連合の実例を示したカゼルは、これが偶然でなく何らかの計画に基づく現象であると結論づけるのである。

第三の政治的目的として、カゼルはナヴァール王シャルルのそれをあげている。当初、パリを中心とした政治改革をめざすグループ――貴族・僧侶・ブルジョワを問わず――の支持を得ていた彼の本質的ねらいはジャンⅡ世の後の王位継承であった。このナヴァール王シャルルの動きが、また当時におけるその評価がジャクリーの動きに一定のインパクトを与えているとした。

以上三つの政治的な動きのからまりがジャクリーを引き起こし、そして、ジャクリーを特徴づけるとした彼は、ジャクリーの激しさと反ジャクリー（鎮圧）の無慈悲さの背景を「二つの精神的支柱の出会い」として次のように説明する。

一般的マンタリテとして、貴族対非貴族、という対抗図式が考えられる。それがクレシーの敗北によって「深い幻滅感[16]」となり、ポアティエの敗北のときには「コップからあふれ出て[17]」しまうほどに、非貴族の反貴族の感情は高まった。それでも、一三五六年と一三五七年の時期には貴族と同様非貴族がお互いに王国改革や王国防衛を模索していて、一時的に忘れられた。だが潜在意識として残っていた。

この感情の再爆発が一三五八年二月二二日のシャンパーニュとノルマンディーの二人の軍司令官の殺害によって始まるとカゼルは考えている。貴族と非貴族との利害対立が明瞭となり、都市民達は「貴族によって略奪されるのではないかと恐れ全面的に抵抗[18]」し、農民達は「保護されるべき城壁をもっていなかったので、城主とその家族を殺すことによって強奪されたり虐待されたりという日常的恐怖にもはや悩まされない[19]」ですむと考えた。すなわち、ジャクリーの憎しみの背後にはこの恐怖心があるとした。

その全く逆の意味で、貴族の非貴族に対する対立感情が存在した。しかし、その感情は単なる敵対心ではない。それは「都市民に対してであって農民に対してはそれ程でもなかった[20]」という。なぜなら「その伝統的な職能において貴族に代ろうとした[21]」のは都市民であったからである。一三世紀以来とくに顕著となった都市商人の貴族化とも表現される動きであり、「商人や法律家の貴族社会への浸透[22]」現象として、例えば、「貸付け行為を含めて、国王の側近になれる力[23]」、

「王室の財政管理を手伝う力[24]」をもっていて、貴族の封土を購入するだけでなく、貴族の世襲地への税（＝領主制地代）支払から免除されるケースも出ていた。さらに、都市貴族化した都市民（主に商人）が、「武器の携帯という貴族社会の本質的な特権まで[25]」侵害し始めると、貴族社会自らが自分を確認できるのは唯一身分だけになってしまっていた。その結果、「貴族はこの危険にみちた、貴族社会に類似した敵対者を除去[26]」しようとしたというのである。すなわち、領主制体制の危機を深刻に感じ取ったためになりふりかまわぬ行動に出たという理解である。

(四) カゼル説について若干のコメント

結局、カゼルの見解は、「ジャクリーは貴族と非貴族との間の衝突であった[27]」という限りにおいて新味はない。これはリュス以来の定説の確認でしかない。しかし、「農業経済の諸状況から生じた農民運動ではなかった[28]」という結論は、ヒルトンの興味を引かずにはおかなかった、といえる。

詳細な検討は次章以降にゆずらざるをえないが、五点ほど疑問点を明らかにしておきたい。

第一に、蜂起原因について税負担の果たした役割を完全なまでに否定する。ただ、その裏付けがまだ十分とは言えない。第二に、農奴制の消滅の後に成立していた農業経営形態や領主・農民関係が考慮されていない。耕地で働く労働者を果たして農民でないと言い切ることができるのだろうか。第三には、五～六月に発生しているからといって農民の参加を拒否できるのか、また、当時の農民の中に貴族（領主）に対抗するような勢力が発生していなかったと言い切れるのか。第四には、初期ヴァロワの政治危機の結果として描く場合、ジャクリーとマルセル蜂起との関係強化を示す実証事例が少ない。三つの政治的目的の対抗という図式で見るのであるから、諸都市における蜂起の同時発生確認と同様、両者の間の計画的諸関係が蜂起以前から説明される必要がある。最後に、農民ではなく農村の人々の蜂起だとみるにしても、一体何が原因で彼らが蜂起したのかについての説得的説明が不足している。反貴族感情の存在だけで蜂起は起こらない。いわゆる「蜂起衆」が作り出されるにはもっと多様な背景と強烈な引き金がなければならないからだ。

しかし、ふりかえってみると、ジャクリーをマルセル蜂起とのかかわりで位置づけること自体はそう目新しい主張ではない。一九世紀六〇～七〇年代にすでに確認することができる。[29] また、ジャクリー蜂起を単独に描く傾向も一九世紀の五〇年代から、リュス以外にも存在していた。[30]

さて、今われわれの手もとにある史料は、「年代記」類数篇と「特赦状」・「手紙」などに限られている。従って、史料批判の原則からしても、これらの単純比較からだけで以上の諸問題をクローズ・アップさせ論証しようとするのは困難である。[31] 少なくとも一四世紀前半期の農村史・都市史の研究成果を十分にフォローすることが肝心であろう。[32] そして、当然のことだが、一三～一五世紀の都市や農村の民衆蜂起の流れ[33]を掌握し、そこでの比較史的検討が求められるように思える。つまり、「事件史」的レヴェルの分析視角から脱しない限り、蜂起像の再構成ばかりかその評価の面でも大きな誤解をまねきかねないからである。

さらにいえば、当時の権力側の支配の在り方としての「教区」や「所領」の概念と、民衆レヴェルでの「農村」「都市」の各共同体がどのように重なり、またそれらが蜂起勃発に際してどのように機能したのかという視角も、新たな蜂起研究にとって大切なように思える。例えば、社会的紐帯・社会的結合関係の在り方などへの着目は今後の蜂起研究の要ともなるべき視点として位置づけられるべきだからである。

このように考えてくると、「移行論争」や「危機論争」の再燃も期待できそうな、幾つもの火種が、カゼルの論稿より浮かび上がってきたともいえる。そもそも、ジャクリーから農民を追い出してしまうにはそれほどの意味と問題が含まれているのである。

（1）R. H. Hilton and T. H. Aston ed., *The English Rising of 1381*, London, 1984.
（2）日本史研究会・歴史学研究会編『山城国一揆——自治と平和を求めて——』東京大学出版会、一九八六年。
（3）G. Fourquin, *Les Soulèvements populaires au Moyen Age*, Paris, 1972.
（4）M. Mollat et Ph. Wolff, *Ongles bleus, Jacques et Ciompi*, Paris, 1970.
（5）S. Luce, *Histoire de la Jacquerie*, Paris, 1894.
（6）R. Cazelles, «The Jacquerie», in R. Hilton. and T. H. Aston éd., *op. cit.*, p. 75.
（7）*Loc. cit.*
（8）*Loc. cit.*
（9）*Ibid.*, pp. 75-76.
（10）*Ibid.*, p. 76.
（11）*Loc. cit.*
（12）*Loc. cit.*
（13）*Loc. cit.*
（14）*Ibid.*, p. 77.
（15）*Ibid.*, p. 78.
（16）*Ibid.*, p. 81.
（17）*Loc. cit.*
（18）*Loc. cit.*
（19）*Loc. cit.*
（20）*Loc. cit.*
（21）*Loc. cit.*
（22）*Ibid.*, p. 82.
（23）*Ibid.*, p. 81.
（24）*Ibid.*, p. 82.
（25）*Loc. cit.*

(26) *Loc. cit.*
(27) *Ibid.*, p. 83.
(28) *Loc. cit.*
(29) F. T. Perrens, *Éienne Marcel, gouvernement de la bourgeoisie au quatorzième siècle (1356-1358)*, Paris, 1860; id., *La Démocratie.*
(30) Anon., *La Jacquerie ou les insurrections des paysans*, Paris, 1853; Eugène Bonnemère, *Histoire de la Jacquerie (1358)*, Paris, 1880.
(31) M.-T. de Medeiros, *Jacques et Chroniqueurs*, Paris, 1979.
(32) G. Fourquin, *Les Campagnes.* ; B. Chevalier, *Les Bonnes villes.*
(33) A. Leguai, Les Troubles.

おわりに

以上、時系列的にフランスにおけるジャクリー研究の歩みを辿ってきた。現時点での研究上の課題はより明確になってきていると言えるだろう。それは蜂起の実証研究レヴェルにおける新しい分析視角の導入と、当蜂起を長期波動の中で全体史的にとらえ直し位置づけるという作業である。

そのための分析方法上の問題も主に、八〇年代以降の研究において顔が出そろったと見てよい。最後に、私なりに若干の組み換えを行ない、それらの諸課題を整理しておくことにしよう。

まず第一に、七〇年代の研究から確認できた民衆蜂起の全体史的把握の必要性である。中世後期ではとくに、ボワの研究[1]に代表されるような「領主制の危機」研究の成果に学ぶことが求められる。一例として、貨幣経済の拡大が労働と生計と課税との間にどのようなアンバランスをもたらしたかなどの問題点は、当蜂起の特殊性と共通性を見抜くバロメーターの一つであり、また、決して一様ではない複雑な蜂起の諸要因の背後の動きをとらえる場合にも欠かせない。民衆蜂起にみられる都市と農村の相違点や類似点を探り出し、それらを体系化・類型化するということも、蜂起のもつ多様な側面を掘り起こすという作業の一つであり、全体史的把握のスタンスの中で着目されたものなのである。

第二には、民衆蜂起の主体となる「蜂起衆」の分析である。それには、彼らの日常的な生産・生活のベースとなる「社会的結合の関係[2]」の実態や、単純結合体としての民衆がどのような論理の下に、如何なるパフォーマンスによって「結集体」としての意識や行動をとるようになるのかのメカニックが突き止められねばならない。民衆的正当性・合法性の主張や民衆的制裁（モラル・エコノミー）の行使として捉えることも可能である。民衆の持つ気分・期待感・思い込み、さらには憤り・被害者意識・宗教的信念なども同じ土俵に誘い出す必要も出てくる。この問題は、視点を変えて言えば民衆蜂起における暴力行使の論理として捉えることもできる。

第三には、蜂起の主観的側面と客観的側面との統一的把握の問題である。前者においては、蜂起参加者各層の主観的な蜂起の捉えかたのズレがさしあたりポイントとなろう。各層（単純に区分すれば、富裕都市民、富裕農、中・下層の都市民や農村民、放浪職人、日雇人、流民、物乞い、若者、女性など）により利害の相違・対立があり、それは指導者（層）と他の蜂起衆との間の認識・目的・行動のズレとして具体化する場合などに確認できる。

また、後者の側面としては、例えば、蜂起する側の意図や目標がたとえ何であれ、またそれを一律に捉えることが困難な場合でも、権力側からすれば、その時の諸状況の中でその蜂起が客観的に担ってしまっている役割を正確に理解する、あるいは必要以上に過剰に反応し「過大評価」をするような時に見えてくる、その蜂起の「重み」の評価である。

権力側には「罪の深さ」と映り、一般にそれが鎮圧・弾圧の口実にされるケースの多いところである。

以上の三点をジャクリー蜂起研究の分析視角として重視する場合、具体的には次のような作業課題として設定されるように思う。①蜂起原因をめぐる政治的・社会経済的・思想的背景分析、②蜂起および蜂起衆の社会学的分析、③集団心性としての暴力・儀礼・社会的慣行・宗教的信条の分析、④鎮圧およびその後の蜂起像の定着・変化（伝承）にみられるジャクリーの主観的意味・政治性の分析などである。

（1） Guy Bois, *Crise du féodalisme, Economie rurale et démographie en Normandie orientale du début du XIVe siècle au milieu du XIVe siècle*, Paris, 1976; id., «Noblesse et crise des revenus seigneuriaux en France aux XIVe et XVe siècles », in Ph. Contamine éd. par, *La Noblesse au Moyen Age*, Paris, 1976.

（2） Robert Muchembles, *La Violence au village, XVe-XVIIe siècles*, Turnhout, 1989. 近江吉明「民衆蜂起にみる『変革主体』の形成」（『歴史評論』第五六四号、一九九七年）。

第Ⅱ章　ジャクリー蜂起勃発の背景

はじめに

Ｆ‐Ｏ＝トゥアティの指摘[1]を待つまでもなく、民衆蜂起の原因究明の研究は蜂起の全体的評価にかかわることとして、これまでの蜂起研究においても大なり少なり注目されてきたところである。しかし、それらの研究では残念ながら、直接的原因を究明する分析に比べて、いわゆる「より根深い原因[2]」とも言われる蜂起勃発の背景にひそむ諸要因の掌握にはそれほどの力点が置かれてきたようには思えない。

相対的に研究量の多いフランスのジャクリー研究においてもそうした傾向と無縁ではなかった。ジャクリー研究の第一人者であったリュスにおいては、「本物の兵士達のジャクリーが農民のジャクリーに先行し、それを準備した[3]」という象徴的な表現が示すように、ジャクリー勃発のあらゆる要因を農村の人々の「ひどい苦痛[4]」に求め、かつその苦痛を生み出したのが野武士brigandsと領主の抑圧[5]なのだとされた。この一種の苛斂誅求のみに原因を求める伝統的解釈では、単に蜂起勃発要因の一面的強調に陥るのみならず、重厚な研究量をほこる当該期の社会経済史・政治史・国制史・社会史などの視点からの研究との接点を自ら断ち切ることになりかねない。

リュス以降の研究でも、フルカン[6]やモラ・ヴォルフ[7]のそれに若干の変化はみられるものの、全体史的な把握という水準にはまだ至っていないように見受けられる。本稿では、一九八〇年代のルゲやボワ[8]の仕事に注目しつつ、ジャクリー蜂起勃発の背景分析を初期ヴァロワ王権期「領主制の危機」の実態把握を通して行なうものである。

（1）　F.-O. Touati, «Révolte et société: l'exemple du Moyen Age», in *Violence et contestation au Moyen Age*, éd. par Actes du 114 C.N.S.S.,

Paris, 1990.

（2） A. Leguai, «Les Révoltes rurales dans le royaume de France du milieu du XIV siècle à la fin du XV », *Le Moyen Age*, sèri 4, T.37, 1982, p. 54.

（3） S. Luce, *La Jacquerie*, p. 9.

（4） *Loc. cit.*

（5） *Ibid.*, p. 45.

（6） G. Fourquin, *Les Campagnes de la région parisienne à la fin du Moyen Age*, Paris, 1964, p. 233.

（7） M. Mollat et Ph. Wolff, *Ongles bleus Jacques et Ciompi, les révolutions populaires en Europe aux XIV*e *et XV*e *siècles*, Paris, 1970, pp. 91-137.

（8） A. Leguai, *op. cit.*, pp. 44-76; G. Bois, «Noblesse et crise des revenus seigneuriaux en France aux XIVe et XVe siècles: essai d'interprétation» in *La Noblesse au Moyen Age*, éd. par Ph. Contamine, Paris, 1976, pp. 219-233.

一　中世領主経済の危機

一見するとジャクリーを領主経済の危機と結び付けるのは無理なことのように思える。また、事実農村地域にみられた経済状態のなかにジャクリー勃発を直接説明できる諸要因を見出すことは現状では困難であり、また、それが本節の目的でもない。従来の「封建制の危機」「領主制の危機」といった用語をめぐって研究され蓄積されたその成果をベースに、パリ地域およびパリ以北地域に起こっていた生産システム・生産諸関係の変化を確認しようとするのがねらいである。つまり、これはいわばジャクリーの舞台装置を正確に再現する作業の一つと言えよう。大道具、小道具の配置もさることながらいくつかの舞台背景の描写も必要となろう。

㈠ 領主制の危機と農村

領主制の危機をめぐる研究上の対立はかつてほどの激しさはないものの、これを主に深刻な穀物危機に結び付けて、一三一五～一七年の時期に求める見解と、それを領主制的な生産システム・生産様式の危機と捉え、その後退の始まりを一二七〇～八〇年代に設定する見方とに大きく二分される。[1] この問題についての筆者自身のこれまでの検討[2]では、「危機」を単純な経済的衰退あるいは「脱線[3]」とみるだけではすまされない事態であるとの見解に達している。それらについての概説的理解を前提に、ここではその領主制の危機現象にからむ諸側面の確認に力点を置くことにしよう。

領主制の危機とは、中世領主制を支えてきた領主の荘園経営における領主収入の減少をただ指すのではなく、それは「他者を強要しつつ、微力な国家を具現する領主と、彼の従属民が自分自身の必要性のためばかりか、領主と領主の高貴さのために労働するその彼らとの間の暗黙の契約の衰退[4]」であり、また時を同じくして「領主から裁判と保護の独占権を奪い、従って、彼らの存在意義をなくす[5]」ことであると理解すべきであろう。では、何故「暗黙の契約の衰退」と「存在意義をなくす」ことになったのかが問われねばならない。これは「支配者の権威の緩み[6]」ともいわれている事態である。

「一三〇〇年になるとすぐに貴族制の世界は経済的土台において非常に打撃を受けていた[7]」といわれるように、領主収入の危機は一般的現象として出現していたとみてよいだろう。この領主収入の危機の状況把握については、フルカンのサン‐ドニ修道院の会計記録の緻密な実証分析[8]によって年度毎の会計の全体像が明らかになっている。とりわけ、一三世紀末の赤字決算の実態が浮き彫りになり、その特徴としては次のようなことが指摘された。①貨幣地代censの定額化およびその収入の減少、②留保地 réserve などを利用したグランジュ（直接経営方式、零細保有農民の余暇労働を手間賃 façon で確保した）での商品作物栽培経営の拡大、③森林経営による木材収入の一定額表示、④「増加サンス croits des cens」、「サンスおよびラント契約 contrat à cens et rente」と表記されたラント（＝小作料 rente）制の浸透、の四点に整理される。[9]

①～③は、これまでの社会・経済史研究において、土地領主層の漸次的後退の要因とされ、その結果彼らが借金・世襲財産の放棄に至るのは宿命であった。[10] 例えば「一三三〇～四〇年ごろ、バール・シュール・セーヌ近郊の三八人の土地領主 seigneurs fonciers のうち、二四人の年収がなんと一〇リーヴル以下という状態であった」[11] といった事例が各地に確認できる。領主による市場と利潤のメカニズムを前提とした商品作物栽培の推進と地主化が進行し、またそのなかでも経営として成り立ったのは広大な所領をもつ上位の領主層だけであった。従って一般的には領主の財力の衰退と彼らの経済的基盤の崩壊を押し進めるだけであったのである。[12] この貴族身分の領主層の両極分解は領主制システムの機能麻痺を生み出す最初のきっかけとなった。

ところで、領主側はすでに一三世紀中葉頃より領主経営維持のためにさまざまな対応を強いられていたが、その典型的な動きがいわゆる「農奴解放状 affranchissement」[13] の中にみられる。有名なサン・ジェルマン・デ・プレ修道院領の「解放状」を検討してみることにしよう。

「――前略―― 我々修道院が、死亡税 mainmorte、領外結婚税 formariage、恣意タイユ taille à merci を記憶にないぐらい遠い昔から毎年、徴収する権利を平穏のうちに持ってきたことを、我々修道院は、ヴィルヌーブ・サン・ジョルジュ、ヴァラントン、クローヌの住民および当該村落の諸教区境界内に住むすべての村民に対して、知らせたもう。

しかしながら数回の交渉の後に、——中略——それらを買い戻すべく、確かにパリ貨一四〇〇リーヴルを支払いたいと希望した。そこで我が修道院はそれらを全面的に受け入れた。

我々の側と、もう一方のこれら村落の住民の間で次のようなことが明らかにされた。我々および我々の後継者から許可が得られる場合は別として、これらの村落においてはコミューンは作れないし、これらの村落に居住する限りコミューンにも属しえない。同様に、これらの村落に所在する保有地を、騎士にたいして、教会あるいは修道院にたいし、村落の住民である場合は別として、聖職者にたいして、共同体あるいは共同体成員に対して贈与、売却、交換などによって譲渡できない。さらに、もし住民のある者がある共同体に入っても、あるいはこれらの村落に存在する保有地のある住民が、相続などによって、ある共同体成員の占有に（保有権を）移しても、これらの保有地の諸負担や用益権に反して、特定の共同体の自主権（処分・売買などの自由）、特権あるいは用益権を持ち出すことはできない。——中略——

住民達はそれらすべてに同意し、それらを誠実に維持することを約束した。——中略——だが、当村落における我々および我々修道院のすべての権利、領主権、またはその他のすべての収入、賦課租、慣習は別である。

それらの慣習とは次の通りである。

ヴィルヌーヴ‐サン‐ジョルジュおよびヴァラントンの全住民は、我々の土地を耕作すべく犂を牽引するために、彼らの家畜を年五日差し出すことが守られている。すなわち、第一犂耕に一日を、第二犂耕に二日を、秋の種蒔き用堆肥作りに一日を、三月の耕作に一日をである。——中略——同様に、ヴィルヌーヴ‐サン‐ジョルジュにおいて我々は、復活祭が始まる月の一ヵ月間、我々が欲するだけの、また、我々ができる範囲内において、我々の館あるいは他の館にて、村内の数カ所にて、葡萄酒を販売できるバン権を持っている。村民は我々のバン権が持続する限りにおいて、一スティエ（約七・六一七リットル）の葡萄酒をバン権によって少なくとも八ドウニエで受け取り消費するよう拘束される。入植農民は誰であれ村内で葡萄酒を販売してはならない。――中略――我々修道院の粉引き場においてバン権に服し粉を挽かねばならない。――中略――我々のパン焼き竈においてバン権に服しパンを焼かねばならないし、かつ、一年間の麦五ミノ（一ミノ約三九リットル）のパン焼きにつき山盛り一杯の小麦を上納しなければならない。

同様に、葡萄畑あるいは葡萄の木の植えられた土地からのサンスに服する者は誰でも、ヴィルヌーヴおよびヴァラントンの上述の村落の我々の庭にある葡萄桶と圧搾機を使用しなければならないし、また、十分の一税として、一ミュイ（パリでは、二六八リットル）につき二スティエの葡萄原液を、残り汁の三分の一を渡さねばならない」[14]。

この史料から読み取れる領主側の意図をまず抽出しておこう。本稿との関連で整理すれば、①対立の絶えなかった恣意タイユの廃止、②死亡税など農奴三指標税の廃止、③各種使用強制（バン）権（banalité）の再確認、④共同体的慣行・特権・自由の制限、⑤農民保有地の贈与・売却・交換の禁止、⑥買い戻し金としてパリ貨一四〇〇リーヴルの支払い、といった諸点にまとめられる。①から⑤にかけて、そのどれもが領主権の確認および領主権を根拠とした諸規定、諸行為であることが理解されよう。また、領主側の基本戦略が所領内農民への負担増を迫るものであったことがわかる。

注目すべきは、当時にあってはすでに形骸化してしまっていた「農奴三指標税」を仰々しく持ち出し、恩きせがましく「買い戻し金」まで取り立てようとする姿勢のその裏側に見え隠れしている目論見の部分である。それが③と④の項目である。この「解放状」では、とりわけ③について細部にわたっての規定が確認されているが、このバン権の主張には現実離れした文言による居丈高な雰囲気が漂っている。これに対しては領民側の抵抗が予測されるところである。同修道院領エスマン所領で発生していた紛争を見れば明らかなように、葡萄酒販売のバンであれ、水車の使用強制であれ、領主側のバン権の行使に対して領民側は、「バンに服していない」[16]、「無論欲するところの水車に行く」[17]として激しく抵抗するのであった。このように③は領主としての存在をかけた自己主張としての側面を強く押し出した、領主権の発動のねらいを持った動きと判断されよう。[15]

さらに、④にはより深刻で根本的な問題が含まれている。中世領主制は、領主のみならず農民の側もこれをいわば天賦のシステムとして容認するところに成立してきたが、④の規定は領主と農民の間に存在していた双務的諸関係を領主側が一方的に破棄する行為だからである。つまり、これまで農民たちの生活をぎりぎりのところで支えてもいた共同体的諸慣行にたいする領主権の侵害である。これをめぐってもさまざまな対立・抗争が発生していた。オリム Olim 判告集にそうした事例を求めることができる。[18] 次の《資料Ⅰ》からは、主に共同体的所有となっていた森林地の諸慣行にたいする領主側からの介入の事実とそれに対する農民側の抵抗の様子が生々しく伝わってくる。このことからも理解されるるように、この④の事態は農民の自由(共同体的所有・共同体的慣行)を制限し、領主側の特権の拡大をねらったものであった。しかし、これもまた領主制システムの原則でもあった双務関係の精神にもとるものであり、「領主の神話」[19]を領主自らが切り崩す重大な行為であったことが見抜かれねばならないであろう。しかも、こうした狙いを保持した「農奴解放状」なるものが、このサン‐ジェルマン‐デ‐プレ修道院に限らず、一三世紀中葉頃より一四世紀前半期にかけ北部フランスを中心に出現していたこと[20]を合わせて確認しておきたい。

《資料Ⅰ》　森林地などにおける共同体的諸慣行にたいする領主権の介入

	年	地域名	内　　容	史　料
1	1213	ランスの住民 マルヌ県	警備が悪いため農村民によって全くからっぽにされた	Arch administratives de la ville de Reims, Status, t. I, p. 180
2	1255	シャヴィルの住民 セーヌ - エ - オワズ県	自分たちの家畜のために騎士林の中の放牧地を用いる権利を要求した。	Olim., t. I, p. 4
3	1256 1258	トゥリヴィラの住民 セーヌ - エ - オワズ県	モンフォールの林の利用権についての権利を要求した	Olim., t. I, p. 6
4	1258	セーヌ - エ - オワズ県	林の禁猟区化に反対	Olim., t. I, pp.44-55
5	1261	タロモン村民 セーヌ - エ - オワズ県	林での草刈りや林の草原の実をあつめる権利	Olim., t. I, p. 55
6	1263	セーヌ - エ - オワズ県	林の売却に反対	Olim., t. I, p. 530
7	1269	ミゾール地方の農民 ユール県	国王の許可なしに設定された禁猟区の廃止要求	Olim., t. I, p. 178
8		マルヌ県	牧草地，葡萄畑，菜園，耕地への禁猟区化に反対	Olim., t. I, pp. 331-332
9	1270	セーヌ - エ - オワズ県	同上	Olim., t. I, p. 368
10	1277	エピネー村民 セーヌ - エ - オワズ県	村での草刈りや林の草木の実を集める権利	Olim., t. I, pp. 89-90
11	1280	イワゾーの住民 セーヌ - エ - オワズ県	林での家畜放牧に関するパリ僧院との衝突。しかし，小家畜（羊，山羊，豚）を放牧したり，林の伐採後10年間の放牧地の使用禁止，林での家畜放牧の代償として，一戸あたり貨幣1ドゥニエと3ドゥニエ分の穀物が徴収された	N. D., t, II, p. 194
12	1295	セーヌ - エ - オワズ県	林の売却に反対	Olim., t, II, pp. 380-381
13	1307	ヴェズレー地方 ヨンヌ県	多くの村々の武装した農民が修道院の林を勝手に切り荒らした	Olim., t, III, part 1, pp. 252
14	1307	ポリニー村の住民 ヨンヌ県	豚放牧税を払わないで豚を放牧する権利の返還要求	Olim., t, III, part 2, pp. 267-268
15	1313	ラ - シャペル - ゴーテェ村の農民 セーヌーエーオワズ県	修道院が林で放牧しようという古くからの権利を禁止しようとして紛争発生	Olim., t, III, part 2 pp. 832-833
16	1317	シャトー，モンテッソンの村 セーヌ - エ - オワズ県	セーヌ川での一つの島に禁漁区をつくり，農民がこの島で家畜を放牧したり，草を刈ったりするのを禁止しようとした	Olim., t, III, part 2 pp. 1157-1159
17	1318	コルベイユ地方の5ケ村 セーヌ - エ - オワズ県	セギーニの林が領主によって禁漁区に変えられたため野獣が増えるなど収穫を駄目にし，農耕を不可能にした	Olim., t, III, part 2 pp. 1445-1448

出典：ア＝ヴェ＝コノコティン〈林　基訳〉「12-14世紀フランス農民における共同体地のための闘争」（『専修史学』12号，1980年）42-45頁より作成。

(二) 天変地異・流行病と農村民

この時期の流行病といえば、すぐに一三四七～四八年の黒死病（ペスト peste noire）を思い出すであろう。これについては、先行研究に基づきとりわけその被害の実態について一定の数値を示すことはたやすい。また、当然のことながらジャクリーの直接原因をここに求めるというのも便利なことであり、事実そうした解釈が完全に消滅したわけでもない。しかしここで捉えてみたいのは、そうした短絡的なことではなく、中世的領主経済の変化のなかにさまざまな自然災害による被害の拡大の要因が求められるかどうかという点である。確かに「人口統計学上の衰退と需要の減退と不可分の、農業生産の低下を数量化するのは困難である」[21]と言われて久しい。また、数量化が最終目標であるとすれば現状では無理と言わざるをえない。だが、問題にしたいのは天変地異や流行病に基づく諸事態がこの時の領主制システムの変化とどうかかわり、結果としてこのシステムがこれらにどう対応できたのかどうかという点についてだけである。

ところで、これまでの研究でも穀物危機のメカニズムについては、一三一四～一六年に関しては比較的分析されてきたといえる。[22]その中で注目したいのは、「耕作地と森林との間に、穀物と家畜の間に、辛うじて実現していた均衡状態が崩れる」[23]という事実認識である。前節で見たように、巨大所領では商品価値の高い作物の作付けおよびその栽培になれる傾向にあった。フルカンの分析したパリ地方であるならば葡萄酒が中心であり、サン・ドゥニ修道院領の例では、一二八四年度から一三〇三年度において木材収入が平均して約二〇〇〇リーヴル（七・二％）を示すなどの事例も明らかにされている。[24]さらに細部にわたるデータとして、フルカンは、トランブレイの例で留保地 réserve（直領地のこと）が四〇〇アルパン（一アルパン＝約二町歩）の耕地と七五七アルパン以上の森林とからなると計算し、[25]R＝ブートリュッシュは、パリ地方の所領においては、賃貸しされた広大な土地のそばに修道院のいくつかの属領 dépendance が多くて一五〇〜二〇〇アルパン、少なくとも数十アルパンを所有して、そこの最良の葡萄畑、良質の小麦畑、さらには小牧場や森林から相当の利益を得ていたと分析し、[26] G＝デュビーもグランジュ（直接経営地）で生産された商品作物が葡萄酒を中心にはるばる北欧にまで輸出されるなど、このような領主側の大規模な直領地経営がさらに木材、豚の放牧のための森林経営にまで波及していた例[27]を挙げている。次の《資料Ⅱ》の、巨大所領の一つでもあるガティネー王領地をみると、一三三二年度決算で、総収入の約四二％を木材収入で占めていた。こうした現象との関連で、R＝フォシエは一二八〇〜九〇年以来の売却された森林からの《三分の一税》や、一三一九年の《森林統制税》の新設の例を挙げ[28]、市場経済の浸透を前提とした利益追求の動きとして注目している。

この森林経営地と葡萄畑の拡大状況をパリ地方に限って示したのがフルカンの作成した《資料Ⅲ》の地図[29]である。パリ地方以外でも「ジュラ、メッス周辺、シャラント各地域では、一三三八〜五〇年以降、葡萄栽培地が広がっている[30]」という。一般の耕地でも、それまで作付けされていた小麦などの穀物に代わって商品価値の高いカブ類、豆類、染料用植物が栽培されるように[31]なっていた。

こうして、「伝統的な農村景観の変容は、旧来の生活資料の同時栽培形態に致命的な打撃を与え[32]」てしまったのであった。つまり、中世領主制システムが「領主制的な諸課税によって締めつけられた生産システムの大きな不安定さ[33]」を自ら作りだし、それにとどまらず、領主制システムを支えてきた穀物生産を中核とする農業基盤を切り崩してしまっていたということである。例えば、パン用の穀物生産について、その生産の減退はノルマンディーで約五〇％、カンブレジーやイール‐ド‐フランスでも三五ないし四五％になっていた[34]。さらに言えば、小麦の生産指数の低下というこの一般的シェーマから免れた農業生産地は稀であったのである[35]。

また、この問題との関連で忘れてならないのが農民層の分化という事実である。現象面では地主・小作制の浸透とし

《資料Ⅱ》 **ガティネー王領地の財政**（1332年の総収入内容）
Le domaine royal en Gatinais

（項目）		（金額）			
貨幣地代		384Lb.	9s.		1,300～1,400（年平均）
現物地代		238			
小麦（小麦粉）		202	10		
家禽		若干			
賦役労働		若干			
タイユ	同業組合	112			
	ブルジョアジー	20			
移転税		300			
グランジュ		283			
使用強制権		572			
通行税，市場税		3,000			
森林（木材）		8,708	1	3d.	
裁判収入		5,101	7		
その他の国王特権		1,019	1	1	
特別管理権		156			
総収入		注）20,543Lb.	18s.		

注）この数字は，地域別に計算した純収入総額を入れた.
出典：G. Fourquin, *Le Domaine royal en Gatinais d'après la prisée de 1332,*（1963）pp. 45-92より作成.

て確認されているところであるが、その結果、「耕地の細分化(36)」が現実のものとなり、例えばノルマンディーでは「黒死病の大流行以前の段階では、農民の七〇％の保有地面積は生存可能な四ヘクタールを下回っている(37)」という事態に至っていたのである。こうした一人当たりの耕作地の縮小は、マヌブリエ農民 manouvriers を中心とする小作人層が共同体的村落結合の象徴でもあった「地条」parcelleを小地片に分け合わざるをえなくなっていることの現れでもあった。

このように、領主制経済の土台のところで機能していた農業生産の基盤と、そこに成立していた村落共同体というまとまりを核とする農民的社会結合も大きく揺らぎはじめていた。その結果「いくつかの地域における人口過剰、農民たちの間における不平等の増大、放牧地の欠乏が、富農 laboureurs と貧農との間に、さらには近隣の村落間に、あるいは農村共同体内に社会的緊張を引き起こし、大きくさせた(38)」のであった。

このような状況のなかで、一三二〇年代から気候学的

《資料Ⅲ》　パリ地方における森林経営地と葡萄畑

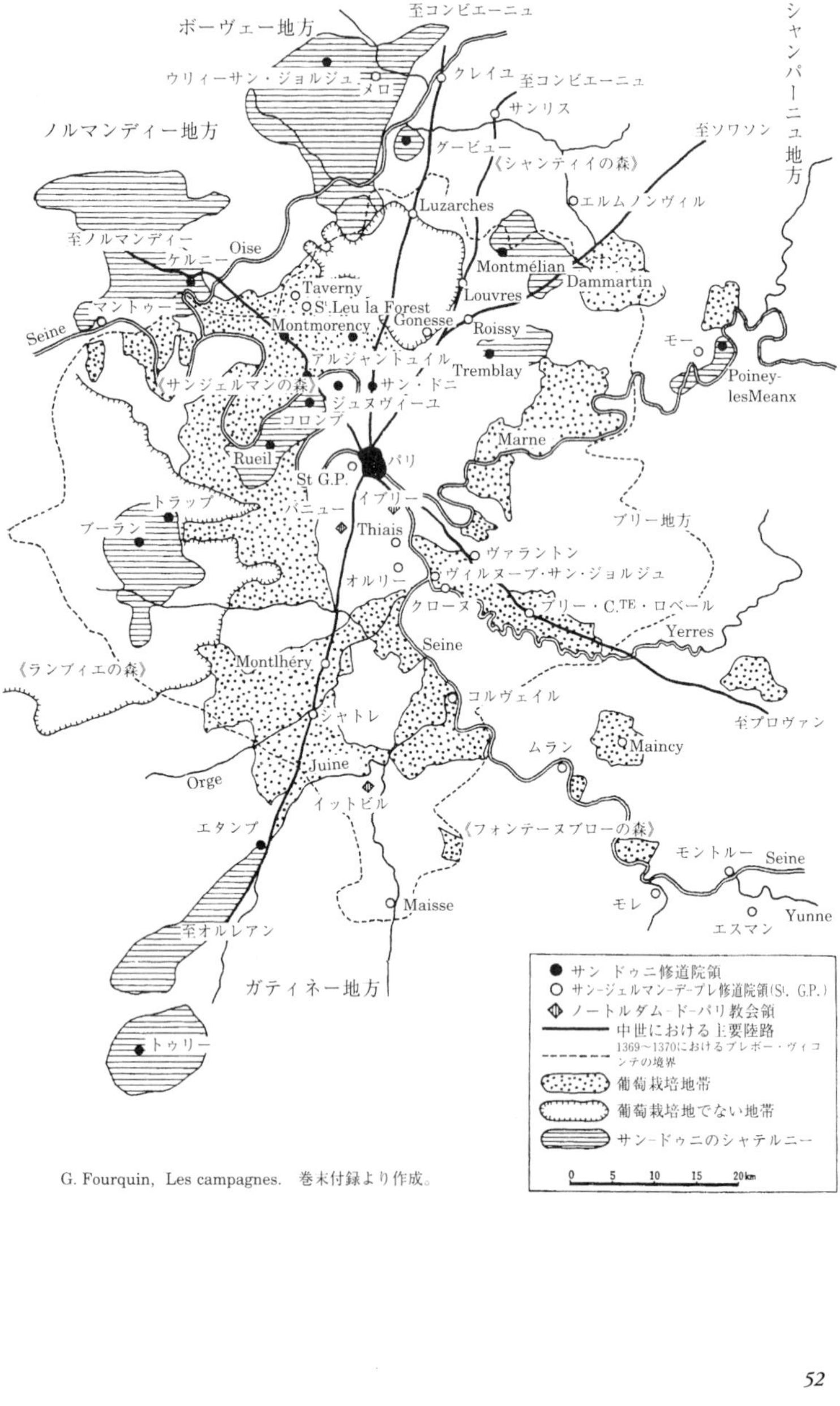

G. Fourquin, Les campagnes.　巻末付録より作成。

な不順の時代を迎えたのである。最近の研究では、一三一五～一七年の飢饉にともなう穀物危機でフランドル都市の人口の一〇％が消滅したという結論を出している[39]。その説明として「より重い飢饉の繰り返しは人々の生理学的な脆弱さを増大させ、また、人々を流行病の打撃に弱い状態にしていた[40]」といわれるが、まさにその飢饉に弱い体質を作りだしていたのが、領主主導の下に農村を無残な姿に変貌させてしまっていた「領主制の危機」の深化であったのである。

さて、一三四八～四九年の黒死病であるが、この流行病は至るところを「同じ毒性[41]」で襲ってはいなかったと言われる。例えば、よく利用される黒死病波及地図でも明らかなように、エノー、ベアルン、メーヌ、アンジュー、トゥールネーでは被害は相対的に少なかったようである。その理由が「社会的状況としての居住[42]」の在り方の問題だけでなかったことは本節の行論からしても明らかであろう。人口の三分の一が一三四八～五〇年の間に消滅したのではというフロワサールの「証言」は別としても、フランス各地の人口減少に関するデータは多い。ここではノルマンディーについてこの問題を一六世紀までをも含め長期波動の視点で詳細な実証分析をしたボワの研究[43]に注目しておこう。次の《資料Ⅳ》はその結果作成された有名なグラフである。これによると、黒死病発生時からの人口の落ち込みが激しくなっていることがわかる。しかし、厳密に言えばすでに一三一五年の気候不順にともなう飢饉の段階から人口減少は始まっていたようである[44]が、ボワは都市部と農村地域のデータを集め、「市壁が黒死病のための本当の落とし穴として機能[45]」し、「密集や衛生の欠如の犠牲によって[46]」都市がより重い代償を払っていたにしても、それと同じレヴェルの被害を被った農村の存在したことを具体的数値で示している。つまり、構造的な問題として黒死病が捉えられている。

その他の研究でも、ほぼ同様の認識が定着している。「西欧および中欧の住民の栄養不足が大疫病の流行に有利な環境を提供したことは確かである[47]」との結論もあり、また従って、黒死病の「選択的[48]」性格も明らかにされている。フランス北部地域に関してカゼルはこれを「プロレタリアートの疫病[49]」とも表現した。

領主制システムの動揺のあおりを一番強く受けざるを得なかった地域・職業・階級に、最初の流行が発生し、それが二次的には周辺に広がるという図式をとったこの時期の黒死病は、従って一三四〇年代末の一時的現象としては終わっていない。《資料Ⅳ》からも明らかなように一五世紀後半まで一世紀以上も継続している。ノルマンディー西部地域では住民の七〇%が、イール・ド・フランスにおいては五〇%というそれまで全く体験したことのない規模の住民が消滅し[50]、その回復も緩慢であった。この状況をボワは「ノルマンディーにおけるヒロシマ[51]」と表現したが、領主制の危機の進行のなかで、天変地異に基づく飢饉や疫病の流行といった変化に弱いこの時期の構造的体質、発生後もそうした事態に機敏に対応できない領主制のシステム上の機能麻痺が、どうにも手の打ちようがないという黒死病の流行などの「後遺症」を深くしていったのであった。

㈢　「経済変動」と農村民

フルカンは、ジャクリー蜂起の歴史的性格についてきわめて興味深い解釈をしている。「もし、ジャクリーがとりわけ貧困や野武士にたいする蜂起であったとしたら、非常に貧しく常に荒らされていたパリ南西部農村には興奮の中心がわずかしか認められなかったのにたいし、もっとも豊かで略奪されていないパリ北部地方で起こったことをどのように説明できるだろうか[52]」と問題提起したフルカンは、一三一五年の「農業危機」に始まる穀物価格と手工業製品価格との間の格差の継続をあげ、農産物価格とりわけ穀物価格の伸び悩みを強調している[53]。その裏付けとして作成されたのが《資料Ⅴ》の「サン‐ドゥニ修道院領における混合麦の年平均相場」である。彼の説明によれば、グラフ（A）よりもグラフ（B）の方が、①混合麦価格の年平均水準が低い、②変動が急激で不規則、③一三三七年の平価切り下げにもかかわらず混合麦価格の上昇はしぶりがちであった、従って（B）の時期が不安定で混乱した状況をしめしているという[54]。

《資料Ⅳ》　ノルマンディー東部における農村人口

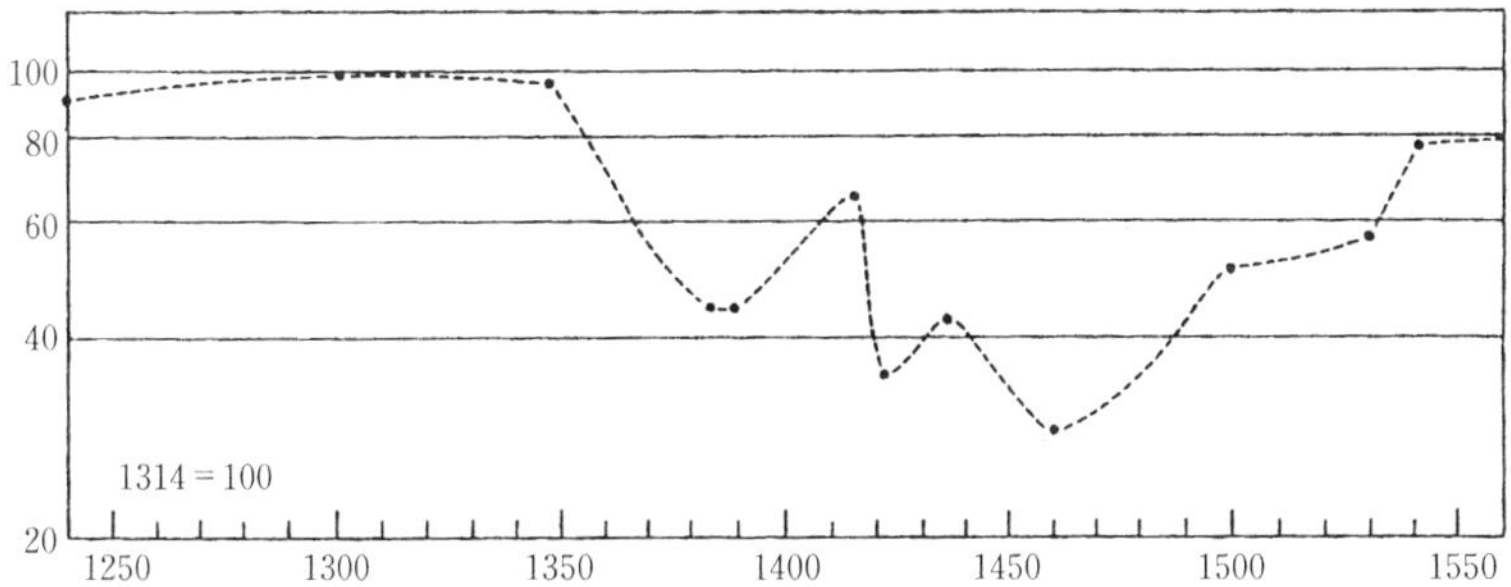

出典：G. Bois, *Crise du féodalisme.*, p. 72.

《資料Ⅴ》　サン-ドゥニ修道院領における混合麦（小麦とライ麦）年平均相場（1284―1303～1320―1342）

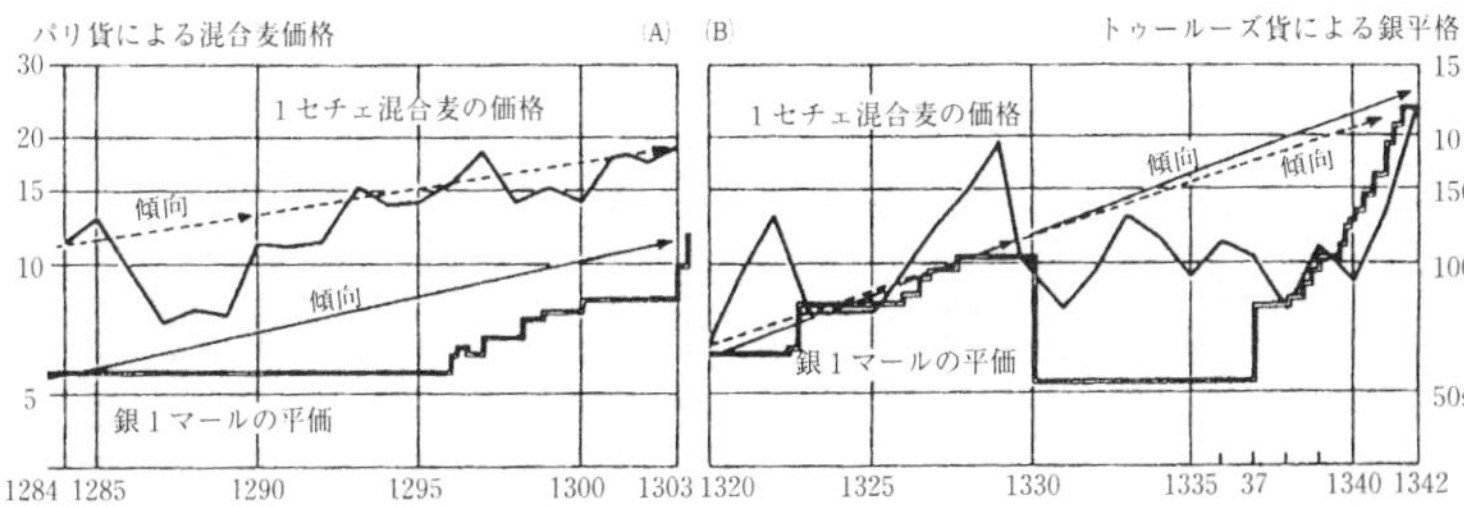

出典：G. Fourquin, *Les Campagnes,* p. 193, より引用

「危機」論争とのかかわりは別として、この①〜③の諸現象が当時の農村社会にどのような影響を与えたのかを数値化することは難しい。ただ、フルカンの言うように[55]、販売利益の低下をもたらす農産物価格の沈滞・乱高下現象が富農層だけに深刻なダメージを与えたとのみいうわけにはいかないであろう。前節でのべたように、一三一五年頃からの経済的危機現象は穀物価格変動に限られない構造的な問題であり、富農層だけをねらい打ちしたものではなかったからである。

構造的な混乱現象の一要因としてむしろ検討しなければならないのは、ヴァロワ王権によって行なわれた貨幣政策(＝価格変動)の問題である。まず、現象面で掌握されているデータからみることにしよう。

この論議のなかで最も基本となるのは次の《資料Ⅵ》であろう。一三世紀末に変動が始まり、ジャクリーとの関連では一三三〇年代から一三五〇年代にかけてそれが激しくなっている点が特徴的である。この貨幣価格変動は、まず自らその貨幣価値をおとしめるという単純な方式で実施されている。一三三〇年に上質銀貨三・七グラムに相当していた一スウ(sou)が一四一五年には一・六グラムに、一四五〇年には一・五グラムにおちていた。つまり、単純にいえば「一三三〇年に一スウの日雇い人の賃金は一世紀後の三スウの賃金を上回っている[56]」ということになるような変化である。《資料Ⅵ》からは読み取れないが、一三三七年より六〇年に八五回もの変動が確認できる[57]。フィリップⅥ世 Philippe Ⅵ de Valois(在位一三二八〜五〇)は「贋金造り[58]」と渾名されるほどであった。この時期の貨幣政策についてのカゼルの結論は明解である。「貨幣変更によって設定された課税は、王権にとって(国庫を充実させるのに)最も簡単な方法である。なぜなら、直接税や間接税のときのように王国の各レヴェルの納税義務の代表者の許可や同意を必要としなかったからである[59]」と言うのである。換言すれば「ほとんどむき出しの課税[60]」としての役割を最初から持っていた。従って、貨幣変更の口実は戦争開始(準備)のためということになった。

しかし、こうした安易な貨幣政策にたいしては、当初よりこの背後に隠された意図を的確に読み取った対応がみられ、例えば、これに反対して都市民が蜂起を引き起こしていた。[61] 貨幣変更を痛烈に風刺した次のような詩も残っている。

王様は、わしらを魔法にかけるらしい。
最初、二〇を六〇に変え、
ついで、二〇から四へ、一〇から三〇へ、
金も銀も、すべてが消え失せた。
そして、決してもどってこないだろう。
貧乏人には、ドゥニエ貨の表もなければ、裏もない。
貨幣は小麦もみのつまった大袋に早変わりする。
まるで、フェルト帽の下のように、
王国じゅうで手品が使われる。
小麦畑からは、わしらは切り株しか取れない。
小麦は王様に、麦藁はわしらに。[62]

貨幣変更は、王国側の意図が何であれ、交換、貸付け、信用売買といった取引を複雑にし、その結果、混乱した事態に巻き込まれたのが商品貨幣経済全体であり、農村民でも影響を受けたことをこの詩はよく示している。[63] 国王権力の側でもこの悪循環を知りつつ繰り返したという点では、カゼルの言うように「貨幣変更は一四世紀の国王のデマゴギーで

《資料Ⅵ》　フランスにおける銀貨の価格変動

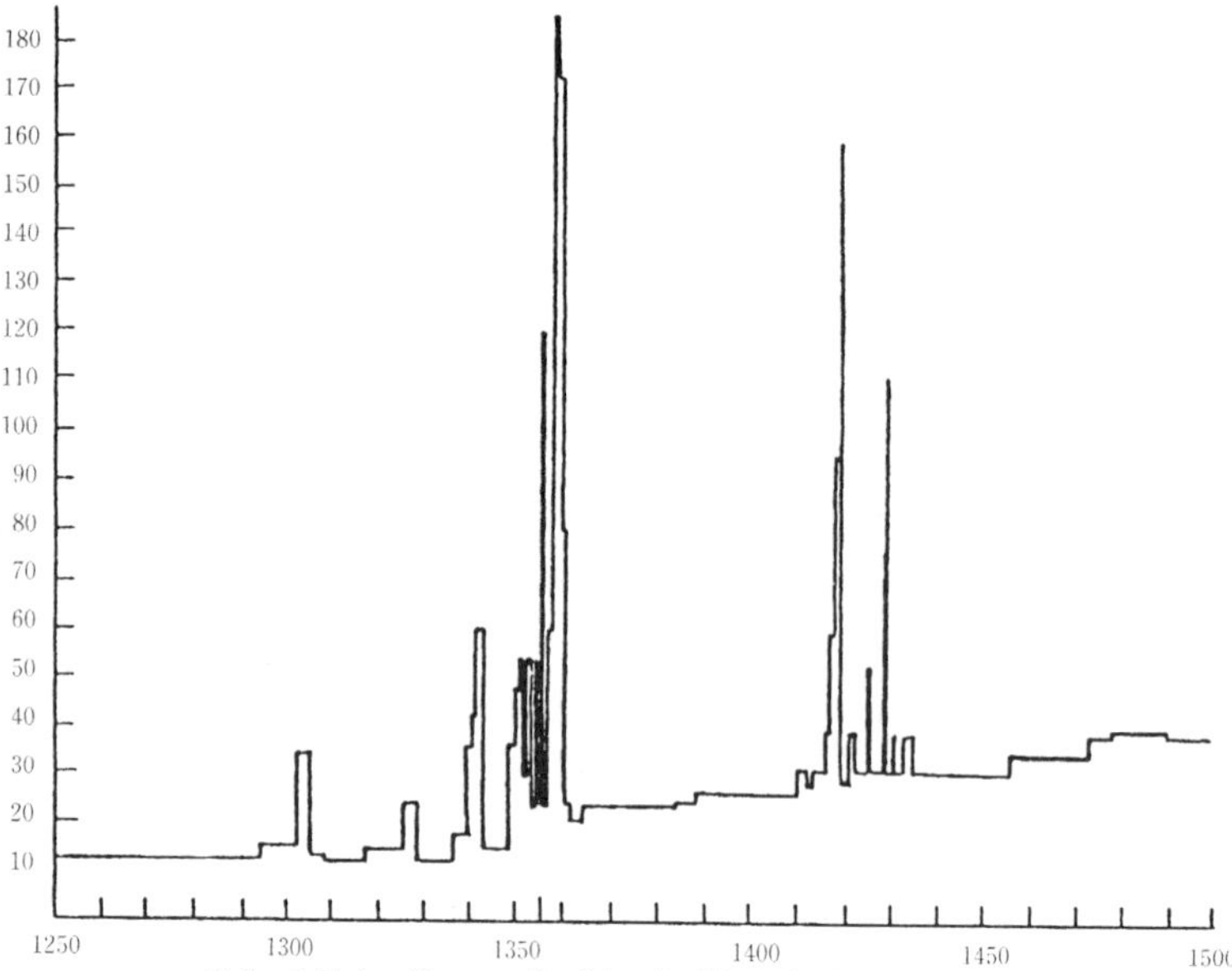

出典：J. Favier, *Finance et fiscalité au bas Moyen Age*, Paris, 1971 p. 53.

ある」ということになるが、問題なのは、こうした出鱈目な貨幣政策によって被害を受けるのが、巨大な資産家ばかりでなく、一般の都市民や農村民もであった[64]という事実である。

一三五一年二月、国王になったばかりのジャンⅡ世 Jean le Bon（在位一三五〇～六四）はイングランドとの戦争再開に先んじて、膨大な戦費を作るべく全国三部会を召集した。黒死病の被害による社会的混乱がまだ続く状況の中で、経済的には食料品の高騰や労働賃金の上昇が進行していた時期であった。この三部会では、課税の原則のみが定められ、課税方法が模索されたが、詳細については地方の段階で調整されるべきとされた[65]だけで、問題は先送りされた。これに対して、地方三部会は異議を唱え、あらたな課税を承認しようとしなかった[66]。ところが、こうした事態の予想されたこの全国三部会開催前の一月三〇日に『一三五一年勅令』が発表された。この勅令をめぐってはすでにいくつかの解釈がだされているが[67]、ここではすでに経済的混乱の確認されている一三五一年段階における国王側の危機認識の特徴に注目し、そこから読み取れる農村や都市の経済的混乱状況の断片を拾ってみたい。

この勅令についての高橋清徳の精緻な分析[68]からもわかるように、王権の側に一定の経済理論があったわけではなく、そもそも王権の採用した貨幣変更政策が、物価の不安定や労賃の上昇と密接に関係しているのだという基本的理解すら感じ取れない。各条項の諸規定は、基本的に王国財政収入の増大を目指し、パリの同業組合にたいする政治的従属化を求め、社会的秩序の維持をはかるものであった。王権の側の危機意識のなかには、領主制システムをどうにかしなければといった差し迫った思いは含まれていなかった。

ところで、その中には農業労働に関する興味深い規定がでてくる。

「――前略―― 葡萄を作ることを請負で引き受けたものは、より多額の賃金が約束され、あるいは契約された場合でも、その賃金として、大量死以前に支払われる慣習となっていた額の三分の一増しを取得すべきで、それ以上であってはならない。――後略――[69]」という具合に、「大量死以前に早くから彼らが慣習的に取っていた金額[70]」、あるいは「大量死以前に慣習的に与えられていた金額よりも三分の一だけ多く取ることができ、それを越えて取ることはできない[71]」という定まった表現で、労働賃金の最高額を定めてその上昇を抑えようとしている。この労賃上昇の現象は、ボワの作成した《資料Ⅶ》からもわかるように、黒死病発生とともに出現したのではなく、一三四〇年からである点は見逃せないであろう。そもそも労賃の上昇を招いた元凶が国王権力による貨幣変更であったのである。また見方を変えれば、この表からも確認できるように、約二倍強の上昇は「賃金の黄金時代」ということになるが、これが「穀物流通の突然の急騰や、その毎年の変調によって生じた悲劇的な問題を解決はしないし、また、気候不順の年のパンの高値が命にかかわる急変を引き起こす[72]」という現実を考えれば、この時期に農村民の経済的状況が好転していたとは言えない。

この勅令からさらに分かることは、農業および農業に係わる労働についての規定が多くみられるということである。

剪定人夫・鍬耕人夫・その他の葡萄畑労働者（XV - 条項数）、小麦刈入れ人夫・葡萄栽培請負人（XVII）、農夫（XIX）、葡萄摘み人夫（XX）、請負で土地を耕す犂耕人夫（XXI）、牧場の草刈り人夫（XXII-1）、燕麦刈り取り人夫（XXII-2）、家畜の番人（XXIII-1）、樵や森林労働者（XXIV）、脱穀人夫（XXV）、堆肥運搬人夫（XXVI-1）、穀物・まぐさ・葡萄酒、その他の物を運ぶ馬車引き（XXVI-2）、牛・羊・豚を飼育する牛飼い、羊飼い、豚飼い（XXVI-3-5）、牛乳搾り等をおこなう下女（XXVII）などの項目である。[73] この勅令が、農村における農業労働一般について規定したものでないことははっきりしている。[74] パリ周辺の農地・牧草地・林野地における、経営主体がパリ都市民側であるケースと理解される。ここで対象となるそれぞれの「人夫」が保有農民であるのか土地無し農民なのか、あるいは全くの非共同体的農業労働者であるのかはわからない。しかし、いずれにしても彼らが中世領主制システムの枠を越える次元で、都市民の広い意味での農業経営の中に経済的に巻き込まれてしまっていたことを物語っている。さらに、農村内手工業者に対する差別的対応もみられる。[75]

これらは、ともに農民的・農業的労働の都市への従属を示し、都市民層による農業経営の簒奪の状況を明らかにしている。農村民の側の自律的農業経営の在り方を真っ向から否定した動きとして無視できない。労働賃金の上昇は、こうした事態にますます拍車をかけることになったのである。

一四世紀中葉段階において、中世領主制経済に代わりうる新たな経済システムが出来上がっていたわけではない。他方、肝心の領主制的枠組みはどうかといえば、「もはや空の貝殻」でしかないといわれるように領主制的生産システムはほとんど機能麻痺の状況にあり、そのため、王権によって押し進められる小手先の政策により生ずる「経済変動」に農村民は翻弄され続けていたのである。

《資料Ⅶ》　熟練工の日当の推移

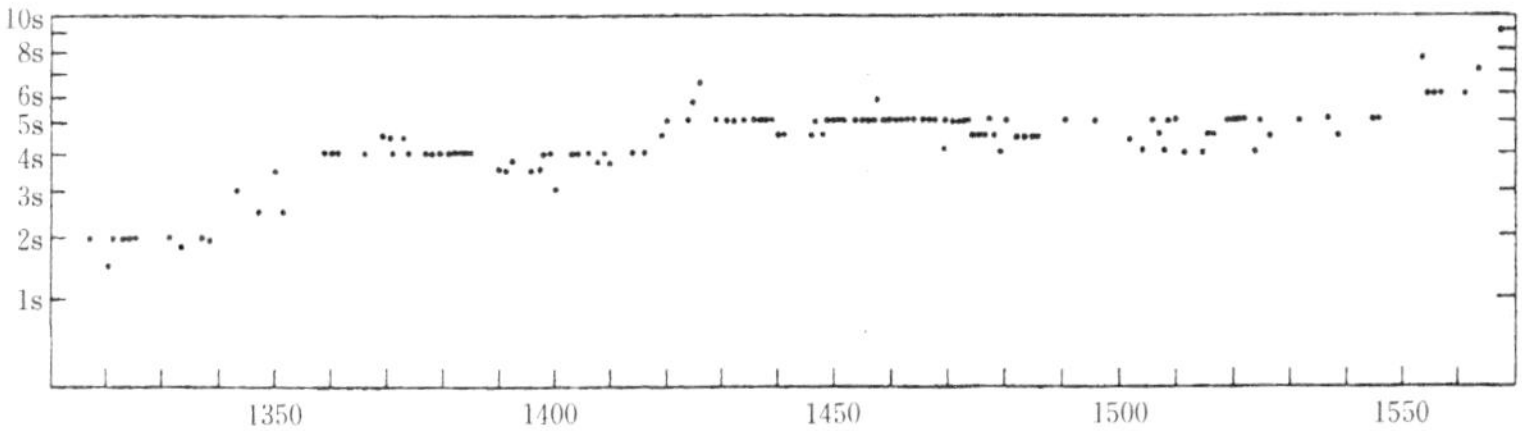

出典：G. Bois, *Crise du Féodalisme, Paris,* 1976 p. 95.

（1）Claude Gauvard, *La France au Moyen Age du Ve au XVe siècle*, Paris, 1996, pp. 338-339; Jean Kerhervé, *La Naissance de l'état moderne 1180-1492*, Paris, 1998, pp.122-130.

（2）近江吉明「北フランス中世末期における所領経営様式の変化と領主・農民関係」（『歴史学研究』一九七四年度別冊特集号、以下「領主・農民関係」と略）、「封建制後期北フランスにおける近代的土地所有関係の萌芽――『ボーヴェー慣習法』にみられる土地譲渡関係をめぐって――」（『駿台史学』第四八号　一九七九年）前者では、G＝フルカン〈G. Fourquin, *Les Campagnes de la région parisienne à la fin du Moyen Age*, Paris, 1964〉の研究を基礎に、G＝デュビー〈G. Duby, *L'Economie rurale et la vie des campagnes dans l'Occident médiéval*, Paris, 1962〉やR＝ブートリュッシュ〈R. Boutruche, *Seigneurie et féodalité, L'Apogée XI-XIII siècles*, Paris, 1970〉らの「危機」研究についての方法論的手法をも加味し、一三世紀七〇～八〇年代の北部フランスの状況を「領主財産・財政の危機」と位置づけた。その要因として、「全般的農奴解放状」の分析を中心に商品貨幣経済の浸透を前提としたラント制（地主小作制）の展開を想定した。後者では、そのラント制の現象形態を『ボーヴェー慣習法』に求めた。

（3）G. Bois, *Noblesse*, p. 228.

（4）Robert Fossier, *Paysans d'Occident* (*XI-XIV siècles*), Paris, p.198（以下、本稿ではR＝フォシエ〈渡辺節夫訳〉『ヨーロッパ中世社会と農民』杉山書店、一九八七年、を参考にした）。

（5）*Loc.cit.*

（6）G. Bois, *Noblesse*, p. 229.

（7）*Ibid.*, p. 228.

（8）G. Fourquin, *Les Campagnes*, chap. II;　近江、「領主・農民関係」六七～七三頁。

（9）これらの諸現象については、他にもR. Boutruche, *Seigneurie*; G. Duby, *L'Economie*, などの諸研究によっても裏付けられている。

(10) G. Bois, *Noblesse*, p. 228.
(11) R. Fossier, *op. cit.*, p. 198.
(12) G. Bois, *Noblesse*, p. 229.
(13) B. Guérard, *Polyptyque d'Irminon*, t. II, 1844, pp. 383-387 («De manumissione hominum de Villa Nova»), pp. 387-391 («Hec littera est de libertate hominum de Theodacio»); G. Duby, *L'Economie*, pp. 748-751; 森本芳樹「サン・ジェルマン・デ・プレ修道院領の『農奴解放』について――フランス農奴制研究のために――」(『土地制度史学』第17号、一九六五年)、近江、「領主・農民関係」七三〜七七頁。本稿では、ゲラール版を使用しつつも、G＝デュビー訳、森本訳に依拠した。
(14) B. Guérard, *op. cit.*, pp. 383-391; G. Duby, *L'Economie*, pp. 383-387; 森本　前掲論文　五二〜五八頁、近江「領主・農民関係」七五頁。
(15) P. Guilhiermoz, *Enquêtes et procès, Etude sur la procédure et le fonctionnement du Parlement au 14 siècle*, 1892, pp. 291-311; 森本　前掲論文、四四〜五一頁。
(16) *Ibid.*, p.308, «non bannarii sunt».
(17) *Loc. cit.*, «imo vadunt ad moleudinum».
(18) A＝コノコティン〈林基訳〉「一三・一四世紀の共有地をめぐる闘争」(『専修史学』一二号、一九八〇年)三八〜五一頁。
(19) G. Bois, *Noblesse*, p. 229.
(20) G. Fourquin, *Les Campagnes*, chap. III; 近江「領主・農民関係」七四頁(次頁表「農奴解放の全般的発生状況」参照)。
(21) J. Kerhervé, *op. cit.*, p. 122.
(22) *Ibid.*, p. 118. これに対して、C＝ゴヴァールは飢饉史の全体像はわかっていないとする(C.Gauvard, *op. cit.*, p. 341)。
(23) R. Fossier, *op. cit.*, p. 199.
(24) G. Fourquin, *Les Campagnes*, chap. II; 近江「領主・農民関係」六八頁。
(25) *Ibid.*, pp.135.
(26) R. Boutruche, *op. cit.*, pp. 111-112.
(27) G. Duby, *op. cit.*, pp. 246, 261-262.
(28) R. Fossier, *op. cit.*, p. 200.

農奴解放の全般的発生状況

（年　　月）	（所　在　地）	（所　　属）	（内　　容）
① 1246. 8.	Rosny-sous-Bois	Sainte-Geneviève 聖務院	
② 1246. 10.	Villeneube-le-Roi	Saint Louis（聖ルイ）	
③ 1248. 3.	Nanterre, chennevières,	Sainte-Geneviève 聖務院	non-libres（非自由民）を解放
	Creteil, Autenul,	〃	〃
	Vanbves, Fontenay,	〃	〃
	Bagneux, Ivry,	〃	〃
	Bourg-la Reine	〃	〃
④ 1248. 6.	Rungis, Thaiais, l'Hay,	Saint-Germain-des-Prés修道院	non-libresを解放
	Athis, Mons, Epinay,	〃	〃
	Villeneuve-le-Roi, Ouincy	〃	〃
⑤ 1248. 6.	Antony, Verrières	〃	hommes de corps（体僕）を解放
⑥ 1248. 11.	Villeneuve-la-Garenne,	Saint-Denis修道院	non-libresを解放 } 1,700Lb.
	Courbevoie, Colombes,	〃	〃
	Gennevilliers, Asnières,	〃	〃
	Puteaux	〃	〃
⑦ 1250.	Villeneuve-St.-Georges	Saint-Maur-des-Fossés修道院	serbage（農奴身分）を自領の「直営地」から消滅させた } 1,400Lb.
	Valenton, Crosnes,	〃	
	Thiais, Choisy, Paray,	〃	
	Grignon, Cachan	〃	〃
⑧ 1252. 3.	Saint-Maur, la Varenne-	Saint-Maur-des-Fossés修道院	hommes de corpsを解放
	Saint-Maur, Chennevierès-	〃	〃
	sur-Marne	〃	〃
⑨ 1255. 7.	Wissons	L'eveque de Paris修道院（パリ司教）	serfs（農奴）の解放、1,400Lb.
⑩ 1259.	Moissy	〃	
⑪ 1259. 1.	Chevilly	Le Chapitre de Notre-Dame	〃
⑫ 1263.	Thiais, le Val, Areueil	saint-Louis	serfsの解放自領（王領）の non-libresを解放
	Granchet, Orly, Paray,	〃	〃
	Lssy, Meudon, Fleury,	〃	〃
	Villeneuve-Saint-Georges	〃	〃
⑬ ?	Yerres	Yerres の世俗領主	「王領や修道院」と同様に行なわれる.
⑭ 1263. 5.	Orly	Le Chapitre de Notre-Dame	serfs（農奴）の解放、1,400Lb.
⑮ 1266.	Boissy-Saint-Léger	Boissy-Saint-Leger 修道院	hommes de corps を解放
⑯ 1266. 4.	Châteuay	Le Chapitre de Notre-Dame	serfsの解放
⑰ 1268. 6.-7.	Vitry	Vitry 修道院	hommes de corpsを解放
⑱ 1269. 1.	Bagneux	Le Chapitre de Notre-Dame	serfsの解放, 1,300Lb
⑲ 1270. 1.	Vitry	〃	〃 500Lb.
⑳ 1272. 9.	Sucy-en-Brie	〃	〃 1,500Lb.
㉑ 1277. 9.	Créteil-Sucy	Saint-Maur-des-Fosses 修道院	hommes de crrps に自由を与える. 1人当り 6 Lb.20Lb.
㉒ 1280.'81. 8. 4	Ivry	Le Chapitre de Notre-Dame	〃 4人が24Lb.
㉓ 1302.	王領地	フランス王（Philippe-IV）	解放運動
㉔ 1311. 11.	Creteil	Le Chapitre de Notre-Dame	hommes de corps に自由を与える.
㉕ 1315-1318.	王領地	フランス王（Louis-X）	農奴解放令
㉖ 1325. 6.	Maison-Alfort	Saint-Maur-des-Fosses 修道院	hommes de corps に自由を与える.

(29) G. Fourquin, *Les Campagnes*, p. 463.
(30) R. Fossier, *op. cit.*, p. 200.
(31) *Ibid.*, p. 201; G. Bois, *Noblesse*, p. 223.
(32) *Loc. cit.*
(33) J. Kerhervé, *op. cit.*, p. 118.
(34) *Ibid.*, p. 122.
(35) *Loc. cit.*
(36) *Ibid.*, p. 118.
(37) R. Fossier, *op. cit.*, p. 202.
(38) A. Leguai, *op. cit.*, p. 49.
(39) C. Gauvard, *op. cit.*, p. 342.
(40) J. Kerhervé, *op. cit.*, p. 118.
(41) *Ibid.*, p. 119.
(42) *Loc. cit.*
(43) G. Bois, *Crise du féodalisme, recherches sur l'économie rurale et la démographie du début du XIVe au milieu du XVIe siècle en Normandie orientale*, Paris, 1976, p. 70.
(44) C. Gauvard, *op. cit.*, p. 349.
(45) J. Kerhervé, *op. cit.*, p. 119.
(46) *Loc. cit.*
(47) M. Mollat et Ph. Wolff, *op. cit.*, p. 108.
(48) *Ibid.*, p. 111.
(49) J. Kerhervé, *op. cit.*, p. 119.
(50) J. Kerhervé, *op. cit.*, p. 115.
(51) *Ibid.*, p. 115.
(52) G. Fourquin, *Les Campagnes*, p. 233.

(53) *Loc. cit.*

(54) *Ibid.*, p. 193.

(55) *Ibid.*, p. 233.

(56) J. Kerhervé, *op. cit.*, p. 128.

(57) *Loc. cit.*

(58) Robert Vivier, «Une Crise économique au milieu du XIVe siècle. La Première grande intervention de la royauté dans le domaine économique: ses causes», *R.H.E.S.* 1920, pp. 210-213.

(59) R. Cazelles, «Les Variations du prélèvement et de la répartition selon les équipes au pouvoir», in *Genèse de l'état moderne, prélèvement et redistribution*, éds. par J.-Ph. Genet et M. Le Mené, Paris, 1987, p. 205.

(60) J. Le Goff éds., *L'Etat et les pouvoires*, Paris, p. 131.

(61) M. Mollat et Ph. Wolff, *op. cit.*, pp. 95-96.

(62) *Ibid.*, pp. 94-95.

(63) J. Kerhervé, *op. cit.*, p. 130.

(64) J. Le Goff éds., *op. cit.*, p. 131.

(65) R. Cazelles, *Société politique, noblesse et couronne sous Jean le Bon et Charles V*, Paris, 1982, p. 133; id., «Les Mouvements révolutionnaires au milieu du XIVe siècle», *R. H.*, n. 228, 1962, p. 305.

(66) R. Delachenal, *Histoire de Charles V*, t. I, p. 120; 井上泰男「初期ヴァロワ朝の『政治危機』について」(『北大人文科学論集』三号、一九六四年)二六頁。

(67) R. Vivier, «La Grande Ordonnance de février 1351. Les Mesures anticorporatives et la liberté du travail», *R. H.*, n. 138, 1921; 高橋清徳「一四世紀パリにおける経済危機と王権の政策——一三五一年勅令の歴史的位置づけをめぐって——」(世良晃志郎編『ヨーロッパ身分制社会の歴史と構造』創文社、一九八七年　所収)、同「〔資料〕『パリ市の一般警察および諸職に関する国王ジャンⅡ世の勅令』(一三五一年一月三〇日)」(『千葉大学法学論集』第一巻第二号、一九八七年)。この論稿は「一三五一年勅令」の完訳であるが、本稿でも訳出において参考にさせていただいた。

(68) 高橋「経済危機と王権の政策」六五～八一頁。

(69) Ordonnance du roi Jean II, sur la police générale et sur les divers métiers de la ville de Paris, *Histoire Générale de Paris, Les Métiers et*

corporations de la ville de Paris, t. I, p. 27; 高橋「[資料]」一〇〇頁。
(70) 高橋「経済危機と王権の政策」九四頁。
(71) 同右。
(72) J. Kerhervé, *op. cit.*, p. 127.
(73) Ordonnance., pp. 26-31.
(74) J. Kerhervé, *op. cit.*, pp. 124-127.
(75) Ordonnance., p. 28.
(76) R. Fossier, *op. cit.*, p. 203.

二 政治的・軍事的危機の進展

政治史あるいは国制史的に一四世紀前半期をながめてみても、ジャクリーにかかわる大きな変化が生じていた。ヴァロワ王権成立期における大規模戦争の推進、三部会開催の定着化、国王顧問会の機能拡大といった動きである。これらの動きに起因する危機的現象がパリを中心とするフランス北部地域においてどのような展開を示し、それがとりわけ農村民によってどのように捉えられていたのか、また、こうした政治的・軍事的危機出現の背景について、これまでのフランス中世後期の政治史・軍事史研究の成果に基づき検討することにしたい。

㈠ 百年戦争・領主・戦費

百年戦争は少なくともその始まりにおいて封建的戦争であった。[1] 一般的な歴史認識としては、「英・仏間」の戦争という形式的表現から、これを「英・仏両国間」のそれと認識してしまう傾向もあるがそれは根本的誤解である。また、戦争の実態認識についても、この戦争の基本的理解にかかわる事柄ではあるが、研究レヴェルでは一般住民生活にたいする戦争の真の影響ということについて疑問視する見方も存在している。つまり、中世の戦争というものは組織・武器両面においてそれほどの破壊能力があったわけでなく、さらに王国全体が襲われることもなかったので、戦争が長期になっても復興は可能であったという提言である。[2] しかし、直接に行軍ないしは戦闘のあった地方は当然として、なかった地方も含めてフランス社会全体にさまざまな形の「影響」をもたらしたとする解釈が主流となっている。[3]

戦争の影響という場合、本稿では行軍・戦闘による「軍事的被害」のみをさすのではなく、広く戦争遂行にともなう人的配置、戦費調達にともなう課税、その結果生ずる中世的権力・社会の変動までも含めて検討すべきだとの立場に立つ。

一四世紀に入り突如として戦争が頻発するようになるが、それは戦争が起こりやすい状況になったことを意味する。そうした状況を作りだした背景にいわゆる領主収入の危機が存在していた。「貴族は新たな財源を見出すことを余儀なくされ、俸給・身代金・戦利品の供給者であった戦争が、その彼らのために、彼らの唯一の希望を、同時に屈辱を受けた階級の荒々しさを満足させる方法を、示した[4]」といわれるように、「彼らを救ってくれる利益を期待しつつ、新展開をみせる戦争に身を投ずることを余儀なくされた[5]」のであった。そのため、ヴァロワ王権がプランタジネット王権と軍事的に対立しはじめる頃には、国王からの召集に貴族たちが押し寄せるようになっていた。[6]

一三〇〇〜四〇年段階で、貴族数は四万から五万家族で、当時の総人口約一五〇〇万人のうちの二％弱であった。[7] 前期百年戦争では一三五六年のポアティエの敗北までは封建的軍事システム主導の下に兵士の募集が行なわれた。[8] 一三四〇年の例でみると、フィリップⅥ世の下に五万人の兵士が、従者を含めれば八万人もの兵が集まっている。そのうち、二万八〇〇〇人は国王軍の中核をなす貴族によって構成された騎兵であった。[9] しかし、百年戦争史研究者のコンタミンヌの言うように、この封建的義務の下に形成された封臣の軍隊は堕落していた。彼らのあいだの封建的関係の衰退に伴う組織的なまとまりの欠如、指揮命令系統の欠陥が激しかったからである。[10] そこで国王は、都市からは弩射手を中心とする都市民軍を提供させ、またジェノヴァ人やスコットランド人などを主力とする傭兵 mercenaires を雇うなどしている。[11]

主だった遠征ルート・戦闘場所を地図上に挙げてみると、《資料Ⅷ》のようになる。北部フランスに展開されたものとしては、一三四〇年のエドワードⅢ世の遠征によるエクルーズの戦い、一三四六年、同じくエドワードⅢ世のコタンタン半島上陸から、セーヌ下流域のポアシーを通過し、さらに北進しボーヴェー、アミアンをかすめ、そしてクレシーの戦いに至るもの、一三五六年ランカスター公ヘンリー＝グロスモントによるノルマンディー遠征があり、この時にはシャルトルの近くまでの進軍がみられるなど、二〇年間に三度の大がかりな軍事行動が確認される。行軍・戦闘のあった地域の直接被害については、「年代記」をはじめさまざまな証言を得ることができる。「《領主様、飢餓と黒死病と戦争からわれわれをお救いください》。このように戦争は黒死病をまき散らし、戦争の偶発的かつ確実な被害によって農村世界の困難をひどくしている」[12] のである。

しかし、軍事的局面よりさらに重要なのは一三三五年から四五年までの一〇年間にフランス王国が平和経済から戦争経済に移行したという事実である。[13] これは言うまでもなく戦争財源の確保に向けての課税体制の確立と、貨幣変更政策

《資料Ⅷ》 前期百年戦争におけるイングランド国王軍の騎行経路

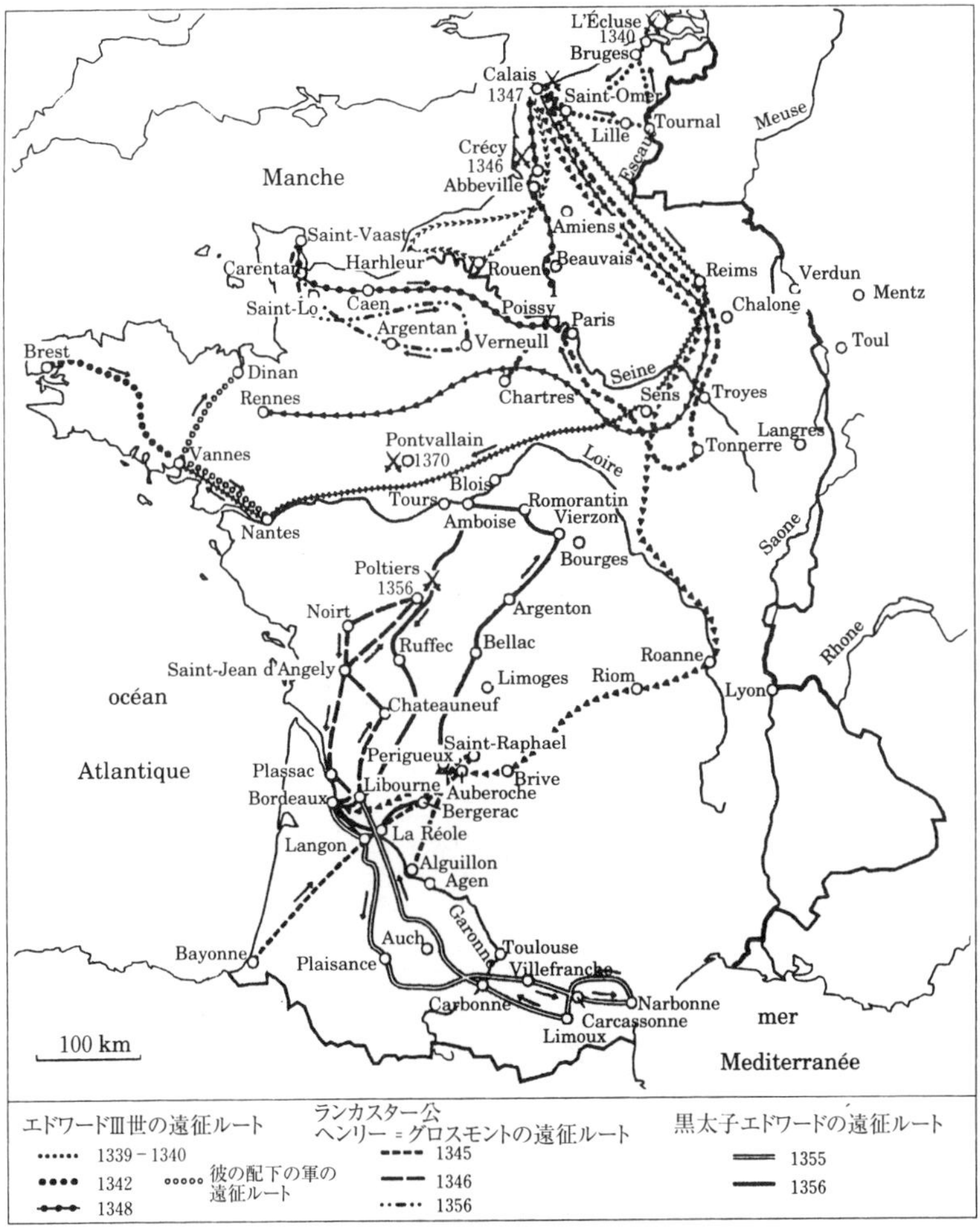

出典：J. Kerhervé, *Histoire de la France*, p. 150.

への突入をさしている。この戦争経済なるものが領主制システムと農村民にどのような影響を与えていたかについては前節で述べたとおりである。

戦争遂行のための課税の実態についてながめておこう。どこまで徴収できたかは別として、一三三九年の例では、フィリップⅥ世が戦争のための援助金を上質銀貨六万マール相当額の徴収を定めている[14]。パリの例で言えば、パリ都市民はすでに一三二八年のフランドルとの戦争以来その種の援助金を支払いはじめていて[15]、クレシーの敗北後の一三四七年一〇月二四日にはパリのプレヴォ管区およびヴィコント管区の聖職者、貴族、都市民は、一五〇〇名の軍隊の六ヵ月間の維持費を条件付きで認めたことなどがわかっている[16]。しかし、その年はそれでも足らず例の貨幣変更政策で乗り切ろうとしている[17]。さらに、一三四一年の例では塩の売買にかかる塩税の導入が認められる[18]。黒死病後の例では、一三五五年一二月二日のラングドウィル全国三部会では、年間三万人の軍隊を維持するための五五〇万リーヴルの徴収を三部会行政の根本的な改革を条件として認めさせている[19]。そして、一三五六年のポアティエの戦いでの敗北においては国王ジャンⅡ世がイングランド側の捕虜となり、今度はその身代金支払いのための課税が準備されている。

このように、戦争は大勢の領主勢力を巻き込み、多額の軍事費捻出のための課税と貨幣変更政策を遮二無二推進せざるを得ない戦争経済を体制的に創出することとなった。このことは、戦争遂行政策が一般的には蓄えと剰余分を消滅させ、あらゆる形の投資の可能性を奪い、また、これが平和時においても継続され、投資も復興事業に出された資金も、兵士の給料や非生産的軍事組織にのみ込まれてしまった[20]ということをはっきり示すこととなった。

(二) 全国三部会・国王顧問会との係わり

周知の如く、全国三部会・国王顧問会の出現およびその性格の変化については、国制史・政治史的視点から、カペー

《資料Ⅸ》 全国三部会の動き

	年・月	背景・内容	備考	国王
1	1343・8月	ブルターニュとノルマンディーへのイングランド国王軍の脅威。良貨の復活と引換えに課税引き上げ承認。	貨幣危機	フィリップⅥ世
2	1346・2月	クレシーの戦いの準備。ギュイエンヌにおけるイングランド勢力の拡大。貨幣問題・財政問題処理のために開催。課税を承認。		
3	1347・11月 1348・1月	クレシーの敗北後の会議。エドワードⅢ世によるカレー占領。 それに対抗すべく大軍と大艦隊の建設を協議し，その財政手段を提供する決意の表明。	貨幣変更	ジャンⅡ世
4	1351・2月	イングランド国王軍との戦闘再開の気運。王国財政の建て直しをめざす。三部会諸勢力の反対，地方三部会の抵抗。	勅令 （1月30日）	
5	1355・11～12月	イングランド国王軍との戦闘再開。国庫の欠乏を補うべくパリ高等法院会議室に招集。3万人の兵を養うに必要な費用を増税と食料品への消費税で賄おうとする。	勅令 （12月28日）	
6	1356・3月	聖職者，貴族その他が属するそれぞれの身分のすべての者は,あらゆる商品につき1リーヴルあたり8ドゥニエの税を支払うこと，並びに塩税は王国全体に拡大されることが決められる。ピカルディー，アルトア，ノルマンディーにおいて抵抗が激しかった。		
7	1356・5月	3月に票決された援助金の集まりが悪かったため，あらたな形式の課税を決定する。	勅令 （5月26日）	
8	1356・10～11月	9月のポアティエ敗戦，イングランドによるジャンⅡ世の捕縛。パリ高等法院大会議室に800人以上が集まる。9人の国王顧問官の解任，ナヴァール王シャルルの釈放，28人の国王顧問官の新規任命。	貨幣変更	王太子

出典：R. Cazelles, «Les Mouvements», pp. 305-307；井上、前掲論文　22-30頁；J.Le Goff eds., *L'Etat*, pp. 134-136より作成。

王権期のフィリップⅣ世（端麗王）Philippe IV, le Bel（在位一二八五〜一三一四）の開催した、最初の全国三部会とされる一三〇二年三月の「全国宗教会議 concile général」より、「身分制」的な国家と見られたりあるいは絶対王政への歩みの一つの事例として検討され続けられている。[21]

ここでは、そうした問題から離れて主に一三四〇年代から一三五六年までの動きに限定して危機の内容把握に力点を置くことにする。まず、全国三部会であるがその流れを辿ってみると、前頁の《資料Ⅸ》の一覧表の如く、一四年のあいだに計八回が認められる。

この一覧表からも明らかなように、全国三部会はイングランド国王軍の脅威、あるいはその軍隊との戦争を理由に開催されていることが最大の特徴である。基本的には北部フランスのラングドウィル三部会の場合で、出席者数を正確に割り出すのは難しいが、多いときで八〇〇名（一三五六年一〇月）を超え、[22]通常でも全地域からの出席があれば数百人規模のメンバーがパリの高等法院大会議室に集まる一大会議であった。この会議には、王国都市 bonnes villes と記された諸都市の有力都市民四〇〇人以上が参加していたが一三五六年一〇月以降のそれに関する情報はあるが、それ以前の詳細はわからない。[23]第二の特徴は、この会議の基本性格といっても過言ではないことだが、会議の最大の議題が課税問題であるという点である。都市民の参加があったにもかかわらず、それ以外の例えば平和維持をめぐって深刻に議論された形跡は少なくとも一三五六年以降は別として認められない。第三には、王権および三部会が捉えていた危機認識と、都市や農村の民衆が実感していたそれとのあいだに決定的な違いがあった点である。そもそも権力側には自らが提案し、議論し決定している政策には、領主制を前提に成立している社会に広く発生する混乱・危機を静めようとのねらいが全く存在していなかったかのようである。それどころか、前述の如く王国を戦争経済へと移行させ、戦争が戦争を維持するというドロ沼状態から抜け出せなくさせてしまったのは国王および三部会自身だったのである。

こうした状況に対して、警鐘を鳴らす動きも出ていた。一三五六年三月、アラスの住民は前年に出されていた勅令に従うことを拒否した。理由としては、アラスが大都市ではなく、また、塩税と物品税がアラスや周辺地域の破壊と荒廃の原因になりかねない[24]というものであった。その直後にアラスには都市民蜂起が発生し、下層都市民が数名の助役échevinsおよび有力都市民あわせて一七名を殺害するという事態に至っている[25]。トゥルーズでは、詳細は分かっていないが課税に対する抵抗が活発化し、「人頭税Capage」にたいする蜂起では国王役人の殺害をほのめかす[26]という動きが認められ、ルーアンでも、一三五五年に税の支払いを拒否している。そのためか、翌五六年三月にはノルマンディーとピカルディーの都市民の代表が貴族のメンバーをも巻き込み、全国三部会を欠席している[27]。

このように、蜂起を誘発するほどまでしても課税政策は続行されたのである。視点を変えてみれば、全国三部会の機能・役割とは、戦争を理由に王国課税というスタイルによる負担増を諸地域民衆に公然と押しつけるためのセンター以外の何物でもなかったということになる。しかし、領主制システムの原則でもあった双務関係に代わりうるほどの組織的位置づけもなく、また、そのような自己認識も乏しかったのである。そのなかで僧侶・貴族身分領主層は結果として優柔不断な行動をとり、混乱を助長させるだけであった。

次いで、国王顧問会の動きおよびその性格について言及しておこう。この問題についてはすでにいくつか引用してきたように、カゼルの詳細な研究[28]がある。ところでカゼルは一三四〇年代から五八年までを含めて「政治的危機」の表現を採用し、顧問会の開催回数の多さとその「危機」の一致を強調している[29]。それが、①一三四七～四八年、②一三五四～五五年、③一三五七～五八年の三つの時期だという。③の時期を別とすれば、他はイングランド国王軍の脅威という事態のなかで出てきた政治状況とみることができる。③の時期の「危機」の要因として、ナヴァール王シャルルの抵抗、E＝マルセル等パリ都市民蜂起、ジャクリーを挙げた点は注目すべきであろう。

さて、国王顧問会の存在とその性格をめぐっても多くの研究がある。[30] それによると、国王顧問会には国王の側近にあって地方や身分を代表する性格と官職貴族出身の限定された集団（高等法院、請願審理院および会計院のなかから、国王によって任命された人々）からなる行政機関としての性格があったという。

一三四五年から六〇年までの国王顧問会出席者の出身別状況を《資料X》から検討してみよう。この表から言えることは、顧問会の出席者がパリ北部と西部でなんと六割前後に及んでいる年度が多く、イール－ド－フランス地域と合わせると、一三四六、四八、五〇〜五一、五三の各年度は七割に達していたことがわかる。しかも、一三五七年まで国王顧問会は聖職者と貴族で構成され、一三四五年から五六年にかけ毎年平均で三八・五回もの会合がもたれていた[31]ことを考えると、王国行政の中にあって実質的な政策実施の責任を持っていたことの意味は重いと言わざるをえない。また、カゼルの分析によれば、「政治的危機」のたびに貴族たちは軍事的敗北の責任を負うことなく必死になって顧問会に入り込んでいった[32]のである。しかし、ここでも議論され政策として出てくるのは課税・貨幣変更が中心であった。

このように、ヴァロワ王権のなかで益々その政治的位置を確立していた国王顧問会は、現象面では地方の聖職者・貴族層をも中央の政治機構に巻き込む形で、王国全体の諸問題に立ち向かうまでになっていた。だが実際には王国の危機の本質を見抜き、それにたいする効果的な対処をするまでの能力をシステムとして持ち合わせてはいなかった。全国三部会同様、国王顧問会もまた領主制的な統治機能に代わりうる機構として十分に力を発揮するまでには至っていなかったのである。一三五六年一〇月一七日に始まった全国三部会では、それまでにも存在していた国王顧問官にたいする批判が一斉に火を吹き、具体的に九名の顧問官の解任が要求されている。

《資料X》　国王顧問会議出席者の出身地別一覧

	北部	西部	ブルータニュ	ラングドック	中部	東部	パリ	王国外	未詳
1345	14	43	22	0	7	0	7	7	0
46	18	27	18	0	10	0	27	0	0
47	24	34	9	9	5	0	9	5	5
48	30	30	15	0	10	0	15	0	0
49	28	33	14	0	10	0	5	5	5
50	28	32	5	10	10	0	15	0	0
51	12	36	8	4	8	0	28	4	0
52	10	40	5	5	15	0	15	10	0
53	20	30	5	5	20	0	20	0	0
54	31	23	3	3	16	3	9	3	9
55	30	33	4	4	12	0	4	4	10
56	27	27	3	3	10	3	10	7	7
57	28	28	3	0	8	8	11	7	5
58	37	13	2.5	0	2.5	10	20	10	9
59	18	25	0	0	0	3	36	9	6
1360	17	17	4	0	4	2	44	6	

出典：R. Cazelles, «Les Mouvements», p. 297

㈢　権力内部の対立

結果的に、うち続く諸混乱・危機状況をもっともよく象徴することになるのが、より広域的にかつ強力な権力を形成しつつあった上層の聖職者・貴族（有力領主層）の内部分裂である。彼らが積極的に選択した戦争体制および戦争経済は「領主制から領主を取り除く[33]」ことになったわけだが、だからといって新天地での成績は前述のとおりで見るも無残な姿をさらけ出すこととなった。その最たるものが、ナヴァール王シャルル（悪党王）roi de Navarre, Charles le Mauvais 勢力と、ジャンII世・シャルル王太子 Charles le dauphin, duc de Normandie（一三五八年三月一八日に摂政 régent となった後シャルルV世 Charles V〈在位一三六四～八〇〉となる）グループとの間の内部抗争である。もちろん、前期百年戦争期のナヴァール王勢力の党派的行動に改革的運動の側面、あるいはカゼルの主張するような革命的運動[34]としての役割があったという点は認めねばならないが、ここでは、領主制の危機の進行の次元で権力内部の分裂状況を捉え、それが、一三五五年以降に農村や都市の一般民衆にどのように受けとめられるに至ったのかを検討することにしたい。

内部分裂の動向を、一三五四年から時系列的に追いかけてみよう。一三五四年二月にジャンⅡ世の寵臣でフランスの軍司令官であったスペインのシャルル Charles d'Espagne がナヴァール王シャルルの関係者六名の者によって暗殺されるという事件が起こった[35]。「年代記」が伝えるところによれば、エヴルゥー Evreux 家の代々の領地、アングレーム Angoulême 伯領がスペインのシャルルに贈与されたことにより、ジャンⅡ世の義弟にあたるナヴァール王シャルルとジャンⅡ世との間に対立が生じたことに端を発しているという[36]。もっともその時は王女ジャンヌとナヴァール王シャルルとの結婚（一三五二年二月）などによって表面的には解決されていた。そうした状況の下でのこの暗殺事件は、両者および両勢力の不和を決定的なものにした。とはいえ、ジャンⅡ世としてはナヴァール王とエドワードⅢ世との同盟を阻止するために、この事件を不問にする姿勢を取らざるをえず、一三五四年二月中にはマントの条約を結び、ボーモン‐ル‐ロジエ、ブルトゥイル、オルベック、クーシュそしてコタンタンの各伯領をナヴァール王に与えた[37]。この頃よりナヴァール王を支持する勢力が増え、ナヴァール党 parti navarrais が形成されていったという。これにはノルマンディーやシャンパーニュに所領を持つナヴァール王の親戚、親類縁者、封建諸侯などが含まれた[38]。こうして、権力内部に分裂状況が潜行することとなった。

この分裂がより鮮明になるのが一三五六年からであった。この年ナヴァール王勢力は、全商品に対する一リーヴルあたり八ドゥニエの課税支払と、塩税の王国一律課税への拡大に反対し、三月の全国三部会には代表者を送らなかった[39]。

このため、ジャンⅡ世は一三五六年三月一二日に一度は決定した勅令を取り下げ、同年五月に召集した全国三部会では一連の間接税に代わって新たに所得税・動産税を導入せざるをえなくなった(40)。

それよりもひと月前の四月五日に、王権への対抗姿勢を明確にしたナヴァール王に対してジャンⅡ世の息子、王太子シャルルらがナヴァール王を逮捕するという実力行使に出ていた。ルーアンにおいてナヴァール王やアルクール伯などを招待した夕食会を設定し、遅れて食堂に到着したナヴァール王を拘束し、同時にナヴァール派の軍司令官と数名の側近を判決無しで処刑するということを強行した(41)。さらに、ナヴァール王を罪人としてアルルゥ城に投獄したのである。これに対抗して同年四月末にはアングロ＝ナヴァール同盟が成立したため(42)、フランス王国内部の分裂は決定的となった。そして、この対立の図式を引きずったままポアティエの戦へ突入し、九月一九日の敗北とエドワードⅢ世の王子、黒太子によるジャンⅡ世の捕縛という事態をむかえ、その後はパリ商人頭Ｅ＝マルセルらパリ都市民の運動などを誘発し、権力不在の状況を深めるのであった。

さて、以上のような動きのなかでのナヴァール派の主張は明確であった。一三五五年以来の全国三部会で、彼らは、悪徳王国役人の追放、貨幣の安定、無能な国王顧問官の免職(43)を絶えず主張し続けたからである。この面を強調すれば、マルセルらの動きにつながる「王国改革運動」としてのイメージが、また、法制史的な視点からすれば「議会王政(44)」への方向をめざしたとする解釈が成立する。事実、ナヴァール派の発言は説得力があり、詩人のギョーム＝ド・マショーや哲学者のニコル＝オレームのような著名な知識人の支持もあり、さらに、広く農村や都市の民衆の間にもそうしたナヴァール派のプログラムが普及した(45)ということが注目されねばならない。

しかし、このナヴァール派も所詮は聖職者・貴族勢力を中心とする集団であり、その中核には善王聖（ルイⅨ世 Saint IX, Saint Louis在位〈一二二六〜七〇〉）の時代を模範として僧侶・貴族身分としての特権を守る意識(46)のあったことを忘れるわけにはいかない。ナヴァール派の中心勢力は僧侶・貴族であり、彼らは例えばマルセルらが後に提起するような全国三部会主導の政治体制の確立を望んでいたのではなかった。むしろ、現実に進行している中世領主制的政治システムの崩壊現象をくい止め、再び一三世紀のある段階まで支配的であった領主制的世界への回帰をめざした一つの動きであったと理解される。だからイングランド国王との同盟もその限りで矛盾はなかったということになる。

だが、とりわけポアティエの戦いでのフランス国王軍の敗北とジャンⅡ世の虜囚という新局面では、農村民や都市民の思いがナヴァール派聖職者・貴族勢力支持へとストレートに流れるほど単純ではなかった。フロワサールは「騎士たちは憎まれ、非難されていた[47]」とまで言い切っている。これは、民衆の貴族勢力にたいする信用の危機と受けとめざるをえない部分である。ナヴァール派の主張の善し悪しは別として、結果として権力の空白を招き、平和・秩序を台無しにする戦争の拡大と敗北の責任が貴族全体にたいして突きつけられたのである。権力に求められた危機管理の役目をそっちのけにした内部分裂は、ひとえに貴族への批判・怒りを増幅させる現象として機能してしまったことになる。

（1） C. Gauvard, *op. cit.*, p. 372.
（2） J. Kerhervé, *op. cit.*, pp. 120-121.
（3） *Ibid.*, p. 122.
（4） G. Bois, *Noblesse*, p. 228.
（5） R. Fossier, *op. cit.*, p. 198.
（6） G. Bois, *Noblesse*, p. 228.
（7） Ph. Contamine éd., *La Noblesse*, p. 31; Marie-Thérèse Caron, *Noblesse et pouvoir royal en France, XIIIe-XVIe siècle*, Paris, 1994, p. 85.
（8） R. Cazelles, *Société politique*, p. 12; C. Gauvard, *op. cit.*, p. 379.
（9） C. Gauvard, *op. cit.*, p. 379; J. Kerhervé, *op. cit.*, p. 146.

(10) Ph. Contamine, *Guerre, état et société à la fin du Moyen Age, Etudes sur les armées des rois de France 1337-1494*, Paris, 1972, p. 23.

(11) *Ibid.*, p. 45; C. Gauvard, *op. cit.*, p. 379.

(12) J. Kerhervé, *op. cit.*, p. 121.

(13) G. Bois, *Crise.*, p. 251; J. Kerhervé, *op. cit.*, p. 121.

(14) Bernard Chevalier, «Fiscalité municipale et fiscalité d'état en France du XIVe à la fin du XVIe siècle: deux systèmes liés et concurrents», dans *op. cit.*, éds., par J-Ph. Genet et M. Le Mené, Paris, 1987, p. 143.

(15) R. Cazelles, «Les Mouvements», p. 224.

(16) R. Cazelles, *La Société politique et la crise de la royauté sous philippe de Valois*, Paris, 1958, p. 224.

(17) J. Kerhervé, *op. cit.*, p. 149.

(18) *Ibid.*, p. 148; C. Gauvard, *op. cit.*, pp. 382-383.

(19) R. Delachenal, *op. cit.*, p. 121.

(20) J. Kerhervé, *op. cit.*, p. 121.

(21) F. Lot et R. Fawtier, *Histoire des institutions françaises au Moyen Age*, t. 2, Paris, 1958; 井上泰男、前掲論文、J. Le Goff éds., *op. cit.*, pp. 127-160; 樺山紘一『パリとアヴィニョン——西洋中世の知と政治——』人文書院、一九九〇年、C. Gauvard, *op. cit.*, pp. 297-333 ; J. Kerhervé, *op. cit.*, pp. 98-112.

(22) R. Delachenal, *op. cit.*, p. 251.

(23) Georges Picot, *Histoire des Etats Généraux*, t. 1, Paris, 1872, p. 45.

(24) *Ibid.*, p. 40; R. Cazelles, *Société politique*, p. 214.

(25) Froissart., éd., S. Luce, IV, p. LIV, n. 3; Chron. Jean II, t. I, p. 103.

(26) M. Mollat et Ph. Wolff, *op. cit.*, p. 123

(27) G. Picot, *op. cit.*, pp. 38-39; E. Meyer, *Charles II roi de Navarre, comte d'Evreux et la Normandie au XIVe siècle*, Paris, 1898, p. 57.

(28) R. Cazelles, *Société politiqu*, pp. 279-312.

(29) *Ibid.*, p. 286.

(30) Jean Favier, *Philippe le Bel*, Paris, 1978, pp. 13-27; 井上、前掲論文一〇～一一頁、樺山、前掲書、四一～四六頁、Albert Rigaudière éds., *Pouvoirs et institutions dans la France médiévale. Des temps féodaux aux temps de l'état*, t. 2, Paris, 1998, pp. 169-170.

(31) R. Cazelles, «Les Mouvements», p. 292; 井上、前掲論文、一五頁。
(32) *Ibid.*, p. 294.
(33) J. Kerhervé, *op. cit.*, p. 121.
(34) R. Cazelles, «Les Mouvements», p. 283.
(35) Chron. Jean II, t. I, p. 39; R. Delachenal, *op. cit.*, p. 83; E. Meyer, *op. cit.*, p. 37; M.-T. Caron, *op. cit.*, p. 95.
(36) R. Cazelles, *Société politique*, p. 157.
(37) R. Delachenal, *op. cit.*, p. 50; R. Cazelles, *Société politique*, p. 159; M.-T. Caron, *op. cit.*, p. 97.
(38) C. Gauvard., *op. cit.*, p. 341.
(39) R. Delachenal, *op. cit.*, p. 139; E. Meyer, *op. cit.*, p. 50; R. Cazelles, *Société politique*, p. 214.
(40) R. Cazelles, *Société politique*, p. 215.
(41) Chron. Normande, p. 109 «.... combien qu'il ne fut pas présentement declairé au peuple. Et fist coupper la teste au sire de Harecourt, au sire de Grainville, à Maubue de Mainesmaires et à Colin Doubel, et ne furent point jugez devant le peuple, ...» ; R. Delachenal, *op. cit.*, pp. 149-153; E. Meyer, *op. cit.*, p. 59; R. Cazelles, *Société politique*, p. 219; M.-T. Caron, *op. cit.*, p. 99.
(42) *Ibid.*, p. 110; R. Delachenal, *op. cit.*, pp. 168-169.
(43) C. Gauvard, *op. cit.*, p. 391.
(44) 井上、前掲論文、三〇頁。
(45) C. Gauvard, *op. cit.*, p. 391.
(46) *Loc. cit.*
(47) Froissart, t. V, p. 71.

三　社会的危機

平凡な混乱が激しい危機に変わりうるこの時期の特徴を、B＝シュヴァリエは、一つはそれらが領主制あるいは共同体の中世的枠組みあるいは三部会の枠内では解決困難な変化であり、第二にはそれらが混沌とした状況の下で助長された面を重視し、それが中世的な社会的諸関係の分解の一兆候だとみなした[1]。換言すれば、中世領主制的な生産システムに基づく伝統的な社会的諸関係の動揺が激しく、かつ領主制的な政治的諸システムにたいする信用度の低下の中で、封建的諸関係の矛盾が広く露になった時代と表現できるだろう。このような時代における社会的危機の状況を民衆意識の次元に立ち入って捉え、同時にそれらの諸側面からジャクリー蜂起を支えた思想史的背景の断片を拾い集めてみよう。

㈠　農村民の不安・恐怖感

この分析は、社会学的な意味でのパニック現象の出現する直前の諸状況を、百年戦争勃発後から一三五八年五月頃までに絞って問題にすることにある。まずは当時の農村地域に居住する民衆の不安・恐怖感を史料中に確認していくことにしよう。農村民を不安・恐怖に陥れたものとしては、ここまで述べてきたような領主制の危機の諸現象を強調しなければならないのは当然として、それを前提としつつも、ここで注目したいのは黒死病の発生や戦争の継続によって直接に感ずるようになる不安・恐怖の内容についてである。次の史料に注目してみよう。

「飢餓の仲間でもあり娘でもある黒死病は、最後の気休めの言葉（ささやき?）がたとえ何であれ、また、黒死病から逃れた最後の場所がどこであれ、ふいに現れたので誰もがこの上もない絶望の淵に追いやられた[2]」

黒死病による犠牲者の概数についてはすでに指摘したように、概ね総人口の三分の一前後の人々が死亡している。短期間の死者の多さもさることながら、突然の発病より数日のうちに亡くなってしまうという不気味さと脅威をあわせもつこの流行病に誰もが恐怖を感じていたことが、この史料より読み取れるであろう。どこに逃げても、神に祈っても効果がなかったため人々が絶望に襲われるのも当然であった。興味深いのは、当時の人々の認識として黒死病が飢餓と同一線上に、あるいは飢餓状況の結果として位置づけられている点である。黒死病は流行病であるが、飢餓による死の恐怖と同列に置かれ、また、飢餓状態にあった人々を襲ったという思いが表れている。

恐怖心が呼び覚まされた様子を、「年代記」作者のジャン＝ド・ヴェネットは「この二年のあいだに、これまでに聞いたことも、見たことも、読んだこともないほどの夥しい犠牲者が出た(3)」と書いたが、前代未聞という表現に黒死病にたいする恐怖心がはっきりと示されている。一三四八年に、アヴィニョンのあるブルージュ出身司教座聖堂参事会員の手紙は「恐ろしいカタストローフと途方もない気分の混乱が、東方のインドの近くに位置する地域を三日三晩にわたり襲いかかった(4)」と書き記し、黒死病の襲来を目前にして人々がカタストローフ状態に陥っていたことを伝えている。いわば「神経過敏と恐怖の状態(5)」が、黒死病の発生した農村や都市のみならず流行から免れていたところの人々の心にも浸透していたことがみえてくる。だからといって「一四世紀から一八世紀のヨーロッパにおける反乱の大部分は……いずれにしてもある危険に対する恐怖心によって動機づけられた防御反応であったことを、資料を手にして示すことができる。蜂起はそこで、……人を不安に駆り立てる状況に対しての安心感を与える応答であった(6)」とするには慎重でなければならないが、ジャクリーとの関連で言えば、飢餓に対する不安や黒死病の猛威の下に刻み込まれた恐怖心を一過性のものとして片づけるわけにはいかない。

不安・恐怖心を引き起こすもう一つの大きな要因として考えられるのが、百年戦争の影響である。とりわけ軍隊の移動のあった地方、または戦闘の起こった所およびその周辺の地域である。この点に関しても、多くの研究において言及されているように甚大な被害がもたらす農村民の精神的状態の変化である。[7]

「農村地域では身代金を支払わないかぎり、すべて荒れるがままにされた。貧しい耕作農民はもはや麦藁しか持たなかった。もし、蓄えのことを話そうものなら攻撃され殺された。そればかりか養魚池も干し取られ家屋も燃料用に打ち壊された。イングランド軍がやって来たとしてもフランス国王軍ほど激しい略奪はしなかったであろう。フランスの野武士は次のように言ったという。《今は全く金がないが、戻るときには一杯になるだろう。その時には現金ですっきり支払うから》。貧しい人々は彼らを憎んだ。人々を襲い財産を奪う兵士を目撃した彼らは、一言もいわず、ただささやくように口も開けずにこっそりと次のように言った。《二度と戻れないように、薄汚れてじめじめしたところに行ってしまえ》」[8]

戦争そのものによる被害というのではなく、戦闘終了後の野武士化した傭兵の跋扈が問題になっている。当時の戦争によって発生する農村地域の被害・混乱とはこのような略奪行為によるものであった。こうした無法状態に立ち向かう領主の姿はどこにも見えない。領主権力に身の安全を求めるシステムが事実上消滅してしまったが故に、農村民は自ら自己防衛策を講ぜざるをえなくなっている。なけなしの収穫物を隠し、略奪の難から必死で逃れようとしている様子がはっきり描かれている。それでも根こそぎ略奪されるケースの多かったことを伝えている。野武士化した傭兵の出現もさることながら、むしろこうした事態に何の対応もできないでいる領主制システムの機能停止状況にたいする不安感・恐怖感の方がむしろ強くなっていた。通常の日常生活が維持できないという事態は、ひとえに権力の空白により保護が得られなくなった結果だからである。

こうした不安や恐怖が、少なくとも一三四〇年代に幾重にも重なり始めていたというところを重視しなければならない。

(二) 野武士団の横行

先にも引用したように、フルカンはジャクリーがもし貧しさや野武士に対する蜂起であるとするならば、最も豊かで略奪されていないパリ北部地方で起こったことをどのように説明できるのか[9]と問題を提起した。このことはジャクリーに限らず中世末期の民衆蜂起発生の諸要因を考える上でも、短絡的な原因究明の危うさを指摘した点で、また、民衆蜂起勃発の背景研究の必要性を前面に押し出したという意味において、いわゆる全体史的蜂起研究に一石を投じたそれとして注目されねばならない。

そのことを確認した上で、しかし「野武士に対する蜂起」でないと証明することはきわめて難しい。一般に「大野武士団」の登場が一三六〇年以降に考えられているために、それ以前の野武士の存在が軽視される傾向にあった。ここではポアティエの戦い後の時期にしぼって野武士団の動きを追跡してみよう。果たしてパリ北部地方がこれと無関係であったのかを。

まず史料用語の問題[10]であるが、「野武士団」を示すものとして散見できるのは *robeurs, routiers, brigans, compagnies* などの表記である。傭兵として雇われた者がいわゆる他所者・「外国人」であったことはコンタミンヌの研究[11]からも明らかであるが、とりわけブリガン *brigans*(現・brigands)の用語はその傭兵であることを理由に彼らに与えられた名称であることが分かっている。その彼らが一三五七年三月二三日のボルドー休戦以降[12]、給与未払い状態となり主にパリ西部地方に放り出されることとなった。兵士として役目の終わった軍事専門集団のその後の存在は無視できなかった。例えば、「首席司祭」と呼ばれたある騎士はパリ西部の職を失った傭兵を再組織し、プロヴァンスに向かいアヴィニョンの司教から少なくとも四万エキュ（金一千フロラン）を取得している。[13] こうした事例はこれ一つだけではなかった。ジャクリーに関係するであろう野武士団の動きは次の史料に確認できる。

「この頃、兵士とあらゆる地方から集まった野武士の部隊が、セーヌ川とロワール川との間の地方にやって来て、見つけしだい奪い去るなど荒し回った。そのため誰もパリとヴァンドーム、パリとオルレアン、パリとモンタルジスとの間の地方には行こうとしなかったし、――中略―― 誰もその地方にはとどまろうとしなかった。また、パリやオルレアンへと誰もが逃れた[14]」

確かに、パリ北部および東部に野武士団が出没したとは言っていない。集団をなしての略奪行為は、パリ南西部・南部において激しく行なわれたとある。そのためこの地域には誰も立ち入ろうとしなかったし、また、この地域の人々もパリやオルレアンに逃れた。それほど恐ろしく深刻な事態であったということがひしひしと伝わってくる。しかし、それにもかかわらず、フランスの各領主権力・国王権力が何一つ対応しきれていないこと、野武士団勢力のしたいほうだいの行為に対して打つ手が全くなかったことをこの史料は言外に証言している。農村部ばかりではない。サンタルノー、ガラルドン、ボンヌヴァル、クロワ‐シュル‐ル‐ロワール、エタンプ、シャルトル、モンレリィ、ピティヴィエール、ラルシャン、ミッリ、シャトゥーランドン、モンタルジなどの都市もターゲットにされた。[15] さらには、パリやオルレアンの市門近くまで襲来し、市壁外街区にまで火を放つ始末だと具体的に書いている。[16]

また、野武士団の存在はこの地方にだけしかみとめられなかったというものでもなかった。ノルマンディー地方では、ロベール＝カノッル Robert Canolle という人物が総大将であった大野武士団がいて、猛威を振るっていた。[17] さしあたりポアティエ戦後のこの時期に、野武士団と化した傭兵軍集団がどこに出没してもおかしくない状況があったということは考えておかねばならないだろう。

国王ジャンⅡ世がイングランド国王軍に人質として捕縛され、フランス国王軍は敗北の帰還となったが、それにとどまらずその直後からのこの野武士団の跳梁を権力側が抑えきれないでいる姿は惨めとしか言いようのない光景であったに違いない。一三五六年一〇月、一三五七年三月の全国三部会においてマルセル等王国改革派がナヴァール派とともに勢力を持ちはじめたのは、こうした事態が王国の中心地域に発生していた時であった。

そのマルセルが、ジャンⅡ世の後継者で当時パリ都市民蜂起を逃れてコンピエーニュ方面にいた摂政シャルル宛に一通の手紙を出している。その中で彼は、パリ臣民が摂政シャルル自身とその統治に大いに不平を言っていると前置きしたあと次のように言明している。

「まず第一に、殿下（摂政シャルル）と私どもとの、つまり王国の敵どもがパリ周辺近くまで、またはシャルトル方面から出没し、略奪を行なっていることです。それに対し、とられるべきいかなる救済手段も殿下によってなされていません。（第二に）また、殿下の命令書（一三五七年一二月二〇日《兵士の大集合》）に基づいて、ドフィネーからブルゴーニュから、さらに他の場所から遅れてやってきている傭兵達（形式的には摂政シャルル配下の兵士団）が、殿下や殿下の臣民にたいして敬意も示さず、為になるどころか税金を浪費し、人民を略奪し強奪しているということです。――中略――。民たちの不平の第三は、殿下の敵に対峙した砦にこそ強力な守備隊を置くべきなのに、私どもの食料が運ばれてくる通り道を制圧する城を強化し、《我々の幸福をまったく願わない》者たちをそこに駐屯させていることです。――中略――。これら総ての事柄は、総ての臣民にとって非常に大きな苦しみでありますし、故無きことではありません。――中略――殿下は彼らを保護し守らねばなりません。分別と真実とに従えば、臣民たちにとっては彼らを襲い金銭を奪うなど略奪をする連中に給金が支払われるより、王国の敵と戦っている人々に使われるのが最善であると思えるのです。また、彼らには、殿下と殿下の兵士団に属する兵士達が、戦争のない殿下の居られる平和なところより、敵のいるパリとシャルトルとの間の地域にいるほうが、殿下の名誉にとっても、より好都合であると思えるのです[18]」

このマルセルの手紙は、一三五八年四月段階のパリおよびその周辺の軍事的情勢を見事に描きだしている。先の史料からも読み取れたように、権力側の野武士団にたいする対応が皆無であったことがはっきりしてくる。また、他地方の傭兵たちが摂政シャルルの命令書にもとづいてドフィネーやブルゴーニュなど東部地方から遅れて集まってきていてすでに略奪行為まではたらいていることが指摘されている。この時摂政シャルル軍がどこにいたかといえば、「殿下の敵に対峙した城にこそ強力な守備隊」を置くこともせず、「戦争のない殿下の居られる平和なところより、敵のいるパリとシャルトルとの間の地域にいるほうが」と書かれているところからすれば、フルカンが問題にした「最も豊かで、略奪されていない」パリ北部ないしは東部であるとみるのが自然であろう。現に、この手紙よりも前の三月二五日に摂政シャルルはサンリスにて摂政派の三部会を開催して、四月にプロヴァンに向かった[19]が、五月初旬には三部会開催のためにコンピエーニュに滞在していたからである。

確かに、野武士団の跳梁によりもっとも荒廃してしまっていたのは、この手紙からも分かるようにパリ南西部地方であった。しかし一三五七年一二月二〇日の《兵士の大集合》以降になると状況に若干の変化が生じてきていることに気づかされる。パリの北部・東部にも傭兵集団が出没するようになったからである。四月末にはナヴァール王シャルル派勢力もメロおよびクレルモン付近に駐留しはじめていた。パリ南西部ほどではないにしてもパリ北部・東部でもいつ同じような事態に陥らないとも限らない現実を迎えはじめていたといってよい。実際にそうであったかどうかの時期・場所の面での裏付けは難しいが、マルセルのいう「略奪」「強奪」の類のことがパリ北部・東部に起きても不思議ではなかった。また、そこに至らないまでも傭兵集団が摂政シャルル配下の兵士として出没しはじめていたという点が重要であろう。マルセルが手紙で批判した摂政シャルルのパリに対抗しての経済封鎖をねらった軍事的展開も臨戦態勢に近い様相を呈してきているなかで、防衛能力皆無のパリ北部・東部の農村地域の民衆にはとりわけ不安な情勢と映ったに違いない。彼らがパリ南西部に起こっているような混乱による生命・財産の危機の到来を恐れたとしても不思議ではなかった。

(三) 農村民の危機意識

農村民の危機意識を直接伝えてくれる史料はいまのところまだ無い。ただ幸いなことに「年代記」や当時の文芸作品のなかにそれらしき部分を見出すことができる。ポアティエ敗北後、国王ジャンの虜囚に関する記述のところでフロワサールは貴族に対する民衆の思いを「騎士達は憎まれ、非難されていた」「貴族たちは王国を侮辱し裏切った」[20]と書いた。

この部分は民衆意識の中にあった貴族批判の特徴を良く示している。貴族たちは王国を守るどころか、逆に侮辱し裏切ったので非難されたと明快である。しかし、この民衆の思いはポアティエ敗北後突如として現れたのではなかった。例えば、一三〇二年のクールトレーの戦いでのフランス国王軍の敗北のころから、すでに「貴族」「家柄」といった身分範疇に対する非難がおこっていた。[21]『バラ物語』にも「貴族たることは、生まれながらに度胸があることだ。というのも、血筋のある高貴さが値打ちある高貴さとは言えないからだ」[22]と、「貴族」らしからぬ貴族層の存在を問題にしている。また、当時のある匿名の詩がそうした貴族の出鱈目さ加減を次のようにうたっている。

ほら吹き、虚栄心そして品の悪い衣服、
金メッキをした皮帯と帽子の羽飾り、
雄羊かきたない獣のようなあご髭。
これが、雷鳴や稲妻のように、
人の肝をつぶさせるのさ。
――中略――
見なよ！　自尊心と放漫な自惚れがどんなだか！
その高慢な態度が彼らを名誉心へと助長するのだ！
――中略――
その軍隊のなかで、彼らが企ててきた大きな反逆がはっきりと立証されたのだ。[23]

さらに、あの狡猾な乱行ぶりでその名を馳せた狐ルナールの登場する『狐物語』では、ある法廷闘争の一幕で「貴族の裏切り」について次のように語っている。

陛下は私に死刑の宣告を下されました。

しかしながら、陛下、およそ王たるものが
悪人佞人輩を好んで信用し、
心気高き家臣をうとんずるがごとき、
本末転倒の事態を招くにいたっては、
国家の命運は、危殆に瀕します。
なぜなら、生来品性賤しきやからは
物の節度をわきまえておりませぬ。
宮廷で立身出世できることとなると、
他人をおとしめることに心を砕きます。
けだし、餌に飢えかつえ切った犬は
隣獣も何もおかまいなしです。
かような連中は、貧しき者を滅ぼし、
通貨の改鋳をおこなわせます。
彼らは、人をそそのかして悪事を働かせ、
しかも、おのれの利を計ることは心得て、
他人の財産を横領するやからなのです。(24)

「餌に飢えかつえ切った犬」とは当然に貴族を指している。「隣獣」である敵（イングランド国王軍や野武士団）の侵入には目もくれず、それどころか一緒になってもっぱら「貧しき者を滅ぼし、通貨の改鋳をおこなわせ」るほど勝手気ままで、領主制機構の中での自分の政治的立場を見失った彼らにたいする批判は的確である。この現状認識は、ジャン＝ド＝ヴェネットが狼と犬とに関する寓話を引用したところでも、「この告訴された犬は自分の悪意をかくそうとたくらんだり、仲間（狼）の手助けで、結局、主人の羊を不正にむさぼり食ったりした[25]」という表現で一致している。

貴族が貴族としての本来の任務でもある民衆の日常生活の保護という役割を放棄し、挙げ句のはてには「隣獣」である「狼」と一緒に民衆をいためつけているという現実を鋭く告発している。権力を行使し、平和を維持しなければならないはずの貴族が、その能力無しとの烙印を押されていたことの証明である。いわば領主制への完全なる信頼喪失を示している。

防衛力を通常は持たない農村民にとって、以上のような貴族の堕落ぶりは非難だけしていてすむ問題でなかった。それまでの領主制による権力・平和維持システムの維持が全くできないとなると、果たして何にたよればよいのか、彼らの危機認識の深さはこの部分に基づいていたのである。

このように、ジャクリー蜂起勃発直前にみられた社会的危機は従来の領主制的システムの崩壊現象が誰の目にもはっきりと印象づけられたなかで着実に高まってきたものであったと結論づけられよう。そうしたなかで、平野部に居住する農村民には野武士団の到来という恐怖は最大級の危機として認識されていったのである。

（1） B. Chevalier, «Corpolations, conflits politiques et paix sociale en France aux XIVe et XVe siècles», *R. H.*, n. 543, 1982, p. 23.
（2） M. Mollat, *Genèse médiévale de la France moderne XIVe-XVe siècle*, Paris 1977, p. 44.
（3） Chron. Jean de Vénette, p. 213.
（4） M. Mollat, *Genèse*, p. 38.

（5） H. Dubled, «Conséquences économiques et sociales des mortalités du XIVe siècle, essentiellement en Alsace»,dans *R. H. E. S.*, t. XXXVII, 1959, p. 279.

（6） ジャン＝ドリュモー〈永見文雄・西澤文昭訳〉『恐怖心の歴史』新評論、一九九七年、二七九頁。

（7） M. Mollat et Ph. Wolff, *op. cit.*, p. 118 ; M. Mollat, *Genèse*, pp. 33-34; J. Favier, *La Guerre de cent ans*, Paris, 1980, pp. 225-247.

（8） Chron. de Froissart, t.V, p. 57 ; M. Mollat, *Genèse*, pp. 33-34.

（9） G. Fourquin, *Les Campagnes*, p. 233.

（10） S. Luce, *La Jacquerie*, pp. 9-10; G. Fourquin, *Les Campagnes*, p. 229; Ph. Contamine, *Guerre*, p. 23.

（11） Ph. Contamine, *Guerre*, p. 23.

（12） G. Fourquin, *Les Campagnes*, p. 230. この布告では、クリスマスの後三週間以内に集合するよう義務づけられていたが、パリのE＝マルセルらはこれに反対を表明していた。

（13） Chron. de J. le Bel., pp. 244-245. P＝ドゥニフルの研究によれば、この野武士の大軍団をプロヴァンズから遠ざけるために支払ったのだという（*ibid.*, p.245, n. 4）。

（14） *Ibid.*, p. 249; Chron. de Froissart, t. V,p. 97.

（15） *Ibid.*, p. 250.

（16） *Ibid.*, p. 249.

（17） *Ibid.*, p. 250.

（18） Lettre du 18 avril 1358 au régent, publiée par Kervyn de Lettenhove dans *Bull. Ac. royale de Belgique*, 1853, t. XX, 3 partie, pp. 93-95 (J. d'Avout, *op. cit.*, pp. 301-303).

（19） S. Luce, *La Jacquerie*, p. 49.

（20） Chron. de Froissart, t. V, p. 60 et 71; M. Mollat et Ph. Wolff, *op. cit.*, p.118.

（21） M. Mollat, *Genèse*, p. 55.

（22） *Roman de la Rose*, éd. A. Mary, Paris, 1947, p. 313 (M. Mollat, *Genèse*, p. 55).

（23） Ch. De Beaurepaire, *Complainte sur la bataille de Poitiers, Bibliothèque de l'Ecole des chartes*, 1851, t. XII, p. 261 (M. Mollat et Ph. Wolff, *op. cit.*, p. 118; M. Mollat, *Genèse*, p. 56).

（24） *Le Roman de Renard*, éd. R. Bossuat, Paris, 1957 があるが、本稿では、山田・新倉俊一共訳『狐物語』（『世界文学大系・

中世文学集』六五　筑摩書房　一九六二年）一四一頁を利用した。尚、筑摩版の新倉訳は M. Roques 版によっている（同上、四七四〜四七五頁）。『狐物語』は一二世紀後半から一三世紀中葉にかけて、北フランスで作られた寓話詩の一変種であり、全体として完結した作品ではなく、それぞれ独立した「枝篇」を後に寄せ集めて『狐物語』と称されるに至ったといわれる（同上、四七四頁）。一般に中世の庶民感覚で描かれていて、封建社会風刺の側面が強い。引用した箇所はとくにその表現が露骨なところである。

(25) Chron. de G. Nangis, t. II, p. 231 (M. Mollat et Ph. Wolff, *op. cit.*, p. 118).

おわりに

ジャクリー蜂起勃発の背景分析として、主に初期ヴァロワ王権期の「危機」状況を、一、中世領主経済の危機、二、政治的・軍事的危機の進展、三、社会的危機の三点に分けて検討を進めてきた。その結果、次のような整理が可能になったように思える。

（一）中世領主経済の機能麻痺、領主制的生産システムの形骸化のなかでの領主権力の側の対応は、一つは領主・農民関係の暗黙の原則でもある双務関係を自ら否定する領主権の過剰発動であり、第二に、伝統的な農村景観を切り崩す穀物生産型農業から商品作物栽培農業への転換であり、第三には、さらに新たな財源を求めての、俸給・身代金・戦利品の「供給者」であった戦争への突入であった。他方、農村民はといえば、領主権力側の身勝手な政策に抵抗はしつつも結果としておしきられ、さらには地主・小作制の展開にみられる市場経済に巻き込まれた彼らは両極に分化し当然の如く貧農層が増大することになった。そのため穀物など食料生産を中心とする農業生産を前提に成立していた村落共同体および農民的社会結合は大きく揺らぎ、彼らの間の社会的緊張が高まるに至っていた。そのような状況の下に、飢饉や流行病の打撃に弱い構造・体質が作り上げられてしまっていた。事実、平均してそれまでの人口の三分の一前後の生命が短期間に奪われるという、《ノルマンディーにおけるヒロシマ》とも表現された、どうにも手の打ちようのない後遺症の下に農村民は放り出されてしまっていた。これがジャクリー蜂起のちょうど一〇年前の現実であった。

（二）戦争、とりわけ百年戦争への突入はフランス王国全体が平和経済から厄介な戦争経済へと移行したことを意味した。つまり、戦争は蓄えと剰余分を消滅させ、あらゆる形の投資の可能性を奪うという性質をもち、これが平和時においても継続され、そのため投資や復興事業に出された資金が兵士の給料や非生産的軍事組織に呑み込まれてしまうというカラクリをもっていた。こうした広域的で構造的な変化のなかで、政治力を発揮しようとしたのが全国三部会と国王顧問会であったが、王権の伸長を加速させることはあっても残念ながら中世領主制の政治的枠組みに代わりうる機構として十分に機能するまでには熟していなかった。逆に、計画性もなく科学的裏付けに欠けた権力側の貨幣政策や課税政策の不手際によって商品貨幣経済の根幹を揺さぶり、あまつさえ敗戦処理や黒死病災害対策において平和・秩序維持能力の欠如ぶりを露呈したため、政治的な信用危機がとりわけ一三五一年以降強まった。そうした状況の下での王太子シャルルとナヴァール王シャルルとの対立に象徴される権力内部の分裂は、権力の空白といった事態を招き、一三五六年のポアティエの敗戦以降になると、農村民の貴族身分にたいする怒り・批判の声は益々増幅されることになった。

（三）農村民の危機認識の内容を意識の次元で捉えてみると、それは（一）（二）のような諸状況を背景に醸成されていた不安・恐怖感の深さとして計ることができる。戦争によるさまざまな被害にたいする恐れ、黒死病による死の恐怖、一三五七年ころからの本格的な野武士団の横行にたいする恐怖、さらに奥深いところの意識としては、貴族身分の各レヴェルの領主が領民である農村民の日常生活の保護という本来の任務を放棄し、敵軍や野武士団と一緒になり領民を苦しめているという現実から導き出される不安感、混乱を前にして誰にも保護が求められない恐怖感というものが一三五八年になるとさらに一層強まっていた。

以上のまとめに基づけば、ジャクリー蜂起勃発の「深い原因」はいわゆる領主制の危機にあったということになる。だが蜂起の「開始」にあたって、蜂起に立ち上がろうとした農村民の側がそうした現実の情勢分析をしていたわけではなかった。蜂起の勃発にはさらに火花の役割を果たす直接的契機が必要となる。

第Ⅲ章　E＝マルセルとパリ都市民蜂起

はじめに

フランス一四世紀の民衆蜂起をみる場合、まず、農村におけるジャクリー Jacquerie と都市で起こったエティエンヌ＝マルセル Etienne Marcel 等パリ都市民蜂起（以下、「マルセル蜂起」と略）をあげるのが一般的である。その場合、ジャクリーとマルセル蜂起を相互に密接に関係した民衆蜂起とみるのか、それとも、時間的にも地域的にも同一性をもちながらも、両者は基本的に異質のそれであると捉えるのかなどをめぐり、その解釈・認識の面で微妙な相違がある。この点で著者は、両者は全く無関係ではなかったとの立場に立つ。とはいっても、ジャクリーがE＝マルセルによって起こされ、指導されたもの、あるいはマルセル蜂起を補完するものとは考えず、以下、分析されるように、ともに独自の状況下で、独立した蜂起行動がとられたとの認識をもっている。

本章では、このような視角から、ジャクリーの近くに発生していたもう一つの民衆蜂起でもあるマルセル蜂起の分析を行なうことにする。他方、民衆蜂起についての理論的関心からしても、当蜂起は興味ある諸側面をもっている。とりわけ、フルカンの民衆運動論[1]に批判的な著者[2]にとって、たとえば指導的「エリート層」と民衆の関係などを検証するのにも格好の分析対象として存在している。

しかし、後述される研究史からわかるように、一三五六〜五八年のパリ都市民の運動に関する研究は日本におけるそれとは逆に圧倒的な厚みを誇っている。そして、これまで営々と積み重ねられた蜂起像は実に多様であることに気付かざるをえない。

本章では、まずその研究史を整理し、研究史上の最近の傾向とその問題点を明らかにし、次いで、日本ではまだ当蜂起の全容についての記述が少ないので、[3]蜂起勃発の背景やその経過についてまとめる作業もしておきたい。分析の主眼となるのは、第一に、一三五七年『大勅命』出現の意味と、第二に、一三五八年ジャン＝バイエ Jean Baillet 殺害と「二月二二日事件」の性格についての検討である。最後に、ジャクリー蜂起を意識しつつ、当蜂起を一四世紀民衆蜂起史の中に可能な限り位置づけていくことにしたい。

（1） G. Fourquin, *Les Soulèvements populaires au Moyen Age*, Paris, 1972.
（2） 近江「ヨーロッパ前近代の民衆運動論――フランス中世を中心にして――」（『人民の歴史学』、第七七号、一九八三）。
（3） その中の最もすぐれた研究として、井上泰男「初期ヴァロア朝の『政治危機』について」（『北大人文科学論集』、三号、一九六四）がある。

一　研究史――系譜論的アプローチ――

J＝ダヴーやカゼルらの近業[1]により、マルセル蜂起については、ほぼその全容が明らかになった観がある。また、民衆蜂起史や都市史の研究においても当蜂起への言及があり、[2]理論的にも、前近代における民衆蜂起の捉え方、一四―一五世紀都市蜂起 révoltes urbaines の変容といった視野の中での位置づけがなされてきている。しかし、こうした具体的で確実な労作がでてくるには多くの歴史家やアルシヴィストの努力があったからである。

(一) 両大戦間期頃までの研究

おそらく現在確認できる最も古い研究なのがJ＝ノーデの『国王権力に対するE＝マルセルの陰謀、一三五五〜一三五八年のフランス全国三部会史』[3]である。一八一五年出版だからなのかもしれないが、時代的背景を反映してか表題からわかるように「王権に対する謀反」といった視点で描かれている。今日フランスで一般的となっているイメージが出来上がるのは、フランスで本格的に『年代期』編纂の始まる一八三〇年代以降ということになる。

その代表的著作は、各種年代記に全面的に依拠したF・T＝ペランの『一四世紀におけるE＝マルセルとブルジョアジーの政権』[4]（一八六〇年）である。彼は『パリ全般史』[5]編纂のメンバーであり、史料篇の『商人頭、E＝マルセル』[6]（一八七四）を担当していて、一八七五年には『中世における民主政治』[7]を出している。一八七一年のパリ・コミューン前後の状況を反映していて、一三五六年と一八七一年の類似を強調している。[8]ただ、そうした彼の評価に対しては多くの批判のあったことも紹介されている。[9]

このペランの研究は、ほぼ同時期のリュスのジャクリー研究[10]と同様に、その後の研究の基礎となっている。しかし、その多くは彼の問題意識とは別に、マルセルに対する「個人史」的興味であり、一三五七〜五八年の「事件史」的叙述の傾向の強いものであった。たとえば「国民教育文庫」の一冊に入れられたもの[11]や、戯曲化されたものでも、[12]イラストが随所にちりばめられ、往々にしてマルセルの役割の強調されたものとなっていた。マルセルを評価するにしろ否定するにしろ、それは児童書[13]の類いにおいてもいえることだった。

そうした中で、「パリの革命」の政治的な動きに着目し始めたN＝ヴァロアの研究は注目に値する。[14]国立古文書館のアルシヴィストであった彼は冷静な筆致で、たとえば代議制政体の分析などを行なっている。さらに、広く一四世紀前半期のフランスを視野に入れ、ヴァロワ王権下における政治史的視点から一三五六〜五八年をとらえ直したのは、R＝

ドラシュナルの『シャルルV世』[15]である。ペラン以来の実証主義的研究を発展させ、その一つとして、『ジャンII世とシャルルV世治下年代記』と題して『大年代記』[16]を再編集している。

その後の仕事として、Y＝ル‐フェヴル[17]のものなどがあるが、そのほとんどは先行研究の二番煎じでしかなく、問題意識の面でも目新しいものは生まれてこなかった。とりわけ、両大戦間期の研究には見るべきものが少なかった。

(二) 戦後研究と最近の動向

戦後すぐの仕事としては、J＝カルメットやR＝エロン‐ド‐ヴィルフォスのもの[18]があるが、後者は「賢人、シャルル」Charles Sage という表現をとるところからもその内容がわかり、前者においてもR＝ドラシュナルのそれを越えるものではなかった。ともに、当時におけるフランス歴史家の中世の国王描写にありがちな、彼ら特有の呪縛から逃れられないでいる。

さて、戦後研究の一方を代表する研究者としてカゼルをあげなければならないだろう。彼の代表的著作の一つ、学位論文『フィリップ＝ド＝ヴァロワ治世下における政治的関係と王権の危機』[19]（一九五八）は、当時、「国際歴史学会議」を中心に展開された「封建制から資本主義への移行」や「封建制の危機」についての論争的機運の中で生み出されたものであった。国制史研究者の側から関心のもたれたこの仕事は、一四世紀半ばのヴァロワ朝の「危機」を「国王顧問会」Conseil du roi と「全国三部会」Etats généraux, Etats de langue d'oïl（以下、三部会と略）との中でみようとするものであった。また、そのために明らかにされた「国王顧問会」の構成メンバーやその他の政治的諸グループについての研究は、当蜂起をこれに関連した政治的諸階層の次元でとらえるに際し、豊富な基礎的情報を提供している。

さらに、論文「一四世紀半ばにおける革命的運動と政治的活動の周期」[20]などの研究をベースにまとめられた『ジャン

＝ル・ボン及びシャルルⅤ世治下の政治的関係、貴族そして王権』[21]は、政治史的構成と叙述をとりながら、当蜂起に直接かかわる各三部会の分析が行なわれている。一九七二年に出た『新パリ市史』[22]以来、すでにマルセルへの接近を確認することができるが、そうした分析視角をもった研究として、『エティエンヌ＝マルセル』[23]が一九八四年に出版されている。

戦後の研究を代表するもう一人の人物として、ダヴーをあげなければならないだろう。『E＝マルセルの殺害、一三五八年七月三一日』[24]が彼の主著であり、この本の帯には、「初期ブルジョア革命の失敗」と書かれている。この表現から理解されるように、マルセルらパリ都市民が第三身分として如何に成長し、王権に対してどのように闘い、そして敗北したのかが克明に描かれている。その点で、ペランの系譜に入れることもできる。「個人史」・「事件史」的叙述になりやすい分析対象を巧みにグローバルな問題意識の中に組み込んでいるのがわかる。幾重にも積み上げられた先行研究をフォローし、年代記等の基本史料からさらに手紙史料にまで及ぶ史料を扱い、抑制の効いた描写がされている。全体としてみるならば、それまでの当蜂起研究の総決算と考えることもできる。

一九七〇年代に入って新しい研究が出現した。一四・一五世紀の民衆蜂起全体の動向の中から当蜂起に言及したものとして、モラとヴォルフによる『青い爪、ジャックそしてチォンピ――一四・一五世紀ヨーロッパにおける民衆革命――』[25]がそれである。

ここで彼らはヨーロッパ史的視点から、一三七八年より一三八三年の最初の数か月までの期間を「革命の年月」と規定するなど、ヨーロッパ中世後期史叙述において初めて民衆史・民衆蜂起史研究の方法を導入し駆使してみせた。戦後フランス歴史学を背負ったその幅広い知識と重厚な実証に基づく社会経済史研究の成果を基礎に、蜂起の社会経済史的分析に鋭い冴えをみせている。

だからこそ、「民衆革命」というテクニカルタームが使用され、当蜂起分析においてもマルセルの階級的位置づけが的確になされ、同時に、下層民 menu peuple の動きや上層都市民層との間の微妙な利害・意識のずれがクローズアップされている。また、当然のことながらパリ以外のヨーロッパ諸都市の動向にも比較史的な目がそそがれている。別の見方をすれば、移行論争や危機論争の最中にも着実に進められていた彼らの民衆蜂起研究の中間総括と、全体史へのアプローチの開始と言えなくもない。

この研究との関連で、これまたイール - ド - フランス地方の中世末農村構造分析に力をそそいでいたフルカンが『中世の民衆蜂起』[26]で、ヨーロッパ中世の民衆蜂起理解に独自の見解を示した。彼の類型論的認識によれば、当蜂起は「社会的流動性に伴う運動」として位置づけられている。

「ポルシュネフ - ムニェ論争」におけるR＝ムニェ説の中世版ともいわれているフルカンの関心からすると[27]、マルセルは「エリート層」の典型として描かれることになる。

最後には、本章とのかかわりで重要なシュヴァリエの仕事について少し立ち入って検討することにしよう。彼は、一四・一五世紀都市民衆蜂起を三つのピークを中心にまとめ、当蜂起を第一期の「一三五六年ポアティエ敗北後の時期」[28]の代表とみている。この時期の都市蜂起全体の特徴は、当時の社会の「深い構造的変化」と大きなかかわりをもっていて、その変化の要が「親方層の二つの権力的側面に対するコルポラシオン（法人格上の組合）制度の設立」[29]だという。そして、当蜂起は「王国の改造を期待した結果、《善政》への熱望が、途方にくれた都市住民を動員する」[30]というスタイルをとりながら展開するとした。

この《善政》への熱望とは、「国王と対立する有力諸侯に国制改革の望みを託する」[31]と言いかえることも可能であり、「気性が激しく、多少デマゴーグで、かなり魅力的な何人かの諸侯に対して特別の計らいを求める」[32]ところの党派的闘争として現象化するというのである。さらに、都市の激動 violence には必ずエリート層が大きな役割を果たしていて、マルセルによって指導されたこの運動も、零細民達 miséreux の間の怒りの激発というものではなく、王国改革運動からの路線変更に起因する、有力者達に指導された叛逆 rébellion[33] ということになる。

従って、運動形態上の特徴もE=ル-ロワ-ラデュリのいうような[34]、「中世的な動乱 émotion médiéval」か「近世的な動乱 émotion classique」かといった単純な分類によって範疇化できない複雑さを当蜂起がもっていると結論付けている[35]。

ところで、当蜂起の一三五七年『大勅令』発布前後の段階を二大党派の対立という図式で理解するのがいまや一般的となっている。しかし、こうしたとらえ方は当蜂起の多様な側面を、また、ひいては民衆史的視点での諸要素を掌握するのに大きな障壁となっているように思える[36]。

(1) Jacques d' Avout, *Le Meurtre d'Etienne Marcel, 31 Juillet 1358*, Paris, 1960; Raymond Cazelles, *Société politique, noblesse et couronne sous Jean le Bon et Charles V*, Paris, 1982; id., *Etienne Marcel champion de l'unité française*, Paris 1984.

(2) M. Mollat et Ph, Wolff, *Ongles bleus, Jacques et Ciompi, les révolutions populaires en Europe XIVe et XVe siècles*, Paris, 1970; Guy Fourquin, *Les Soulèvements populaires au Moyen Age*, Paris, 1972; Bernard Chevalier, «Corporations, conflits politiques et paix sociale en France aux XIVe et XVe siècles», *R. H.*, n. 543, 1982.

(3) Joseph Naudet, *Conjuration d'Etienne Marcel contre l'autorité royale ou histoire des Etats-Généraux de la France pendant les années 1355 à 1358*, Paris, 1815.

(4) François-Tommy Perrens, *Etienne Marcel et le gouvernement de la bourgeoisie au XIVe siècle*, Paris, 1960.

(5) *Historie générale de Paris:Collection de documents* publiée sous les auspices de l'édilité parisienne, paris, 1844.

(6) F.-T. Perrens éd, *Histoire générale de Paris, Etienne Marcel, prévôt des marchands 1354-1358*, Paris, 1874.

(7) Id., *La Démocratie en France au Moyen Age*, Paris, 1875.

(8) Ibid., p. viij.

(9) Ibid., pp. vij-xvj; B. Zeller, *La Dauphin Charles et la commune de Paris*, 1885.
(10) S. Luce, *Histoire de la Jacquerie, Paris*, Paris, 1859.
(11) Jules Tessier, *Etienne Marcel*, Paris, 1880.
(12) Elie Cabrol, *Etienne Marcel, prévôt des marchands drame en cinq actes et huit tableaux, en vers orné de six dessins Facsimilé*, Paris, 1878.
(13) Euphrèmie Vauthier Garcin, *Étienne Maecel*, Paris, 1882; Emile Gautier, *Étienne Marcel*, Paris, (s. d.); Lucien Lazard, *Un bourgeois de Paris au XIVe siècle, Etienne Marcel*, Paris, 1890.
(14) Noël Valois, *Notes sur la révolution parisienne 1356-1358, la revanche des Frères Braque*, Paris, 1883.
(15) Roland Delachenal, *Charles V*, t. I, Paris, 1909.
(16) R. Delachenal éd., *Chronique des règnes de Jean II et Chaeles V*, t I, Paris, 1910, (S. H. F.)
(17) Yves Le Febvre, *Etienne Marcel ou le Paris des marchands au XIVe siècle*, Paris, 1926.
(18) J. Calmette, *Charles* V, Paris, 1945; R. Héron de Villefosse, *Charles le Sage, premier dauphin*, Paris, 1947.
(19) R. Cazelles, *La Société politique et la crise de la royauté sous Philippe de Valois*, 1958.
(20) Id., «Les Mouvements révolutionnaires du milien du XIVe siècle et le cycle de l'action politique», *R. H.*, N. 228, 1962.
(21) Id., *Société politique, noblesse et couronne sous Jean Le Bon et Charles V*, Paris, 1982.
(22) Id., *Nouvelle histoire de Paris de la fin du règne de Philippe Auguste à la mort de Charles V, 1223-1380*, Paris, 1972.
(23) Id., *Etienne Marcel, champion de l' unité française*, Paris, 1984.
(24) J. d'Avout, *Le Meutre d' Etienne Marcel*, Paris, 1968.
(25) M. Mollat et Ph. Wolff, *Ongles blues, Jacques et Ciompi*, Paris, 1970.
(26) G. Fourquin, *Les Soulèvements populairs au Moyen Age*, Paris, 1972.
(27) Robert Fossier, «Economies et sociétés rurales: France et Angleterre (onzième-quinzième siècles) Bulletins Historique», *R. H.*, N. 530, 1974, p. 437.
(28) B. Chevalier, «Corporations», p. 31.
(29) *Ibid.*, p. 18.
(30) *Ibid.*, p. 32.
(31) B. Chevalier, *Les Bonnes villes de France du XIVe au XIVe siècles*, Paris, 1982, p. 95.

(32) B. Chevalier, «Corporations», p. 32.
(33) *Ibid.*, p. 33.
(34) E. Le Roy Ladurie, *Le Carnaval de Romans*, Paris, 1974, pp. 360-362.
(35) B. Chevalier, «Corpolations», p. 23.
(36) *Ibid.*, pp. 33-34; J. d'Avout, *op. cit.*, pp. 121-144; Y. Le Febvre, *op. cit.*, pp. 39-40.

二　蜂起の背景とその経過

(一)　一三五〇年代のパリと民衆――蜂起勃発前の諸状況――

当蜂起の全体像を明らかにするためには、当時のヴァロワ朝支配下のパリや北フランスにおいて、どのような困難が存在し、どの面で危機的状況に至っていたのか、さらには、政治的・経済的に対立はどの辺に生じていたのか、といったところを把握しておかねばならない。

《資料Ⅰ》を見るとわかるように、一三四七~四八年の黒死病大流行後の一三五五年頃より、国王顧問会の開催回数と三部会 Etats de langue d' oil 実施頻度が高くなっていることに気付く。R=カゼルによれば、顧問会開催回数の多い一三四七~四八、一三五四~五五、一三五七~五八の三つのピーク時には三部会と王室役人との対立が激しく、政治的・軍事的情勢の変化と正確に一致していたという[1]。その中でも、とくに一三五七~五八年の局面は、顧問会の開催回数が多いばかりでなく、三部会も一三五五年のものも含めると七回も開かれていることに気付く。

さて、第二のピークの一三五一年には、三部会が開かれ、二月に『大勅令』が出されていた。この勅令をめぐる解釈[2]は多様であるが、その基礎に経済危機があるという認識においてはほぼ共通している。そうした理解を裏付けるように、第一条には、身体に異常の無い限り、「……耕作労働に従事し、生計を立てることを命ずる。[3]さもなくば……」という具合に、「無為徒食の者に対する就労強制[4]」がうたわれている。偽政者側の危機意識のレベルがはっきりしているところでもある。巨視的にみれば、危機打開をめざしたというよりも、当面の経済生活上の安定により治安維持を計ったところという見方も可能となろう。現に、この時の三部会でも援助金徴収の意図がはっきりしていた。[5]

次に、《資料Ⅱ》を見てみよう。カゼルによれば、このグラフに見える銀価格の上昇は財政危機を象徴していて、その財政危機は国王顧問会の活発な動きに示された政治的危機の時期に符合するという。[6]しかし、政治的危機の内容については別としても、順序としては逆の因果関係にあることがわかる。つまり、そもそも銀価格の上昇がどうして起きたのかということである。

その場合すぐに想起されねばならないことは、前章においても確認されたように、国王側の財政政策としてしばしば貨幣変更がとられたことである。とくに、一三三七年から一三六〇年にかけての二四年間に八五回もの変更があったといわれている。[7]ジャンⅡ世の前のフィリップⅥ世 Philippe VI de Valois (1328-1350) などは「偽金造り」faux monnayeur と渾名されていたという。[8]つまり、「これら一連の租税・貨幣政策の結果はやはり深刻な経済混乱[9]」を引き起こしていたという理解の正しいことを物語っている。

諸混乱を示している「銀価格の上昇」は一三五三年から一三五六年まで連続して確認できる。従って、一三五五、五六年には三部会が召集されていて、イングランドとの戦争再開を名目として援助金徴収も決定されている。[10]ところで、パリの社会地勢学的状況はどうなっていたのであろうか。この点について、B＝ゲレメクの研究がある。[11]

《資料Ⅰ》国王顧問会と三部会

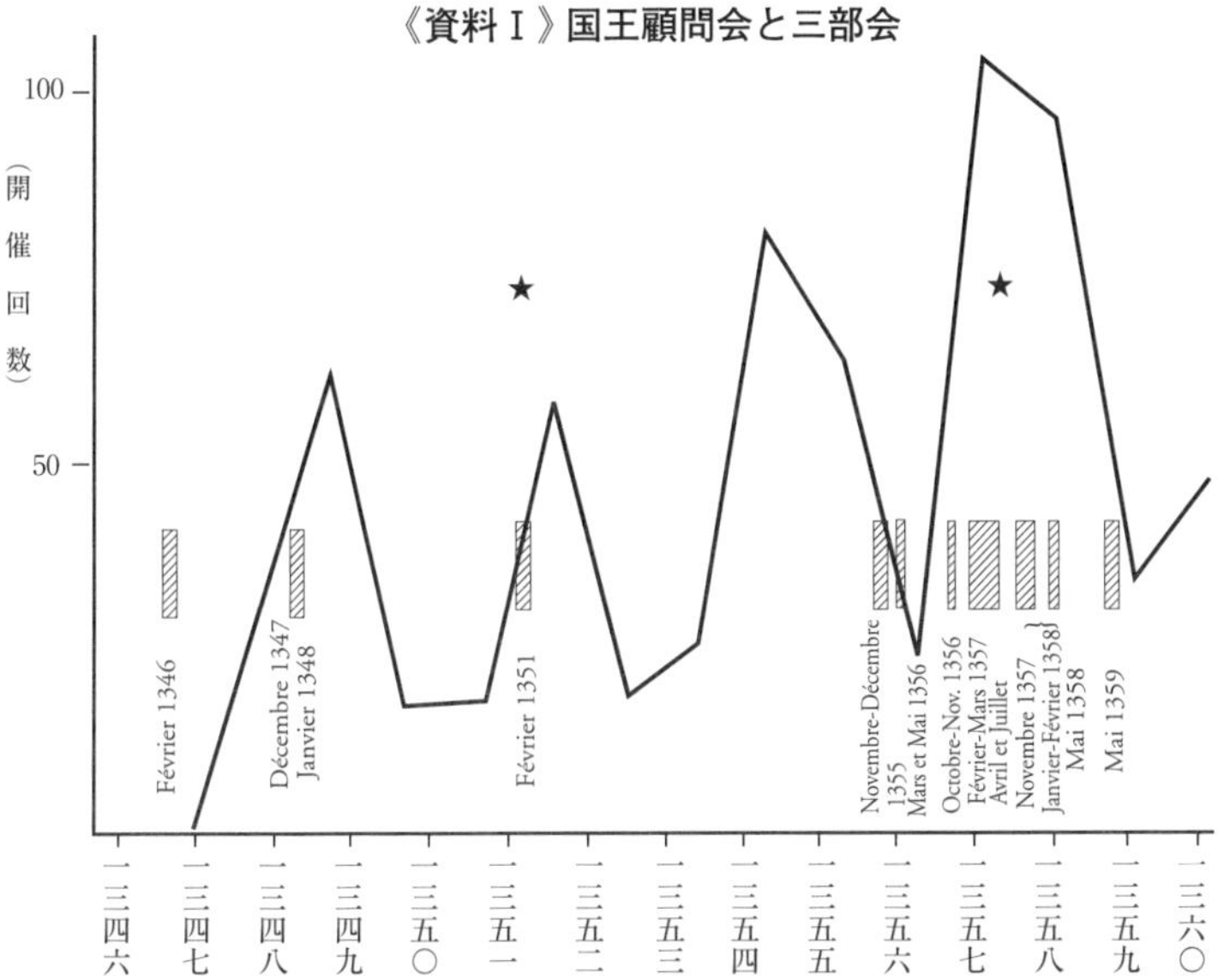

▨は三部会開催期間　折れ線は国王顧問会の開催回数。　★は『大勅令』発布

出典：R. Cazelles, «Les Mouvements» p. 282 et 303 より作成

《資料Ⅱ》トゥール貨による銀貨１マールの仕入価格変化

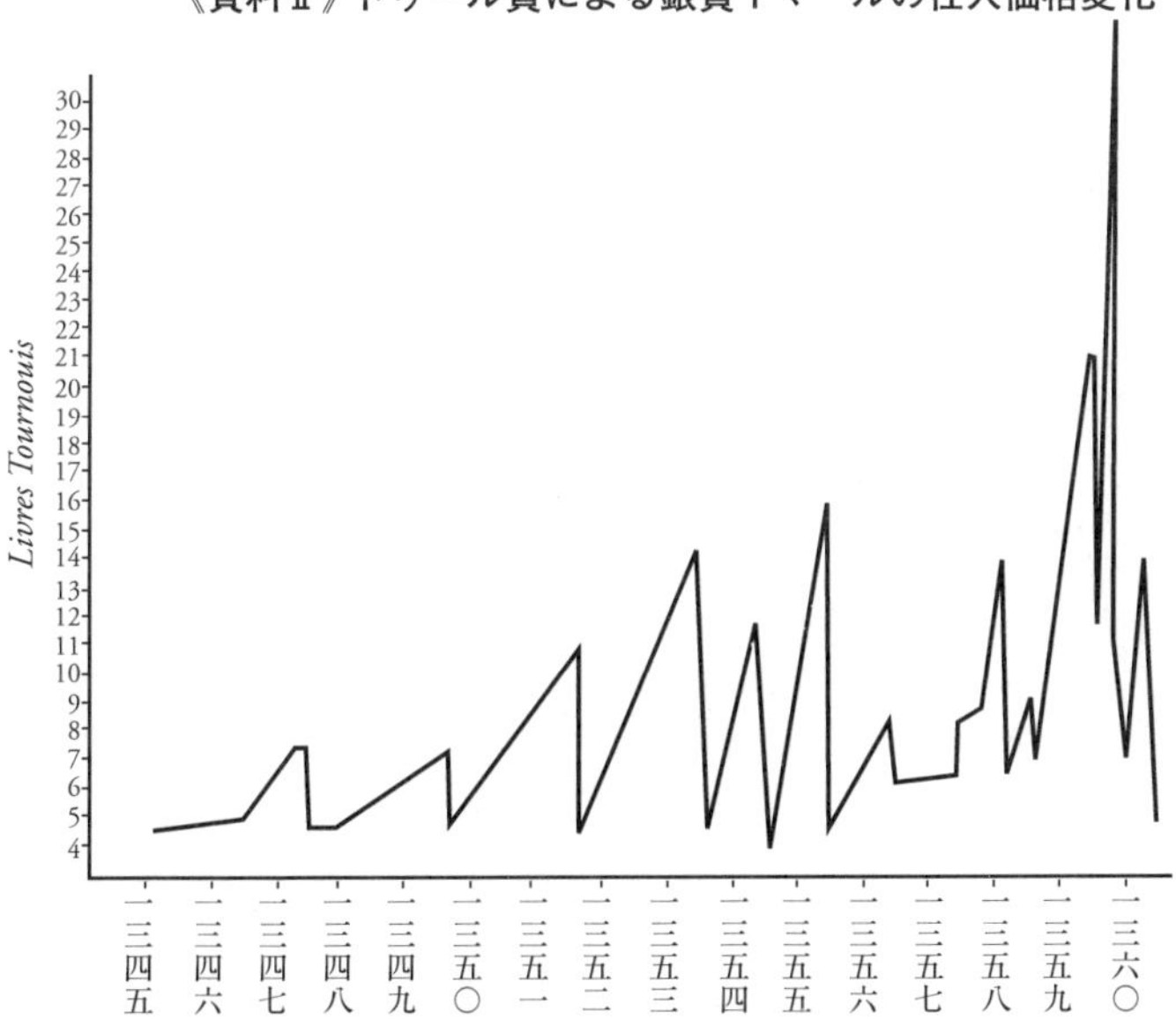

出典：R. Cazelles, «Les Mouvements», p. 301.より作成

《資料Ⅲ》の地図[12]は一三〇〇年の一戸当りの平均担税額を地区ごとに比較表示したものである。それをみるとセーヌ右岸に富裕な都市民の多かったことがわかる。数字の上から確認すると、当時のパリの人口は城外区民も含めて約二〇万人ほど[13]で、ゲレメクによれば、いわゆるタイユ担税民は全体の六万一〇〇〇戸主のうち一万五二〇〇戸主[14]で、さらに都市貴族化した都市民は約一五〇〇人強といわれている。また、一三五一年の勅令で貧民規定されたような純粋の乞食・流民の類いの大群が八万人いたともいわれている[15]。

あわせて《資料Ⅳ》の表をみておきたい。そこからわかることは、タイユ担税民の約八割がセーヌ右岸に居住していて、シテ島と同様、いわゆる富裕民 gros と零細民 menus の比がほぼ半々で、パリの全零細民の約八割が住んでいた。また、担税民のうち約半数の者が総税額の九〇%以上、平均して三一スウ一一ドニエを支払っており、下段の方とあわせてみると、五三六〇人の上層都市民のほとんどがセーヌ右岸に集中していたことがわかる。しかも、一六リーヴル以上を支払う都市貴族化した富裕都市民は、シテ島に五人確認されるのみで、他はセーヌ右岸に住んでいたということになる[16]。

このセーヌ右岸とシテ島の諸教区には、パリの商業・手工業の中心があり、当蜂起推進エネルギーを蓄え、「都市民軍」の中核を担ったのはこれらの諸教区に居住する人々であった。

さらに立ち入ってみると、富裕民の多いところは、中央市場街を含む Saint-Eustache 教区で、富裕民の数が零細民を上まわっている。Saint-Jacques-de-la-Boucherie 教区も、アルジ通りと Saint-Jacque 教会との間の、サン‐マルタン通りの裏町になる細長い小家屋の帯の地区を除いて富裕民が多かった[17]。ここの教区の各通りには、文字通り肉と魚を商う商人が住んでいた[18]。しかし、最大の富裕な資産家がみられたのはグレーヴ広場であった。

逆に、零細民の方はといえば、どの教区にも居住していたが、サン‐マルタン通りにそった Saint-Laurent 教区に、古

《資料Ⅲ》1300年パリにおける平均担税額の状況

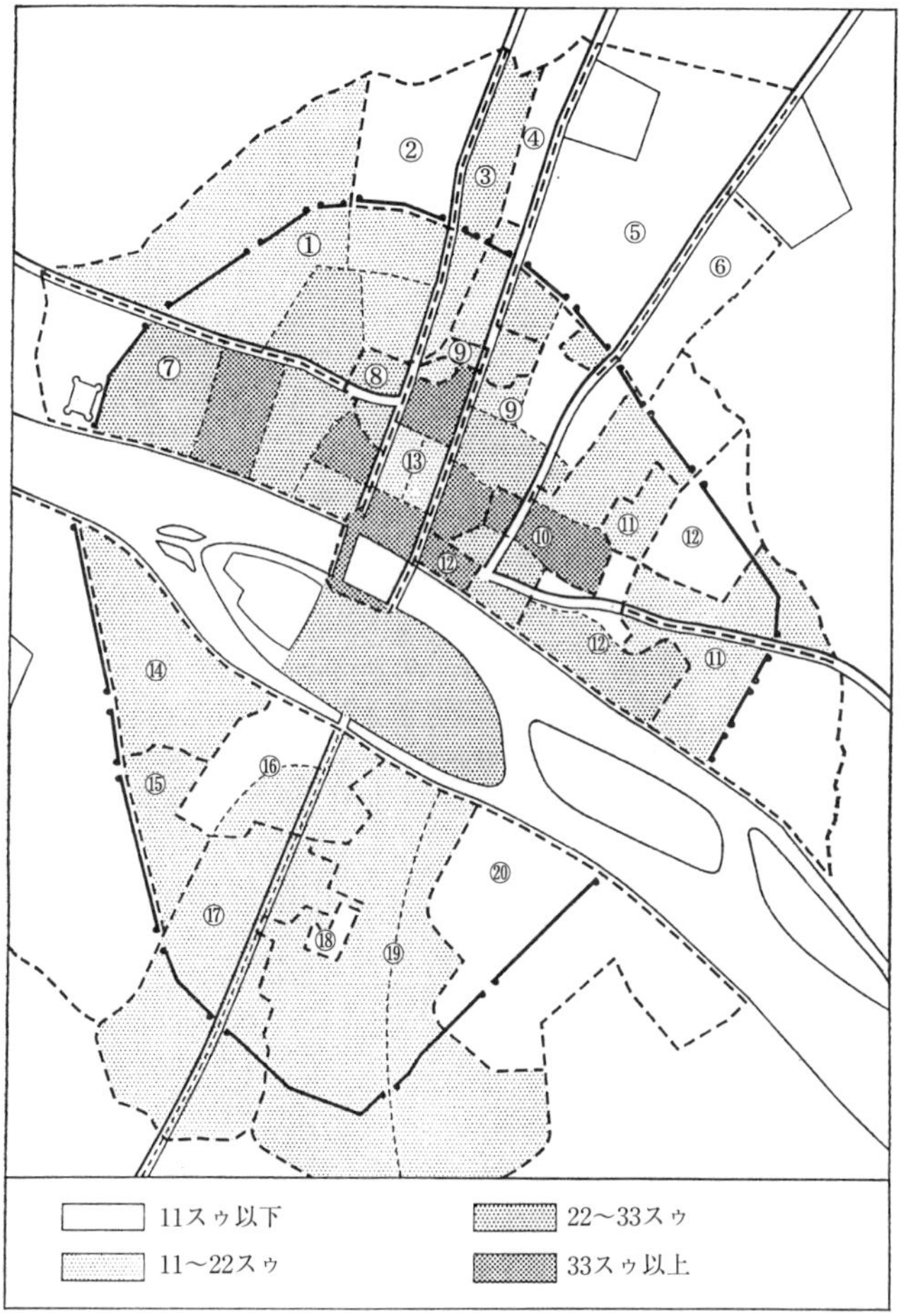

《教　区　名》

1. Saint-Eustache.
2. Saint-Sauveur.
3. Saint-Leu, Saint-Gilles.
4. Saint-Laurent.
5. Saint-Nicolas.
6. Hotes-du-Temple.
7. Saint-Germain-l' Auxerrois.
8. Les Innocents, Sainte-Opportune, Saint-Josse.
9. Saint-Merri.
10. Saint-Merri.
11. Saint-Pol.
12. Saint-Gervais.
13. Saint-Jacques.
14. Saint-André-des-Arcs.
15. Saint-Cosme.
16. Saint-Séverin.
17. Saint-Benoit.
18. Saint-Hilaire.
19. Saint-Geneviève.
20. Saint-Nicolas-du-Chardonnet.

《資料Ⅳ》1297年パリにおける担税民の状況

	戸　数	%	税額(スウ)	%	平均税額
富　裕　民	5,360	55.8	856,716	93.7	31スウ11ドニエ
零　細　民	4,250	44.2	58,411	6.3	2スウ8ドニエ

	富　裕　民　gros			零　細　民　menus		
地　域	戸　数	%	平均税額	戸　数	%	平均税額
右岸	4,198	55.3	34スウ	3,392	44.7	2スウ9ドニエ
シテ島	435	62.3	34スウ6ドニエ	263	37.7	2スウ8ドニエ
左岸	641	55.0	19スウ3ドニエ	523	45.0	2スウ8ドニエ
市壁外区	86	54.4	12スウ4ドニエ	72	45.6	2スウ7ドニエ

出典：B. Geremek, *Les Marginaux*, p.83

道具屋、古鉄屋そして小手工業者からなる零細民が比較的多い。また、富裕民に宿屋の主人がいるところから、この教区が商業地区の入口に位置していたこともわかる。次いで、Saint-Nicolas-des-Champs の近くの教区は、フィリップ＝オーギュスト市壁外 extra muros の部分と同様、城壁内においても零細民が多く、とくに市壁外では、石切り職人 tailleurs de pierre、石工 maçons、機職工 tisserands、靴屋 cordonnier、絹糸つむぎ人 fileuses de soie、金銀細工屋などの職人に零細民が多かった。[20]

しかし以上のような情報から、教区単位とはいえパリ民衆の意識状況をただちに思い浮かべることはできない。そこで、一三四〇～六〇年の賃金状態を示す統計表をみておくことにしよう。

《資料Ⅴ》は、石工と屋根ふき職人 couvreur の賃金状態の推移[21]である。一三五二年から屋根ふき職人の賃金水準は、停滞し、石工の方も一三五四年頃から五六年にかけて下降傾向にあることがわかる。一三四九年頃からの急上昇傾向が一般的に労働力不足に基づいているのに対し、当蜂起直前の下降状況は、政治的諸要因に基づく経済混乱によるものと考えられる。前述のように国王によって採用された貨幣変更の影響などが決定的であった。つまり、為政者の経済政策の結果として、職人達に不利な現実が現われていた。

《資料Ｖ》　パリにおける建築業の日給と上質小麦価格変化

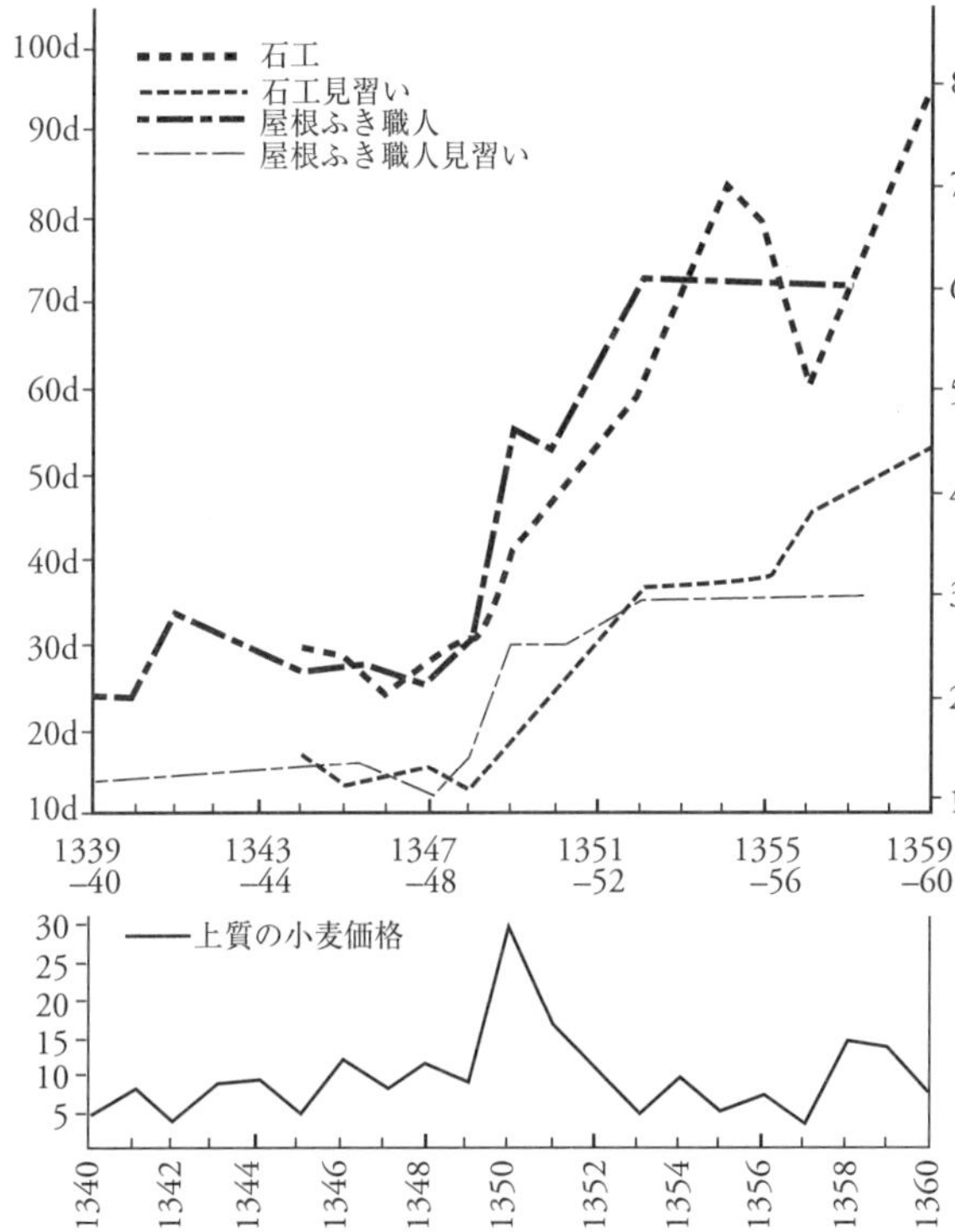

出典：B. Geremek, *Le Salariat*, p. 123

次に、当蜂起との関連で見過ごすことのできない政治的動向はといえば、それは百年戦争下に進行していたジャンⅡ世Jean II, le Bon（在位、一三五〇〜六四）・王太子シャルルとナヴァール王シャルル roi de Navarre, Chaeles le Mauvais（在位、一三五〇〜一三八七）との対立であろう。

一三五四年に、ジャンⅡ世の宮内大臣であったスペインのシャルル Charles d,Espagne の暗殺事件がおきた。(22) この時には政治的な問題から衝突事件にまでは至らなかったが、領土問題という形でくすぶり続け、一三五六年四月に、王太子シャルルが彼を逮捕し、アルルゥ城に投獄させ、さらにシャトレで長期の拘留を科した(23)ことによって一気に表面化したのであった。

このナヴァール王シャルルの逮捕はヴァロワ王権内部の分裂を印象づけ、貴族身分各層の封建的結集力を弱めることになった。それればかりか、当蜂起の経過の中ではこのナヴァール王シャルルの境遇が王国改革派のシンボルとして位置づけられ、また蜂起民衆の幻想の世界でも大きな役割を果たすことになるのであった。

(二) 蜂起経過

蜂起の概要を描くにあたり、《資料Ⅵ》の小年表のように、蜂起経過を便宜上三段階に区分してみた。なお、この作業にあたっては、研究史で紹介した先行研究に共通してみられる蜂起像を基礎にまとめることにした。

第一段階は、一三五六年九月のポアティエの戦いにおけるフランス国王軍の敗北、ジャンⅡ世がイングランド国王軍によって捕虜になった直後の三部会に始まる時期。第二段階は、一三五七年一月一九日から翌日にかけて実施されたパリのストライキ命令の頃より明確になりつつあった「二大党派の対立」期。同年三月三日『大勅命』の発布によって始まる。第三段階は、一三五八年一月二四日、王太子シャルル Chaeles le dauphin, duc de Normandie（一三五八年三月一八日に摂政 régent となった後シャルルⅤ世となる。Charles V, 在位、一三六四—八〇）の財務官 ジャン＝バイエ Jean Baillet の殺害事件以降の実力行使の時期である。

《第一段階》 この時期は、パリで開催された三部会を舞台とする政治改革運動が中心となった。F‐オリビエ＝マルタンにいわせれば、一三五五年一一月二八日発布の大勅令が具体化していた改革精神の延長[24]ということになるが、数名の国王顧問官の解任[25]や、ナヴァール王シャルルの釈放[26]、そして、二八名の国王顧問官（司教四人、騎士一二人、ブルジョア一二人）の任命などをめぐり、王太子シャルルと三部会との対立が鮮明となった[27]、という点で異なる。しかも、国王顧問会、会計院、高等法院を三部会の管轄下におき、軍事・財政・司法上の権限をマルセル ら改革派が掌握しようとしている。

すでにイングランド王エドワードⅢ世はナヴァール軍と連合しており、首都防衛という事態が現実化するなかで、王権が、三部会への一定の譲歩を余儀なくされたというのがこの段階での一般的状況と考えられる。

また、パリ有力都市民を代表する「水上商人奉行」Prévôt des marchands de l'eauで商人ギルド長官であったE＝マルセル[28] Etienne Marcel（一三一六～五八）は王太子のメッツ訪問中に彼が出していた「貨幣命令書」mandement monétaireに全面修正を迫り、新貨幣の流通を禁止するという妥協の余地の無い行動に出ている。さらに、マルセルは町共同体communalesをカルチェ（街区）の軍事組織に再編成し、その一〇人頭や五〇人頭などの重要な部署に彼の仲間を配置して、緊急事態に備えていた[29]。一三五七年一月一九日から翌日にかけて、マルセルはパリ市全域へストライキ命令を出している[30]。このパリ都市民側の強行姿勢に圧倒された王太子は三部会の権利確立をめざすための三部会開催に渋々従っていった。

こうした行動の背後には、当時ラン司教で王太子の顧問会にも姿を見せ、また、三部会の最も影響力のある代表者の一人でもあったロベール＝ル‐コック[31] Robert le Coqのいたことも指摘せざるをえない。

《第二段階》　一三五七年二月に始まったその三部会は王国政革派réformateursのメンバーの指導権の下に進められ、三月三日には『大勅令』Grande Ordonnaceが発布され、その内容も後で分析されるように、国王顧問会の再編成を中心にそれまでの勅令にはみられない革命的な文言が並ぶことになる。王太子側の全面譲歩の結果としか考えられない。

三月八日には九人改革委員会が創設され、『大勅令』実現をめざす動きが出ている。他方、四月にはボルドーで英王との間に休戦条約が締結され、事実上も百年戦争は中断される。この頃から、ナヴァール王シャルルのマルセル接近が具体的となる。五月には、先の勅令と連動して多くの王国都市bonnes villesが税の支払いを拒否するという事態も含め、王太子の立場は益々悪化していった[32]。

《資料Ⅵ》　パリ都市民蜂起の経過

	蜂起経過	三部会	その他	備考
1356 第一段階 1357	10/17　改革案提示 1/19　王太子とマルセルの会見 1/19〜20　ストライキ命令	・3月 ・5月	9月　ポアティエの戦い ジャンⅡ世 捕らえられる	E 王太子 M=N パリ市民
第二段階 1358	3/3　「大勅令」発布 15名の国王役人、22名の役人を起訴 11/29　ナヴァール王の脱出 11/30　ナヴァール王の演説 1/11　王太子、中央市場で説教 1/12　王太子とマルセルの演説合戦	・2〜3月 ・4月 ・7月 ・11月 ・1月	4月　ボルドー休戦 5月　多くの王国都市、税支払いの拒否	N=E パリ都市民 M 二大党派の対立 王太子
第三段階	1/24　王太子の財務官、暗殺 1/25　P＝マルクの「処刑」 1/26　P＝マルクの葬式 2/21　3,000人の職人のデモ 2/22　王宮への侵入、軍司令官暗殺 2/24　三部会、パリの権力取得 4/18　マルセルの摂政宛手紙 6/15　ナヴァール王、パリの頭領となる 7/31　マルセルの暗殺	・2月 ・3月 ・5月	3/14　王太子、摂政となる 3/17　摂政パリより逃亡 5/28　ジャクリーの農民蜂起	N=E M パリ都市民 王太子

注）MはE＝マルセル、Nはナヴァール王シャルル、Eはイングランド国王軍を示す。
また、⋯は同盟関係、⟷は敵対関係を示す。

この改革実施期には、マルセルの他に、R=ル‐コックをはじめランス司教のジャン=クロンJean Craon、貴族の代表としてジャン=ド=ピキニィJean de Picquignyなどもおり、有力諸グループの連合による王国改革運動としての性格の強い段階とみなすことができる。

また、この年の末、アミアン近くのアルルゥArleux城から脱走し[33]、一一月二九日にパリのサン‐ジェルマン‐デ‐プレ修道院に戻ったナヴァール王シャルルは、翌日、プレ‐オ‐クレルPré-aux-Clercsで一千人の群衆を前に演説している。これを見た王太子は、年のあけた一三五八年一月一一日、パリの中央市場Les Hallesで大群衆を前に演説しこれに対抗している。そして、翌一二日には今度はSaint-Jacques-de-l'Hôpitalでマルセルが演台に立つという具合に、パリ都市民各層の支持獲得をめぐる演説合戦をくり広げている[34]。

つまり、この段階のもう一つの側面として、ナヴァール王シャルルの立場を利用するマルセルらの派閥（とりあえず「赤青頭巾党」[35]としておく）と王太子派との間の対立期とみることもできる。言いかえれば、党派的闘争[36]lutte de partiの激化した段階ということになろう。

《第三段階》　ここまでの動きと違って第三段階は、マルセルを先頭としたパリ都市民衆の直接行動の時期と判断できよう。

一三五八年一月二四日には、三部会が貨幣の平価引き下げを決定している。その同じ日に、王太子の財務官ジャン=バイエJean Bailletがペラン=マルクPerrin Marcによって殺されている。この局面については分析の対象となるところだが、結局、王太子側がP=マルクを強引に処刑したところから、その葬式は一大示威行動へと発展している。二月一一日に三部会が開催されるが、その時には貴族の代表が姿を見せなくなる[37]。この事実は、ル‐ロア‐ラデュリの言う「中世的な運動展開」の特徴を示しているといってよいだろう。

《資料Ⅶ》マルセル蜂起時代のパリ

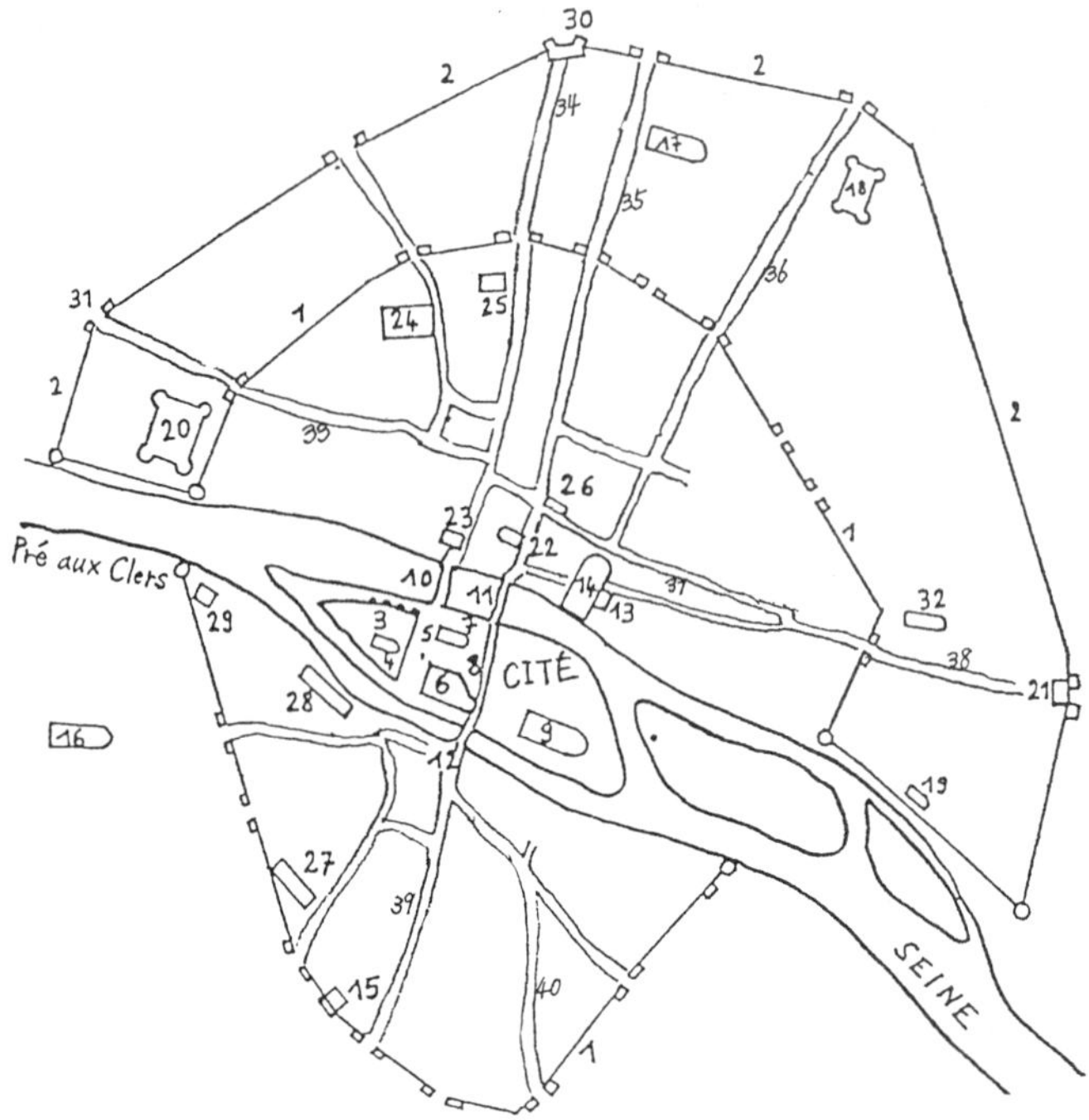

出典：R. Cazalles, *E. Marcel*, p. 355 より作成

1. フィリップ＝オーギュスト時代の市壁	19. La chapelle funéraire de la famille Marcel	33. rue Saint-Honoré
2. マルセル蜂起の頃の市壁	20. ルーヴル	34. rue Saint-Denis
3. 王宮	21. Porte et bastide Saint-Antoine	35. rue Saint-Martin
4. Sainte-Chapelle	22. Saint-Jacques-de-la-Boucherie	36. rue de Temple
5. Saint-Barthélemy	23. La Châtelet	37. rue de la Verrerie
6. Prieuré de Saint-Eloi	24. 中央市場	38. rue Saint-Antoine
7. La Pelleterie	25. L'Hôpital des pélerins de Saint-Jacues	39. rue Saint Jacque
8. La Vieille-Draperia	26. Saint-Merry	40. rue Sainte Geneviève
9. ノートルダム	27. Le convent des Cordeliers	
10. La Grand-Pont	28. Le convent des Augustins	
11. Les Planches-Mileray	29. Hôtel de Nesle	
12. Le Petit-pont	30. Porte et bastide Saint-Denis	
13. La Maison aux piliers	31. Porte Saint-Honoré	
14. グレーヴ広場	32. Sainte-Catherine-du-Valdes-Ecoliers	
15. L'ancien Parloir-aux bourgeois		
16. Saint-Germain-des-Prés		
17. Sait-Martin-des-Champs		
18. Le Temple		

詳細な検討は後にして、とりあえずこの時期の動きを辿ってみることにしよう。二月二一日には、マルセルによって組織された三千人の職人のデモがあり、翌二二日にはシテ島にあるサン‐テロワ囲い地Enclos Saint-Eloy方面から群衆が王宮に押しかけ、王太子の目前で二人の軍司令官maréchal（古くは「厩吏」、この当時は、高位軍事官僚を示すようになってきているが、適訳がない）を殺している。王太子はといえば、マルセルのさし出した赤と青の頭巾をかぶってその場を凌ぐのみであった(38)。

三部会は、こうして事実上パリの一部都市民・聖職者の手中に落ちたことになる。マルセルらはこの一連の行動を説明すべくグレーヴGrève広場に向かい、そこに集まった群衆に支持を訴えた。翌二三日には、マルセルとR＝ド‐コルヴィRobert de Corbieがまだパリに残留していた諸都市の代表者に「二月二二日事件」のあらましを説明している(39)。それだけでなく、その他のラングドゥイルの町々からも正式に同意をえようとする。しかし、アミアン、ボーヴェー、ラン、ランス、サンリス、そしてルーアンなどの諸都市から支持をえるだけに終っている(40)。

そうこうしているうちに、三月一七日、摂政になったばかりの王太子がパリから逃亡して、サンリス、コンピェーニュに摂政主催の地方三部会を強引に組織しパリに対抗している。具体的には、パリの経済封鎖をねらったものであった。とくにモーMeauxの占拠をめぐり、パリからはピエール＝ジル(41)Pierre Gilles、ジャン＝ヴァイヤンJean Vaillantらによって指揮された都市民軍が派遣されている。ほぼ同時期、パリ北部を中心とする周辺にジャクリーといわれる民衆蜂起が発生し、その蜂起軍と一時合流するに至るのはこの時である。ジャクリー鎮圧側に立ったナヴァール王シャルルの行動により、マルセル蜂起の立場は急速に弱くなり、そうした事態の急変化の中で、マルセルは七月三一日の街頭闘争の場面で殺され、それとともに改革の気運は薄れ、パリはふたたび王太子シャルルの支配に服することになった。

以上が、当蜂起の概要である。蜂起勃発直前の政治的・経済的矛盾の在り方と、経過中の諸段階にみられる対抗の図式が微妙にからみあっているのが浮き彫りになったであろう。

(1) R. Cazelles, «Les Mouvements», p. 286.
(2) R. Vivier, «La Grande ordonnance de février 1351», *R. H.* No.138, 1921; 高橋清徳「資料『パリ市の一般警察および諸職に関する国王ジャンⅡ世の勅令』(一三五一、一、三〇)」(『千葉大学法学論集』第一巻二号、一九八七年)、同「十四世紀パリにおける経済危機と王権の政策——一三五一年勅令の歴史的位置づけをめぐって——」(世良晃志郎編『ヨーロッパ身分制度社会の歴史と構造』、創文社、一九八七年所収)。
(3) René de Lespinasse éd., *Histoire générale de Paris, Les Métiers et corporations de la ville de Paris*, t. I, Paris, 1886, p. 2.
(4) 高橋、「経済危機と王権」、一〇四頁。
(5) F.-T. Perrens, *La Démocratie*, pp.111-112; R. Delachenal, *op. cit.*, p. 120.
(6) R. Cazelles, «Les Mouvements», p. 302.
(7) 山瀬善一『百年戦争——国家財政と軍隊——』、教育社、一九八一、六七頁。
(8) R. Vivier, «Une Crise économique au milieu du XIVe siècle. La première grande intervention de la royauté dans le domaine économique: ses causes», *R.H.E.S.*, 1920, pp. 210-213; 高橋、「経済危機と王権」、七五頁。
(9) 高橋、「経済危機と王権」、七六頁。
(10) F.-T. Perrens, *La Démocratie*, pp. 129-135; Gustave Dupont-Ferrier, *Etudes sur les institutions financières de la France à la fin du Moyen Age*, Paris, 1930, p. 20; R. Delachenal, *op. cit.*, p. 121; 井上、前掲論文、一二七—一二九頁。
(11) Bronislaw Geremek, *Les Marginaux parisiens aux XIVe et XVe siècle*, Paris, 1976.
(12) R. Cazelles, *Nouvelle histoire*, p. 30.
(13) Ph. Dollinger, «Le Chiffre de population de Paris au XIVe siècle», *R. H.* n.216, 1956, pp. 35-44; G. Fourquin, «La Population de la région parisienne aux environs de 1328», *Moyen Age*, 1956, pp. 63-91.
(14) B. Geremek, *Les Marginaux*, p. 81.
(15) Y. Le Febvre, *op. cit.*, p. 15.
(16) B. Geremek, *Les Marginaux*, p. 81.

(17) *Ibid.*, pp. 85-86.
(18) Alfred Franklin, *Les Rues et les cris de Paris au XIII*[e] *siècle*, Paris, 1984, p. 15.
(19) B. Geremek, *Les Marginaux*, p. 86.
(20) *Ibid.*, p. 85.
(21) B. Geremek, *Le Salariat dans l'artisanat parisien aux XIII*[e]*-XV*[e] *siècle*, Paris, 1968, p. 123.
(22) Y. Le Febvre, *op. cit.*, p. 44; J. d'Avout, *op. cit.*, p. 20; R. Cazelles, *E. Marcel*, p. 105.
(23) Y. Le Febvre, *op. cit.*, p. 46; J. d'Avout, *op. cit.*, p. 21.
(24) F. Olivier-Martin, *Etudes sur les régences, Les Régences et la majorité des rois sous les Capétiens directs et les premiers Valois (1060-1375)*, Paris, 1931, p. 138.
(25) J. d'Avout, *op. cit.*, pp. 60-61; 井上、前掲論文、二九頁。
(26) *Ibid.*, p. 62; R. Cazelles, *E. Marcel*, p. 155.
(27) *Ibid.*, p. 64.
(28) E＝マルセルはパリの中産階級の上の方に属する家系の出で、父方はラシャ製造業・両替商の系統にあり、母方は国王役人の系統を引いていた。彼の祖父のJacques Marcelと父親のGarnier Marcelは大きな尊敬を受けていて、とくに父親はエシュバン（市長補佐役）の役職に迎えられていた。百年以上もの間、マルセル家の人々は特権商人の座を占めていた。彼の伯母にあたるMarie MarcelはGeofroy Cocatrixと結婚している。Geofroyの家系はフィリップ＝ル－ベルPhilippe IV le Bel（在位、一二八五―一三一四）国王のとき、第一の家臣の地位に就いてもいる名門であった。

彼が商人奉行prévôt des marchands de l'eauに選ばれたのは一三五五年の全国三部会の時であった。

彼の先妻Jeanneは恐らく一三四八年の大黒死病grande pesteのとき死亡したようであるが、その時、妻の持参金のうちからChâtelet付近の用益権を受けとっている（一三四四年一一月一一日、妻の生前に贈与されたものである）後妻も富裕商人家族の者であったが、その時には相続問題で妻の家族であったDes Essartsと争いをおこしている。この辺に、パリ市民蜂起時における彼の行動の原点を求める歴史家もいる（M. Mollat et Ph. Wolff, *op. cit.*, p. 119）。

兄弟は四人で、彼は長男である。下にGuillaum Marcel, Jean Marcel, Gilles Marcelと三人の弟がいた。パリの商人奉行に選ばれたとき、彼は四人中三人のエシュバンPierre Bourdon, Bernard Cocatrix, Charles Toussacをマルセル家と縁組みさせている。Ch. Toussacは後に、五八年一月一二日、サン－ジャック－ドゥ－ロピタルでの王太子との演説戦で重要な役割を果たしている（P. Larousse, *Dictionnaire du XIVe siècles*, n° 10.)。他にもSiméon Luce, *La France pendant la guerre de cent ans*, Paris, 1890, pp. 49-60; R. Cazelles, *E. Marcel*, pp. 50-108が詳しい。

(29) J. d'Avout, *op. cit.*, p. 93; M. Mollat et Ph. Wolff, *op. cit.*, p. 120.

(30) J. d'Avout, *op. cit.*, p. 90.

(31) Y. Le Febvre, *op. cit.*, pp. 48-50. モンディディエ生れのブルジョア家系の出身といわれている。オルレアンの学校で修業をつんだ後、弁護士としてパリ高等法院に入る。ジャンII世のとき請願書審理官に、ついで聖職者顧問官に抜擢された。さらに一三五一年からはルーアン教会の財務官、アミアン教会の聖歌隊先導者を命じられ、最後にラン司教、国王顧問会の顧問官を命じられた。

(32) J. d'Avout, *op. cit.*, pp. 110-116.

(33) *Ibid.*, p. 122.

(34) *Ibid.*, pp. 125-137.

(35) Y. Le Febvre, *op. cit.*, p. 56; R. Cazelles, *E. Marcel*, p. 245.

(36) B. Chevalier, «Corporations», p. 32.

(37) J. d'Avout, *op. cit.*, p. 144.

(38) *Ibid.*, p. 150.

(39) *Ibid.*, p. 155.

(40) R. Cazalles, *Société politique*, p. 306.

(41) 金銀細工屋のPierre des Barresと共同してパリ周辺の城や砦の破壊を指揮し、モー市場marché de Meauxの攻撃では、ジャクリーの蜂起に参加した農民で補強を計り、成功させた。一三五八年八月四日パリ中央市場で打ち首にされた。サン＝ドニ大通りのSainte-Opportune近くで食料品屋を営んで、主に東方の物資を販売していた（S. Luce, *op. cit.*, pp. 25-26）。

三　一三五七年『大勅令』出現の意味

(一)　一三五七年二～三月開催三部会の政治史的位置

『大勅令』を発布させる原動力となったのは、一三五七年二月に始まるラング - ドゥイル全国三部会 Etats généraux de la langue d'oïl（以下、「三部会」と略記）での審議であった。R = ル - コックの結語で幕を閉じたこの会議では、当蜂起第一段階の性格を規定している一三五六年一〇月の三部会で争点となった諸問題に決着をつけるという意味あいが強かった。(1)

いうまでもなくそれらの諸問題とは、顧問会議のメンバーの一新、貨幣改悪の阻止、公正な課税実施に関することであった。この点で、三部会側の態度とE = マルセルの行動は完全に一致していたとみてよい。(2)

三部会開始の一か月ほど前の一月一九～二〇日に、マルセルがパリ市域にストライキ命令を出し、これに、パリのほとんど総ての職人が応じていた。(3) 規模にして三千人ほどになる都市民軍の組織化にも成功しており、(4) マルセルらは王国改革の実現を迫る第一段階最後の実力行使に出ていた。

三部会開催の最初の準備が始まったのは、一月二五日、王太子 Charles le dauphim, duc de Normandie とマルセルとの間の政治協定成立後であった。パリ司教のシャルル = ド - ブロワ Charles de Blois、ルーシ伯ジャン = ド - ムラン Jean de Meulan、元大法官のギヨーム = フロット Guillaume Flote のような三部会派によって制圧されていた顧問会がパリにおける二月五日開会を決定した。(5)

しかし、パリに代表を送った地域は前年の一〇月のときよりも減少した。例えば、ブルゴーニュ、フランドルなどからの代表は姿をみせていない。そしてノルマンディー地域からもナヴァール派は参加していない。セーヌ流域、シャンパーニュ以南、ロワール中・上流域、つまり、マルセルのパリ商人奉行としての勢力の及ぶ範囲内からしか参加していないのである[6]。その理由としては、度々の三部会開催に疲れたか、または、パリより遠く離れた地域からでは会期に間に合わない、などのことも考えられるが、他に、蜂起の幕開けとなった前回の三部会において、ブルジョア勢力の優勢、王権制限の傾向という目立った改革派 réformateurs の一人歩きを憂いた大部分の貴族代表がこの会議を敬遠したことに求めることができる[7]。

三部会開催時において、このようにマルセルら「ナヴァール派」（＝王国改革派）がすでに会議の結論を用意していたといえなくもない。

A　顧問会改革

カゼルや井上泰男らの研究に明らかなように、三部会と顧問会の開催回数との因果連関には当時の政治情勢が色濃く反映されているといわれる[8]。その顧問会の改革をめざす動きが一三五六年一〇月一七日に始まる三部会で表面化していた。そこで解任を要求されたのは九名（貴族六名ブルジョア三名）であったが[9]、それが今度は二二名になっていた[10]。『大年代記』には次のようなメンバーがリストアップされている[11]（《資料Ⅷ》）。P＝ド‐ラ‐フォレ、S＝ド‐ビュシー、R＝ド‐ロリスの三名はすでにパリから逃亡して、ボルドーにおいてジャンⅡ世Jean II, le Bon の顧問官としての立場にあった。なかでも、R＝ド‐ロリスは「王太子派」の中心人物で、ギヨーム＝ド‐ムラン Guillaume de Melun らを率いて「ナヴァール派」と敵対していた。また、一三五七年八月に王太子が旧国王顧問官の再結集を計ったとき[14]の中核的人物でもあった。

また、ブルジョア出身の顧問官として、六番目の造幣局長官兼王室会計院長ジュアン＝ポワルヴィラン Jehan Poillevilain、七番目の財務官アンゲラン＝デュ‐プティセリエ Enguéran du Petit-Célier、九番目の軍事財務官ジュアン＝ショヴォー Jehan Chauveau の三名を確認することができる。(15) 彼らは「王太子派」特権ブルジョア層の代表格と目される。他にも王太子に忠誠を誓ったブルジョアのいたことが指摘されているが、(16) 正確な数や財産規模などは不明である。ただ、前記三名の者は、B＝シュヴァリエのいう「初期の王国都市を支配した」門閥層に属していたと見て間違いない。マルセル自身もこうした特権化した富裕ブルジョアの一人であったことも明記されねばならない。(17)

これに対して、三部会を中心に確認される「改革派」（＝「ナヴァール派」の別称）グループは次の通りである《資料Ⅸ》。

この中で、指導的役割を演じたのは、ロベール＝ル‐コック Robert Le Coq（ラン司教）を筆頭に、ジャン＝ド‐クラン Jean de Craon、ギヨーム＝フロト Guillaume Flote、ラウル＝ド‐ルーピィ Raoul de Louppy、アモーリ＝ド‐ムーラン Amaury de Meulan という司教や諸侯といった有力層であり、ここには、マルセルや彼の片腕でもあったシャルル＝トゥサック Charles Toussac は姿を見せていない。(18)

また、三部会終了後の一三五七年三月八日に発足する王国の「改革委員会」を構成したテランヌ司教で大法官のジル＝エスラン Gilles Aycelin、ヌヴェール司教のベルトラン＝ド‐ペブラック Bertrand de Pébrac、モー司教のフィリップ＝ド‐ヴィトリィ Philippe de Vitry、平聖職者のジャン＝ド‐ゴンリュ Jean de Gonnelieu とロベール＝ド‐コルビィ Robert de Corbie、ムーシー侯マチュー＝ド‐トリィ Mathieu de Trie、シャンパーニュの軍司令官ジャン＝ド‐コンフラン Jean de Confians、さらにはアヴヴィルのブルジョアで弁護士のコラール＝ル‐コシュトゥール Colart Le Caucheteur、同じく弁護士でパリのブルジョワのジャン＝ゴダール Jean Godart などの人物も名をつらねている。(19)

《資料Ⅷ》解任要求された国王役人リスト

	名　前	役　職　名
1.	Pierre de la Forest	大法官
2.	Simon de Bucy	高等法院長官
3.	Jehan Chalemart	請願予審部長官
4.	Pierre d'Orgemont	高等法院大審部長官
5.	Nicolas Bracque	宮中官（財務官、会計院長官を歴任）
6.	Jehan Poillevilain	造幣局長官兼王室会計院長
7.	Enguéran du Petit-Célier	財務官
8.	Bernart Fremaut	同上
9.	Jehan Chauveau	軍事財務官
10.	Jacques Lempéreur	戦時財務官
11.	Estienne de Paris	司教座聖堂参事会会長
12.	Pierre de la Charité	王室請願審理官
13.	Ancel Choquart	同上
14.	Robert de Lorris	ジャン王の侍従長
15.	Jehan Taupin	請願予審部評定官
16.	Geoffroy le Masurier	王太子の掌酒子
17.	le Borgne de Beausse	王太子厩番頭
18.	Renaud Meschin	請願予審部長官
19.	Robert de Preaux	国王秘書官
20.	Regnault d'Acy	高等法院国王弁護人
21.	Jehan d'Auceurre	会計院長官
22.	Jehan de Behaigne	王太子侍従

出典：Grandes Chron., t. VI, p. 53; 井上泰男、前掲論文、36頁より作成

「改革派」構成メンバーの身分別の特徴をみると《資料X》のようになる。なかには一三番目のR＝ド・コルビィのように本人の身分とは関係なく、どこかの都市の代表として出席している場合もあるので[20]、身分代表としての側面より地域利益代表としての役割を重視する必要もでてくる。総じて、身分上は雑多であっても「王国改革」のための改革委員会的雰囲気の強いことがわかる。

B　貨幣・課税問題

王太子のメッツ訪問中の一三五六年一一月一二日、マルセルらは王太子の出していた「貨幣命令書 mandement monétaire」にすでに全面修正を迫り、新貨幣の流通を禁止しており[21]、三部

《資料Ⅸ》1357年3月段階における「改革派」の構成

人　名	出身地	身　分	肩　書	備　考	
Comte d'Alençon	ノルマンディー	公　爵			
Guillaume d'Ambreville	ヴィムゥ	騎　士			
Arnoul d'Audrehem	アルトワ	同			
Gilles Aycelin	オーヴェルニュ	聖職者・貴族			
Bertaud Bardilly	オルレアン	騎　士		Thérouanneの司教	(改)
Ligier Bardilly	同	同			
Fouque Bardoul	ノルマンディー	聖職者・貴族			
Jean Barraut	ブルゴーニュ	ブルジョア		(アミアン)	
Louis de Beaumont	メーヌ	騎　士			
Charles de Blois	ブルターニュ	公　爵		ブルターニュ公	
Jean de Conflans	シャンパーニュ	騎　士	軍司令官		(改)
Firmin de Coquerel	ピカルディー	ブルジョア		(アミアン)	
Robert de Corbie	同	聖職者	神学部の教師		
Jean de Craon	アンジュー	聖職者・貴族			
Gérard de Dainville	アルトワ	同			
Philippe Des Essars	イール・ド・フランス	騎　士			
Jacques Du Boulay	ノルマンディー	貴　族			
Vincent Du Valricher	同	ブルジョア		(ルーアン)	
Comte d'Etampes	イール・ド・フランス	公　爵			
Moreau de Fiennes	アルトワ	騎　士			
Guillaume Flote	オーヴェルニュ	同			
Robert de Fontenay		聖職者			
Yon de Garencières	ノルマンディー	騎　士			

Jean Godart	イール - ド - フランス	?	弁　護　士		(改)
Jean de Gonnelieu	カンブレー	聖職者・貴族		Cambraiの分科大学長	(改)
Guillaume Guitard	ノルマンディー	聖　職　者			
Jean d'Hangest	ピカルディー	騎　　士			
Robert d'Houdetot	ノルマンディー	同			
Colart Le Caucheteur	ピカルディー	新　貴　族	弁　護　士		(勅)(改)
Robert Le Coq	同	聖職者・貴族	同	Laon司教	(勅)
Pierre Li Muisis	トゥルネー	ブルジョア			
Pierre de Lieuviller	イール - ド - フランス	俗　　人	高等法院顧問官		
Jean de Lille	同	ブルジョア		「議決された援助金の管理」	
Raoul de Louppy	ヴァロア	騎　　士			
Amaury de Meulan	ノルマンディー	同			
Jean de Meulan	同	聖職者・貴族			
Etienne de Musigny	ブルゴーニュ	騎　　士			
Jean de Nanteuil	イール - ド - フランス	聖職者・貴族			
Jean de Neuville	アルトワ	騎　　士			
Duc d'Orléans	オルレアン	公　　爵			
Bertrand de Pébrac	リムーザン	聖職者・貴族（?）		Neversの司教	(改)
Jean de Picquigny	ピカルディー	騎　　士			(勅)
Guillaume de Poitiers	ヴァランズ	聖職者・貴族		Langresの司教	
Enguerran Quiéret	ヴィムゥ	騎　　士		1358年2月22日に「隊長」に	
Comte de Roucy	シャンパーニュ	同			
Jean de Saint-Aulde	ブルゴーニュ	?	弁　護　士		
Adam de Sens	同	俗　　人	高等法院顧問官		
Mathieu de Trie	イール - ド - フランス	騎　　士			(改)
Philippe de Troismons	ノルマンディー	同	法学部教授		
Philippe de Vitry	シャンパーニュ	聖　職　者		Meauxの司教	(改)

出典：R. Cazelles, *Société politique*, pp. 270～271.（(勅) は「大勅令」作成者、(改) は3/8の改革委員をさす）

《資料X》「改革派」グループの身分構成

公　爵	4	貴族層	27
貴　族	1		
騎　士	21		
新貴族	1		
貴族出身聖職者	9	聖職者層	14
聖職者	5		
俗　人	2	第三身分	7
ブルジョア	5		
不明			2
計			50

会の姿勢もこれに呼応する動きをしていた。新貨幣流通に対するこの過激な行動はマルセルら「改革派」の最初の闘いであるともいわれるように[22]、ジャンⅡ世逮捕後のヴァロワ朝の政治的危機状況を物語る大きな局面とみてよい。

ただ、この一連の問題の政治的・経済的背景については注意を要する。一三五五年から六〇年にかけての六か年間に五一回の貨幣変更を経験したといわれるほど[23]、この時期には財源確保の切り札的意味あいをもって貨幣変更政策が乱発されていた。その要因としては、租税機構が十分に機能していなかったこと[24]なども考えられるが、同時に、国王の周辺に密着していた国王顧問官、国王役人、国王財務官などの利権が契機となって実施される場合も無視できない[25]。

一三五六年のときにも、王太子と顧問会側には当の貨幣政策が社会や経済にどのような影響を及ぼすかについての熟慮もまたその対策も欠けていた[26]。もともと財政上の常套手段としての位置づけしかなかったようである。具体的内容については「大勅令」分析で検討するとして、一般的に、商業・手工業従事者、すなわち都市住民からは決して歓迎されることがなかった。むしろ、隠然とはしていたが都市民衆の不満感情を逆撫でする役割しか果たしていなかった。

マルセルはそうした状況を十分に察知しており、パリにおいて彼が商人奉行として強硬姿勢をとりえたのもここにあったといわれている。[27]

また貨幣変更政策を導入せしめた背景の一つとしては、第Ⅱ章でみたように援助金徴収問題つまり課税問題がある。そもそも三部会は一三五一年二月のときより、王国の財政難解決をめざして開催されてきたものであり、五五年一二月には、行政上のあらゆる面での根本的改革とひきかえに三部会は年間三万人の軍隊の維持費の徴収を約束している。[28] しかし、五五〇万リーブルと巨額であったため、一二月二八日の勅令発布にもかかわらず、一年間という徴収期間なかばに他の課税方法に変更せざるをえなくなっていた。そのことはともかく、マルセルら三部会側が、条件付きとはいえ、援助金徴収を拒否していないことは興味深い。五七年の三部会においても同様の援助金徴収がうたわれていることと合わせて考えなければならない。とりわけ、ポアティエ敗北後にあっては、パリを中心とする王国防衛の必要[29]のなかでそうなったものと推測される。

しかし、五七年においては、教会や貴族にも高額の負担配分をしており、また、その使用についても厳格な規定がほどこされたものとなっている。

このように、課税問題も逆に「王国改革」という改革路線とのかかわりのなかで浮上する性質のものとみなすことができよう。

(1) 井上泰男、前掲論文、三〇頁。J. d'Avout, *op. cit.*, p. 97; R. Cazelles, *Société politique*, p. 243.
(2) J. d'Avout, *op. cit.*, p.100; R. Cazelles, *Nouvelle histoire*, pp. 306-307; id., *E. Marcel*, p. 184.
(3) J. d'Avout, *op. cit.*, p. 90; R. Cazelles, *E. Marcel*, p. 167, 171 et 173.
(4) J. d'Avout, *op. cit.*, p.100; R. Cazelles, *E. Marcel*, p. 167 et 173.

(5) Grandes chron., t. VI, p. 51 (J. d'Avout, *op. cit.*, p. 98; R. Cazelles, *Nouvelle histoire*, pp. 307).

(6) J. d'Avout, *op. cit.*, p.97; R. Cazelles, *Nouvelle histoire*, p. 307; id., *Société politique*, p. 242.

(7) J. d'Avout, *op. cit.*, p.97.

(8) R.Cazelles, «Les Mouvements révolutionnaires du milieu du XIVe siècle de l'action politique», *R. H.*, n. 227, 1962.（井上、前掲論文、七〜八頁)。

(9) J. d'Avout, *op. cit.*, p.97. 井上、前掲論文、二九頁。

(10) *Ibid.*, p. 98.

(11) Grandes chron., t. VI, p. 53; R. Cazelles, *Société politique*, p. 243.

(12) R. Cazelles, *Nouvelle histoire*, p. 307.

(13) R. Cazelles *E. Marcel*, p. 167-168.

(14) Yves Le Febvres, *E. Marcel*, p. 41.

(15) Grandes chron., t. VI. p. 53.

(16) Yves Le Febvres, *E. Marcel*, p. 12, 59.

(17) B. Chevalier, *Les Bonnes villes*, pp. 66-67.

(18) R. Cazelles, *Nouvelle histore*, pp. 308.

(19) R. Cazelles, *Société politique*, pp. 259-263.

(20) *Ibid.*, p. 261.

(21) R. Cazelles, *E. Marcel*, p. 161.

(22) *Ibid.*, p. 162.

(23) 山瀬善一『百年戦争』教育社、一九七九、六七頁。J. Favier, *Finance et Fiscalité au bas Moyen Age*, Paris, 1971, p. 44.

(24) 竹岡敬温『近代フランス物価史序説』創文社、一九七四、二一一頁。

(25) 山瀬善一、前掲書、六七頁。

(26) R. Cazelles, *E. Marcel*, p. 162.

(27) *Ibid.*, p. 162 et 171.

(28) Gustave Dupont-Ferrier, *Etudes sur les institutions financières de la France à la fin du Moyen Age*, Paris, 1930, p. 20; R. Cazelles,

Nouvelle histoire, p. 297.
(29) R. Cazelles, *Nouvelle histoire*, p.310.

(二)『大勅令』とパリ都市民蜂起

『大勅令』は一三五七年三月三日、高等法院の法廷において、王太子のほかにアンジュー伯やポアティエ伯も同席し、貴族や僧侶、さらには王国都市 bonnes villes の代表など大勢の人々の見守るなか、ラン司教R＝ル‐コックによって読み上げられた。[1] そして、同日のうちに公布されている。

二月五日から約一か月にわたる三部会の会期の間、全議題はまず各身分毎に分れて討議され、次いで、共同討議に付されている。[2] 最終的にまとめられた『大勅令』は全六一か条に及び、その内容も多岐にわたっている。

A 『大勅令』の内容

まず、『大勅令』全体の構成と内容をF‐T＝ペランのまとめに従って検討してみると《資料XI》のようになっている。

一瞥してすぐにわかることは、各級の国王役人の構成や職権、さらにはその職務内容に言及したところ、裁判および裁判官の権限に関した部分が多いことである。次いで、三部会の組織・権限にふれているところ、税徴収、抵抗権について定めたところが続いている。

「王国改革」路線の総決算として、罷免される「悪徳国王役人」二二名の名前についてはすでに確認したが、具体的表現として第一一条に次のようにある。

《一一、条文において指名される若干の（国王）役人は、その役職を解任される》[3]

そうした権限を三部会が有するためには、次のような条項が用意されている。

《三、三部会の総ての代表は、全員一致か、さもなくば全体の少なくとも六名、すなわち各身分それぞれ二名が同意見でない限り、もはや援助金の管理には関与できない》[4]

《五、——前略——、今度開催される最初の会合では援助金問題については今回のものとは違った決定ができるが、そのためには三部会は援助金問題に関して、三身分が同意見であること。つまり二つの身分の意見がもう一つの身分の異なる意見と一致しなければ、変更できない。

——中略——。

三部会はまた、国王によって召集されなくともパリ及びどこでも集まることができる。さらに、戦争や援助金、そして王国の統治について討議するために、次の白衣の主日後の最初の月曜日から一三五八年三月一日までに、折を見て、三部会が判断すれば、二度でも、また必要とあらば何回でも集まることができる》[5]

国制史的にみれば、「一種の『議会王政』への志向を背後にもっていたのである」[6]との評価がすっきりあてはまる。「今や、フランスは自らのマグナカルタを持とうとしたのか」[7]と確かに言いたくなる内容も含んでいる。

また、「王国改革」のもう一つの眼目でもあった顧問会の構成については、三部会が事実上の任免権を掌握して、「改

《資料Ⅺ》『大勅令』の内容構成

		内　容	条項番号
三部会の権限	1	三部会の位置づけとその組織	1, 3, 5, 52
諸権力に関する規定	2	顧問会議	32, 42, 43
	3	王権・王室経費	39, 49
	4	貴族・兵士	33, 35, 36, 38, 58
	5	所領・禁猟地	24, 25, 41
	6	裁判	7, 8, 9, 10, 12, 53, 54, 55, 56, 59
	7	役人の構成・職権	11, 13, 14, 18, 19, 23, 26, 27, 28, 29, 30, 31, 44, 45, 46, 47, 48
民衆的要求	8	援助金の正しい使用	2, 51
	9	税徴収	4, 5, 16, 20, 51, 60
	10	通貨安定	15, 21
	11	負債	22, 50
	12	抵抗権	17, 37, 35, 16, 6
	13	内紛禁止	34, 57,
	14	武装	40
	15	アジール	6
その他		「勅令」の扱いについて	12, 15, 61

革派」に都合のよい人事でのぞもうとしていることがわかる。

《一、ノルマンディー公（王太子）が三部会の助言によって選んだ各代表者は、援助金や王国改革、そして貨幣について、さらには解任される（国王）役人達に対して定められたことを厳密に守るべし(8)》

同様の表現は、第三二条で「三身分によって選ばれた国王顧問官 conseil des élus des trois états(9)」、第三九条にも「三身分出の顧問官 conseil des gens des trois états(10)」という形であらわれている。

貴族や兵士に対してもいくつかの言及がある。

《三三、戦争が継続される限り、貴族および他の兵士は追放される以外には許可なく

王国より出ることあたわず[11]》

《三八、傭兵および兵士は、宿屋では迎えられてから一日しか休めない。もし、そこにもっと長く滞在しようとすれば、戸外に追い出されるか、戦争に出向くよう強いられることになる[12]》

要するに、貴族、兵士はそれぞれ任務を全うせよとの内容のものであり、王国防衛という課題も深刻に考えられていたことがわかる。次の第五八条は戦略上の必要からさらに具体的に規定したところである。

《五八、城のある地方に駐屯する隊長たちにその城の警備を任せる[13]》

領主権にかかわる部分も確認できる。一三世紀後半以来強化されていた、領主権の共同体的諸権利への介入（領主反動）の一つが禁止されている。

《二五、四〇年来実施された総ての禁猟地は廃止される[14]》

以上のように、全体の構成は必ずしも整然とした論理的なものとはなっていないが、懸案となっていた諸問題が網羅されていた。言いかえれば、一三五六年一〇月以来の「王国改革」路線の延長線上に本勅令が位置していたということである。ただ『大勅令』にこめられた思いはそれだけではなかった。

B　民衆的要求Ⅰ——貨幣・課税問題——

一三五七年一月一九日、パリにおけるストライキとパリ都市民の武装化は王太子の貨幣政策に対するものであったことからもわかるように、貨幣単位の安定はとりわけ都市民が最も望むところであった。

その分だけ『大勅令』では細部にわたる規定が目立つ。第一五条では次のように規定される。

《一五、新金貨や新銀貨は商人頭に委託された型によって作られることになる。この貨幣単位は三部会の協議と承諾なしには少しも変更されない。貨幣に関する業務は、パリにおいて、三部会の全代表者の面前で王太子に宣誓することになる委員によって処理されるべし。公爵や国王顧問会議を構成する人々、そして、他の役人達も、一三五八年三月一日以前のように貨幣を変更させるような忠告をもはやしないことを誓うべし。

使用不可となった貨幣の王国外への持ち出しは禁じられる。

この勅令は、パリと他の王国都市において公布されるべし[15]》

という具合に、事実上、マルセルら都市民側による貨幣鋳造権への関与とその管理がうたわれている。一月一九日の実力行使の勝利結果とみてよい。また、本文からは、三月一日に貨幣についての重大決定があったこと、貨幣政策については国王以外の諸身分・諸勢力から一定の圧力のあったことが読みとれる。

これに関連して第二一条ではさらに具体的規定が続く。

《二一、ドニエ貨が一二ドニエで流通してから、支払い期日に至った支払いについては、もし、それが異議も唱えられずに無条件で支払われていれば、その支払いは有効であり、既遂のことと見なされるべし。いかなる手段をもってしても取り戻すことあたわず。もしその支払いがまだであれば、八ドニエで流通するドニエ貨で支払うことができる。もし、債務者が強制され、条件付とはいえ（一二ドニエで流通していたドニエ貨で）支払ったとしても、一二ドニエで渡されたドニエ貨はもはや八ドニエでしかない[16]》（括弧内、訳者注）

とあり、債権者に不利な規定となっている。

このケースは、旧貨幣の廃止をともなう貨幣の実質変更である。引き上げられていたものをもとの相場に引き下げ、それにともなう混乱を未然に防ごうとしている。都市内における信用関係の維持にも気を配っている。

《二二、何人といえども、本人より債権ある第三者への債務の譲渡および受け渡しはできないし、また、国王役人や特権を有する人物へも渡せない。そのような譲渡は無効となる。かかる債務を受けた者は、本人の活動が台無しになるばかりか、罰金も課せられることになる[17]》

さらに第五〇条では、債務者を保護する規定が出てくる。

《五〇、高利貸人Lombardsの負債の追及は、次の白衣の主日後の最初の月曜日まで延期される[18]》

次に、援助金の負担額、徴収方法、使途についての規定について見てみよう。先に指摘したように、マルセルらは課税に応ずる姿勢を積極的に示していた。しかし、その中味が問題である。まず、その負担額であるが、『大勅令』にはその具体的数値は示されていない。この点について、『ジャンⅡ世年代記』が次のように記録している。

「――前略――、そして、彼らは三万人の兵士を上記の公爵殿下（ノルマンディー公シャルル、つまり、王太子）に三部会の名の下に提供した。――中略――、かくして、これを実施するに必要な財源を確保するために、彼らは一定の援助金を命じた。すなわち、教会の人々からは全収入の一五％を、貴族達も同様に一五％を、それは一〇〇リーヴルから一五リーヴルを支払ったことになる。そして、王国都市民は百戸につき一人の兵士（を養うに必要な経費分）を提供した。すなわち、一日につき半エキュである。――後略――[19]」（括弧内、訳者注）

つまり、今度の課税は都市民ばかりでなく僧侶・貴族にも適用されるという形式になっている[20]。そのことを前提にしつつも、『大勅令』は第五一条で次のように一定の免税特権を認めている。各都市への配慮からである。

《五一、三部会によって同意された援助金は、国王によって許可された免税、特権、そして特典を、フィリップ＝ル‐ベルやジャンによって王国改革のために交付された書状に符合する限りで、何ら損なうものではない。これらは国王特権に関係する者に対して特別に認められる[21]》

また、不当徴税（二重徴収など）防止のための規定も明示されている。

《二〇、三部会より援助金徴収に関して派遣された諸教区内の徴税役人は、前年に課税し徴収した援助金関係報告を受けることになる。また、その者は白衣の主日後の最初の月曜日に王太子と三部会に報告すべく、配属されたその教区において税を徴収した者の名前と受け取った額、そして、どんな貨幣で支払われたかを調査すべし[22]》

という具合に税徴収の明朗正確さを徹底しようという気持ちがうかがわれる。支払いがすめば、その後は、一切の負担から解放されるとうたわれる。

《四、三部会によって許可された援助金を以って、他の総ての課税は無くなるべし。もはや、何人も国王に金を貸すよう強いられることなし[23]》

《一六、たとえ誰のためであろうと、今後、食料品などの徴発を禁ずる[24]》

となり、如何なるスタイルの取り立てにも応ずる必要のないことが明記されている。さらに第二条では、徴収された税金の使途についての記述がある。

《二一、三部会が支払うことを約束した援助金の徴収によって生じる税金は、どこの誰であれ、別の用途に変えうる余地はなく、戦費として完全に使用される。

これらの税金は、国王役人によってでなく、三部会によって選ばれるか、戦費以外には使用しないと国王および三部会に宣誓する代理人によって徴収され、割当てられる。――後略――》[25]

使途不明にならないようにするための配慮がなされており、従って、税徴収入にもこの点でのきびしい対応が求められている。

さて、以上の各条項は貨幣・課税問題に関連する部分であったが、もちろん、先にふれたように国制史的視点からも見過ごすことのできない表現の多かったことも事実である。しかし、本書の視点から整理するならば、そこには次のような背景が隠されていたということになるだろう。

第一には、都市の商人や手工業者の仕事および生活を守るという精神の貫徹である。ペロワやフルカンら[26]の研究によっても明らかなように、一三四八年の黒死病期をはさんだ前後の時期における、とりわけ労賃高騰と物価上昇といった状況認識についてはすでに通説となっているところでもあり、都市部にあっても経済的、社会的混乱は避けがたい現実であった。この要求は都市のコンフレリやコルポラシオン[27]を通して出されたものと判断できる。

第二には、さらに負債追及の一時凍結にみられるように、一種の徳政的要求として、農村民や中・下層都市民の利害を代弁している点である。ゲレメクのパリ貧民研究によれば、当市民蜂起の中核を担ったと思われるセーヌ右岸の諸教区にはパリの全零細市民（menus）の約八割が住んでいた。[28] 例えば、一月一九日前後にマルセルが都市民三千人を組織するという場合、こうした中・下層民の存在なしにはとうてい不可能でもあった。

第三には、当時、最も不満の多かったことの一つ、課税問題で、二重徴収・不当徴税の阻止を民衆的立場に立って定め解決しようとした姿勢である。国王役人の横暴・わがままをただ単に許さないというだけでなく、民衆生活の側からおこる不満の解決のために手をさしのべている点である。

つまり、『大勅令』には農村民・都市民各層の多くの期待・要求がもり込まれていたのである。

C　民衆的要求Ⅱ

マルセルらが、一月一九日段階においてパリ全市域に出したストライキ命令については繰り返しふれてきたが、それに先だち、彼らがパリ市をカルチェ（街区）毎の軍事組織に再編成し、その一〇人頭や五〇人頭に彼らの仲間を配置していたことが明らかになっている[29]。

そうした事実を確認したうえで、次の条項を見ることにしよう。


《一七、不法に徴発する者に対しては誰でも抵抗することができ、また、略奪された物は刑罰や罰金を恐れずすべて奪回することができる。そして、もしこれらの暴力行使に抵抗するに際し、抵抗するに十分な力がない場合には、近くの者の救援を乞うことができる。それは大声によって集められる。ところで、この徴発に関係した者については、下級裁判官にのみ訴えられる[30]》

《三七、フランス人（ここではフランス王国内の者の意味）であれよそ者であれ、傭兵は王国内では略奪しないこと。もし、これに違反すれば絞首刑にされる。また、暴力行為で彼らに抵抗して差し支えない[31]》
《四〇、すべての者は身分に応じて武装化されるべし、そうしない者は以下のごとく強制されることになる。俗人は、その裁判管轄内の上級裁判官と町の有力者によって、聖職者は所定の教会の裁判官によって強制される[32]》

《六、計画的に殺人を犯す者、婦女子を誘拐または強姦する者、放火をはたらくもの、私闘の際、休戦および平和を守らない者、そして、総じて平和領域をおびやかす者、これらの者はもはや容赦されない[33]》

まず、第一七、三七の条項では、農村民や都市民などの民衆の抵抗権が全面的に容認されていることがわかる。王国防衛ないしは首都防衛のためというよりは、さらに一歩たち入って、基本的な人権の領域にかかわる問題にまで言及されているとみてよい。しかも、一七条では力及ばないときには団結してもよいとまで言い切っている。

また、四〇条は明らかに武装・参加強制である。パリを中心とした各王国都市や農村民にとって、エドワードⅢ世のイングランド軍や野武士団化した傭兵の脅威から如何に身を守るかは深刻な問題であった。つまり、非常事態宣言としての性格の強い言いまわしとみてよい。平時の農村・都市の自己防衛の一つとしてあった夜警の、農村民や中・下層都市民への強制といった状況[34]とは異なる事態と判断できる。

そうした混乱期における平和・秩序・治安維持の必要から発せられたものが第六条である。その中で、アジール権の確認がなされているのは興味深い。しかし、考えてみれば当然の事柄をことさらに言ったという印象もぬぐいがたい。その分だけ当時の社会の混乱ぶりを如実に物語っているところでもある。

さて、非常時とはいえ農村民や都市民に抵抗権を与え、事実上の武装権を与えている意味は小さくない。しかも勅令の形式をとり、フランス王国内において効力を持つことになるという前提においてである。アジール権とのかかわりで見るならば、すでに日常化していた事態の法的追認が百合の紋章を通して確認されている。事は治安維持や王国防衛の目的を越える民衆的要求の反映としての性格が強いと判断したい。

(1) Grandes Chron., t, VI, p. 52; Chron. de Jean II, p. 102 (J. d'Avout, *op. cit.*, p. 97; R. Cazelles, *Société politique*, p. 242; id, *Nouvelle histoire*, p. 307; id, *E. Marcel*, p. 187.) この時の貴族の代表はJ=ド-ピキニィで、ブルジョアの代表はC=ル-コントゥールであった。

(2) Chron, des Valois., p. 53; R. Cazelles, *Société politique*, p. 242.

(3) Grande Ordonnance, p. 134, (art., 11), «Plusieurs officiers, qui sont nommés dans l'article sont privés de leurs offices»

(4) *Ibid.*, p. 133, (art. 3) «les députés généraux ne pourront rien faire par rapport à leur administration, qu'ils ne soient tous d'accord, ou que du moins six d'entre eux savoir deux personners de chaque état, ne soient du même avis»

(5) *Ibid.*, p. 133, (art. 5) «Les trois états se rassembleront à Paris, le lendemain de la Quasimodo prochaine, pour délibérer sur le fait de la guerre. Ceux qui ne sont point venus à cette assemblée-ci seront requis de se trouver à celle-là, avec intimation que, quoiqu'ils n'y viennent point, ils ne laisseront pas d'être tenus à tout ce qui aura été décidé dans ces deux assemblées. Dans la première qui se tiendra, les états pourront changer ce qu'ils auront réglé dans celle-ci sur le fait de l'aide, pourvu que les trois états soient d'un même sentiment, et sans que l'avis de deux d'entre eux puisse lier troisième qui ne voudroit pas s'y conformer.

L'aide accordée par les états ne subsistera qu'un an. Les états pourront, sans être convoqués par le Roi, se rassembler à Paris ou ailleurs, s'ils le jugent à propos, deux fois, ou même plus s'il est nécessaire, depuis le lendemain de la Quasimodo prochaine jusqu'au premier de mars 1357, pour délibérer sur le fait de la guerre, sur l'aide et sur le gouvernement du royaume»

(6) M. Mollat et Ph. Wolff, *op. cit.*, p. 119.

(7) 井上、前掲論文、三〇頁。

(8) Grande Ordonnance, p. 132, (art., 1), «Ce que les députés, que le duc de Normandie choisira par le conseil des trois états, feront, conformément aux instructions qui leur seront données, par rapport à l'aide, à la réformation du royaume et à la monnoie, sera observé irrévocablement, aussi bien que ce qui sera réglé sur les officiers qui seront privés de leurs charges.»

(9) *Ibid.*, p. 136, (art. 32) «Le Roi pardonne à ceux qui n'ont pas été aux arrière-bans, dorénavant, le Roi et le dauphin pourront convoquer l'arrière-ban, et ils ne le pourront faire qu' après une bataille, dans le cas d'une évidente nécessité, et par le conseil des élus des trois états.»

(10) *Ibid.*, p. 136, (art. 39) «On ne fera de trêve avec les ennemis que par le conseil des gens des trois états.»

(11) *Ibid.*, p. 136, (art. 33) «Tant que cette guerre durera, les nobles et les autres gens d'armes ne pourront sortir du royaume sans le congé

du Roi, s'ils n'en sont bannis.»

(12) *Ibid.*, p. 136, (art. 38) «Les soudoyers ou gens d'armes ne pourront demeurer qu'un jour dans les hôtelleries, après qu'ils auront été reçus en cette qualité ; et, s'ils vouloient y rester davantage, ils seroient mis dehors et contraints d'aller à la guerre.»

(13) *Ibid.*, p. 138, (art. 58) «Les capitaines des lieux où il y aura des châteaux champêtres pourvoiront à leur garde.»

(14) *Ibid.*, p. 135, (art. 25) «Toutes garennes depuis quarante ans seront supprimées.»

(15) *Ibid.*, p. 134, (art. 15) «Il sera fait une nouvelle monnoie d'or et d'argent, suivant les patrons qui ont été remis au prévôt des marchands. Le pied de ces monnoies ne sera point changé sans le conseil et consentement des trois états. II sera établi, sur le fait des monnoies, des commissaires qui prêteront serment entre les mains du dauphin, en présence des députés généraux des états à Paris. Les princes, ceux qui composeront le grand conseil du Roi et les autres officiers jureront de ne point conseiller de faire de changement dans les monnoies avant le premier de mars 1357. Il est défendu de porter aucun billon hors du royaume.

Cette ordonnance sera publiée à Paris et dans les autres bonnes villes du royaume.»

(16) *Ibid.*, p. 135, (art. 21) «Par rapport aux sommes dues, dont les termes des payements sont échus depuis que les deniers blancs ont eu cours pour douze deniers, si ces sommes ont été payées sans protestation et sans condition, ce payement aura son effet et sera regardé comme une affaire consommée, à laquelle on pourra plus revenir: si ces sommes n'ont pas été payées, on pourra les payer avec des deniers blancs qui seront pris pour huit deniers. Si le débiteur a payé, mais comme contraint et sous condition, les deniers blancs qu'il a donnés pour douze deniers ne seront plus comptés que pour huit denires.»

(17) *Ibid.*, p. 135, (art. 22) «Nul ne pourra faire transport ou cession de dette à des personnes qui auront plus de crédit que lui, ni à des officiers du Roi ni à des personnes privilégiées, et tels transports seront déclarés nuls. Ceux qui les auront faits perdront leur action et seront condamnés à l'amende.»

(18) *Ibid.*, p. 137, (art. 50) «La poursuite de dettes des Lombards est suspendue jusqu'au lendemain de la Quasimodo prochaine.»

(19) Chron. de Jean II, p. 102.

(20) J. d'Avout, *op. cit.*, p. 101; R. Cazelles, *E. Marcel*, 203.

(21) Grande Ordonnance, p. 137, (art., 51) «L'aide qui sera accordée par les trois états ne aucun préjudice aux franchises, priviléges et chartes accordées par les rois, en tant qu'elles sont conformes aux lettres données pour la réformation du royaume par les rois Philippe le Bel et Jean, lesquelles seront confirmées, spécialement pour ce qui regarde la régale.»

(22) *Ibid.*, p. 135, (art. 20) «Les élus envoyés par les trois états dans les diocèses, sur le fait, de l'aide recevront les comptes de ceux qui ont imposé et levé les subsides l'année denière, et ils s'informeront, dans les diocèses dans lesquels ils seront départis, du nom de ceux qui ont levé ces impositions, des sommes qu'ils ont reçues et dans quelles monnoies elles ont été payées, pour en rendre compte au dauphin et aux trois états le lendemain de la Quasimodo.»

(23) *Ibid.*, p. 133, (art. 4) «Moyennant l'aide qui sera accordée par les états, toutes les autres impositions cesseront et l'on ne pourra plus contraindre personne de prêter de l'argent au Roi.»

(24) *Ibid.*, p. 134, (art. 16) «Il est défendu de faire, dans la suite, des prises de vivres, etc., pour quelque personne que ce soit.»

(25) *Ibid.*, p. 132-133, (art. 2) «Les deniers qui proviendront des subsides que les trois états ont promis de donner seront entièrement employés pour les dépenses de la guerre, sans qu'ils puissent être détournés à un autre usage, par quelque autre personne que ce soit.

Ces deniers ne seront ni levés ni distribués par les officiers du Roi, mais par des députés élus par les trois états, et qui jureront au Roi et aux trois états qu'ils n'emploieront ces deniers que pour les dépenses de la guerre: les députés particuliers jureront la même chose aux juges royaux, en présence d'une ou de deux personnes de chacun des trois états.»

(26) Edouard Perroy, *La Guerre de Cent Ans*, Paris, 1944, pp. 97-99; G. Fourquin, *Les Campagnes de la région parisienne à la fin du Moyen Age*, Paris, 1964, pp. 193-195; Bronislaw Geremek, *Le Salariat dans l'artisanat parisien aux XIIIe-XVe siècles*, Hollande, 1962, p. 123.

(27) B. Chevalier, «Corporations», pp. 29-30.

(28) B. Geremek, *Les Marginaux parisiens aux XIVe et XVe siècles*, Paris, 1982, pp. 81-82.

(29) Yves Le Febvres, *E. Marcel*, p. 39.

(30) Grande Ordonnance, p. 134, (art. 17), «Chacun pourra résister à ceux qui voudront faire des prises, et reprendre, sans crainte de peine et d'amende, tout ce qui lui aura été ainsi enlevé; et, si ceux contre qui ces violences seroient exercées n'étoient pas assez forts pour y résister, ils pourront appeler à leur secours leurs voisins, qui pourront s'assembler par cri public; et ils ne pourront être assignés, pour tout ce qui aura rapport à ces prises, que par devant les juges ordinaires.»

(31) *Ibid.*, p. 136, (art. 37) «Les soudoyers, soit françois, soit étrangers, ne pilleront point dans le royaume, sous peine d'être pendus; el il sera permis de leur résister par voie de fait.»

(32) *Ibid.*, p. 136, (art. 40) «Toutes personnes seront armées selon leur état; et ceux qui ne le seront pas y seront contraints: les laïques, par les hauts justiciers et les majeurs des villes, dans leurs juridictions. et le clergé, par les juges ordinaires de l'Eglise.»

(33) *Ibid.*, p. 133, (art. 6) «On n'accordera plus de pardons ni de rémissions à ceux qui auront commis des meurtres de guet-à-pens, à ceux qui auront enlevé ou violé des filles ou des femmes, aux incendiaires, à ceux qui n'auront pas observé les trêves ou paix (faites dans le cas des guerres privées), aux infracteurs des sauvegardes.»

(34) 高橋清徳「中世パリにおける毛織物業の構造」(『史潮』新一七号、一九八五・八)二六頁。

(三) 蜂起「第二段階」と『大勅令』

ここでは前節にみられたような『大勅令』が発布後どのように実行されていったか、また、当勅令をめぐる諸政治勢力間の対立・矛盾がいかに変化したか、ということが確認されねばならない。

まず、発布後の動きをまとめると次のようになる。一三五七年三月八日には、さっそく九人のメンバーからなる改革委員会が発足し、汚職等の罪のある役人(国王顧問官も含む)に対し、罰金・免職・投獄といった「判決」を下している。三部会の決定した新貨幣も出まわり始め、三部会によって選ばれた者の列席した新顧問会議も機能し始め、そうした状況のなかで、会計院や高等法院の刷新にもとりかかっていた。[2] [1]

しかし、王太子側の秘密の顧問官達は武器を棄ててはいない。それどころか、捕虜となっていたジャンⅡ世に密使を出し、四月五日には、身代金の支払いと今後の三部会の全面協力をうたった国王の書簡をたずさえて戻らせた。[3] この国王の指示は少なからず改革派側に意外な衝撃を与えている。R=ル-コック、マルセルらはこの指示に抵抗することを決め、これを無視して、四月三〇日に、国王の書簡の取消しと『大勅令』の支持を得るために三部会を召集している。[4]

両派の全面対決の様相がよりはっきりした段階といえる。同時に援助金徴収の問題から、徴収決定の伝達が困難となっていた幾つかの王国都市に騒動が起こっていた。この新たな事態を克服すべく、七月に改革派は再度パリに結集した。[5]

王太子派は、改革派のあらゆる警告にもかかわらず、王太子の下に再結集していた。その中には、告訴され追放されたはずのR=ド・ロリスも含まれていたことがわかっている。(6)

これに対し、改革派は一一月に三部会を召集し、王太子によって逮捕され、アルルゥArleux城に監禁されていたナヴァール王の救出行動に打って出た。J=ド・ピキニィがアミアンのブルジョアの協力をえて、一一月八日の夜から九日にかけてアルルゥ城におしかけ、助け出し、一一月二九日にはパリに連れ戻したのであった。(7)マルセルらは大勢の都市民とともに、ナヴァール王と武装した二百名の兵士を迎え入れ、サン・ジェルマン・デ・プレ修道院まで案内している。

この時点で、いわゆる「二大党派」の対決が決定的になったと判断したい。『大勅令』の精神を如何に具体化するかという問題以前の政治的力関係が表面化し始めていた。一一月三〇日のナヴァール王の演説から翌一三五八年一月一二日にかけての、「演説合戦」とも思える一連の動きはその表われとみてよい。

改革派の指導層を中心とした組織をみてみると、パリの有力商人・手工業者層をまとめたマルセルと、三部会改革派の首領としての立場にあるR=ル・コックの連合体制がまず核として位置づけられる。マルセルにはシャルル=トゥサックCharles Toussac、ジョスラン=ド・マコンJoceran de Macon、ジャン=ド・リズルJean de L'Isle、ジャン=マイヤールJean Maillardの四人のエシュヴァン(助役)が補佐として動いている。(8)また、パリにとどまっていた三部会の代表者達が手工業者達の組織化にかかわるということもあった。(9)

同時に、この頃より、彼らの党派の集合心性の表現として、赤と青とで彩られ、《正当な目的のためにA Bonne Fin》という標語の打ちつけられている金具のついた頭巾の着用をはじめている。(10)

こうした状況の中での最大の対決の場面は、一三五八年一月一一日から翌日にかけての演説による論戦であろう。ナヴァール王がすでにルーアンに向け出発した後のことであった。

まず、一月一一日、中央市場 Les Halles にやってきた王太子はそこに集まっていたパリ都市民に対して長時間の説教めいた話をしている。『大年代記』には次のように記録されている。


「公（王太子）は多数の人々を前に、人々とともに生き、死ぬつもりだと語った。そして、常に耐え忍ばねばならなかったフランスの民衆を防御し援助すべく、E＝マルセルら三部会が兵士を集めようと宣言し公布したことはまったく信じられないことだと言う。なぜなら、大勢の敵が王国中に散らばり、為政者といえども如何なる救済もできないからだ、と言うのである。もし、公の意思がそうであったなら、それ以前にフランスを統治し、敵を撃退させていたというべきであった。つまり、もし、公が統治し財政を担当していたなら、公がそのようなことをそれほど思わなかったはずなのだ。三部会が政治を行なって以来、王国中より税の総てが徴収されてきた時でも、公は、どんなドニエ貨も小銭も持たなかったともいう。しかも、その話を聞いた人々が、そのことをよく理解したと彼は考えていたのである[11]」


さらに、『大年代記』には、王太子の話が人々の気に入られたとの記述が続いている[12]。

これに対応すべく、翌、一月一二日にマルセル側はフィリップ＝オーギュストの古い市壁近くの、サン‐ドニ通りとモコンセイユ通りの角にそびえ建つ、巡礼者用に当てられていた Saint-Jacque de Compostelle の中にあるサン‐ジャック‐ド‐ロピタル Saint-Jaques de l'Hôpital に人々を召集した[13]。

『大年代記』の伝えるところによると、供の者達とそこに姿をみせていた王太子は前日の中央市場での話の内容を書記官に報告させている。[14] しかし、改革派の一人、C＝トゥサックが抗弁し始めると、R＝ド・ロリスを除いた一行全員が退散している。この機をとらえたトゥサックは、悪徳顧問官の攻撃の後、「良い顧問官が好結果を収め、改革しえるのと同様、やくざ者もいる」と強調する。[15]

この後で発言に立ったマルセルは、三部会は収入役を外部の者から選び、三部会の各代表は、たとえどんな肩書を持つものであれ、徴収された税金の取扱いはせず、従って、マルセルおよび他の三部会代表者によっては受取られなかった、と言明している。[16]

両派のこのやりとりのどちらに軍配を上げたらよいのか、現時点ではこれを決定するだけの材料を持ち合わせていないし、また、それは無意味なことでもある。しかし、少なくとも、この段階において三部会が行政権を奪取し行使していたこと、また、税徴収にかかわる部分で両派がパリ民衆の前で公開論争をくりひろげていたこと、さらに、パリ周辺の治安維持が事実上困難となっていたこと、などを確認することはできる。

すなわち、前年三月三日『大勅令』の一定の具体化とそれに対する厳しい王太子派のまき返しのあったことが読みとれる。

それにしても、一年前にストライキを実施するなど改革派のパリ市内における組織力と行動力は実証ずみであったが、なおまだ都市民各層に深く浸透した運動を展開するまでには至っていなかったことがわかってくる。

（1） R. Cazelles, *Société politique*, pp. 259-263.
（2） *Ibid.*, p. 262; J. d'Avout, *op. cit.*, pp. 110-111; Yves Le Febvres, *op. cit.*, p. 40.
（3） J. d'Avout, *op. cit.*, p. 112.
（4） *Ibid.*, p. 114.

(5) *Ibid.*, pp. 115-116.
(6) Yves Le Febvres, *op. cit.*, pp. 40-41.
(7) Grandes Chron., t, VI, pp. 63-64; Chron. des Valois, p. 61.
(8) Yves Le Febvres, *op. cit.*, pp. 56; J. d'Avout, *op. cit.*, p. 117.
(9) *Loc, cit.*
(10) *Loc, cit.*
(11) Grandes Chron., t, VI, pp. 77-78.
(12) *Ibid.*, p. 78.
(13) *Ibid.*, p. 78-79; Yves Le Febvres, *op. cit.*, p. 57.
(14) *Loc, cit.*
(15) *Ibid.*, p. 79.
(16) *Loc, cit.*

(四)「第二段階」の特徴

さて、『大勅令』の分析からも理解されるように、当蜂起第二段階では「王国改革」路線が王太子派の抵抗を受けつつも定着したと判断してよいだろう。パリの門閥市民層も含めた国王顧問官ら二二名の追放による人心一新と、貨幣変更の停止、課税の公正化などが主張され、そうした政策実施の要に三部会が位置づけられていた。

他方で、「二大党派」の対立の図式が鮮明化し、それはまた、ユニフォームやスローガンといった色や形、そして音声としての共通項を持つまでに至っていた。「演説合戦」にみられた対立ではそうした両派の立場・姿勢が浮き彫りにされていたのである。

しかし、とりわけ「ナヴァール派」（＝「改革派」）としてのまとまりをもった三部会「集団」にみられる、「改革」運動の活動内容を再検討するならば、彼らが、それぞれ異質な政治的・経済的利害を背景に参加していることに気づかざるをえない。

大雑把にまとめれば次のようになるだろう。

まず第一に、J＝ド・ピキニィに代表される改革派貴族、開明的聖職者達は熱烈なナヴァール王信奉者であり、主観的には「ナヴァール派」の中核的立場にあるとの自覚が強かった。この集団の窓口となったのがR＝ル・コックであった。

第二は、パリの上層に位置する商人、手工業者らがいた。彼らは、職業団体corps de métierではなく、新たにコルポラシオン（宣誓組合）に所属する傾向にあった。[1] ゲレメクの研究に基づけば、[2] 平均三四スゥ前後の担税能力を有する上層gros都市民で都市貴族化した都市支配門閥層に対して敵意を示しており、この段階では事実上の主導権を掌握し、『大勅令』作成に大きな役割を果たした。この代表としてマルセルがいた。代表を送ったパリ周辺王国都市の三部会出席者の意識も多分にこのレヴェルにあったと思える。

第三の勢力として、平均税額三スゥ以下を示していた中・下層都市民、つまり、零細民menusのグループが考えられる。各種手工業の職人や徒弟、そして中小商人の存在であろう。翌、一三五八年六月に、長老の造幣工ジャン＝ヴァイアン Jean Vailant に指揮され、ジャクリー蜂起軍との合流のためにエルムノンヴィルに向かったのは彼らであった。この部分の運動エネルギーを如何に組織するかが、改革派の大きな課題であったと思われる。しかし、必ずしも改革派の意図どおりには動いていない。

以上のような諸勢力を含んだ改革派は、この時期第二グループが中心となり、特に第一グループとの団結の強化と、第三グループの組織化に最大の努力をそそいだ。前者に対しては、ナヴァール王脱出劇によって王太子に対する政治的対立の波長を増幅させ、後者については、『大勅令』によって、さらには「演説合戦」によって彼らのまき込みが計られたと結論づけることができる。だが、第三グループの思いには、改革派主流が漠然と思い描く運動の達成目標をとび越えていきかねない内容のものが含まれていた。『大勅令』について、フルカンは端的に「この法案のほとんどは職人達の共感をえることを目的とし、……中略……すなわち法案は貧しい人々Pauvres gensの保護を定めた[3]」ものと規定している。

このように、当蜂起第二段階は、反「王太子派」貴族・聖職者主体の運動から、都市民を中核とした都市民蜂起としての運動への質的変化の時期とみることができる。そして、『大勅令』はその過程の出発点に位置し、上層都市民層ばかりか第三グループの立場をも代弁する、一種の「綱領」的役割を果たしていたのであった。

もちろん、パリの門閥出の一人であるマルセルの立場や、またパリ中・下層都市民を含めてこの運動がその後どのように展開するかなど、問題はまだ残っていたのであるが。

(1) B. Chevalier, «Corporations», p. 18.
(2) B. Geremek, Les Marginaux, p. 81.
(3) G. Fourquin, Les Soulèvements, p. 164.

四　ジャン＝バイエ Jean Baillet 殺害と「二月二二日事件」

(一)　財務官J＝バイエの殺害

一三五八年一月二四日、ヌーヴ‐サン‐メリ Neuve Saint-Merry 通りにおける王太子の財務官J＝バイエ殺害の状況と、この事件が引き起こしたその後の波紋を見ていくことにしよう。『大年代記』[1]などの史料からわかることは以下のとおりである。

J＝バイエ殺害の「犯人」は、若い聖職者でペラン＝マルク Perrin Marc という者であった。「犯行」の動機はといえば、かつて彼が二頭の馬を王太子シャルルに売ったのだけれども財務官のJ＝バイエがとり決められた代金の支払いを拒否したからというのであった。彼は何回にもわたってその支払いを要求したが、そのたびに「財務官は横柄にかつ皮肉たっぷりに」その催促をつっぱねていた。そして、ついに一月二四日、二人はヌーヴ‐サン‐メリ通りで衝突し、P＝マルクが腰帯に持っていたナイフでJ＝バイエを刺し殺したという。

その直後、野次馬で騒然となったなかを、P＝マルクはその混乱を利用して、アジール権を享有していたサン‐メリ Saint Merry 教会に逃げ込んでいる。ところが、王太子はこの事件を冷静に調査することもなしに、さっそくP＝マルクの逮捕と処刑をノルマンディー出の軍司令官ロベール＝ド‐クレルモン Robert de Clermont に命じた。兵を率いてサン‐メリ教会にかけつけた彼は、聖職者達の抗議にもかかわらず避難所となっていた本堂の門を打破り、P＝マルクをそこから無理やり連れ出し、翌日には早くも公衆の面前で処刑してしまったというのである。

この一連の事件には、パリ民衆にとって見逃すことのできない三つの問題が含まれている。

第一には、P＝マルクの行為が止むをえない事情のもとにあり、かつ、J＝バイエの態度が『大勅令』第一六条にある「取得権droit de priseの廃止」に反するものであり[2]、従って、それに対する抵抗は当然の権利行使だったという点である。

第二には、アジール権への介入という事実である。教会側はもちろんこれに抗議し異議申し立てをしている。パリ司教ジャン＝ド-ムランJean de MeulanはR＝ド-クレルモンを破門するとともに、王太子に対してはP＝マルクの遺体の返却を強要している[3]。

第三は、王太子が『大勅令』の精神を無視し、パリ市内において攻撃権を発動した点である。これは、王太子がマルセルら改革派との全面対決を覚悟し、それによって王国改革運動の気運を一気にそいでしまおうとする実力行使に出たとも理解することができる。

以上の諸点は、一月二六日P＝マルクの葬式において改革派メンバーの団結を強めたばかりか、パリ都市民の心をとらえていくことになった。この葬式がそれまでの王国改革運動が持っていた政治的レヴェルを飛び越える動きを作り出したように思える。

葬式には、マルセルをはじめ四人のエシュヴァン、三部会に出席していた王国都市の代表者、そして宣誓組合の親方達が参列し[4]、その周辺には赤と青からなる垂頭巾を被った職人達の大集団がとりまくことになった。この頭巾が彼らの集合心性の一つであったことは先にも指摘したとおりである。

こうした状況のなかで、この葬式はP＝マルクを葬るための単なる儀式としては終わっていない。すなわち、三日間にわたってくり広げられた王太子側の妥協の余地のない挑発行為に対し、パリ都市民の間にあるまとまった感情がめばえてきたからである[5]。その感情とは、王太子の政治的無能力と残忍性、さらには王太子派貴族の不正行為に対する怒りとみてとれる。この辺の事情が次の四月一八日付のマルセルの王太子宛手紙からも確認できる。

「……前略……パリの臣民が以下の三つの理由により、殿下（王太子シャルル）と殿下の統治に多いに不平を持っていることを実際に明らかにしましょう。

まず第一に、殿下と私どもとの、つまり王国のとられるべき如何なる敵どもがパリ周辺近くまで、またはシャルトル方面（パリ南西）から出没し略奪を行なっていることです。それに対し救済手段も殿下によってなされていません。（第二に）また、殿下の命令書にもとづいてドフィネやブルゴーニュから、さらに他の場所からも遅れてやってきている傭兵達が殿下や殿下の臣民に対して敬意も示さず、ためになるどころか税金を浪費し、人民を略奪し強奪しているということです。

……中略……臣民達の不平の第三の原因は、殿下の敵に対峙した砦にこそ強力な守備隊を置くべきなのに、私どもの食料が運ばれてくる通り道を制圧する城を強化し、《我々の幸福をまったく願わない》者達をそこに駐屯させていることです……後略……」[6]（括弧内、訳者註）

このように具体的でまとまったパリ都市民の王太子・貴族批判の感情を最初に導き出したのがこの葬式の場面においてであった。つまり、ここにおいて、単なる王国改革ではすまない、また暴力行使をも辞さない、王太子およびその周辺の勢力に対抗する一種の集合心性が発生したのである。[7] 蜂起第三段階の特徴の一つがそれであった。F＝T‐ペランによれば「民衆党」Parti populaire の成立である。ここでは「蜂起衆」[8]の出現と表現しておきたい。

㈡　「二月二二日事件」

事態の急変は、二月一一日の三部会に貴族の代表が姿を見せなくなるところにも象徴的に表われている。[9]「蜂起衆」の考え方と行動様式は自立的様相を帯び始めたといえるだろう。彼らの意識はすでにナヴァール王シャルルに王国改革を求めるといった願望志向ではなく、彼らが住み、生活する都市共同体としてのパリが、現実に直面している諸困難（首都防衛・食料減少[10]）に如何に対処し、そうした事態を招いた責任を誰に求めるか、というレヴェルに達していたのである。[11]直接的には、『大勅令』の精神に反した王太子の判断、および彼の側近の行為に対する報復行動へと歩み始めていた。

次の《資料Ⅻ》の地図を見ながら彼らのそうした動きを追跡してみよう。『大年代記』には次のような記事が書かれている。

「一三五八年二月二二日木曜日、朝、商人奉行（E＝マルセル）は王宮近くのサンテロワ St-Eloy 教会に総勢三千人のパリの職人達を結集させた。第三時の勤行の頃、レニョ＝ダキィ Regnaut d'Acy と呼ばれた高等法院の弁護士が、王宮からサン‐ランドリィ Saint-Landry（シテ河岸に面したサン‐ランドリィ通りの入口にあった）近くにあった自宅に帰る途中、マグダレーヌ（Juverie 通りに面した Magdeleine-en-la-Cité、聖堂）修道院近くで殺された。……中略……その直後、商人奉行と大勢の人々の群が小間物屋の上にできた王宮のノルマンディー公（王太子シャルル）の部屋に達した。そこでノルマンディ公を見出した商人奉行は概略次のように言った。《殿下、貴方がご覧になることに驚かないように。何故ならば、そうするように命じられ、認められているからである》……後略……」[12]（括弧内、

訳者註）

また、『フロワサール』は次のように言っている。

「……前略……勝手な野武士達が略奪に行かないよう、王国がきちんと守られるように、王国の諸問題に責任を持ってあたり、そうした事柄に注意を払うよう、商人奉行は王太子に鋭くつめ寄った……後略……」(13)

以上の史料からわかることは、まず武装した三千人の職人達が存在し、彼らがマルセルらの指導の下に組織的な行動をとっている点である。第二には、王国の治安維持・秩序回復の必要を王太子に対し強く示していることである。そして第三には、王太子の軍隊を指揮する立場にあった二人の軍司令官J＝ド－コンフランJ. de Conflans（シャンパーニュ）、R＝ド－クレルモン（ノルマンディ）の殺害がすでに決定されていたふしのあることである。

赤と青の頭巾に統一された一種のユニフォームを身につけ、二月二二日にこうした行動に出てこれたその背後には、相当の準備と蜂起衆次元での討議と判断があったことになる。F－T＝ペランは、日付は未定だがこの実力行動の前にマルセルや彼の仲間、武装した職人達がSaint-Eloy聖堂に会合を持ち、その中で「死刑判決」が提案されたとしている。(14)また、『ナンジー年代記』の二人目の著者の記述にもとづけば、この判決を承認したのがマルセルと彼の仲間であることも指摘されている。(15)

こうした判決が容易に出てくる背景が、王太子とその側近グループのとってきた諸行為の中にあったことは言うまでもない。史料の記述から類推するに、議論の中心はP＝マルクのアジール権を犯しての逮捕と、『大勅令』の精神を踏みにじっての処刑という実力行使についてであるが、現実の問題としては、パリ及びその周辺諸地域の無秩序状態から

《資料XII》当時のシテ島

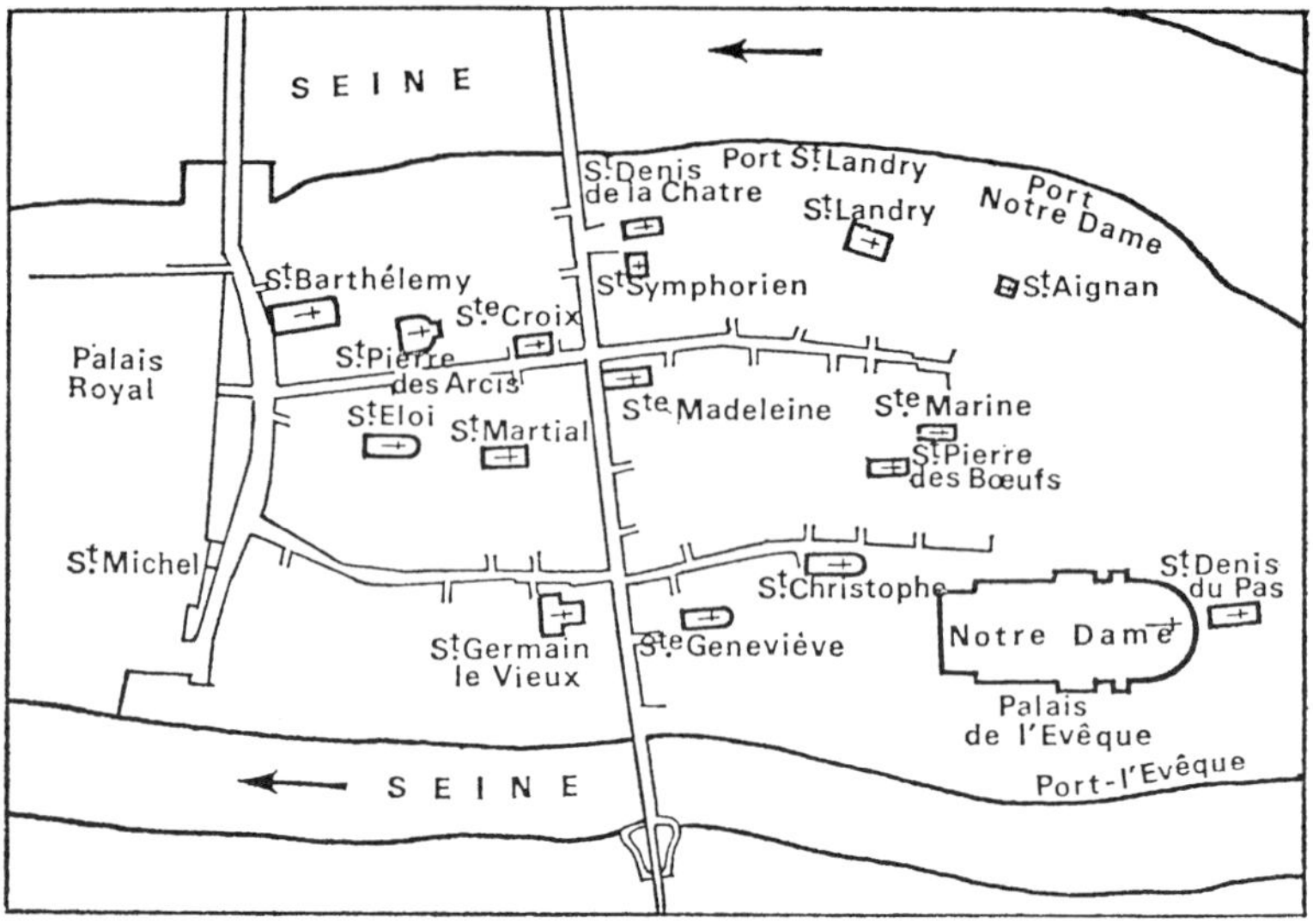

出典：B. Geremek, *Les Marginaux*, p. 88

くるパリの防衛と食料確保といった課題に答えられないでいる王太子に対する不満の爆発という面をもっていた。

F・T＝ペランによれば、こうした王宮周辺の情報は、マルセルのエシュヴアンであったC＝トゥサック、J＝ド・リズル、R＝ド・コルビィからパリの各地区に伝えられていたといわれるが、[16]三千人の武装職人を組織したということは、パリの全地区を完全に掌握していたということの反証でもある。同時に、パリ都市民が第二段階までのそれとは異なった蜂起衆としての実態を、この時期に持ち始めていたことの表われでもあった。

さて、二人の軍司令官と弁護士一人を殺害した後、マルセルらはグレーヴ広場（《資料XIII》の地図参照）にある市庁舎に戻り、そこに武装して集まっていた群衆に対し、遂行されたことの総てがフランス王国のために実施されたこと、そして殺された彼らが邪悪な人間で裏切り者であったと演説している。[17]この支持を求める

《資料XIII》グレーヴ広場と市庁舎付近のようす

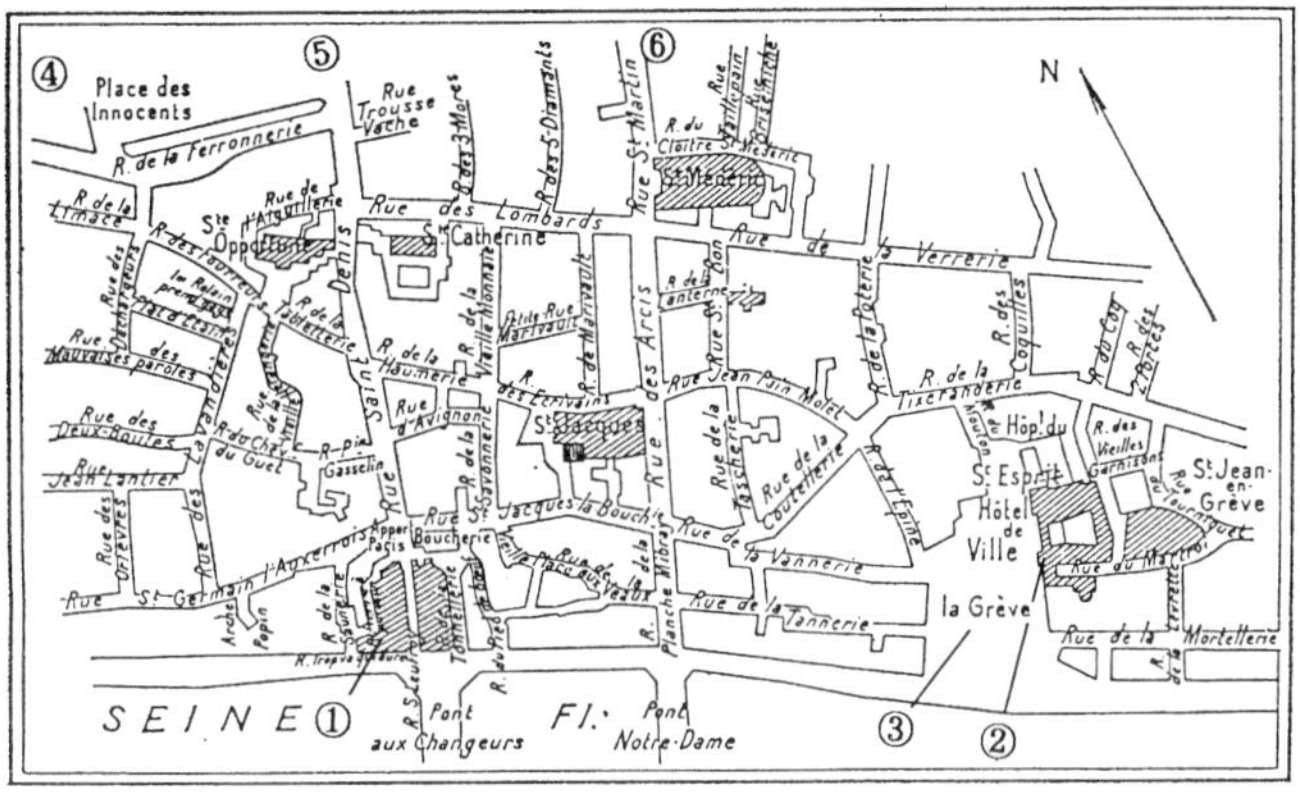

①シャトレ裁判所　②市庁舎
③グレーヴ広場　④中央市場（レ・アル）
⑤サン・ドニ通り　⑥サン・マルタン通り

出典：Marquis de Rochegude et Maurice Dumolin, *Guide pratique à travers le vieux Paris*, Paris, 1923, p. 49.

発言に対し、集まった群衆も「商人奉行と生死を共にする」との明確な反応を示している。(18) 彼らの蜂起衆への変化をうかがわせる場面である。

その直後、マルセルらは王宮に再度出向き、繰り広げられた一連の出来事が「民衆の意思に基づいて行使された」と表現して、王太子に状況説明をしている。この過程で、改革派の高位聖職者や貴族などもこの「第三身分の企て」に憂慮し始めることとなった。(19) しかし、この民衆的制裁でも「蜂起衆」の気分を納得させるには不十分であった。至る所から、マルセルに対しもっと強い手段をとれとの要求も出ていて、彼の対応の弱さが声高に告発される場面もあったからである。(20)

（1）Grandes Chron., t. VI, pp. 82-83; Chroni. de Jean II., pp. 142-143; Chron. de R. Lescot, p. 118.
（2）Y. Le Febvre, *op. cit.*, p. 60.
（3）F.-T. Perrens, *E. Marcel*, p. 179.
（4）*Ibid.*, p. 179; Y. Le Febvre, *op. cit.*, p. 62.
（5）Y. Le Febvre, *op. cit.*, p. 62.
（6）Lettre du 18 avril 1358 au régent, publiée par Kervyn

de Lettenhove dans *Bull. Ac. royale de Belgique*, 1853, t. XX, 3e partie, pp. 93-95, d'après un cartulaire de Bruges, non retouvé aux Archives de cette ville (J. d'Avout, *op. cit.*, pp. 302-303).

(7) F-T. Perrens, *La Démocratie*, p. 260; M. Frégier, *Histoire de l'administration de la police de Paris*, t. 1, Paris, 1850, p. 288. パリ市の紋章であった青と赤に色分けされた垂頭巾が、この時には「革命的集合心性」の色彩的シンボルに高められていた。

(8) G＝ルフェーヴル『革命的群衆』（二宮宏之訳）創文社、一九八二年、一九—二三頁。G＝ルフェーヴルの言う「集合体」*agrégat* が「結集体」*rassemblement* へと急激に変容していった契機を、当蜂起の場合、P＝マルクの葬式の場面に求めた。また、そうした人々の「結集体」を本稿では「革命的群衆」とは表現せず、中世後期・「前近代」ということを考慮して、「蜂起衆」という用語で統一した。

(9) Grandes Chron, t. VI, p. 86.

(10) F.-T. Perrens, *E. Marcel*, p. 186.

(11) Id., *La Démoctratie*, pp. 259-261.

(12) Grandes Chron., t. VI, pp. 86-87; Chroni. de Jean II, pp. 149.

(13) Les Chronques de sire Jean Froissart, éd., L. A. C, Buchon, Paris, 1853, p. 374.

(14) F.-T. Perrens, *La Démocratie*, p. 259.

(15) Id., *E. Marcel*, p. 188.

(16) *Ibid.*, p. 188.

(17) Grandes Chron., t. VI, p. 88.

(18) *Ibid.*, p. 88.

(19) Chron. de Jean Le Bel, p. 251.

(20) F.-T. Perrens, *La Démocratie*, p. 260.

おわりに

B＝シュヴァリエはフランスにおける都市民衆のさまざまな動きと都市内支配層の変化をとらえ、蜂起のピークとなる三つの時期を設定している。つまり、前述のように第一期は一三五六年のポアティエ敗北後の時期、第二期は一三七九年から八三年までの間、第三期は一四一二年から二二年に至る時期だという。当都市民蜂起はその第一期の中心的な存在であり、先に指摘したように「党派の対立」という図式で理解されている。

しかし、本稿の分析からもわかるように、当蜂起第二段階の基本的対抗関係としてシュヴァリエの評価は正しいにしても、第三段階に適用できないことが確認できるだろう。赤と青の二色にぬり分けられた垂頭巾の着用も、「一月二五日事件」以前と以後では、その形と色とに「党派の情熱」をもやす主体が違っていたのである。第三段階にはより強固な蜂起衆が形成されていたのである。

従って、第三段階についてはフルカンのいう「エリート層の指導」の余地を残しながらも、事実上、一三五八年の時点での利害関係と当時の独特な社会諸関係に基づいた動きが表面化していたといわざるをえない。すなわち、カゼルの表現をかりれば「職人と学生とが」「聖職者と商人奉行とが[1]」、野武士に打ち勝てなかった国王や貴族を抑えるための共同行動に出たのであった。

この側面を重視するならば、一三五八年三月の顧問会議への都市民の代表の出席がないからといって「ブルジョアの貴族に対する闘争という図式は認められない[2]」と判断するわけにはいかない。ル・ロワ・ラデュリのいう《中世的闘争》の性格の強くにじみ出た段階といえる。『大勅令』の三四条に「戦争期間中、貴族と非貴族は争えない」とあったが、逆に言えば、両者の対立があったればこその規定とみたい。また、二四、二五条は領主権の制限を直接示していた。こうした状況を考えれば、むしろ都市民の貴族に対する対抗というパターンが一般的に潜在化していたとみることができる。

とはいっても反貴族の図式のみで当蜂起全体を表現し切れないことは当然であろう。高橋清徳の研究によれば、パリではもっと具体的に親方と職人、親方層内部、職種間のところで紛争が認められるという。[3]『ボーヴェー慣習法』の中にも、「貧者たちも中産者たちも、都市の行政について何の権利も持たず、もっぱら富者たちが……中略……その自治体における貧者や中産者たちの存在を恐れるがゆえに、行政のすべてを握り……後略……[4]」「王国都市においては、そのタイユをめぐり多くの紛争が生ずる……後略……[5]」という具合に、都市民内部における諸対立の存在を示している。この側面を見失うわけにはいかない。

都市中・下層民にとって悪徳顧問官・役人は特権化した富裕都市民層の代名詞と映っている。つまり、当初から都市貴族 Patriciat urbain の暗躍を問題にしていたふしがある。例えば、一三五八年一月一七日からの三部会で解任を要求されていた七人の顧問官の中にはブルジョア出身が三名おり、また、『大勅令』の三一条には「国王役人は誰一人として、取引あるいは両替といった商行為を本人はもとより代理人にも固く禁じられる」とあり、特権都市民（門閥）の存在を問題にしている。『大勅令』四〇条の都市民の武装化のところでは、武装化の命令に従わない都市民のいたことが読み取れる。現に、王太子シャルルのサン‐ジャック‐ド‐ロピタルでの演説前後に、王宮に招かれ王太子に対し「生死をともにする」と誓ったパリの親方層のいたことが確認されている。

そして、このことは『大勅令』の諸条項の中に、パリ中・下層都市民の願望・要求といった具体的な形で示されていたところでもある。

以上の整理から言えることは、第一に「改革派」の構成が重層的であったという点である。つまり、パリの中・下層の商人や職人の立場や意識と、「改革派」の貴族やR＝ル‐コックら聖職者との間には大きなズレがあった。それが第二段階では第三節の小結にみられるような相互のかかわり方であり、全体としては、一党派として体裁を保っていたが、第三段階では蜂起衆への都市中・下層民の変質にともない、党派としての「改革派」のまとまりが形骸化してしまうことになったのである。

「都市民と大学の手中に権力が移行し、一部聖職者によってそれが支持された[6]」状況の中で、マルセルの行動も微妙な変化を示していた。先にも引用した「E＝マルセルの摂政宛の手紙」には、微税問題について「殿下への不平が同様に私（E＝マルセル）にも起こっている」というくだりや王国防衛の点で「そのことは、殿下や私どもに対する不平のように」といった表現で示されていた。

こうして、今や、パリ都市民軍として蜂起の中核をになった都市中・下層民のエネルギーはマルセルの手に余るところへ一人歩き始めたということもできる。

最後に、フランス都市蜂起史のなかに当蜂起を位置づけておきたい。

蜂起の第二段階に顕在化した「二大党派の対立」という「改革派」の国王顧問官に対する異議申し立ての図式は、さらに言うならば「パリの同業組合の管理・運営は、王権＝プレヴォ－‐ド‐パリ（パリ奉行[7]）」にあるという背景を前提に説明される必要がある。つまり、この対抗軸の奥には特権化した有力都市民層に対する「都市内対立[8]」の軸が隠されていた。それが、第三段階においては反貴族の動きとして全面に出てしまうことになった。いわば当蜂起は、複合的対抗の図式を共有していたことになる。

そうした諸側面をまとめるならば、当蜂起は、後の一三八〇年代の都市蜂起の形態をその内部に持ちながらも、最終的にジャクリー蜂起などと同質の「領主制の危機」の現象形態としての性格も兼ねそなえた都市民の諸闘争と規定することができよう。

（1）R. Cazelles, *Société politique*, p. 305.
（2）井上、前掲論文、三三三頁。
（3）高橋「中世パリにおける毛織物業の構造」（『史潮』第一七号）二八頁。
（4）Philippe de Remi de Beaumanoir, *Coutumes de Beauvaisis*, par Am. Salmon, t.2, Paris, 1899, 1900, p. 401.
（5）*Ibid.*, p. 403.
（6）R. Cazelles, *Société politique*, p. 306.
（7）高橋「中世フランスにおける同業組合の管理・運営組織――パリ同業組合規約の資料的研究――」（『法経』第一四号）二三三頁。
（8）「比較都市史研究会」（一九八七年一一月二一日、立教大学第五号第一会議室）において、テッパア Dr. B. Töpfer 教授は、いわゆるツンフト闘争を「都市内的諸対立」という用語で表現した。また、同様に一四・五世紀の都市内騒擾を「市民闘争」と呼ぶ研究もある（赤阪俊一「中世末都市内民衆運動研究の一視角」『新しい歴史学のために』一七五号、二三頁）。ここでは、そうした最近の研究動向を参考に、ツンフト闘争的対立を「都市内対立」と表記した。

第Ⅳ章　ジャクリー蜂起の勃発

はじめに

前述のように、マルセル等のパリ都市民蜂起が一三五八年二月二二日に第三段階に突入し王国改革の方向性がより急進化してから、パリ北部・東部諸地方の軍事的・政治的状況が大きく変化した。その傾向は摂政シャルルがパリより三月一七日逃亡し、二五日にサンリスで三部会を開催してからなお一層強まった。まず、正式に摂政として権力を行使し、パリのマルセルおよび彼の支持勢力・都市に対する対抗姿勢を強化したため、マルヌ・オワズ両河川流域およびその周辺に摂政シャルル派兵士が集結し始め、パリ向けの食料やその他の商品物資などの流通を阻止すべく徘徊するようになったからである。[1]

この兵士たちが前年一二月二〇日に当時の王太子シャルルによって布告された《兵士の大集合》に応じて集まってきていた傭兵達であったことは第Ⅱ章三節でみたとおりである。パリ北部・東部地域の農村民はこれを不安な目でながめていた。そうした状況下、一時期モー・プロヴァンに出向いていた摂政は一三五八年五月四日にコンピェーニュで三部会を開催した。五月一三日に閉会し、翌一四日に「コンピェーニュ勅令」を発布した。この勅令の中に、ジャクリー勃発を決定づける条項が含まれていた。ジャクリー蜂起勃発直前の軍事的・政治的な動きと、勃発後のボーヴェー地方におけるジャクリー蜂起衆の動向を《資料Ⅰ》の一覧表を参考に捉えていくことにしよう。

《資料Ⅰ》オワズ川流域のジャクリー蜂起の経過

日　付	蜂起展開・民衆の動き	ナヴァール王等の動き	力関係
1358年			
2月24日	・E＝マルセルら三部会がパリの権力奪取		
3月17日		・摂政パリより逃亡	E. M＝N. C パリ市民
3月25日		・摂政議長の下にサンリスで三部会を開く	⇩
4月18日	・E＝マルセルの王太子宛手紙		
5月　2日		・メロ村付近で，摂政とナヴァール王衝突	
3日		・コンピエーニュで三部会開かれる（～13日）	R.　貴族
14日		・コンピエーニュ勅令発布される （摂政はコンピエーニュに滞在）	
第一段階　28日	・ボーヴェー地方，サン‐ルゥ‐デスラン村にてジャクリー勃発		
	・ボーヴェー地方の蜂起軍指導者にG＝カールなる	（この頃，貴族達とその家族はモーやシャンパーニュ地方のシャロンに逃避する）	
	・蜂起の発生地は，ピカルディー，イール-ド-フランス，シャンパーニュの一部，ノルマンディー北部に確認される，さらに東部，南東に広がる		E. M＝N. C パリ市民
	・G＝カールら蜂起軍，E＝マルセルと連絡をとろうとした		⇩
第二段階	・この頃ボーヴェー地方の蜂起軍（約5～6,000人）コンピエーニュ進軍		R.　貴族
6月はじめ頃	・オワズとテラン流域にはただ一つの城も貴族の家も残っていなかった		⇧
	・コンピエーニュとの交渉不成立		
	・ボーヴェー，アミアン以外の諸都市との「連合」不成立		ジャクリー
6月5日頃	・蜂起軍サンリスへ，付近のシャンティイ城などの攻撃	・この頃，フランドル地方やエノー地方の貴族達が援助にかけつけた	
7日	・パリ市民軍（ジャン＝ヴァイヤン指導下の300人）との合流		
	・「連合軍」，エルムノンヴィルを攻略		
第三段階	・蜂起軍とパリ市民軍との分裂，蜂起軍はメロ村へ，市民軍はモーへ向かう	・ナヴァール王が地方騎士，ナヴァール・イングランド両軍のブリガンから成る約400名の部隊がロングヴィル，クレルモン近くで蜂起衆の攻撃態勢をとる	E. M＝ N. C パリ市民
8日	・G＝カール指導下の蜂起軍，メロ主力部隊の所へ到着		⇩
9日	・蜂起軍，ナヴァール王の貴族連合軍と対立	・ナヴァール王，ボーヴェー地方の蜂起軍を攻撃する	R.　貴族
10日	・G＝カール，ナヴァール王に捕えられる		⇧⇩
	・蜂起農民鎮圧強化される		ジャクリー
第四段階　11日	・モーで，農民を含めたパリ都市民軍（約9,000人）が貴族軍に完敗		E. M＝ N. C パリ市民
14日			⇩⇧
15日		・ナヴァール王パリに入る ・ナヴァール王パリの政権を掌握 ・ナヴァール王パリを去る	R.　貴族
22日			⇩
24日	・各地の蜂起軍，完全に鎮圧される（2万人以上の人々が殺されたという説（？）もある）		ジャクリー
28日	・援助を懇願するフランドル市民宛のE＝マルセルの手紙	・摂取のパリ攻撃開始（～7月20日）	E. M パリ市民
29日			⇧
7月11日	・E＝マルセル，再度フランドル市民に要請		R.　貴族
31日	・E＝マルセル，街頭戦闘の最中，暗殺される		⇩
8月2日	・パリ市内における摂政の報復	・パリ民衆の「乱行」に対する無罪判決状	
10日		・「ジャクリー事件」に対する全面特赦状の公布	ジャクリー

備考：E. M＝E. マルセル，N. C＝ナヴァール王，R.＝摂政，⇨ 攻撃，＝同盟
時期区分は，蜂起軍の性格変化を示している。

一　コンピェーニュ勅令

勅令の内容は次のようなものであった。一三五七年三月三日の『大勅令』との比較の視点もおりまぜジャクリー蜂起に関係する条項をみてみよう。

《一四、聖職者は自らの利益の一〇分の一を、貴族は一リーヴルにつき一二ドゥニエを支払うべし。町や市壁内の住民は七〇戸（feux ＝世帯）につき兵士一人を養うべし》

《一五、貧しい農奴（serf）は一〇〇戸につき兵士一人を養うべし。恣意タイユを課せられた農奴は二〇〇戸につき兵士一人だけを養うべし。何人といえども、特権如何にかかわらずこの援助金に従うべし》

《一六、後見人付き孤児、寡婦、そして家を全く持たない他の者は自らの収入一リーヴルにつき一二ドゥニエを支払うべし。また奉公人も自分の賃金から同様に支払うべし。乞食は支払いの用なし。

この援助金は、五月一五日から始め三ヵ月ごとに徴収し、一年間継続される。ただし敵によって略奪されたか、あるいは略奪されている諸地方においては和らげられる。

この援助金は、それが徴収される地方において完全に使用される。しかしながら、もし王国領境の諸地方において徴収される援助金がその地方を守るのに必要な兵士団を養うのに不十分な場合は、危険の少ない地方から徴収された援助金がそこに送られることになる。しかし、その場合にもその地方が攻撃された場合に備え防禦体制をしくのに十分な額は残しておく。

摂政は、援助金の一〇分の一を摂政自身の館の維持と彼の妻である公妃扶養のために取得することになる。しかし、もし敵との戦闘に行かねばならない場合、諸地方の隊長は、それぞれの地方で徴収した援助金によって養われた軍隊と合流すべし。

もし、法王が教会利益の一〇分の一の徴収を認めるならば、諸地方の隊長は今度の援助金支払いには拘泥しない[2]》

この第一四～一六の各条項は、いわゆる援助金の形式による課税負担の内容について規定したものである。援助金は、一三五八年五月一五日から徴収を始め三か月ごとに徴収し一年間継続されるというものである。負担は、都市民の場合は七〇戸毎に、農村民は一〇〇戸あるいは二〇〇戸で一人の兵士を一年間養うに必要な経費分を支払えとなっている。当勅令の第五条には城・砦・館の防禦体制はその地域の財源でまかなえとあるので[3]、摂政によって決定されたパリ包囲作戦に必要な全費用を周辺農村民・都市民に負担させようとしたものであることがわかる。負担額も相当なものであった。聖職者・貴族、孤児、寡婦、家を持たない者は四%でよかったが、農村民・都市民の場合は正確には割り出せないものの、「教会利益の一〇分の一の徴収を認めるならば、……その年の援助金支払いには拘泥しない」とあるので、約一〇%前後の負担になるように思われる。

負担率もさることながら、この「勅令」発布からは次のような問題が生じてくる。まず大前提として、一三五七年三月三日の『大勅令』の諸規定およびその精神がこの「勅令」発布段階にあってもまだ十分に効力をもっていたという点である。現に、パリではマルセル等の都市民蜂起が起こっていて『大勅令』に込められた意志が貫徹されていた。摂政も一三五八年二月二二日事件直後に、『大勅令』の遵守をパリ民衆を前に王宮にて誓っていた[4]。そうした情報は、例えば民衆説教師を通じて伝わっていたとみてよいだろう[5]。その『大勅令』では、前章で分析したとおり、三身分の合意のない援助金徴収を厳しく禁じており、承認の手続きも徹底されたものとなっていた。第二の問題としては、パリ北部・

東部地域における傭兵の出現がこの地の農村民に限りない不安を与えていた点である。パリ南西部のような事態にいつみまわれてもおかしくない諸状況が確実に深まっていたという現実である。

まさにそのような時に当「勅令」が強引に発布された。「この援助金はそれが徴収される地方において完全に使用される」と言い添えたところで、これがパリに対抗して発布されたものであると見抜くのにそれほどの時間は必要としなかった。[6] だからといってイングランド国王軍を敵と想定すること自体も無理があり、現に、ボルドー休戦が存在し、他方、ナヴァール王シャルル派とイングランド王国との間には同盟関係ができていて、五月二日にはボーヴェー地方のメロ村付近では摂政軍とナヴァール軍のにらみ合いも生じていたのである。[7]

そうした状況からして、この「勅令」には、第一にパリで開催される慣習にある全国三部会の承認がないことによる違法性、第二に、とりわけパリ北部地域は農民層の分化の激しいところで、また、法身分上の自由農民の多かった地域であったために、一度消滅したはずの恣意税の復活とも思える援助金が徴収されることとの不当性、第三にイングランド国王軍との戦争あるいは大野武士団鎮圧のためでもない軍事行動の欺瞞性、第四に、パリ南西部のような荒廃状況を起こしかねない傭兵団を自らの負担で賄わねばならないことに対する不合理性が含まれていた。このようにジャクリー蜂起を引き起こす直接的な契機[8]となる諸要素を抱え込んだ「勅令」として五月二八日へと突き進んで行くこととなった。

徴収開始日は、蜂起勃発より二週間前になる五月一五日と決められていた。しかし、それから五月二八日までどのように推移したかについての正確な情報はほとんど確認できない。「当時、数多くの小部隊がパリ周辺やピカルディーあたりをうろついており、機会を見つけては募兵や兵糧調達を行ない、しばしば掠奪を働いていた[9]」との解釈も説得的ではあるが、史料的裏付けという点では困難である。だが、これらの小部隊が野武士団であるかないかは別としても、「勅令」に基づいた徴税行為が始まっていたのは当然であり、こうした現実に対して徴収される側の農村民・都市民の反発が起こっていたことも容易に類推できる。『ノルマンディー』には「農民を守らねばならない騎士たちが、農民たちの全財産を奪う決定をしたといわれるほど、この決定によって民衆の財産は徹底的に奪い取られた[10]」との記述もあり、略奪まがいの徴税行為がパリ北部・東部で行なわれ、従ってそれに対する抵抗が徐々に具体的な形になっていったとみられる。とにかく前年の三月三日の『大勅令』の第一七条には、不当徴税への抵抗の合法性と力不足に際しての援助要請までもが認められていたからである[11]。

二　サン‐ルゥ‐デスラン事件

リュスの研究ではサン‐ルゥ‐デスラン事件についての直接の言及はない。おそらく、蜂起勃発日を五月二一日に設定したがために勃発地を特定できなかったものと思える。あるいはこの部分では「年代記」記述より「特赦状」を史料として重視した結果かもしれない。しかし、現状では一三五八年五月二八日とみるのが一般的となっている[12]。

まず「年代記」であるが、その勃発に関する叙述のほとんどが「恐怖 effrois 」の開始という認識を示している。『フロワサール』では「フランス王国のいくつかの地方で驚くべきある恐ろしい事件が起こった[13]」とあり、『大年代記』では「ボーヴェー地方の幾人もの貧しい人々が、サン‐ルゥ‐デスラン、ノワンテル、クラモワジーの村々やその付近で蜂起し、寄り集まって不品行な行動をした[14]」、『ジャン＝ド‐ヴェネット』でも「彼らは貴族たちやその妻子を虐殺したり、また、貴族たちの家や城館を破壊しながらボーヴェー地方のあちこちを歩き回った[15]」という具合に、これらの記述内容をそのまま鵜呑みにすれば、蜂起した蜂起衆は徹底して自暴自棄な貴族攻撃を展開したことになる。

それでもいくつかの「年代記」に冷静な描写が若干見られる。『ノルマンディー』では「このこと（コンピェーニュ「勅令」による徴税）のために、異常なまでもの大勢の農民が蜂起し、騎士や彼らの領主であるすべての貴族のところに向かって駆けつけ集合した。そして、幾人かの貴族の婦人や子供を残酷にも殺し、彼らの砦や館を取り壊した[16]」とあり、貴族勢力を見境なく殺害したとはなっていない。『ジャン＝ル・ベル』でも「復活祭後の第七日曜日の後のかなり早い時に、ボーヴェー地方、アミアン地方、ブリー地方、アルトワ地方、イール・ド・フランス地方、それにソワッソンに至るヴァロワ地方などフランス王国のいくつかのところで、驚異的な苦難が起こった。なぜなら田舎町の人々があっというまにあちこちの村々に指導者もなく集まったからである。しかも最初は一〇〇人にも満たなかった[17]」と描き、また、『初期ヴァロワ』でも「この時期にボーヴェー地方で、最初はサン・ルゥ・デスランやボーヴェー地方のクレルモンあたりで、ジャック達が蜂起した。……中略……そのとき、ジャック達は大勢で集まり来て、しかも貴族のところに駆けつけ何人かを殺した[18]」と叙述するなど、当時の支配勢力全体が受けた衝撃をストレートに表現しようとはしていない。むしろ攻撃の目標となったのが領主の城・砦・館であり、その際に幾人かの貴族が妻や子供とともに殺されたと、淡々と証言しているだけである。蜂起に立ち上がったのは農村民だけではなく地方の都市民もいたということと、勃発の日時・場所については、明記されているところでいえば一三五八年五月二八日前後、サン・ルゥ・デスランとその周辺の村々であるということだけである。

さて、サン・ルゥ・デスラン事件に立ち戻ってみよう。当村のクリュニー派ベネディクト会に属する小修道院で、四人の騎士と五人の従者の計九人が殺されたというのが「年代記」のなかの最も具体的記事である[19]。この事件にふれているものとしては他に『初期ヴァロワ』があるが残念ながら詳細は述べられていない。また、殺害された九名の者達は野武士団のような行為に出てこうなったのか、それとも摂政軍の兵士・従者として「コンピェーニュ勅令」の行使に際し攻撃を受けたのかは「年代記」からだけでは判断しがたい。

後で詳しく検討することになる「特赦状」より得られる情報を加味すれば、この時殺害された九名の者達のうちの一人が、ソンム地方のモンディディエ郡の騎士、ロウル＝ド・クレルモン・エ・ドゥ・ネッルであることが判明するので[20]、形の上では野武士団でなかったことは明らかである。とはいっても、彼らが臨時税徴収の任務を負った兵士・従者の集団であったとしても蜂起衆の側にはそう映らなかった可能性が高い。蜂起衆の心性のレベルでは、彼らが野武士であったかどうかが攻撃の基準になってはいなかったということがすでに行論よりはっきりしているところだからである。

次に問うべきは、九名の者を殺害したのが当村の村民たちだけであったのかという点であろう。換言すれば、蜂起勃発に際して成立していた蜂起衆の構成およびその基盤についての問題である。これについては、『フロワサール』が「恐ろしい事件」の内容描写のところで「というのも、何人かの人々が田舎の町々からボーヴェー地方に一緒にやって来たときに事件が始まった。指導者ももたず、しかも、最初は一〇〇人そこそこであった[21]」と書いている。また先にも引用したように『初期ヴァロワ』では、「最初はサン・ルゥ・デスランやボーヴェー地方のクレルモンあたりで」とあり、『ジャン＝ル・ベル』でも「なぜなら田舎町の人々があっというまにあちこちの村々に指導者もなく集まったからである。しかも最初は一〇〇人そこそこであった」という記述がある。この件についての情報量の多い『フロワサール』は、サン・ルゥ・デスラン事件に関与した蜂起衆が当村の人々だけでないことを示している。『初期ヴァロワ』と『ジャン＝ル・ベル』のそれを重視するならば、当村での行動が最初だとしても、その蜂起衆がボーヴェー地方の他村においても蜂起しているように読み取れる。まだ指導者は登場していなかったとはいえ、百人前後の蜂起衆だったとすれば蜂起軍としての動きをしはじめていたことも窺わせる。とするならば、なおさら当村民の結集だけで蜂起したとは考えにくく、蜂起勃発以前に他の農村民・都市民勢力との合流があったということになる。

ところで、サン゠ルゥ゠デスラン事件発生の直接契機とその場面を側面から増幅させていた不安・恐怖感が蜂起勃発にどのように作用したかについては前節で検討したとおりであるが、蜂起衆の行動をより深いところで支えていた「貴族批判」の思いは、勃発前後にどのような形で表われていたのであろうか。これについては『フロワサール』に次のような部分を認めることができる。「彼らのうちの一人が立ち上がって言った。フランス王国の貴族達、騎士達、従者達は、王国を汚し、破壊してきた。だから彼らを皆撲滅することは良いことだ。これに対して蜂起したすべての人々は次のように叫んだ《そうだ！　そうだ！　貴族を救う者は皆恥を知れ！》……中略……彼らが（＝蜂起衆）世界中の貴族や貴人のすべてを撲滅できれば、それによって、貴族たちがもはや存在できなくなるだろうと考えた[22]」。このくだりは「主人の羊を食う犬」である貴族身分勢力を「撲滅する」ことを目的として、「万事うまくことをはこぼう。そしたらみんなで主人になろう[23]」との認識を示したところとして注目すべきであろう。この発想には、一種の平等思想あるいは千年王国論の影響とも思える香りが漂っていないわけではないが、蜂起衆の思想の一端を正直に表現しているところとして重視したい。領主制の打倒の叫びとしても位置づけられるところである。

指導者の出現についてはどうであろうか。『初期ヴァロワ』に興味深い記述がある。当事件に言及した直後に「彼らのなかに、非常に知恵者で弁舌巧みな、美貌と美姿の持ち主の人物がいた。その者の名はギヨーム゠シャルル Guillaume Charles であった[24]」と言っている。『ナンジー年代記』にも「農民たちは、メロ村に住む、ギヨーム゠カルル Guillaume Karle という名の一人の農民を指導者に選んだ[25]」とあり、この人物を当村の事件にもっとも近い指導者と考えることができる。また、『初期ヴァロワ』の言い方からすれば当事件の蜂起衆のなかにこの人物がいたことになる。ただ残念ながら、指導者として頭角を表わしたのがどの段階であったのかということがはっきりしない。少なくとも、勃発時には指導者がいたのかどうかははっきりせず、また、実際には登場していたとしても目立つような行動や発言がなく注目されなかったとみるべきであろう。

こうして指導者の存在が確認され始めたころ、当村およびその周辺の蜂起衆はどれほどの勢力になっていたのであろうか。『フロワサール』では「他の多くの城や大きな館においても蜂起衆は同じようなことを行ない、蜂起衆も六〇〇〇人余りにまで増大した。彼らが行くところではどこでも数が増えた。というのも、同じような種類の人々が皆、彼らに加わったからである」[26]として蜂起衆の数を六〇〇〇人余りと断言した。また、その理由までもが述べられているが、J＝フラメルモンは『ジャン＝ル・ベル』[27]とほぼ同様の記述になっている「同じ考えのある」者たちの存在に注目し、「隣接した村々の住民たちの援助を乞う鐘を鳴らし、蜂起農民は力強く自衛した」[28]と捉えた。このように、貴族たちが態勢を整える前に蜂起衆達が団結して攻勢に出たとの戦略的解釈は彼らの心理状態の一つの説明[29]として有効であるように思える。

三　オワズ川流域におけるジャクリーの動向

オワズ川流域およびその周辺で蜂起に参加した共同体の正確な数は分からないが、「特赦状」の分析結果からすれば、ボーヴェー地方も含めた現在のオワズ県全体の広がりでみれば、三二の村や町（不明一）[30]が何らかの形でかかわっている。また、嘆願者数では全体の二〇四名中五八（二八％）名[31]を占め、多くのジャクリー発生地の中でもやはり多いことがわかる。後の分析が明らかにするように、オワズ川流域は蜂起鎮圧の激しかった所で蜂起参加者の多くが報復によって殺されているところであったにもかかわらず、なお嘆願者がこれほど認められるのもジャクリー蜂起の中心地として当然のことだったということになろう。その意味からも、G＝カールら蜂起衆の動向およびその行動様式を「年代記」の語るところに基づき、可能な限り明らかにしなければならない。

G＝カールによって指導されたオワズ川流域の蜂起衆の大集団は、一〇部隊の組織に細分され[32]、蜂起軍としての形を整えた。このカール指揮下の蜂起軍には、かつて騎士で軍事に精通していたある人物が付き[33]、白百合の紋章の旗をかかげ《モンジョア Montjoye!》の鬨の声をあげたといわれる[34]。五月二八日から六月初頭にかけてカールの蜂起主力軍と、彼の配下の隊長たちの蜂起軍は「年代記」が声高に書き立てているようにオワズ川・テラン川周辺の一四の城や砦を攻撃し[35]これを破壊している。その結果、「オワズとテランの流域には、城や貴族の家は一つも残っていなかった[36]」といわれるほど徹底したものであったことがわかる。その頃には前節で明らかなように、蜂起衆は蜂起の発生した地方全体の蜂起参加者の総数なのかどうかはわからないが六〇〇〇人ほどになっていて、彼らが移動するところはどこでも食料が用意されていたことなども書かれている[37]。

そのカールの蜂起軍が六月の初頭に摂政の滞在するコンピェーニュに向かった。理由ははっきりしないが、リュスによればカールは早くからコンピェーニュ行きを決めていたという。その理由として、この町が憎らしい五月一四日「勅令」の発布地であり、町の住民達がそれに報いようとしていたため攻撃したのだとしている[38]。しかし『初期ヴァロワ』によれば、そのころカールはパリのマルセルに対して援助および救援を求めたとされる[39]。また、『大年代記』によれば「それからコンピェーニュに行ったが、町の人々は彼らが町に入るのを許さなかった。そこで、次に彼らはサンリスに行き町の人々と一緒になろうと努力した[40]」となっている。これらの情報内で判断すれば、カールが都市民との同盟ないしは

《資料Ⅱ》　G＝カール指揮下のボーヴェー地方蜂起軍の進路

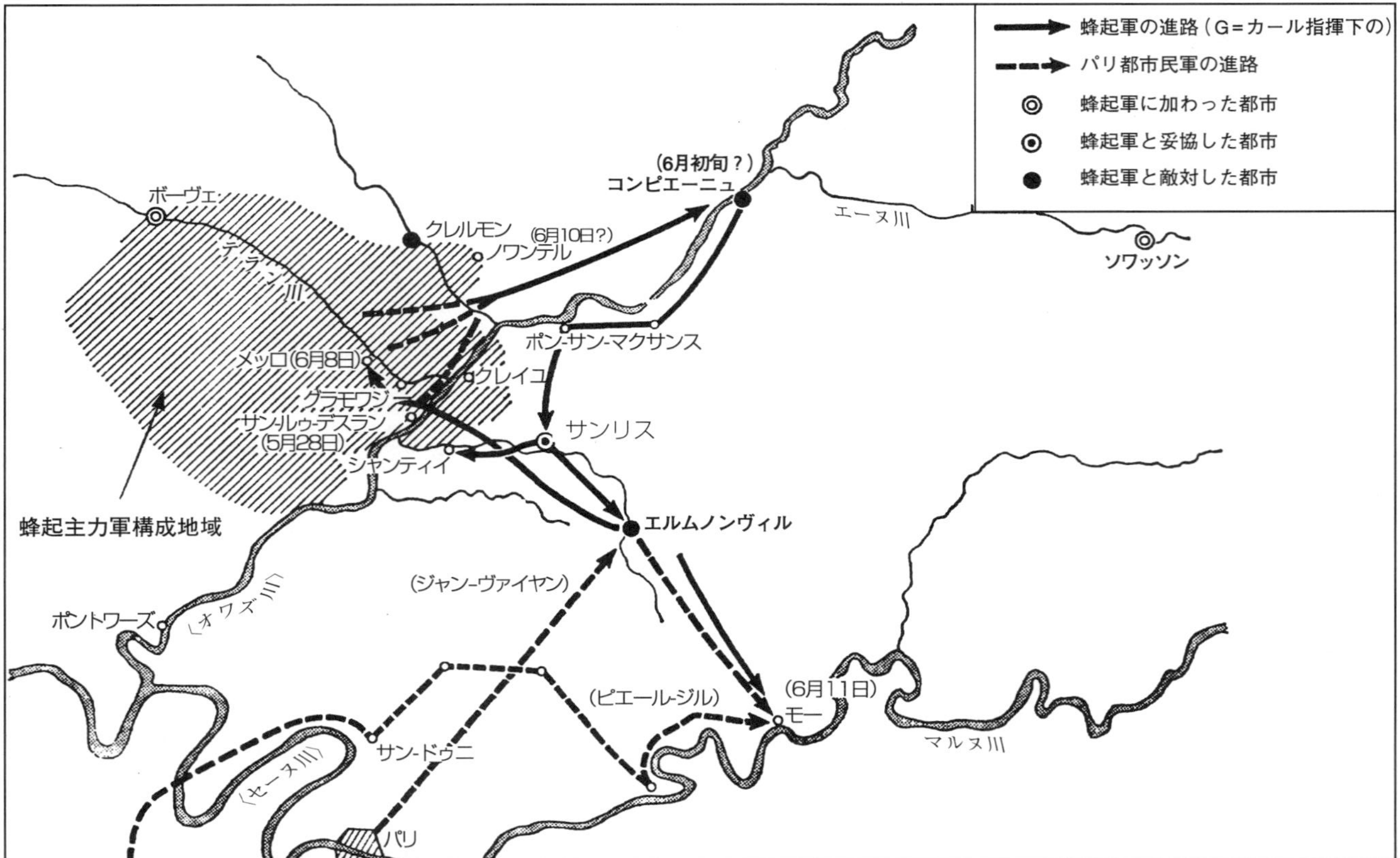

協力関係の確立をめざしコンピェーニュに向かったとすることのほうが説得的である。現に、市壁内に避難した貴族たちを引き渡し、農村民との同盟を促す内容の手紙を富裕地主のジャン＝ロズJean Roseにもたせ送り込んでいる。[42] だが、結果はうまく行かず、使者となったJ＝ロズがサンリスのバイイ裁判管轄区に属する聖職者であったなどの条件も手伝い、逆に、身柄を拘束され王国牢に監禁されてしまい失敗したというのである。

《資料Ⅱ》の地図からもわかるように、コンピェーニュでの作戦の不成功の後、六月五日頃にはサンリスに到達している。[43] しかし、ここでも蜂起軍は当初市壁内に入れず、長い交渉の後、交通路を妨げている近くの城を共同で破壊することでようやく同意に達したという。[44] 都市民との同盟を求めてサンリスに行ったとみて間違いないが、カールの思惑通りには動いていない。蜂起勃発地域内の諸都市の対応も《資料Ⅱ》の表からもわかるように、一様ではなかった。この問題を理解するためには、一三五〇年代の都市民の政治的動向をおさえておく必要がある。[45] 例えば、アラス、ルーアン、ランの場合には、すでに不当臨時税や人頭税などの徴収に反対し、徴税役人に立ち向かうという動きが確認されている。[46] つまり、一三五七年三月三日の『大勅令』に明記されたように、名目はたとえ何であれ理不尽な税徴収には断固とした対抗姿勢を取ってきていた。一三五八年五月には、王国都市の多くが「コンピェーニュ」勅令に基づく税徴収を拒否するという実力行使にも出ていた。『ノルマンディー』にはジャクリーの際にアミアン市長が周辺地域の人々の援助に数百人を派遣したとの記事がみられる。[47] にもかかわらず都市民のジャクリーにたいする対応は微妙に食い違っていた。この点についてJ＝フラメルモンは、都市民が一般的には一定の教育を受けていて、知識もあり、都市内あるいは王国内の秩序に安住していたから蜂起衆の肩を持とうとはしなかったと説いたが、[48] 本質的問題はむしろ別にあったとみたい。つまり、とりわけ都市の富裕層には、マルセルらが手掛けていたような王国改革への期待はあっても、かといってマルセル型改革路線を積極的に推進させるわけでもなく、ましてや貴族の存在を否定する領主制打倒の路線などとうてい受け入れられるものではなかったということである。言い換えれば、貴族批判・王国内の秩序回復・不当徴税の拒否といった共鳴盤を持ちながら、しかし、領主制の否定というジャクリー蜂起の基本路線にはついていけなかったのであろう。

四 ジャクリーとE＝マルセル

六月七日に、エルムノンヴィル Ermenonville においてカール指揮下の蜂起軍とパリ都市民軍の合流が成立した。だが、ここにおいてもカールらの戦略的目標は十分に達成されたとは言いがたいものであった。パリからはマルセルの指示に基づき、造幣工ジャン＝ヴァイヤン指揮下の総勢三〇〇人の都市民軍が到着した。失業者や貧民などを含む食料品雑貨商ピエール＝ジル指揮下の都市民軍は、その頃パリ周辺の軍事的拠点地域を攻撃し、ジョネスでは高等法院長官のピエール＝ドルジュモンの所有する館を略奪するなどしていた。[50]

エルムノンヴィルにおける念願の「同盟」は、しかし、ジャクリーにとっては有力な援軍とはならなかった。蜂起軍とパリ都市民軍との共同の力はロベール＝ド-ロリス所有のエルムノンヴィル城を攻撃し破壊するだけにとどまった。[51]というのも、ちょうどその頃ボーヴェー地方の蜂起衆達をナヴァール王シャルルの鎮圧軍が攻撃しはじめたという知らせが伝わってきたからであった。[52]

もともと、マルセルとナヴァール王は王国改革の一点でしか利害の一致はなかったにしても、カールやマルセルにしてみれば、それぞれの立場でこの寝返りともとれる行動の情報は衝撃であったに違いない。とくにカールの戦略的認識のなかに摂政シャルルに敵対する改革派貴族のこのような対応は予想できなかったものと思える。しかし、ナヴァール王のこの豹変ぶりは貴族身分など支配層の対ジャクリー認識を物語るものとして面白い。つまり、ナヴァール王にしてみれば王国改革の計画半ばに、また、次期国王の野望さえ捨てざるをえない厳しい現実をジャクリーの中にかいま見たに違いない。それは蜂起衆の意識や行動が、彼の対農村民イメージを大きく逸脱していたからであろう。ひたすら働き、祈り、慢性的飢餓にも耐え、無口で表情に乏しいと思い込んでいた彼らの日常性からよもやこのような蜂起が発生するとは想像すらできなかったとみたい。億劫がりで保守的傾向にあるはずのその彼らが一斉に領主制打倒を口走ったとしたら、貴族達にとってそれは確かに《恐怖》と映ったのであろう。前述のように、「年代記」の記述はこの面を正確に伝えている。

その瞬間、彼らは自分自身の位置する階級的立場やその利害に目覚めざるをえなかったのであろう。ナヴァール王にしても、摂政に代わって権力を手中にしようなどという思いはどこかに吹っ飛んでしまっていたように思える。領主制にとっての体制的危機と悟った同様の反応は他にも認められる。『フロワサール』によればプロイセン帰りのイングランドの貴族、フォア伯とその者の義弟のブッシュの隊長でさえ、ヴァロワ・プランタジネット両王国間に休戦協定があったからとはいえ、「自らの騎士としての資質が真実であることを示そうと」[53]決意せざるをえなかったほどの「深刻」さを伴った蜂起であったのである。「主君よ、あなたは貴族が殺されるのに我慢できなかった世界第一の貴族です。ジャックと称する彼らが長くのさばり、王国都市がこれを助けるなら、われわれは彼らによって完全に絶滅されるでしょう」[54]という、ピカルディーやノルマンディーの貴族たちからのややうわずった賛辞と期待に答えて、地方騎士やナヴァール軍・イングランド軍からなる約四〇〇名の部隊を率いたナヴァール王は、ロングヴィルやクレルモンの近くで蜂起衆の面前に達していた[55]。

この事態の急変のなかで、蜂起軍と都市民軍は分裂せざるをえなかった[56]。というのも、マルセルはそもそもパリの経済封鎖を解くためにパリ周辺の要塞や砦を攻撃すべく遠征隊を組織したといわれるように[57]、ジャクリー蜂起衆との同盟を目的とはしていなかった。すでに、別ルートで食料雑貨商のピエール＝ジル指揮下のパリ都市民軍をモーに送りだしていた[58]。前述のように、彼はジャクリー蜂起勃発直後からカールからの接触を受けていたが[59]、それは蜂起衆のエネルギーを利用するためであって、せいぜい摂政を脅すために一定の関係を維持していたふしがある[60]。

他方、カール等蜂起軍側にしてみれば、都市民勢力とりわけパリの援助をうけ、あわよくば彼らとの同盟をという姿勢は首尾一貫していたように思える。また、彼らがそれ以外に期待していたコンピェーニュなどの主要都市との同盟が非現実となった以上、最後の望みはこれであった。ところが実際には形式的な合流にしかならず、かつマルセル等パリ都市民軍の本質を知るに至り、ナヴァール王のメロ村接近の報を受けた彼ら[61]はパリ都市民軍との分離を決心し、六月八日の朝にはメロ村に陣取っていた[62]。

エルムノンヴィルからモーに向かったJ＝ヴァイヤン指揮下のパリ都市民軍にも多数の農村民が参加しているのが認められるが[63]、また確かにそこに登場した農村民の思いにはジャクリー蜂起衆と同様のものが感じ取れるが、それはしかしモー市場の解放というパリ都市民軍の戦術的目標の範囲内のものでしかなく、その意味でもジャクリー蜂起全体を規定するものではなかった。形の上では、またこれまでの歴史的評価のなかでも、ジャクリー蜂起衆とパリ都市民の共同行動という側面がないわけではないが、むしろ情勢判断の材料に乏しかった農村民がパリ都市民軍に利用されたものとみたい[64]。従って、モー市場の攻撃に関連する一連の動きはジャクリーから切り離して捉えるべきであろう。

五　G＝カール指揮下の蜂起軍の最後

六月八日の朝に、メロの主力部隊に戻ったカール配下の蜂起軍のその後の動きについて意外に詳しいのは『初期ヴァロワ』と『大年代記』である。それらの記述をまとめると次のようになる。

メロの蜂起軍陣営からは恐ろしい戦いの叫びとラッパが響きわたり[65]、相変わらず白百合の花の戦旗が掲げられていた。しかし、ナヴァール王等の鎮圧軍を前にしてカールは蜂起軍の劣勢を見抜き、蜂起軍をパリに行かせ、そこで勢力を固めるべくパリ都市民の支援と援助を得るべきとの主張をした[66]。これに対して蜂起軍の蜂起衆は「われわれは一歩も退かない。われわれは貴族と戦うのに十分な力を持っている」[67]と叫んで従わなかった。蜂起衆の勢いに圧倒されたカールは、その直後すぐさま蜂起陣営の再構築を行なっている。まず、蜂起軍を一隊二〇〇〇人編成の二隊に分け、前列に弓と石弓担当の蜂起衆を配置し、そこを馬車や他の一切の荷物で囲み、次いで、そこを約六〇〇人の騎兵役の蜂起衆が囲むという態勢[68]をとっている。これにはナヴァール王も少なからず驚き[69]、そのためまる二日間は蜂起軍に何の手出しもできなかったようである[70]。

この事態を突破するために、ナヴァール王は奸計をめぐらし六月一〇日に休戦交渉にカールをおびき出す[71]作戦に出た。興味深いのは、この提案にカール側が何の警戒心も持たずのってしまっている点である。カールおよび蜂起軍側のこうした不用意な行動の背景を明らかにしてくれる史料はないが、ここではナヴァール王に対するマルセル等の王国改革推進グループのリーダーとしてのイメージがわざわいしたのであろう。つまり、ナヴァール王にたいする何らかの期待を捨てきれなかった結果だったと判断したい。幻想的期待でしかないにもかかわらず、そこに活路を見いだそうとしたカールの行動は、同時に蜂起軍内部の蜂起衆の情勢分析能力の限界として、やむを得ないことであったように思われる。

その結果、カールは捕えられ、それを機に野武士も含む貴族連合軍は一斉攻撃に出、指導者を失った蜂起軍は次々に撃破され[72]散り散りになってしまい、再び立て直せないほど徹底的に追いまくられ、大量の虐殺[73]を許してしまっている。逃げ延びた者は野原や森の中に隠れたり[74]、一部はクレルモン方面に逃れた[75]ことがわかっている。カールは部下の隊長達と共にクレルモンに連れていかれ[76]、そこで彼は「赤熱した五徳をかぶった農民王[77]」と言われ打ち首にされ、他の数人も続けて処刑された。こうして、オワズ流域のジャクリー主力勢力は鎮圧されたのであった。

（1）S. Luce, *La Jacquerie*, pp. 49-50; R. Cazelles, *Société*, p. 318.
（2）Ordonnance de Compiègne, in *Histoire générale de Paris, collection des documents, publiée sous les auspices de l'édilité parisienne; Etienne Marcel, prévôt des marchands < 1354-1358 >*, éd, par F.-T. Perrens, Paris, 1874, p. 220; Ph. Contamine, *Guerre*, p. 77.
（3）*Ibid.*, p. 219.
（4）*Ibid.*, p. 175; M. Mollat, *Les Pauvres*, p. 123.
（5）M. Mollat et Ph. Wolff, *op. cit.*, p. 123.
（6）S. Luce, *La Jacquerie*, pp. 50-53, 160-162; Pierre Durvin, «Les Origines de la Jacquerie à Saint-Leu-d'Esserent en 1358», in Actes du *101e C.N.S.S.*, Lille, 1976, pp. 368-370.
（7）Chron. de G. Nangis, p. 260.
（8）S. Luce, *La Jacquerie*, pp. 53-54.
（9）J. d'Avout, *op. cit.*, p. 150.
（10）Chron. de Normande., pp. 127-128.
（11）第Ⅲ章注(30)。
（12）Chron. de J. Le Bel, pp. 255-256; S. Luce, *La Jacquerie*, p. 58; R. Delachenal, *op. cit.*, p. 394.
（13）Chron. de Froissart., p. 375.

(14) Grandes chron., t. VI, p. 110.
(15) Chron. de G. Nangis, p. 263.
(16) Chron. de Normande, p. 129.
(17) Chron. de J. Le Bel, p. 256.
(18) Chron. des Valois, p. 71.
(19) Grandes chron., t. VI p. 110.
(20) 第Ⅴ章一節の(一)注(7)。
(21) Chron. de Froissart, p. 375. 『大年代記』を分析したP＝デュルヴァンは、一か村だけ離れていたノワテル Noitel 村をサン－ルゥ－デスランから六キロメートル付近にあるメーゼル Maysel 村と認定している。P. Durvin, *op. cit.* p. 365
(22) *Ibid.*, pp. 375-376.
(23) M. Mollat et Ph. Wolff, *op. cit.*, p. 128; M. Mollat, *Les Pauvres*, p. 249.
(25) Chron. de G. Nangis, p. 263.
(26) Chron. de Froissart, p. 375. 『ナンジー年代記』では五〇〇〇人となっている（Chron de G. Nangis., p. 264）。
(27) Chron. de J. Le Bel, p. 256.
(28) J. Flammermont, *op. cit.*, p. 131; J. d'Avout, *op. cit.*, p. 187.
(29) M. Mollat et Ph. Wolff, *op. cit.*, p. 123.
(30) 第Ⅴ章の《資料Ⅲ》参照。
(31) 第Ⅴ章注《資料Ⅴ》参照。
(32) S. Luce, *La Jacquerie*, p. 78; M. Mollat et Ph. Wolff, *op.cit.*, p. 124.
(33) Chron. des Valois, p. 71.
(34) S. Luce, *La Jacquerie*, p. 78.
(35) 第Ⅴ章《資料Ⅹ》参照。
(36) Chron. de Froissart, p. 376; J. Flammermont, *op. cit.*, p. 134.
(37) Chron. des Valois., p. 72.

(38) S. Luce, *La Jacquerie*, p. 78.
(39) Chron. des Valois., p. 72.
(40) Grandes chron., t, VI, p. 110.
(41) M. Mollat et Ph. Wolff, *op. cit.*, p. 124.
(42) S. Luce, *La Jacquerie*, pp. 79-80.
(43) J. Flammermont, *op. cit.*, p. 136. リュスは、蜂起軍がサンリスを通らないでエルムノンヴィルに直行したとした（S. Luce, *La Jacquerie*, p. 83）。
(44) *Loc. cit.* 破壊された城は、シャンティイ Chantilly、クルトゥーユ Courteuil、ブロッスーズ Brosseuse、フォンテーヌ - レ - コール - ニュ Fontaine-les-Corps-Nuds である。
(45) B. Chevalier, «Corporations»p. 22.
(46) M. Mollat et Ph. Wolff, *op. cit.*, p. 123.
(47) Chron. de Normande, p. 128.
(48) J. Flammermont, *op. cit.*, p. 135.
(49) M. Mollat et Ph. Wolff, *op. cit.*, p. 127.
(50) S. Luce, *La Jacquerie*, pp. 110-115; G. Fourquin, *Les Campagnes*, pp. 235-237; M. Mollat et Ph. Wolff, *op. cit.*, p. 126. なお、P = ジルについては S. Luce, *La France pendant la guerre de Cent Ans, épisodes historiques et vie privée aux XIVe et XVe siècles*, Paris, 1890, pp. 25-30が詳しい。
(51) *Ibid.*, p. 115; J. Flammermont, *op. cit.*, p. 138.
(52) J. Flammermont, *op. cit.*, p. 138.
(53) Chron. de Froissart, p. 377.
(54) Chron. des Valois, p. 72.
(55) S. Luce, *La Jacquerie.*, pp. 72-73.
(56) J. Flammermont, *op. cit.*, p. 138; G. Fourquin, *Les Campagnes*, p. 237.
(57) S. Luce, *La Jacquerie*, p. 96; J. Flammermont, *op. cit.*, p.137; G. Fourquin, *Les Campagnes*, pp.235-236; M. Mollat et Ph. Wolff, *op. cit.*, p. 126.

(58) *Ibid.*, pp. 96-97.

(59) Chron. des Valois, p. 72.

(60) S. Luce, *La Jacquerie*, p. 116; G. Fourquin, *Les Campagnes*, p. 235; M. Mollat et Ph. Wolff, *op. cit.*, p. 129.

(61) Chron. des Valois, p. 73.

(62) J. Flammermont, *op. cit.*, p. 139; G. Fourquin, *Les Campagnes*, p. 238.

(63) S. Luce, *La Jacquerie*, pp. 225-338.

(64) M. Mollat et Ph. Wolff, *op. cit.*, p. 127.

(65) S. Luce, *La Jacquerie*, pp. 147-180.

(66) Chron. des Valois., p. 73.

(67) *Loc. cit.*

(68) *Loc. cit.*

(69) S. Luce, *La Jacquerie*, p. 150.

(70) *Loc. cit.*

(71) *Loc. cit.*

(72) Chron. des Valois, p. 75.

(73) *Loc. cit.*

(74) S. Luce, *La Jacquerie*, p. 151.

(75) *Loc. cit.* E＝ランベールによれば、クレルモン地域における蜂起衆の最後の闘いの場所はノワンテルとカトノワとの間の平原地帯だという（Emile Lambert, «La Jacquerie dans le Beauvaisis et dans le Valois (Mai-Juin 1358)», in *Documents et Recherches, Bulletin de la Société Archéologique, Historique et Géographique de Creil (Oise)*, n. 43, 1964, p. 10）。

(76) Grandes chron., t. VI, p. 115; J. Flammermont, *op. cit.*, p. 140.

(77) S. Luce, *La Jacquerie*, p. 152.

第Ⅴ章　ジャクリー蜂起における蜂起衆の成立とその展開

——「特赦状」の分析から——

はじめに

ジャクリー蜂起の基本性格をめぐって、著者は一九八八年にR＝カゼル説批判を試みたことがあったが[1]、その際に利用した「特赦状」を一九九二年にフランス国立文書館で直接確認する機会があった。

さて、そのカゼル批判論文では[2]、主にS＝リュスの研究に依拠しつつ[3]、彼の整理した巻末史料集の分析を中心に検討したが、今回、その巻末には紹介されていない「特赦状」も読み込むことができた。その結果、先のカゼル説批判に変更はなかったものの、後にジャクリーといわれるようになる「蜂起衆」の成立過程とその直後からの蜂起展開の地域的特徴について全体的掌握が可能となった。

本章では、ジャクリーに関係する「特赦状」を見直し、さらに、幾つかの史料を追加し、これまでのジャクリー研究にみられた政治史的解釈を乗り越えるために、当蜂起の多様な側面を掘り起こすことにした。

ところで、念のために言えば、先の著者のカゼル説批判の核心部分はこうである。「農民の他に多くの手工業者、聖職者、下級役人が含まれた運動であり、ナヴァール王シャルルを『王国改革』戦線から離脱させ、貴族としての階級意識にめざめさせたという理解に新味はないが、農民の存在や役割を極力低く評価しようとするところに目新らしさが感じられる。また、初期ヴァロワ政治史研究者としての特徴のよく表われたこの説では、矛盾のとらえ方という点で従来の研究史との相違をみせている。つまり、ややオーバーな言い方をすれば、政治的利害の対立、かけ引きといった面の過大評価の傾向が強い[4]」というものであった。

従って、本章での具体的分析は、「農民の存在や役割を極力低く評価」することの非歴史性をさらに強調する意味からも、「特赦状」に見え隠れするジャクリーのさまざまな動きを丹念に追いかけることが中心となる。とりわけ、定点観測的視角からサン‐ルゥ‐デスラン St.-Leu d'Esserent 事件とその他の各蜂起拠点地域の動きを比較しつつ、それぞれの場面での蜂起衆の成立基盤を探り出し、次いで彼らの行動様式にみられる諸特徴を抽出し、当該蜂起の蜂起衆成立過程の様子を浮かび上がらせることである。

以下の分析に先立ち、本稿で使用する「特赦状」[5]の史料的性格と、ジャクリーに関係した「特赦状」の分布状況についてあらかじめ整理しておくことにしよう。

民衆蜂起研究の史料として「特赦状」を扱う傾向は一九世紀から一般的[6]となっているが、その使用にあたっては幾つかの留保条件のあることが指摘[7]されている。まず、「特赦状」を受ける側の、「嘆願者」の「申告」の真偽の問題であり、次いで、蜂起関係者全員が「特赦状」に登場していない[8]という現実がさしあたり注意されねばならない。そのために、「特赦状」それ自身がかかえる矛盾や、他の「特赦状」との間にみられる蜂起認識の相違点などに注目する必要が出てくる。とくに、「嘆願者」は「特赦」を取得するために、蜂起とのかかわりを極力弱めようとして、自分の役割をいつわって過小評価し、その責任から逃れようとする。まして、多額の印章税・登記料を支払ってまで取得したいという、かつ支払いうる経済的状況にあった彼らの「申告」にはかなりの虚偽[9]が含まれるということが前提となる。

しかし、そのような限界や欠陥を持ちつつも、蜂起関係者の「生の証言」として、蜂起の核心部分に迫りうる最大の情報源であることに間違いはなく、前述のような厳密な史料批判の仕方如何によっては「特赦状」に表面的にしたためられた情報量をはるかにうわまわる内容と質の「証拠」をあぶり出すことができる[10]ことになる。

ジャクリーに関するフランス国立文書館の「証書収蔵帳簿」は系列八六～一〇〇、一〇二、一〇五～一〇八の各帳簿に含まれており[11]、現在確認されているだけでも一八八通にジャクリー関係の記述を見出す[12]ことができる。その中で、蜂起に参加した個人及び共同体宛に明確に発給された「特赦状」一六一通には、二〇四名の個人と四七の共同体名を確認できる。

なお、以下の分析にあたっては、「年代記」とS＝リュスの利用した「パリ高等法院文書」も関連史料として追加した。

（1）Raymond Cazelles, «La Jacquerie fut-elle un mouvement paysan?», *Comptes-rendus des séances de l'Académie des Inscriptions et Belles-Lettres*, année 1978, juillet-octobre, pp. 654-666. この論文の詳しい内容については、近江「R＝カゼルの仏・一四世紀民衆蜂起理解をめぐって」（『フラターニティ』創刊号、一九八八年五月）参照のこと。なお、フランスにおけるR＝カゼル批判としては、André Leguai, «Les Révoltes rurales dans le royaume de France, du milieu du XIVe siècle à la fin du XVe», *Le Moyen Age*, sèri 4, T. 37, 1982. がある。

（2）近江「民衆蜂起にみる都市と農村」（『歴史学研究』五八七号、一九八八年一一月）。

（3）Siméon Luce, *Historie de la Jacquerie*, 2e éd., Paris, 1895.

（4）近江「都市と農村」七頁。

（5）M. François, «Note sur les lettres de rémission transcrites dans les registres du Trésor des chartes», *Bibliothèque de l'Ecole des Chartes*, vol. 103, 1942 によれば、「証書収蔵帳簿」（série JJ. 九四、八〇四通）には、「負債償還状」（lettres d'amortissement）、「個人・共同体への権利委譲及び特権確認状」（lettres de concessions et confirmations de privilèges à des individus ou des communautés）、「授爵状」（lettres d'anoblissement）、そして「特赦状」（lettres de rémission）が含まれていて、そのうち「特赦状」は五万三八二九通であるという。

（6）例えば、S. Luce, *op. cit.*, では六八通がとり挙げられ、L. Mirot, *Les Insurrections urbaines au début du règne de Charles VI*, Paris, 1906. でも「年代記」「会計簿」とともに重視されている（近江「マイエ蜂起（一三八二年）にみられる『蜂起衆』と『ソシアビリテ』」（『専修人文論集』第五三号）一三一頁参照）。

（7）Pierre Braun, «La Valeur documentaire des lettres de rémission», in *La Faute, la répression, et le pardon*, éd. par Actes du 107e *C.N.S.S.*, Brest, 1982, Paris, 1984. によれば、一般に「特赦状」は事実を述べないように熟慮されているので、むしろ言

及されない、記載されていないことを掌握するのがより自然だという。Ferdinand Lot et Robert Fawtier, *Histoire des institutions Royales* によると「特赦」を得たいと願うものは誰でも、後で、国王顧問官の前でそれを説明してくれる公証人に請願書を申し立てる必要があり、受け入れられた場合には、王国大法官（Chancellerie Royale）によって「特赦状」が作成され、本物であることの刻印として国王印が使用された。その際日付も付され、永遠の効力を持つ印として赤と黒の絹の編み紐の上に緑のロウによって刻印され、その後で受取人に配達されたという。また、「特赦状」を受け取った者は、大法官の帳簿にそれを記帳させることができた。この登記は組織立ったものであったが、一四世紀段階では強制的でなかったという（Octave Morel, *La Grande chancellerie royale et l'expédition des lettres royaux de l'avènement de Philippe de Valois à la fin du XIVe (1328-1400)*, Paris, 1900, p. 29）。

（8）F. Lot et R. Fawtier, *op. cit.*, pp. 132-133. によれば、「特赦状」は印章税としてパリ貨六〇スゥを「嘆願者」に支払わせた。そのうち一〇スゥは国王に、四〇スゥは公証人全員に、五スゥは大法官の封印係に、同様に証書を編集した公証人にも五スゥが入った。登記にも追加のパリ貨一リーヴルの支払いが生じた。従って、「特赦状」を取得するには三ないし四リーヴルが必要であったし、そのうえに、大法官の同情を得るためにはそれ以外にも免れることの出来ない費用が加算されたという。

その総額は、例えばパリの毛皮製造業の職人であれば七日分、その徒弟であれば四〇日分の賃金に相当したという。

（9）「特赦状」を与える側でも、このシステムを国王の好意を示すデモンストレーションの機会ととらえられていて、「嘆願者」を守るという姿勢をもたなかったという（P. Braun, *op. cit.*, p. 215）。

（10）各「特赦状」の書式は一定している。まず書き出しは、「フランス国王の長子にして、王国摂政、ノルマンディー公、ヴィエンヌ（ドフィネ地方）の王太子のシャルルは……」«Charles aisné fils du Roy de France, régent le Royaume, Duc de Normandie et Dauphin de Viennois……» となり、その後に「嘆願者」名、あるいは村落共同体住民が対象となる場合には村落名が書かれ、そして「嘆願者」の居住地名が続き、さらに、社会的身分、職業などの記事が付されることもある。

本論部分で必ず出てくる表現としては、書式は若干異なるものの「嘆願者」が「恐怖」effroisや「常軌を逸した騒乱」folles commocionsに参加したというくだりである。例えば、「最近、王国の貴族に対し前述の平原の人々（農村民）が数か所の砦を打ち壊し、貴族の財産を奪い、皆殺しすべく引き起こした《恐怖》に周囲の地域の何人かの者と参加していた」«aient été avec plusieurs autres du pays d'environ aux effrois qui dernièrement et naguère ont été fait par les dits gens du plat pays contre les nobles du dit royaume à abattre en plusieurs lieux forteresses et dissiper leurs biens et aucuns mis à mort»といった具合であ

る。

最後には、「上述のことがらに鑑み、この者達が為しえたことについて、そのため殿下によって科せられた刑事上、民事上の総ての刑罰を、余は上述の理由により、……放棄し、赦免しそして許す。……一三五八年恩赦の年の八月、パリにおいて授けられる」«……que nous considérant les choses dessus dites, toutes peines criminelles et civiles en quoi ils pourroient pour ce est encouru envers Monseigneur et nous pour cause des choses dessus dites,……avons quitté, remis et pardonné……. Donné à Paris l'an de grâce 1358 au mois d'août» といった紋切り型の表現が入り、「特赦状」を締めている。

(11) そのうち、九六～一〇〇、一〇一、一〇二、一〇五～一〇八の各帳簿には合わせて一二通あり、発給された日付も勃発年より二〇年近く後のものも含まれる（S. Luce, *op. cit.*, pp. 175-224）。

それ以外の所を一覧表にすると下表のようになる。

(12) ジャクリーの参加者及び参加共同体に直接関係ない書状が二七通含まれるが、それらは鎮圧の状況やその際の報復のための略奪、没収財産の分与などに関するものである。この部分についての分析は別稿にゆずることにする。

	系列番号	発給時期	総書状数	ジャクリー関連	%
1	JJ 86	1356～'59	620	114	18.4
2	87	1357～'60	357	2	0.6
3	88	1357～'60	120	5	4.2
4	89	1356～'61	762	5	0.7
5	90	1358～'60	638	38	6.0
6	91	1361～'63	509	3	0.6
7	92	1361～'63	323	2	0.6
8	93	1361～'63	309	1	0.3
9	94	1363～'64	64	2	3.1
10	95	1363～'64	227	5	2.2

一　発生地域分布

(一)　各地のジャクリー

まず、ジャクリー全体の動きを「特赦状」、「高等法院民事文書」[1]、既研究にある情報から確認することにしよう。それらをまとめてみると、[2]オワズ Oise 地域（以下、ことわりのない場合は現在の行政区分としての県を単位としている）七五地点、セーヌ－エ－オワズ Seine-et-Oise（現ヴァル－ドワズ、セーヌ－サン－ドニ、イヴリンヌ、エソンヌの諸県を含む）地域五四地点、マルヌ Marne 地域四二地点、ソンム Somme 地域二九地点、エーヌ Aisne とセーヌ－エ－マルヌ Seine-et-Marne 地域がともに二〇地点、セーヌ－アンフェリュール Seine Inférieur、オーブ Aube、ロワール Loire、ヨンヌ Yonne の各地域がそれぞれ三地点、その他八地点、合計二七三地点の各共同体がなんらかの形でジャクリーにかかわっていたことになる（《資料Ⅰ》参照）。ただ、この中には鎮圧に加わった貴族の居住地なども含まれている。

さて、そのうちジャクリーへの参加の確認できたところは一五四町村であった。それを一覧表にすると《資料Ⅱ》のようになる。

《資料Ⅱ》の一五四町村のうち全住民を対象に「特赦状」が出されているのは、前述のように四七の共同体に対してであり、それ以外の一〇七の町村は、「特赦状」の記述や既研究にあった情報を読み取ったものである。

それを地域別にまとめると《資料Ⅲ》のようになる。それを見ると、件数としてはマルヌ、オワズ、セーヌ－エ－オワズ、ソンムの地域の順に多いことがわかるが、ジャクリーに参加ないしは協力した共同体の中で後に全住民対象に

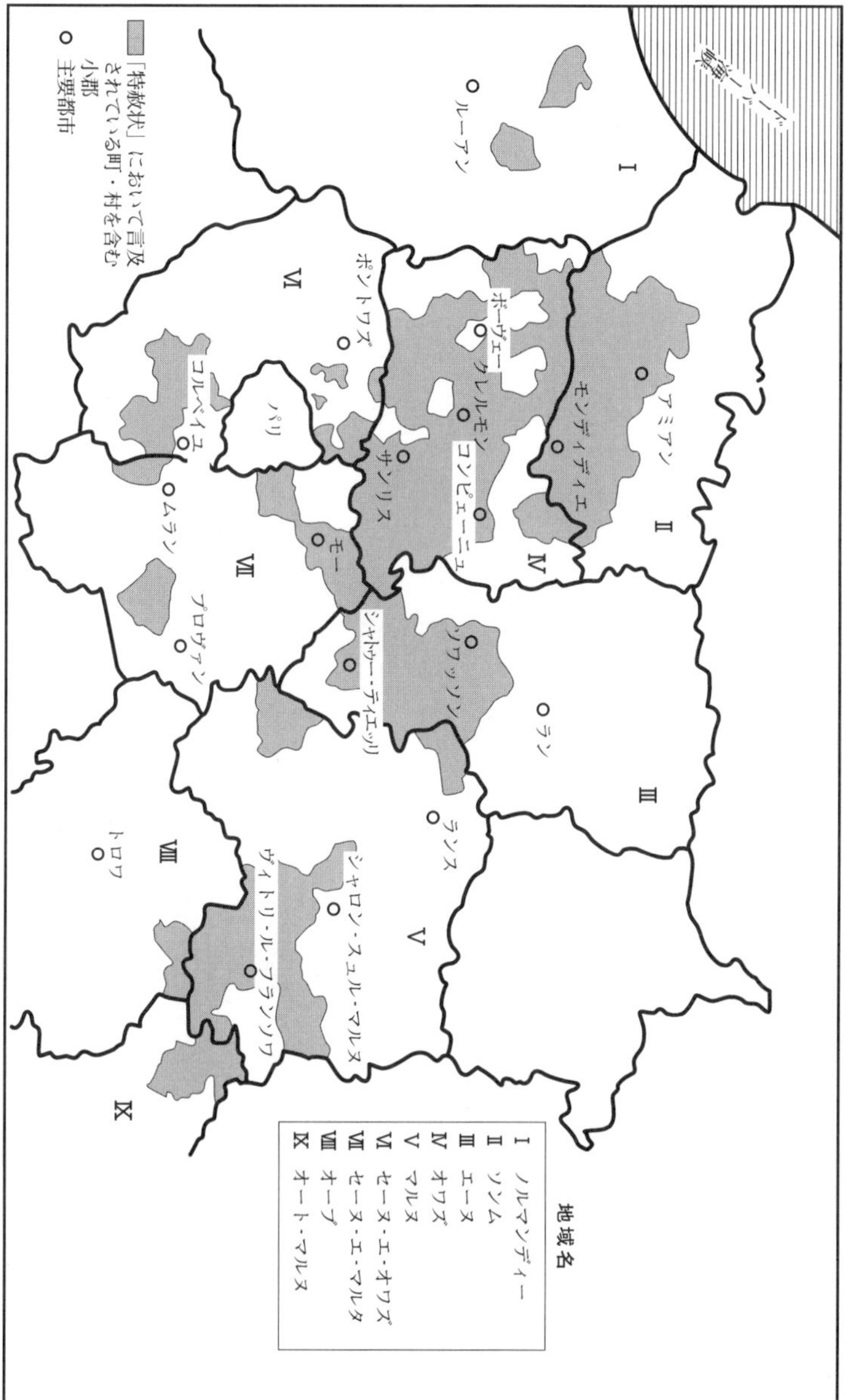
「特赦状」において言及されている町・村を含む小郡
主要都市
ルーアン
I
ポントワズ
VI
ボーヴェー
クレルモン
アミアン
モンディディエ
II
コンピェーニュ
サンリス
IV
パリ
コルベイユ
ムラン
モー
VII
プロヴァン
シャトゥー・ティエリ
ソワッソン
ラン
III
ランス
トロワ
VIII
シャロン・スュル・マルヌ
ヴィトリ・ル・フランソワ
V
IX
地域名
I ノルマンディー
II ソンム
III エーヌ
IV オワズ
V マルヌ
VI セーヌ・エ・オワズ
VII セーヌ・エ・マルヌ
VIII オーブ
IX オート・マルヌ

《資料I》 ジャクリー発生地域

「全体特赦状」の出されているケースは、オワズ、ソンム両地域の村において圧倒的に少ないことがはっきりしている。当該蜂起において最も展開の激しかった両地域の、しかも合わせて三七か村が史料上確認されながら、一か村にしか「特赦状」が出ていないという事実は、それだけこれらの地域の蜂起が妥協の余地のない徹底したものであったことを窺わせる。

また、全体としては村の方が村総数の二八・七%にしか出されていないのに対し、町では町総数の四四・一%と約半分近くの発給率を示している。この違いが何を意味するのか、恐らく当該蜂起の基本性格にかかわる背景があるものと思えるが、この段階では結論を急ぐべきではない。他の諸現象にみられる諸特徴を整理したところで何らかの説明が出てくるように思える。

次に蜂起の波及地域を図示することによって、その広がりの面での特徴を見ておくことにしよう。《資料Ⅰ》をみるとジャクリーの平面的な動きが一目瞭然である。史料上に表われた共同体数ではマルヌ地域に及ばないオワズ地域の方がむしろ蜂起の中心部にあり、ソンム南部やヴァル - ドワズ東部の地域にかけて連なった蜂起の展開を予測させてくれる。

その他の特徴としては、《資料Ⅲ》でも確認できたように、エーヌ南部地域、マルヌ南西部からオーブ北部、オート - マルヌ地域にまたがる部分、さらにパリ南部のエソンヌ北部地域に蜂起の中心のあることが指摘できる。ただし、これも今の段階ではそれぞれの動きの具体的内容がはっきりしないので、例えば、蜂起は各地で同時に発生したのか、それともある勃発地点からリレー方式のごとく波及していったのか、あるいは、それぞれの地域の動きが全く別々のそれとしてあったのかなど、これ以上のことはわからない。《資料Ⅱ》の記事からすると権力の側はこれらの点に注意を払っていない。ただ、ジャクリーと同時期のものだということが強調されているだけである。

《資料Ⅱ》 ジャクリー参加町村一覧

	共同体名		どの様な行動をとったのか	史料番号	行政地名
1	Ableiges	町	Meulanを占領した敵から金品を強奪した(habitants, paroisses)	JJ. 86-484	Seine-Oise, Pontoise, Marines
2	Xanteul	町	同上	同上	同上
3	Acy	村	Soissonsの前方のDhuizyの家の略奪 (habitants)	JJ. 90-530	Aisne, Braine
4	Acy-en-Mutien	村	周辺のgens du paÿsとともにeffroisに参加	JJ. 86-430	Oise, Senlis, Betz
5	Meucien	村	同上	同上	同上
6	La Ferté	村	同上	同上	同上
7	Amiens	町	Jacquerieに対してlicenceの意志を伝えた (habitants)	JJ. 86-239	Somme
8	Hngicourt	村	(effroisに参加)	JJ. 90-288 86-365	Oise, Clermont, Liancourt
9	Châtres-sous-Montlhéy	村	武器を与えられ、Chillyにいくべしとの E. Marcelの公示を	JJ. 86-231	Seine-Oise, Corbeil, Arpajon
10	Saint-Vrain	村	警鐘の音によってこの村に人々が集まる	JJ. 86-465	Haute-Marne, Vassy, Bailly
11	Ballancourt	?	Villers emprès la Ferté Aalays城の取り壊し (habitants)	JJ. 86-393	Seine-Oise Corbeil
12	Bayarne	町	effroisに参加	JJ. 86-377	Marne, Vitry-le-François
13	Beaufort	村	領主で騎士身分のMichelの城館を焼き破壊した	JJ. 99-370	Somme, Montdidier Rosières
14	Beauvoir	村	同上	同上	同上
15	Beaumont-sur-Oise	町	農民や近隣の町の人々とともにeffroisに参加 (集会)	JJ. 90-62 JJ. 90-425	Seine-Oise
16	Belleau (Beilliaux)	村	約30人の住民effroisに参加 Chasteau Terryプレヴォ管区	JJ. 86-326	Aisne, Château-Thierri
17	Givry	村	同上	同上	同上

18	Bettancourt	村	反貴族の effrois に参加	JJ. 86-346	Marne, Vitry-le-François.
19	Bignicourt-sur-Saulx	村	Vitry プレヴォ管区、effrois に参加（habitants）	JJ. 86-360	Marne, Vitry-le-François
20	Dully	村	同上	同上	同上
21	Boissy-la-Riviére	?	effrois の舞台となった	p. 204	Seine-Marne, Etampes
22	Boyssy（Boissy- sous-St-Yon）	町	effrois に参加したとして	JJ. 86-215	Seine-Oise, Rambouillet, Dourdan
23	Eglis	町	同上	同上	同上
24	Bonneuil	村	Jacques が領主の館を破壊した	JJ. 91-333	Seine-Oise, Pontoise, Gonesse
25	Borrenc-sur-Oyse	町	effrois への参加のかどで	JJ. 86-496	Oise, Senlis, Neuilly - en - Thell
26	Lès-Beaumont-sur-Oyse	町	同上	同上	同上
27	Bucy（Bouchy）-le-Repost	町	effrois への参加のかどで（habitants）	JJ. 90-271	Marne, Epernay
28	Bruyères-le-Châtel	?	effrois の舞台となる	p.204	Seine - Oise, Corbeil, Arpajon
29	Chailly	?	effrois の舞台となる	p. 205	Seine-Marne, Melun
30	Chalette	?	effrois の舞台となる	p. 205	Aube, Arcis-sur-Aube, Chavanges
31	Châlons-sur-Vesle	村	（周辺の村とともに effrois の舞台に）50人以上、St.-Thierri に属する村人も	JJ. 86-380	Marne, Reims, Fismes
32	Chambly	村	effrois に参加（habitants）	JJ. 90-354 JJ.86-342	Oise, Senlis, Neuilly - en - Thelle

33	Charentigny	村	騎士 Jean de Naime の城の略奪	JJ. 90-413	Aisne, Soissons, Oulchy
34	Charny	村	Jean de Chrny の小館を略奪	X^{1a}14, fol. 391	Seine-Marne, Marne
35	Chavanges	町	effrois に参加、Perthois や Champagne 農民蜂起衆に参加	JJ. 86-596	Aube, Arcis-sur-Aube
36	Chenay	村	(effrois に参加) 50人以上虐殺	JJ. 86-380	Marne, Reims, Fismes
37	Choisy-le-Roi	村	Jacques La Vache の家の略奪	X^{1a}17, fol. 51v 52	Seine, Sceaux, Maignelay
38	Conflans-sur-Seine	村	パリへ向かう王太子派の軍団との口論，住民は警鐘，叫び	JJ. 86-373	Marne, Epernay, Anglure
39	Conty	村	強制的に、他の農民達と共に effrois に参加	JJ. 86-344	Somme, Amiens
40	Cormeilles-en-Parisis	町	付近の他地区の人々と共に effrois に参加	JJ. 86-247	Seine - Oise, Versailles
41	Coucy-le-Château	?	effrois の舞台となる	p. 204	Aisne, Laon
42	Couvrot	町	effrois に参加 (habitants)	JJ. 86-377	Marne, Vitry-le-François
43	Coye	村	effrois の舞台となる	p. 204	Oise, Senlis, Creil
44	Cramoisy	村	同上	p. 204	同上
45	Cravant	町	悲劇が起こる (habitants)	JJ. 86-424	Yonne, Auxerre, Vermenton
46	Creil	町	effrois の舞台となる	p. 204	Oise
47	Crevecoeur	村	ここの住民と付近の蜂起衆が領主の７戸の家屋を略奪した	JJ. 86-173	Oise
48	Crugny	村	effrois に参加、Fère, Mure 城の攻撃	JJ. 86-368	Marne, Reims
49	Cuiry-Housse	村	同上	JJ. 86-369	Aisne, Soissons Culchy-le-Châtea
50	Dormans	町	周辺の地方の町と共に貴族に対抗しようとした	JJ. 86-130	Marne, Epernay

51	Dracy-les -Vitteaux	村	Vitteaux の何人かの住民が Dreux の所有する城を攻撃	JJ. 91-71	Côte-d' Or, Semur
52	Drouilly	村	(habitants)?	JJ. 86-360	Marne, Vitry-le-François
53	〈Bignicour〉	村	同上	同上	同上
54	Dury (Aisne)	?	ジャクリーの舞台となる	p. 204	Aisne, Saint-Quentin, St.-Simon
55	Dury (Somme)	?	同上	p.203	Somme, Amiens, Sains
56	Ecury	?	同上	p. 205	Marne, Châlons
57	Etampes	村	農民の蜂起衆が国王と貴族に対して蜂起した	JJ. 86-395 JJ.86-396	Seine-Oise
58	Etrépy	村	effrois に参加	JJ. 86-358	Marne
59	Fontaine-sous-Mont-didier	村	Maugoubert の家屋を略奪破壊 Courtemanche 城を取り壊す	JJ. 92-227	Somme, Montdidier
60	Fontenay-aux-Roses	村	effrois の舞台となる	p. 205	Seine, Sceaux
61	Fontenay-les-Briis	村	effrois に参加	JJ. 86-329	Seine-Oise, Rambouillet
62	Fontenay-les-Louvres	村	同上	JJ. 86-205, 249, 262, 314	Seine-Oise
63	Gaille-fontaine	?	〈effrois に参加〉 1000人が殺される	p. 153	Seine-Inférieure Neuchatel, Forges
64	Gandelu	?	effrois の舞台となる	p. 204	Aisne, Château-Thierry
65	Gien	町	?	JJ. 115-297	Loiret
66	Gandes-Côtes	町	les Viex Costes の住民、effrois に参加	JJ. 86-377	Marne, Vitry-le-François
67	Grattepanche	?	〈effrois に参加〉	JJ. 90-423-424	Somme, Amiens, Sains

68	Hangest	村	effroisに参加、50人の住民が訴えられる	JJ. 107-186	Somme, Amiens, Picquigny
69	Hès le Huitier	村	effroisに参加 (habitants)	JJ. 86-377	Marne, Vitry-le-François
70	Heiltz-le-Maurupt	村	同上	JJ. 86-357	同上
71	Jaux	村	effroisに参加 (habitants)	JJ. 86-223, 362, 364	Oise, Compiègne
72	La Chapelle-sur-Colle	村	住民達は他の農民達と共に貴族の要塞や家屋を破壊	JJ. 86-379	Marne, Vitry-le-François
73	La Chaussée du Bois d'Ecu	村	effroisの舞台	p. 204	Oise, Clermont, Creve-cœur
74	La Croix-St-Ouen	村	同上	p. 204	Oise, Compiègne
75	La Faloise	村	Falaise城を破壊	V. Beauvillé, t. I, p. 110	Somme, Montdidier Ailly-sur-Noye
76	La Presle	村	〈effroisに参加〉	Angicourtに同じ	Oise, Clermont
77	Plesseis lès St. Leu de Taverny	村	effroisに参加 (habitants)	JJ. 90-419	Seine-Oise, Pontoise, Montmorency
78	Lignières	村	〈周辺の村と共にeffroisに参加〉(habitants)	JJ. 86-392	Somme, Amiens, Poix
79	Meucien	村	effroisに参加し，殺人も (habitants)	JJ. 86-269	Seine-Marne, Meaux
80	Liossiz (Lizy-sur-Ourcq)	村	同上(habitants)	同上	同上
81	Loysies	村	effroisに参加，(Vittry en Pertois バイイ裁判管区)	JJ. 86-524	Marne, Vitry-le-François
82	Saint-Tierri	村	〈effroisに参加？〉	JJ. 86-380	Marne, Reims, Bourgogne

83	Lorris (Loriz)	村	Châteauneuf-sur-Loire 要塞の敵、王国の敵と一緒に	JJ. 90-48	Loiret, Montargis
84	Tourcy	村	〈effrois に参加〉	JJ. 86-269	Aisne, Château-Thierri, Charly
85	Lussis	村	同上	同上	同上
86	Maisons	村	貴族に対する effrois に行った (habitants)	同上	Marne, Vitry -le- François
87	Marly-le-Roi	村	Jean de la Villeneuve に対して Jacques Bons Hommes が	JJ. 90-488	Seine-Oise, Versailles
88	Mello	村	ボーヴェーの人々の動乱に参加	JJ. 86-308	Oise, Senlis, Creil
89	Mennecy	町	城の攻撃に参加 (habitants, paroisse)	JJ. 86-363	Seine-Oise, Corbeil
90	Merly-le-Grand	村	〈effrois に参加〉 Riems の手前に居た貴族達によって報復	JJ. 86-380	Marne, Reims
91	Merly-le-Petit	村	同上	同上	同上
92	Messy	村	effrois に参加、Mathieu de Pommolin の財産が荒らされる	$X^{2a}7$, fol. 212	Seine-Marne, Meaux
93	Montataire	町	〈effrois の舞台〉	JJ. 98-252 JJ.100-643	Oise, Senlis, Creil
94	Montdidier	町	何人かの農民の隊長の命令書によって effrois に参加	JJ. 86-437	Somme
95	Montépilloy	町	Montépilloy 城の破壊。R. de Lorris が訴え住民に 1000Lv.	$X^{1a}18$, fol. 63	Oise, Senlis
96	Montmorency	町	effrois に参加 (habitants)	JJ. 86-207	Seine-Oise, Pontoise
97	Neuilly-Saint -Front	?	effrois に参加 (habitants)	JJ. 90-364	Aisne, Château-Thierry
98	Nointel	村	effrois の舞台となる	p. 204	Oise, Clermont, Liancourt
99	Orléans	町	Cour 城 (現 Ligny-Le-Ribault) 破壊の企て	JJ. 91-277, f.140	Loiret

100	Orsay	?	effroisの舞台となる	p. 204	Seine-Oise, Versailles
101	Pertes	村	金品を強奪した (habitants)	JJ. 86-533	Seine-Marne, Melun
102	Saint-Martin en Bière	村	同上	同上	同上
103	Flory en Bière	村	同上	同上	同上
104	Celly	村	同上	同上	同上
105	Saint-Sauveur sur Escole	村	同上	同上	同上
106	Pierrepont-sur-Avre	村	〈Pierrepont 城の攻撃〉	V. de Beauvillé, t. 1, p.110	Somme, Montdidier
107	Plainville	?	〈Plainville 城の攻撃〉	JJ. 109-173	Oise, Clermont, Breteuil
108	Plessis-de Roy	町	〈Plessier-les-Roye 城の攻撃〉	JJ. 86-131	Oise, Compiègne, Lassigny
109	Grandvilliers	村	〈Poix 城の攻撃〉	JJ. 86-392	Somme, Amiens
110	Poix	村	同上	同上	同上
111	Pomponne	?	Jean de Charny の館の略奪	X^{1a}14, f. 391	Seine-Marne, Meaux
112	Ponchon	村	〈effrois に参加〉	JJ. 90-148	Oise, Beauvais, Noailles
113	Pontoise	町	周辺の農民達の effrois に参加 (一部)	JJ. 86-313	Seine-Oise
114	Pont-Point	村	貴族のスパイを殺害 (habitants)	JJ. 96-425	Oise, Senlis, P.-Ste.-Maxence
115	Pont-Sainte-Maxence	村	〈effrois に参加〉	JJ. 96-179, 425	Oise, Senlis
116	Pouillon	村	〈effrois に参加〉	JJ. 86-380	Marne, Reims Bourgogne

117	Praslin	村	effroisの舞台	p.205	Aube, Bar-sur-Seine
118	Précy-sur-Oise	村	周辺の農民とともにeffroisに参加	JJ. 86-246	Oise, Senlis
119	Presles	村	effroisの舞台	p. 204	Aisne, Soissons Braine
120	Rainneval (Renneval)	村	Raïnneval城の攻撃	V. de Beauvillé, t. 1, p.110	Aisne, Laon, Rozoy-sur-Serre
121	Rouvroy	村	Beaufort(13)と同じ	JJ. 90-370	Somme, Montdidier
122	Roye	村	effroisの舞台	p.203	Somme, Montdidier
123	Sains-Morainvilliers	村	Sains城の破壊	V. de Beauvillé, t. 1, p.110	Oise, Clermont, Maignelay
124	Saint-Amand	町	〈effroisに参加〉	JJ. 90-293	Marne, Vitry
125	Saint-Dizier	村	〈effroisに参加〉	JJ. 86-142	Haute-Marne, Vassy
126	Saint-Livière	町	Saint-Dizierの領主を攻撃	JJ. 86-377, 578	Marne, Vitry-le-François
127	St. Leu d'Esserent	村	9人の騎士・役人の殺害ジャクリー勃発地	JJ. 90-356 JJ. 92-227, 237 A. de l'Oise, 2224	Oise, Senlis
128	Saint-Lumier en Champagne	?	〈effroisに参加〉	JJ. 86-578	Marne, Vitry-le-François
129	Saint-Thierri	町	周辺の村とともに城の攻撃	JJ. 86-380	Marne, Reims
130	Saint-Vrain	町	周辺の農民とともにeffroisに参加	JJ. 86-311	Marne, Vitry-le-François
131	Sceaux	町	effroisに参加	p. 110	Seine
132	Senlis	町	一部の都市民が城の攻撃に参加	JJ. 86-510, 511	Oise
133	Silly-le-Long	村	〈effroisに参加〉	p. 139	Oise, Senlis, Nanteuil-le-Haudouin

134	Sompuis	村	effroisに参加 (habitants)	JJ. 86-258	Marne, Vitry-le- François
135	Songy	村	effroisに参加	JJ. 86-378	同上
136	Thil	村	〈effroisに参加〉	JJ. 86-380	Marne, Reims, Bourgogne
137	Thérines	村	〈effroisに参加〉	JJ. 88-31	Oise, Beauvais, Songeons
138	Thoix	村	城の攻撃	JJ. 90-294	Somme, Amiens, Conty
139	Thorigny	村	Jean de Charnyの館の略奪	$X^{1a}14$, f. 391	Seine- Marne, Meaux, Lagny
140	Torcy	町	effroisに参加	p.205	同上
141	Tricot	村	〈effroisに参加〉	V. de Beauvillé, t. 1, p.110	Oise, Clermont, Maignelai
142	Vaugirard	村	Simon de Bucyの館の略奪	$X^{1a}14$, f. 312	Seine, Sceaux
143	Vémars	町	農民と一緒に騒々しくeffroisに参加	JJ.86-280	Seine-Oise, Pontoise, Luzarches
144	Verberie	村	役人(écuyer)の殺害	Rhuisに同じ	Oise, Senlis, P. Ste.- Maxence
145	Vermenton	町	町の周辺にやって来た野武士勢力に抵抗	JJ. 90-110	Yonne, Auxerre
146	Vignory	?	effroisの舞台	p. 205	Haute- Marne, Chaumont
147	Villeparisis	村	Coeuillyの領主、Mathieu de Pommlinの財産の破壊	$X^{2a}7$, f. 212	Seine- Marne, Meaux
148	Villers- Franqueux	村	城の攻撃に参加 50人以上が殺される	JJ. 86-380	Marne, Reims, Bourgogne

149	Villers-Sainte-Anne	村	<effrois に参加> 50人以上が殺され、破壊	JJ. 86-380	Marne
150	Viroflay	村	Simon de Buci の館の略奪	X^{1a}14, f. 312	Seine-Oise, Versailles
151	Vitry-la-Ville	村	effrois に参加 (habitants)	JJ. 86-359	Marne, Châlons-sur-Marne
152	Vitry-sur-Seine	村	effrois に参加 (habitants)	JJ. 86-377	Seine, Sceaux, Villejuif
153	Vitteaux	村	Dracy 城を破壊する	JJ. 91-71, f. 32	Côte-d' Or, Semur
154	Vroil	村	effrois に参加 (habitants)	JJ. 86-346	Marne, Vitryle-François

＊　表中の頁数は，S. Luce, *op cit.,* のもの.

＊　表中の V. de Beauville の表記及びページ数は *Histoire de la ville de Montdidier,* 2e édition, t. 1 のもの

《資料Ⅲ》　地域別ジャクリー参加町村数

	地域名（現在の県名）	町	村	不明	計
1	マルヌ	9(5)	26(14)	2	37
2	オワズ	7(2)	24(1)	1	32
3	セーヌ-エ-オワズ	11(5)	12(3)	3(1)	26
4	ソンム	2(2)	13	2	17
5	セーヌ-エ-マルヌ	1	11(6)	3	15
6	エーヌ	0	9(4)	4	13
7	オート-マルヌ	0	2	1	3
8	オーブ	1(1)	1	1	3
9	ロワール	2	1(1)	0	3
10	ヨンヌ	1(1)	0	1(1)	2
11	コット-ドール	0	2	0	2
12	セーヌ-アンフェリュール	0	0	1	1
計		34(16)	101(29)	19(2)	154

注1)　町と村の区別は，史料上の表現などから判断したもの。
注2)　表中の（　）内の数字は，全住民を対象に「特赦状」の発給されている共同体数。

(二) サン-ルゥ-デスラン事件の位置

「年代記」の記述の中で、「恐怖」の開始をオワズ地域のサン-ルゥ-デスラン村と特定しているのは、『大年代記』と『初期ヴァロア年代記』、それに『ギヨーム＝ド-ナンジー年代記』だけであったが、[3] リュスの研究以来、ジャクリー勃発地点をこの村にすることに異論はない。[4]

「サン-ルゥ-デスラン村のクリュニー派ベネディックト会に属する小修道院で、四人の騎士と五人の従者、計九人が殺された」[5] というこの事件について、「特赦状」が果たしてどのような情報を我々に提供してくれているのか探ってみることにしよう。

当該事件に直接言及したものとして、二通の「特赦状」にそれを確認することができる。その一つは、一三六三年三月にフォンテーヌ-スゥ-モンディディエ Fontaine-sous-Montdidier の住民が貴族のジャン＝ド-クレルモン-ネッルの家屋を略奪し破壊し、さらにクートマンシュ Courtemanche 城を攻囲し、土台から屋根までとり壊したという記述の中に出てくる。

「貴族に対する非貴族の謀反のとき、次のように行動している。悪意のもとに、残忍な気持ちで大群をなしたボーヴェー地方の農村民達 (gens du plat païz) は、サン-ルゥ-デスランにやってきて、そこにいたロウル＝ド-クレルモン-エ-ド-ネッル殿下と他のいくにんかの騎士と従者とともに殺害したという。[6]」

この記述では、当村での衝突が偶然にというのではなく、かつ当村民だけの企てでなかったことを匂わせている。もし、この事件が五月二八日であるとすれば、それ以前から、農村民の何らかの結集体が成立していたことになる。

また、この事件で殺された九人のうちの一人がソンム地域のモンディディエ Mondidier 郡の騎士、ロウル＝ド・クレルモン・エ・ド・ネッルであったことがわかる。さらに同年六月に出された別の「特赦状」をみると、この人物の背後関係などが判明する。

「シャンパーニュの騎士で少将であったジャン＝ド・クレルモンの甥で、騎士のロゥル＝ド・クレルモン・エ・ド・ネッルの息子、ジャン＝ド・クレルモン・エ・ド・ネッル（Maugoubert といわれた）は、サン・ルゥ・デスランで他の幾人かの騎士と従者と同様、彼の父や兄が殺されるのを見た。……中略……その同じジャック達が、今度は彼がクートマンシュに持っていた館を破壊した。この知らせに彼はジャックマール＝ド・ポンリュエルやヴァス＝ド・ビュコアら何人かの知人の役人とともに駆けつけ……」(7)

この記述内容は、サン・ルゥ・デスラン事件についてもっと深い情報を示している。つまり、そのとき殺された前述の騎士の息子であったジャンなる者が、実はその場にいて、父親ばかりかこの者の兄までもが殺されるのを目の当りにしたというのである。とすると、サン・ルゥ・デスランでの衝突では、この者のように殺されずに逃げ帰った騎士や従者が他にもいたこと、また、騎士や従者達の行動が軍事行動ではない他の何かであったことを暗に認めている。(8)

この二つの「特赦状」の「証言」は、先の「年代記」の記述の一部を裏付けるものとなっている。だが、ジャクリー蜂起がこの事件で始まったとは明言していない。そして、これ程の大事件であったにもかかわらず、当村に対してのあるいは当村住民に関係する「特赦状」が存在していない。今まで唯一それらしきものとして確認できるものに、この村出身でサンリス在住のジュアン＝レペール Jehan Lespert とその者の婿のブノワ＝ペニャール Benoit Paignart に出された一三五九年一一月の「特赦状」[9]があるが、ただ「恐怖」に参加したということだけで、当該事件について言及していない。

サン‐ルゥ‐デスラン村宛の「特赦状」の欠如については、従来、一三五八年八月一〇日付「全体特赦状」[10]をもって当村も赦免されたとの理解で納得してきた。しかし、すでに分析したように、他の村や町共同体に対しては住民全員を対象に「特赦状」が数多く出されているのである。この説明として、恐らく当村住民が「特赦状」の発給を経済的あるいは政治的理由で拒否したか、あるいはジャクリー後の血腥い鎮圧の過程で多くの住民が殺されていてその対象になりえなかったなどのことが暗黙のうちに了解されていた。

ところが、今回の調査の中で一三五九年六月付の「王国の敵に対し税を納付したことに関し、サン‐ルゥの修道士達と住民に対し付与された国王恩赦状」[11]が確認された。その内容を次に見てみよう。

「フランス国王の長子で、王国の摂政、ノルマンディー公そしてヴィエノワの王太子であったシャルルは、総ての者に対し、現在および将来にわたり以下の如く知らしめる。我らが領主と国王の庇護、特別の保護の下にあるボーヴェ司教区、クリュニー修道会のサン‐ルゥ修道院の修道院長と修道士達の名において、我々に次のように表明した。当教区の前述の修道士や、他の総ての修道士、さらに、この村の人々および住民は、余および王国の敵であるイングランド軍およびナヴァール軍によって余りにも地所・財産を奪われた。そのため大きな家屋や大建築物は焼かれ荒らされた。また、修道院長や前述の修道院の人々、および多くの臣民も築き上げてきたあらゆるものが強奪された。……中略……それればかりか、前述の修道士達や周辺の全地域に対する圧政の張本人とみられたクレイユの守備隊のイングランド兵やナヴァール兵、とりわけクレイユの隊長（Jean de Picquigny）は、近隣の総ての町の住民に対して、とくに前述の修道士に対して次のように通知し脅迫した。もし、敵（王太子シャルル側の兵）の放火や殺人との引きかえに、彼らから搾り取られたり、彼らと妥協したりするなら、サン‐ルゥ‐デスランの教会や市街を荒らし、燃やし、人々を殺すだろうと。そうした現実に鑑み、サン‐ルゥの町と隣接する他の多くの町の住民は、互いに逃げ出し、今では誰もそこに住んでいない……中略……逃げたり迎合せずに教会にとどまった者は、死からまぬがれ、神学者に施しが出来るようイングランド兵やナヴァール兵に身代金を支払ったという。いくばくかの身代金のうち、それによって我々の憤りを受けたと思えるものについては、もし、我々に懇願するならば、その者達に無償の救済手段が与えられよう。

そこで、摂政は彼らに《以上、述べられたことに起因し、我々に公表され伝わりえた刑事上の民事上の総ての罪を》免ずる。

一三五九年六月、ルーヴル Louvre にて交付される」[12]（文中括弧内訳者注）。

一読した限りではジャクリーに関連した「恩赦状」のようには見えない。この「恩赦状」がサン‐ルゥ‐デスラン村の全住民に対して出されていることに間違いはないが、恩赦の理由付けが複雑であり、また、「イングランド兵やナヴァール兵に身代金を支払った」ことをもって「刑事上の民事上の総ての罪」となっていないことに注目すべきである。また、事実関係からしても、「イングランド兵やナヴァール兵」の略奪・暴力行為が日常的に存在したのではないことがはっきりしていていることからして、この「恩赦状」が多分に作文されたものであると読み取れる。[13]「恩赦状」作成者側が言いたいことは、要するに、ジャクリーに関係した当村の住民や修道士はそのことを理由にイングランド兵とナヴァール兵によって略奪・破壊を受けたのであって、決して、シャルル王太子の側の兵士によるものでないということである。つまり、サン‐ルゥ‐デスラン村への一切の報復行為に対する責任回避とも見てとれる。

そうした内容の展開の後に、「以上述べられたことに起因し、我々に公表され伝わりえた」という表現がどうしても不自然に映るのである。無駄なところを取り除いてみると、残るのは、ジャクリーに当村がかかわっていて、その後のナヴァール王シャルルや英軍の兵士も加わったジャクリー鎮圧[14]があったこと、このことは『初期ヴァロア年代記[15]』にも明らかなように、それまでの政治的対立とは関係なく進められ、だから、「そうした現実に鑑み、サン‐ルゥの町と隣接する他の多くの町の住民は、互いに逃げ出し、今では誰もそこには住んでいない[16]」事態に至ったということだけである。従って、どうみてもこれはジャクリーに「起因」するところの「刑事上の民事上の総ての罪を免ずる」恩赦だということになる。

以上の諸分析から明らかなように「特赦状」であれ「恩赦状」であれ、サン‐ルゥ‐デスラン事件の重さが行間に漂っていることに気付く。また、当該事件にかかわる日付は特定できないものの、情容赦のない報復が当村において一年近くも容認・放置されていたことがはっきりしたわけで、この点からもジャクリー勃発地としての役柄を辞めさせることは困難である。

（1） Arch. Nat., Xl, Parlement civil「高等法院・民事文書」。
（2） 次頁の「ジャクリー関連共同体名一覧表」を参照
（3） Grandes Chron, t. VI, p. 110 ; Chron., de Jean II, t. I, p. 160 ; Chron. des Valois, p. 71 ; Chron. de G. de Nangis, p. 263.

（4）S＝リュスのジャクリー研究に対する同時代の批判者であったJ＝フラメルモンにあっても、蜂起勃発日の五月二八日への変更、E＝マルセルの役割や一三五八年五月一四日の『コンピェーニュ勅令』の重視への疑問が提示されているだけで、サン - ルゥ - デスラン住民と貴族軍との間の「乱闘」にその出発点を見ることでは一致している（Jules Flammermont, «La Jacquerie en Beauvaisis», *R. H.*, 1879, pp. 124-143)。E＝モレルも『ギヨーム＝ナンジー年代記』の記述

ジャクリー関連共同体名一覧表

	Seine-Oise	Aisne	Oise	Somme	Marne	Seine-Marne	Seine-Infé	Aube	Loiret	Yonne	その他
1	Ableiges	Acy	Acy-en-Multien	Ailly-sur-Noye	Aumale	Bordeaux	Auffay	Chalette	Coudray	Le Bouchet	Dracy-les-Vitteaux (Côte-d'Or)
2	Arpajon	Arcy-Sainte-Restitue	Angicourt	Airaines	Bayarne	Chailly	Buchy	Chavanges	Lorris	Ligny-Le-Châtel	Caën (Calvados)
3	Bailly	Bazoches	Avrigny	Amiénois	Bettan court	Conches	Gaille fontaine	Praslin	Trézan	Vermenton	Cham-pagne
4	Ballan court	Belleau	Bailleval	Amiens	Bignicourt-sur-Saulx	Courtry					Hesdin (?)
5	Boissy-sous-Saint-Yo	Bézu-les-Fèves	Beaupuits	Arvillers	Blacy	Doue					Maresquel (Pas-de-Calais)
6	Bonneuil	Chacrise	Beauvais	Beaufort	Bouchy-le-Repos	La Chapelle-sur-Coll					Orléans
7	Bruyères	Charen-tigny	Bonvillers	Cachy	Châlons-sur-Vesle	La Ferté-sous-Jouarr					Péronne
8	Bruyères-le-Châtel	Château-Thierry	Boran	Cardonnois	Chenay	Lagny					Saint-Omer (Pas-de-Calais)
9	Champagne	Coucy-le-Château	Brasseuse	Contre	Conflans-sur-Seine	Le Limon					〈Vignœl〉 (Troyes?)

ナンバー10以下省略

	Seine-Oise	Aisne	Oise	Somme	Marne	Seine-Marne
10	Chatou	Cuiry-Housse	Breteuil	Conty	Couvrot	Liossiz
11	Chenne vières	Dhuizy	Bulles	Courte manche	Crugny	Marcilly
12	Chevreuse	Dury	Catheux	Dury	Dormans	Meaux
13	Chilly-Mazarin	Fère-en-Tardenois	Chambly	Esserteaux	Drouilly	Montigny-Lencoupe
14	Corbeil	Gandelu	Chantilly	Fontaine-sous-Montdi	Ecury	Montry
15	Cormeilles-en-Parisi	Givry	Chaponval	Fransures	Epernay	Ozoir-la-Ferrière
16	Deuil	La Ferté-Milon	Coivrel	Goyencourt	Etrépy	Perthois
17	Egly	Lucy-le-Bocage	Compiègne	Gratte panche	Favresse	Pomponne
18	Enghien	Muret	Courteuil	Hangest	Grandes-Côtes	Provins
19	Epieds (Epiais)	Neuilly-Saint-Front	Courtres	La Faloise	Heiltz-le-Hutier	Puisieux
20	Etampes	Presles	Coye	La Warde-Mauger	Heiltz-le-Maurupt	Sainte-Aulde
21	Fontenay-les-Briis	Rainneval (Renneval)	Cravant	Lignières	La Chapelle-sur-Coll	Saint-Fargeau
22	Fontenay-les-Louvre	Saint-Quentin	Creil	Montdidier	Loisy-sur-Marne	Thorigny
23	Gonesse	Saint-Thié baut	Crépy-en-Valois	Moreuil	Loivre	Torcy
24	Gournay-sur-Marne	Soissons	Creve coeur	Pierrepont-sur-Avre	Maisons	Trocy
25	Grigny	Vailly-sur-Aisne	Eméville	Poix	Merly-le-Grand	Vaires
26	Hérouville	Verman-dois	Ermenon-ville	Rouvroy	Perthois	Ville-parisis
27	Le Plessis-Bouchard		Etavigny	Roye	Pouillon	
28	Longjumeau		Feigneux	Thoix	Saint-Amand	
29	Louve-ciennes		Fontaine-les-Cornu	Villers-aux-Erables	Saint-Dizier	
30	Marly-le-Roi		Fresnoy		Sainte-Livière	
31	Marolles-en-Hurepoix		Gerberoy		St-Lumier en Cham-pagne	
32	Melun		Gilocourt		Saint-Thierri	
33	Mennecy		Grandvilliers		Saint-Vrain	
34	Montlhéry		Hénonville		Sompuis	
35	Mont morency		Ivry-le-Temple		Songy	
36	Orsay		Jaux		Thièble-mont	
37	Palaiseau		Jouy-sous-Thelle		Thil	

38	Pontoise		La Chaussé e du Bois		Vignory	
39	Santeuil		La Croix-St-Ouen		Villers-Franqueux	
40	Saulx		La Hérelle		Villers-Sa inte-Anne	
41	Taverny		Laigne-ville		Vitry-la-Ville	
42	Trappes		La Presle		Vroil	
43	Tremblay		Le Mesnil-St-Honorin			
44	Vérmars		Le Mesnil-St-Firmin			
45	Villiers-aux-Nonnain		Le Plessier			
46	Viroflay		Liancour			
47	Bagnolet		Mello			
48	Choisy-le-Roi		Montataire			
49	Fontenay-aux-Roses		Monté-pilloy			
50	Issy		Mouchy-le-Châtel			
51	Saint-Denis		Nointel			
52	Sceaux		Pailland			
53	Vaugirard		Plainville			
54	Vitry-sur-Seine		Plessis de Roye			
55			Ponchon			

56			Pondron			
57			Pont-Point			
58			Pont-Saint e-Maxence			
59			Précy-sur-Oise			
60			Ravenel			
61			Rhuis			
62			Sacy-le-Grand			
63			Sains-Mora invilliers			
64			Saint-Germain			
65			Saint-Sulpice			
66			Savignies			
67			Sanlis			
68			Silly-le-Long			
69			Songeons			
70			Thérines			
71			Thiers			
72			Tricot			
73			Verberie			
74			Villers-St-Paul			

をもとに当該事件をジャクリーの開始とみている (L'Abbé E. Morel, *La Jacquerie dans Beauvaisis, principalement aux environs de Compiègne en 1358*, Abbeville, 1891, p. 9)。

(5) Grandes Chron., t. VI, p. 110.

(6) Arch. Nat., JJ. 92, n°227, f. 55.

«……Contenant que comme pour le temps de la rébellion des non-nobles contre les nobles, les gens du plat pays de Beauvaisis avoient de mauvaise volonté et félon courage assemblés à grand compagnie, s'en fussent venus à St. Leu d'Esserent où estoient messire Raoul de Clermont et de Nesles, lequel ils tuèrent et mirent à mort avec plusieurs autres chevaliers et écuyers……».

(7) Arch. Nat., JJ. 92, n° 237.

(8) この問題について通説では一三五八年五月一四日発令の『コンピェーニュ勅令』第五条に基づいた徴税活動と見ている (S. Luce, *op. cit.*, pp. 50-55 ; 近江「ジャクリー農民蜂起の原像」、(『歴史学研究』第五一九号、一九八三年八月、二四〜二五頁)。

(9) Arch. Nat., JJ. 90, n° 356.

(10) Arch. Nat., JJ. 86, n° 241, fol. 80.

(11) Arch. Dep. de l'Oise n° 2442, *Lettres de grâces du Roy accordées aux Religieux et habitans de S. Leu pour avoir payé des contributions aux ennemys du Royaume.*

(12) *Ibid.*, «Charles, ainsné fils du Roy de France, Régent le Royaume, Duc de Normandie et Dauphin de Viennois, scavoir faisons a tous presens et a venir que de par les Religieux prieur et couvent de St Leu de Serans de l'ordre de Cluny du dyocèse de Beauvais, estans en la saulve et speciale garde de nostre dit seigneur et de nous, nous a esté signifié que ja soit ce que lesdits Religieux leur esglise et toute leur terre, et les subgiet et habitans d'icelle ayent esté robez et pillez de leur biens meubles par les Anglois et Navarrois ennemys de Monsieur, de nous et du Royaume, la plus grant partie des maisons et édifices avoient esté ars et gastez, le prieur et les autres personnes du dit couvent et grant partie de leurs hommes et subgiez avoient esté pris et raençonnez de tout ce qu'ils ont peu finer,……, néantmoins les Anglois et Navarrois de la garnison de Crael, espéciaulment le capitaine du dit lieu, esmeu de rechief a présent de cruauté et de tyrannie envers les diz religieux et envers tout le pays d'environ, ont fait savoir aux habitanz de toutes les villes voisines et, par espécial, aus diz religieux et les ont menaciez, que, s'il ne raençonnoient, composoient ou finoient aus diz ennemis, en rachetant de eulz le feu et le glaive, il gasteroient et ardroient l'esglise et les villes et lieux dessus diz et occirroient les personnes, pour lesquelles choses et menaces les habi-

tanz de la dicte ville de Saint-Leu et de pluseurs autres villes voisines s'en sont fouyz des dictes villes, et n'y demeure a présent aucun,⋯⋯, et pour ce que les diz religieux ne scevent ou foyr ou aler, se n'est en leur dicte église, ils se sont raençonnez aus diz ennemis, afin d'eschever la mort et aussi afin qu'il peussent faire le service devin, parmi certaine raençon, pour laquelle il se doubtent d'avoir encourue pour ce nostre indignacion, si nous ont fait supplier a eulz estre pourveu sur ce de remède gracieux : le régent leur remet «toute la painne criminelle ou civile, en laquelle il pourroient estre encheuz ou encoruz envers nous pour cause du fait dessus dit».
Donné au Lourve, au mois de juin 1359».

(13) L'Abbé Eug. Müller, *Le Prieuré de Saint-Leu d'Esserent*, t. 2, Pontoise, 1901, p. 158, n° 589.
(14) Arch. Dep., de l'Oise, n° 2442.
(15) Chron. des Valois, p. 73.
(16) Arch. Dep., de l'Oise, n° 2442.

二　蜂起衆の構成とその基盤

それぞれの地域で成立した蜂起衆はどのような構成をとっていたのであろうか。「特赦状」からは、《資料Ⅳ》にみられるように全体で二〇四名の「嘆願者」（個人名）と彼らの行動形態を読み取ることができる。この嘆願者数は、いうまでもなく蜂起衆としてジャクリー蜂起にかかわった人々の全体ではない[1]が、蜂起参加者の諸実態を見極めていくための多くの情報を提供してくれる。

《資料Ⅳ》 蜂起参加者・行動形態一覧

	個人（嘆願者）名		蜂起中の役割	行政地名	史料番号
1	Gillebert Colas（小商人）	商人	Acy-en-Mutienの住民、参加を強制され	Oise, Senlis, Betz	JJ. 86, n°430
2	Pierre de Saleu	僧侶	effroisに参加	Somme, Montdidier	JJ. 90, n°296
3	Aleaume de Maresquiel	農民	huronsの軍団にいてArrainiez住民を	Somme, Amiens, Mollient-Vidam	JJ. 89, n°377
4	Ocin（Bruilleといわれた）	農民	effroisへの参加者として	Somme, Amiens	JJ. 86, n°254
5	Perrot le Sené	農民	同上	同	JJ. 90, n°240
6	Henri Ramas（Wafflartともいわれた）	農民	plats pays（アミアンやボーヴェーの）	同	JJ. 90, n°629
7	Jean de la Marche	ブル	アミアンの都市民なのに国王に反抗、裏切	同	JJ. 86, n°227
8	Hue de Sailleville	農民	Angicourtの住民が隊長に選ぶ	Oise, Clermont, Liancoumt	JJ. 90, n°288
9	Robert du Jardin	?	Arcyの領主を非貴族に味方するよう誘う	Aisne, Soissons Oulchy-Château	JJ. 86, n°267
10	Jean Herssent	?	Châtresの住民に武器を与えChilly召集	Seine-et-Oise Corbeil	JJ. 86, n°231
11	Philippe le Bouquillon	農民	蜂起衆の強制によってMontathèreへ騎行	Oise, Clermont	JJ. 86, n°310
12	Colin le Barbier	僧侶	警鐘に動揺しSt-Vrainに集まった人々	Haut-Marne, Vassy	JJ. 86, n°465
13	Fremin de Berne	?	農民genz du plat paÿsの集会に参加	Seine-et-Oise	JJ. 90, n°62
14	Pierre le Barreur	?	エキュイエの殺害を手伝う	同	JJ. 90, n°425
15	Jean Courtin	?	ボーヴェ地方の農民の蜂起に参加	Oise, Clermont, St.-Just	JJ .86, n°152

16	Regnaut Corbel	?	effroisへの参加のためボーヴェに居た	Oise,	JJ. 86, n°584
17	Enguerran de la Mare	農民	貧農、強制されて隊長になる。effrois	Oise,	JJ. 86, n°250
18	Colin Françoys	農民	Orcois農村住民の反貴族effroisに参加	Aisne, Château-Thierr	JJ. 86, n°291
19	Nicaise Fremy 若者	農民	同上（上記の者とThierry城に拘留）	同	同
20	Jean Morel	司祭	St-Vrainの集会に彼の教区民を行かせた	Marne, Vitry-le-François	JJ. 86, n°265
21	Jehan Charroit (Marioles出)	ブル	effroisに参加したとして	Seine-et-Oise Rambouillet,	JJ. 86, n°215
22	Raoul le Fèvre (Bonvillers出)	?	effroisに参加	Oise, Clermont, Breteuil	JJ. 88, n°213
23	Fremi Houdrier	肉屋	Bretuilにおける非貴族の集会に参加	Oise, Clermont	JJ. 90, n°476
24	Thomas Sauvale	?	Bretuilの町の住民と近隣の住民と参加	同	JJ. 90, n°496
25	Mahieu Cordelle	農民	effroisへ参加	Seine-et-Oise, Pontoise	JJ. 86, n°480
26	Perrin Cordelle (上記の者の息子)	農民	同上	同	同
27	Jean de Blangy	?	騎士Havet de Hangestを殺し、家を焼く	Somme, Amiens, Sains	JJ. 97, n°358
28	Pierrt de Montfort	?	Caenの町でJacquesに有利な宣伝	Calvados	JJ. 87, n°321
29	Arnoul Guenelon (Catenoy出身)	ブル	Catenoyの町の隊長G. Calle部隊に合流	Oise, Clermont, Liancourt	JJ. 86, n°391
30	Jean le Freron	農民	Cateu, Mesnil, Thois, Aufay城の破壊参加	Oise, Clermont, Crevecoeur	JJ. 90, n°294
31	Martin Chanterel	?	effroisに参加	Aisne, Soissons Oulchy-Château	JJ. 90, n°365
32	Gilles le Haguez (Chambly)	?	隊長の資格でジャクリーに参加	Oise, Senlis, Neuilly-Thelle	JJ. 90, n°354

33	Jehan Renart (Chambly)	農民	この村や周辺の農民の強制により参加	同	JJ. 86, n°324
34	Jaquet Bedin	農民	貴族に反対する蜂起に参加	Seine-et-Oise, Pontoise	JJ. 90, n°161 bis
35	Jean Pilate	農民	小館の略奪	Seine-et-Marne Meaux, Claye	X^{1a}14, fol. 391
36	Symon le Cordier (Thierry)	貧農	付近の農民と共に effrois に参加	Aisne	JJ. 86, n°268
37	Jehan le Bouchier	農民	付近の多くの農民と共に effrois に参加	Seine-et-Oise, Pontoise, Luzar	JJ. 86, n°305
38	Thomas Coureusse	農民	反貴族の農民の effrois に参加	Seine-et-Oise, Corbeil, Longjumea	JJ. 86, n 235
39	Thevenoit Paupein	農民	同上	同	同
40	Jean Rose	司祭	G. Cale の煽動で農民軍部隊に参加	Oise, Compiègne	JJ. 86, n 365
41	Jean Fillon	?	この者の家を略奪しにきた兵士の殺害	Seine-et-Marne, Meaux, Lagny	JJ. 86, n 244
42	Colart le Maunier (Conty)	農民	付近の隊長達の中では最大の指導力	同	JJ. 86, n 344
43	Jehan du Four	?	effrois に参加	Seine-et-Oise, Versailles	JJ. 86, n 247
44	Jaquet de Saux	?	同上	同	同
45	Estienne Champion (Coutres)	農民	強制的に隊長になる付近の大勢の農民と	Oise, Clermont	JJ. 86, n 345
46	Jean Boiliaue	?	effrois に参加	Oise, Senlis	JJ. 86, n 222
47	Baudin le Charron	農民	effrois に参加、農民を城の攻撃に案内	Marne, Reims	JJ. 86, n 368
48	Guillaume Lanyeux	農民	隊長として effrois に参加	Seine-et-Oise, Pontoise, Montmore	JJ. 86, n 221
49	Colin François	農民	Oursois の農民のそれに参加、鯉を盗む	Seine-et-Marne, Coulommiers	JJ.86, n 291
50	Nicaise Fremy (若者)	農民	同上	同	同

51	Lambert d'Autrefontaine	パ役	ヴァロワの貴族に対する effrois に参加	Oise, Senlis, Crépy	JJ. 86, n 384
52	Raoulet le Page	農民	この者達が、Epieds にあった騎士の Thomas de Broye 殿下の家屋を壊し家具を持ち去り、彼の封土状、遺産相続文書などを焼いた	Seine-et-Oise, Pontoise, Luzarche	X 11.
53	Regnaut Aubert	農民		同	同
54	Jean Noel	農民		同	同
55	Regnaut Noel	農民		同	同
56	Maynot Petit	農民		同	同
57	Germain de Reveillon	有力	G. Calle の留守の 3 日間隊長に選ばれ	Oise, Senlis	JJ. 86, n 309
58	Jean Hullot (Etavigny)	農民	effrois に参加隊長	同	JJ. 86, n 298
59	Jean Flageolet	農民	Perthois の多くの村の住民によって隊長	Marne, Vitry-le-François	JJ. 90, n 292
60	Oudart Rony	農民	effrois に参加	Seine-et-Oise	JJ. 86, n 205
61	Jean Gore	農民	同上、要塞を取り壊す	同	JJ. 86, n 314
62	Guillaume le Charron	農民	同上	同	JJ. 86, n 249
63	Raoul le Bouchier	農民	同上	同	JJ. 86, n 262
64	Frémi Houdrier	肉屋	〈Fronsures〉殿下の家屋に放火	Somme, Montdidier, Ailly-sur-Oise	JJ. 90, n 476
65	Denisot Rebours	?	Fresnoy の町の人々の隊長	Oise, Senlis, Crépy	JJ. 86, n 385
66	Jehan de la Basse	?	effrois に参加	Oise, Beauvais, Songeons	JJ. 86, n 495 JJ. 86, n 597
67	Jehan Nerenget	司祭	effrois に行く〈P. de Demeville の助言〉	Oise, Senlis, Crépy	JJ. 86, n 386
68	Simon Doublet	ブル	Grandvilliers, Poix, Lignières 隊長に選ばれる	Oise, Beauvais	JJ. 86, n 392

69	Rogier Rogier	?	effroisに参加	Somme, Amiens, Sains	JJ. 90, n 423 -424
70	Pierre Diexlebeneye	?	同上	同	同
71	Pierre Rogier	?	同上	同	同
72	Vincent de la Valée	農民	effroisに参加	Seine-et-Oise, Corbeil, Longjumea	JJ. 86, n 232
73	Tassin de Lannoy	農民	同上	同	JJ. 86, n 306
74	Jean Daulle	農民	effroisに参加	Somme, Amiens	JJ. 107, n 186
75	Jean Sirejean (Morantと言われた)	農民	Buisseryが訴える	同	同
76	Guillaume aux Bêtes	?	effroisに参加	Oise, Beauvais, Méru	JJ.86, n 366
77	Guillaume de Jouy	?	同上	Seine-et-Oise, Pontoise	JJ. 86, n 496
78	Jehan Leber	馬番	effroisに参加	Oise, Compiègne	JJ. 86, n 223
79	Estienne Nolon	農民	Jauxの町の住民によって意志に反し隊長	同	JJ. 86, n 364
80	Jehan le Grant	農民	Jauxの隊長の下で10人組頭に任命される	同	JJ. 86, n 362
81	Guillaume de Trie	農民	effroisに参加	Aisne, Château-Thierry	JJ. 86, n 397
82	Jean de Maucreux	農民	非貴族による暴虐に参加	Oise, Clermont, Liancourt	JJ. 102, n 9
83	Fremy Houdrier (Bouchier)	?	effroisに参加、Fransures殿下、放火	Somme, Montdidier	JJ. 90, n 476
84	Colin de Soisy 修道院の農奴	靴屋	(effroisに参加)	Seine-et-Marne, Meaux	JJ. 86, n 329
85	Jehan Bonté	?	effroisに参加	Oise, Senlis	JJ. 90, n 446
86	Jehan Champaigne	農民	effroisに参加	Seine-et-Oise, Pontoise, Montmore	JJ. 90, n 419
87	Jehan Polet	農民	同上	同	同

88	Jehan Le Roux	農民	同上	同	同
89	Pierre Benart	農民	他の多くの地方の人々と effrois に居た	Oise, Clermont	JJ. 86, n 338
90	Colet Michon	農民	Meucien とその付近の集団による effrois に参加、殺人	Seine-et-Marne, Meaux	JJ. 86, n 269
91	Colet Heman	農民	同上	同	同
92	Colet Vital	農民	同上	同	同
93	Guillot Lestre	農民	同上	同	同
94	Raoulet Cormorin	農民	同上	同	同
95	Jeannot Pillet	農民	同上	同	同
96	Jeannot Driatt	農民	同上	同	同
97	Perrinet Le Forestier	農民	同上	同	同
98	Jehan le Bouchier	農民	周辺の地域の人々と effrois に参加	Seine-et-Oise, Corbeil	JJ. 86, n 304
99	Jehan de l'Iaue	農民	同上	同	同
100	Thevenin Gieffroy	農民	同上	同	同
101	Thevenin Ravine	農民	同上	同	同
102	Michelet de Méry	農民	同上	同	同
103	Guillemin Baudin	農民	同上	同	同
104	Robin Yerne	農民	Marly-le-Roi の多くの Jacques Bonhomme と一緒に J. de la Villeneuve の館の略奪	Seine-et-Oise, Versailles, Marly-le-Roi	JJ. 90, n 425
105	Jehan Bridoul	農民	他の多くの農民と一緒に effrois に居た	Aisne, Château-Therri, Charly	JJ. 86, n 269

106	Thomas des Croutes	農民	同上	同	同
107	Odin Louys	農民	同上	同	同
108	Colin Paste	農民	同上	同	同
109	Guillot Fauvel	農民	同上	同	同
110	Jehan Rogier	農民	同上	同	同
111	Colet Michon	農民	同上	同	同
112	Colet Hemon	農民	同上	同	同
113	Colet Vital	農民	同上	同	同
114	Guillot Lestre	農民	同上	同	同
115	Raoulet Cormorin	農民	同上	同	同
116	Jehannot Pillet	農民	同上	同	同
117	Jehannot Driart	農民	同上	同	同
118	Perrinet le Forestier	農民	同上	同	同
119	Alleaume de Maresqel	農民	Jacques Bonshommes と言われた Hurons の集団の中で貴族に対抗して闘う	Pas-de-Calais, Montreuil, Lizy	Trés, des Char-treg. 89, p. 377
120	Jean le Gentil	農民	effrois, commotions に参加のかどで	Seine - et - Oise, Corbeil, Arapajon	JJ. 86, n 383 JJ. 86, n 215
121	Mahieu de Leurel	石工	E.Wès の命で Jean Bernier の死刑に関与	Oise, Senlis, Creil	JJ. 98, n 252
122	Etienne du Wès	?	Montataire 地区の隊長	同	同
123	Jean Charon 貧民	小作	ボーヴェー地方の〈信心会〉的非貴族の活動に参加	同	JJ. 100, n 643

124	Montdidierの市長	ブル	effroisに参加	Somme	JJ. 86, n 437
125	Montdidierの参事会員	ブル	同上	同	同
126	Adam le Coq	役人	同上（Montdidier管区のセルジャン）	同	JJ. 86, n 456
127	Guillaume Boquet	召使	同上（ナヴァール党派に従ったことも）	同	同
128	Gille de Roye（9年前まで市長）	ブル	Warnier le Maçon泥棒聖職者の絞首刑	同	JJ. 106, n 393
129	Thiebaut le Maire	農民	周辺の地域の人々とeffroisに参加	Seine-et-Marne, Provinc, Donnemar	JJ. 86, n 275
130	Gauchier Lore	農民	同上	Seine-et-Oise, Corbeil, Arpajon	JJ. 86, n 297
131	Jaquin de Chenevières		Montmorencyシャテルニー住民の隊長	Seine-et-Oise, Pontoise	JJ. 86, n 207 JJ. 90, n 419
132	Estienne Asse	農民	上記の周辺の農民とeffroisに参加	同	JJ. 86,n 353
133	Enguerrau Quieret（Ramelとも）	僧侶	Moreul城の破壊と放火	Somme, Montdidier	JJ. 108,n 86
134	Jehan Violete	農民	同上	同	同
135	Robert Ancel	農民	Beauvaisiの町と農民の会合に参加し、動乱の時の集会に参加	Oise, Beauvais, Noailles	JJ.94, n 26
136	Jehan Hurtant	農民	同上	同	JJ. 90, n 244
137	La Royne Jehanne	農婦	多くの農民とeffroisに参加	Aisne, Château-Thierry	JJ. 86, n 322
138	Pierre Paingnant	?	Neuilly裁判管区住民の隊長、Soissonの鐘楼に投獄	同	JJ. 90, n 364
139	Jean Cochonet	?	Jacquesの一味で背徳者	Oise, Clermont, Breteuil	JJ. 109, n 173
140	Anelot（Guillot未亡人）	農婦	Palaiseau城の略奪を手伝う、カーブのワインを飲み短剣などを盗む	Seine-et-Oise, Versailles	JJ. 86, n 252

141	Droynet(上記の息子)	農民	同上	同	同
142	Colart d'Estrées	農民	騎士の殺害	Somme, Amiens	JJ. 86, n 165
143	Philippe Poignant	国役	4つの村の住民により隊長に強制的に	Oise, Beauvais, Noailles	JJ. 90, n 148
144	Oudart au Coulet	?	周辺の者達とeffroisに参加	Oise, Senlis, Crêpy	JJ. 86, n 256
145	Pierre Boyvin	ブル	Pontoiseの教会の砦の隊長として、ナヴール王シャルルの襲撃に耐える	Seine-et-Oise	JJ. 86, n 228
146	Rooulant Maletrache	?	強制されてeffroisに参加	同	JJ. 86, n 313
147	Jean Bouquet	農民	貴族のスパイを殺害するのに加わる	Oise, Senlis, P. -Ste.-Maxence	JJ. 96, n 425
148	Prrin de Verberie	農民	同上	同	JJ. 96, n 179
149	Jehan Oursel	農民	2人のエキュイエの殺害に加担、告訴	Oise, Senlis	JJ. 86, n 224 JJ. 94, n 4
150	Oudin le Fèvre	農民	effroisに参加	Oise, Senlis	JJ. 90, n 82
151	Guillaume Porel	農民	ボーヴェー地方の人々とeffroisに参加	Oise, Clermont, Saint-Just	JJ. 90, n 635
152	Jehan des Hayes	ブル	effroisに参加強制Verberieでの貴族殺害に参加	Oise, Senlis, P. Ste. -Maxence	JJ. 86, n 444
153	Michel Martin	?	St. Amandの住民がこの者を隊長に選ぶ	Marne, Vitry	JJ. 90, n 293
154	Pierre Hardi	?	effroisに居た	Seine	JJ. 86, n 299
155	Jean Bruyant	農民	effroisに参加、Villers城の破壊に	Seine-et-Marne Melun	JJ. 86, n 364
156	Pierre le Maçon	?	Robert l'Escrivainの殺害	Oise, Compiègne	JJ. 86, n 571
157	Jehan Lespert	?	effroisに参加	Oise, Senlis Creil	JJ. 90, n 356
158	Benoit Paignart	?	同上	同	同
159	Pierre le Boucher	?	同上	Aisne	JJ. 86, n 498

160	Jean（Doréといわれた）	?	エキュイエのGilot Dudelongeの家屋破壊、罰金	Oise, Beauvais	JJ. 100, n 683
161	Henri le Villain	農民	effroisに参加	Aisne, Soisson	JJ. 86, n 370
162	Symon Philippon	農民	周辺の農民とeffroisに参加	Seine-et-Oise, Corbeil, Longjumea	JJ. 86, n 316
163	Jehan（Pateと言われた）	農民	同上	同	同
164	Jehan Bernart	靴屋	同上	同	同
165	Jehan Bernart	仕立	同上	同	同
166	Raoulet Gile	農民	同上	同	同
167	Guillot du Puis	農民	同上	同	同
168	Perrin Arrachenesse	農民	同上	同	同
169	Ourry du Vimar	農民	同上	同	同
170	Perrot Gille	農民	同上	同	同
171	Jehan Bonne Dorme	農民	同上	同	同
172	Perrin Hubert	農民	同上	同	同
173	Guillot Minart	農民	同上	同	同
174	Jehan Langloiz	農民	同上	同	同
175	Symon le Choine	農民	非貴族と一緒に3日間騎行する	Oise, Beauvais	JJ. 86, n 316
176	Lorin（上記の息子）	農民	同上	同	同
177	Jehan Relengues	貧民	（effroisに参加）	Oise, Senlis	JJ. 86, n 510 et 511
178	Gieffrin de Chanevier	?	同上	同	同
179	Henriot le Pennetier	?	同上	同	同

180	Raoulet de Moulin	石工	同上	同	同
181	Jehan Charuel	ブル	Jean des Présの殺害	同	JJ. 86, n 421 et 422
182	Simon le Cordier	ブル	同上	同	同
183	Isabelle (Perrot de Soissons 未亡人)	婦人	effroisに参加	Aisne, Soissons	JJ. 86, n 352
184	Perette (Jaquet Diacreの未亡人)	婦人	同上	同	JJ. 86, n 356
185	Martin le Tanneur	若者	effrois参加の疑念(殺される)	Oise, Beauvais	JJ. 99, n 480
186	Jean le Jaqueminart	農民	effroisに参加	Marne, Vitry-le-François	JJ. 86, n 355
187	Jean de Quincy	農民	effroisに参加、モー市場攻撃に参加	Seine-et-Oise, Pontoise, Gonesse	JJ. 86, n 286
188	Guillot le Charpentier	農民	同上	同	同
189	Beli du Four	農民	同上	同	同
190	Jeannin Coulon	農民	同上	同	同
191	Jean Bridoul	農民	effroisに参加、Meucien及びその周辺で犯された殺人に参加	Seine-et-Marne, Meaux, Lizy	JJ. 86, n 269
192	Thomas des Croutes ou des Pres	農民	同上	同	同
193	Odin Louys	農民	同上	同	同
194	Colin Pasté	農民	同上	同	同
195	Guillot Fauvel	農民	同上	同	同
196	Jean Roger	農民	同上	同	同
197	Warnier le Pontonnier	農民	effroisに参加	Aisne, Soissons	JJ. 86, n 477
198	Michelet de St-Omer	?	effroisに参加(絞首刑になる)	Aisne, Vermandois	JJ. 86, n 534

199	Thibaut le Roy	?	同上	同	同
200	Nevelet de la Guerrière	?	同上	同	同
201	Jean du Bois	?	Jean Chery に対する暴力、強奪	Aube, 〈Vignoel〉	JJ. 86, n 425
202	Jean de Brach	農民	effrois に参加（領主・騎士の Robert Rogois によって殺害）	Somme, Montdidier, Breteuil	JJ. 108, n 60
203	Robert de Brach	農民	effrois に参加	同	同
204	Jean Bernier	?	同上	Oise, Senlis, Creil	JJ. 86, n 387

（凡例）

＊表中の「個人（嘆願者）名」は、複数の「特赦状」に確認された場合、最も情報量の多いところで収録した。

＊各嘆願者の職業名は、「特赦状」の記述より判断した。

＊「蜂起中の役割」の項目には、蜂起中の行動形態を単に述べたものも含めた。

＊「行政地名」は、原則として「特赦状」の表記に従った。

＊個人名の下部の括弧内に示した情報は、「特赦状」中に確認されたもので、各個人の出身地（出生地）及び通称を表わしている。

以下の分析では、「特赦状」に登場する人々を蜂起参加者ととらえ、彼らの活動内容や身分・職業を可能な限り明らかにし、蜂起衆の構成やその成立基盤について検討してみたい。次いで、蜂起指導者層に注目し、ジャクリー蜂起の「総隊長」と目されるG＝カールの行動様式を整理しながら、その他の「隊長」との関係や蜂起衆とのかかわりを抽出していくことにしよう。

㈠ 蜂起衆の出現とその特徴

《資料Ⅳ》は「特赦状」と「高等法院民事文書」から作成したものである。一六一通の「特赦状」からは、七九通に農民を、[2] 二六通に非農業民を識別することが出来た。残る五六通については嘆願者の社会的状況が正確にされていなかった。しかし、そのうち一二通にはジャクリーに関係する農村の住民に「全体的特赦状」が出ているので、史料上は未確定ではあるが農民とした。「特赦状」の書式上の特徴として、農民の場合を除き、居住地域名の直後に嘆願者の職業名を示す傾向がある。

「高等法院民事文書」三通からはともに農民が認められた。

A 蜂起参加者

蜂起参加者の地域的分布状況を《資料Ⅴ》で見てみよう。蜂起の中心地域となるオワズ Oise、ソンム Somme、ヴァル・ドワズ Val d'Oise の諸地域だけで総数一〇三名で全嘆願者の約半分をしめ、そのうち農民が五二名で、他の非農業民一七名、支配層三名、不明二六名の総数より多いことがわかる。身分・職業の判明しない二六名も「特赦状」を取得出来る経済力を持ち合わせた人々とみられることから、それぞれの共同体に生活の基盤を持っていた者達と考えるのが

《資料V》 蜂起参加者の地域分布

地域名	郡名	計	農業民	非農業民	支配層	不明
Oise	Senlis	28	9	6	2	11
	Clermont	13	7	2	0	4
	Compiègne	5	2	0	2	1
	Beauvais	10	4	2	1	3
	不明	2	1	0	0	1
	小計	58	23	10	5	20
Somme	Montdidier	12	2	6	3	1
	Amiens	13	8	1	0	4
	小計	25	10	7	3	5
Marne	Vassy	1	0	0	1	0
	Vitry-le-Francois	4	2	0	1	1
	Reims	1		0	0	0
	小計	6	3	0	2	1
Aisne	Soissons	6	2	2	0	2
	Château-Thierry	19	18	0	0	1
	Vermandois	3	0	0	0	3
	不明	2	1	0	0	1
	小計	30	21	2	0	7
Seine-et-Oise	Pontoise	20	19	0	0	1
	Versailles	5	3	0	0	2
	Rambouillet	1	0	1	0	0
	Corbeil	26	23	2	0	1
	不明	9	4	1	0	4
	小計	61	49	4	0	8
Seine-et-Marne	Meaux	17	15	1	0	1
	Coulommiers	2	2	0	0	0
	Provins	1	1	0	0	0
	Melun	1	1	0	0	0
	小計	21	19	1	0	1
Calvados		1	0	0	0	1
Pas-de-Calais		1	0	0	0	1
Aube		1	0	0	0	1
	総計	204	125	24	10	45

自然であろう。

他の蜂起展開地では、エーヌ地域がシャトー＝ティエリ郡の農民一八名など全体で三〇名、セーヌ＝エ＝オワズ地域がコルベイユ郡の農民二三名を含めて四一名（ポントワーズ郡を除く）、セーヌ＝エ＝マルヌ地域がモー郡の農民一五名など全体で二一名となっている。これらの地域での特徴はほとんどの嘆願者が農民だったということになる。例えばマルヌ諸地域における蜂起参加共同体が四〇あり、そのうち約七〇％が村落共同体であったことと符合している。

ただ、全体で二四名の非農業民、一〇名の支配層の存在は、リュス以来の研究でも、当該蜂起参加者の多様性として指摘されてきたところであり無視できないだろう。農業民以外の人々の職業分布は《資料Ⅵ》のようになる。とくに、ヴァロワ王権の支配機構の職務に従事していた三名の役人の参加は当該蜂起の幅の広さを示しているところである。《資料Ⅳ》の五一番ランベール＝ドートルフォンテーヌは、オワズ地域サンリス郡クレピイ小郡の、ヴァロワ伯領エメ

《資料Ⅵ》蜂起参加者の職業別構成

	職業		小計
農業民	農民	122	126
	貧民・小作人	2	
	農婦	2	
非農業民	ブルジョア・商人	13	24
	肉屋	2	
	靴屋	2	
	仕立て屋	2	
	石工	1	
	召使	1	
	婦人	2	
	若者	1	
支配層	役人	3	10
	馬番	1	
	司祭	3	
	僧侶	3	
?	不明		94
	総計		204

ヴィル村在住の者で、高等法院長ピエール＝ド‐デメヴィルの兄であって、「ヴァロワ貴族に対する《恐怖》に参加[3]」した。同じく、一二六番のアダム＝ル‐コクはソンム地域モンディディエ裁判管区の司法下級役人で、「《恐怖》に参加[4]」している。三人目は、一四三番のフィリップ＝ポアニャンという者で、ボーヴェー郡ノアイユ小郡ポンション在住の司法下級役人であった。この者はオワズ、テラン Thérain 両河川沿いのいくつかの共同体の住民によって参加を強制され、無理矢理四つの共同体の隊長にさせられたという。

また、三名の司祭のうち、オワズ地域サンリス郡クレピィ小郡ジルクールのジョアン＝ネランジェ《資料Ⅳ‐67》は、ヴァロワ伯領ジルクールの主任司祭でありながら「《恐怖》に行った[5]」との記述が見られる。数の上では農業民とは比較にならないが、蜂起展開の過程ではそれぞれ重要な役割を担っていたことになる。

B 蜂起衆の成立基盤

《資料Ⅲ》にみられた、共同体住民に対して発給された「全体（＝集団）特赦状」の存在は、当該蜂起の蜂起衆が村や町の共同体をベースにする社会的結合関係（sociabilité）の中で活動していることを示している。先行研究においても、ジャクリーが村ぐるみ町ぐるみの闘争であることは指摘されていたが[6]、さらに立ち入って、「特赦状」の中の社会的結合関係を背景にしてしか成立しない現象・行為・文言に注目することにしよう。それらをまとめると《資料Ⅶ》のようになる。

まず、《集会》の開催が挙げられるが、フルミ＝ウドリェ（《資料Ⅶ》―2）の書状の中ではボーヴェー地方のブルトゥイルにおける《集会》が確認される。同様のことが、フルマン＝ド‐ベルヌ（《資料Ⅶ》―6）、コラン＝ル‐バルビエ（《資料Ⅶ》―8）、ジャン＝モレル（《資料Ⅶ》―9）の場合にも見られる。マルヌ地域のコンフラン‐シュル‐セ

《資料Ⅶ》 社会的結合関係をベースにした動き

	個人・共同体名	地区名	職業	内　容
1	Jehan le Grant	Compiègne Jaux	農民	Jauxの隊長の下で10人組頭dizainierに任命された
2	Fremi Houdrier	Clermont Breteuil	肉屋	«BauvaisinのBreteuilにおける非貴族の集会»
3	Robert Ancel	Beauvais Noailles Mouchy-le-Châtel	農民	ボーヴェー地方の蜂起衆と農村の人々が行なった会合に参加し、動乱のときの集会に他の農村の人々とととともに7日間前後いた。
4	Jehan Charon	Senlis Creil Montataire	貧農	ボーヴェー地方の非貴族の«信心会congregacion»的«共謀»活動に参加
5	Amiensの住民	Somme Amiens	都市民	ボーヴェーの蜂起衆の要望に、市長と市参事会員と都市民が、集まっていた人々とともに、共同体としての参加の意志をジャックに対し送り届けた
6	Fremin de Berne	Beaument -Sur-Oise	?	農民によって持たれた集会に参加した
7	Vẽrmarsの住民	Pontoise Luzarches	都市民	この町の住民が、農村の多くの人々と共に、最近騒々しく始められた«恐怖»に参加した
8	Colin le Barbier	Haute-Marne Vassy	僧侶	警鐘の音に動揺したこの者は、Saint-Vrainに集まった人々によって教えられた方へ出発した
9	Jean Morel	Marne Vitry-le-François	主任司祭	Ṣt.-Vrainで持たれた蜂起衆の集会に彼の教区民を行かせた
10	Conflans-sur -Seineの住民	Marne Epernay Anglure	村民	騎士のRenier Lapipiがパリから帰る途中、彼の仲間とこの村の住民との間に«口論riote»が起こる。この村の住民は叫びや鐘の音で集まった

ーヌの住民は警鐘を合図に集まっている。さらに、ロベール＝アンケル（《資料Ⅶ》―3）の書状には、ボーヴェー地方の都市民と農村民との間に《会合》が持たれていて、そこが蜂起展開の中では中心地の一つとして役割を果たしていたように見受けられる。アミアンとボーヴェーの都市民はこの《集会》の中で、ジャクリー参加の意志決定をしている。

その他の動きはどうであろうか。ジュアン＝ル－グラン（《資料Ⅶ》―1）の例では《一〇人組頭》に任命され、ジュアン＝シャロン（《資料Ⅶ》―4）の例では、《信心会》的《共謀》に参加し、前述のジャン＝モレルは主任司祭の立場で教区民に《集会》参加を求めている。そうした場面では、ヴェルマールの町の人々のように、《騒々しく》振る舞い、またコンフラン－シュル－セーヌ村の住民は鐘の音を聞きながら叫び声を発し集まったとなっている。

このように、ジャクリーは共同体が日常的に維持している社会的結合関係を基盤にして成り立っている。換言すれば、蜂起という非日常的場面にあっても、普段には彼らのしがらみでしかないような諸関係がごく自然に蜂起衆出現の土俵として機能してしまっているということである。それが、「特赦状」の中では《les genz du plat pay》《les nonnobles》《les habitans》《les habitans des villes et paroisses》といった表現として表われ、村や町の全住民の参加状況を示しているものと判断できる。

そのような中での複数の村や町の連合した《集会》《会合》の場面は当該蜂起の集合心性醸成の局面として機能しただけでなく、その直後の蜂起展開を規定する戦略上の拠点としての意味を持っていたようにも思える。例えば、複数の共同体の参加による蜂起行動を「特赦状」から取り出してみると、ボーヴェー郡ではポア Poix 城をグランヴィリェ、ポア、リニィエールの住民達が、ソンム地域モンディディエ郡のフロスウル Frausures 城をフロスウルとラ－ワルド－モジエの住民が、エーヌ地域ではフェール Fère 城をフェール－アン－タルドノワ、クリュニィ、キュイリィ－ウッスの住民が、クートマンシュ Courtemanche 城をフォンテーヌ、ヴィレー - トゥルネッル、エリ - シュル - ノワの住民が、それぞれ共同して攻略している。

(二) 蜂起指導者の動き

A 各地の隊長

《資料Ⅷ》にみられるように、「特赦状」からは実に多くの蜂起指導者を捜し出すことが出来る。全部で二六名が判明したが、それぞれに隊長(＝頭領 capitaine)になった理由・経緯が意外にはっきりしていて、約七割の者は、《強制的に par contrainte》《意志に反し contre songré et volenté》《選ばれた esté esleu》と証言している。前述のように、この表現を鵜呑みにするわけにはいかない。だが、いずれにしても本人の居住する共同体、あるいは隣接する村や町の住民によって《選ばれた》という点では一致している。また、各隊長ともG＝カールと司法下級役人のP＝ポアニャンを除けば、軍事的な能力の要求される蜂起のベテランというのではなく、ごく普通の村や町の有力者・顔役のような立場にある人々という、共通した人物像を描けることにも注意したい。

蜂起は、《資料Ⅷ》にあるような地域毎に別々に展開したとも思えないが、便宜的に郡単位にまとめてみると次のようなことがかすかにではあるが見えてくる。

サンリス郡では、オワズ川をはさんではいるがオワズ右岸に集中する傾向がある。例えばサンリス東部のフレスノワ、ベッツ両村の隊長も姿を見せてはいるものの、その彼らと違い積極的蜂起行動の認められるエティエンヌ＝ド - ウェズ Etienne de Wés のオワズ右岸地域での役割は、特定の共同体の指導者としての立場を越えているように思われる。コン

《資料Ⅷ》 各地ジャクリーの隊長

	名前・出身地名	活動場所・役割	行政地名	備考	史料番号
1	Denisot Rebours (Fresnoy?)	Fresnoy の人々の隊長	Oise, Senlis, Crépy en Valois	?	JJ. 86-385
2	Etienne de Wès	Montataire の隊長. Jean Bernier の死刑命令	Oise, Senlis, Montataire	?	JJ. 98-252
3	Gilles le Haguez (Chambly)	Chambly の隊長	Oise, Senlis, Neuilly en Thelle	?	JJ. 90-354
4	Jehan des Hayes	Rhuis の隊長に選ばれる、effrois に参加強制	Oise, Senlis, Pont Ste. Maxence	農民	JJ. 86-444
5	Jehan Hullot (Etavigny)	Etavigny の隊長	Oise, Senlis, Betz	農民	JJ. 86-298
6	Etienne Nelon	Jaux en Beauvaisis の副隊長（意志に反し）	Oise, Compiègne	農民	JJ. 86-361
7	Jehan Bignet	Rémy の隊長に選ばれる	Oise, Compiègne, Estrée St. Denis	?	JJ. 89-609
8	Jehan le Grant	Jaux en Beauvaisis の隊長の下で10人組頭	Oise, Compiègne	農民	JJ. 86-362
9	Arnoul Guenelon (Catenoy)	Catenoy の隊長、C. Calle の部隊に合流	Oise, Clermont, Liancourt	ブル	JJ. 86-391
10	Estienne Champion (Coutres)	（Coutres の）隊長に強制的に選ばれる	Oise, Clermont	農民	JJ. 86-345
11	Hue de Saillville	Angicourt の住民によって隊長に選ばれる	Oise, Clermont, Liancourt	農民	JJ. 90-288
12	Jehan le Freron	Catheux の隊長に選ばれる	Oise, Clermont, Crévecoeur	農民	JJ. 90-294
13	Enguerran de la Mare (Beauvais)	（Beauvais の）隊長に強制されて	Oise, Beauvais	貧農	JJ. 86-250

14	Guilleme de la Mare（上記の者の弟）	同上	同上	同上	同上
15	Philippe Poignant（Ponchon）	4ケ村の隊長に選ばれる	Oise, Beauvais, Noailles	王国役人(Sergent)	JJ. 90-148
16	Simon Doublet	Grandvillier, Poix, Lignieres の隊長に	Oise, Beauvais, Grandvillier Somme, Amiens, Poix	ブル	JJ. 86-392
17	Colart le Meunier（Conty）	Conty の隊長，付近の隊長の中で最大指導力	Somme, Amiens, Conty	農民	JJ. 86-844
18	Pierre Paignart（Soissons の鐘楼に投獄）	Neuilly St. Front プレヴォ管区の隊長に	Aisne, Château-Thierry, Neuilly St. Front	?	JJ. 90-364
19	Jehan Flageolet（Favresse）	Pertois 地方の数ケ村の隊長に選ばれる	Marne, Vitry le François, Thieblemont	?	JJ. 90-292
20	Jehan le Jacqueminart	Thieblemont で隊長に選ばれる	Marne, Vitry le François, Thieblemont	?	JJ. 86-355
21	Michel Martin	St. Amand の隊長に選ばれる	Marne, Vitry le François	?	JJ. 90-293
22	Guillaume Lanyeux	Deuil の隊長	Seine-Oise, Montmorency Enghien les Bains	農民	JJ. 86-221
23	Jacques de Chenevières（Taverny）	Montmorency シャテルニーの隊長に選ばれる	Seine-Oise, Montmorency	農民	JJ. 86-207
24	Guillaume Calle	Oise 地方の総隊長	Oise	?	JJ. 86-365 86-309
25	Germain de Réveillon（Sacy le Grand）	G. Calle の遠征中のジャックの隊長（3日間）	Oise, Beauvaisis	農民	JJ. 86-309
26	Achart de Bulles	Beauvais 地方のジャックの隊長	Oise, Beauvaisis	?	JJ. 90-294

ピェーニュ郡では、コンピェーニュ近郊の数か村の指導層がわかる。また、副隊長や一〇人組頭の存在など蜂起組織の一端も見えている。だが、例えばジョー村の隊長格の人物には「特赦状」が発給されていない。蜂起鎮圧の過程で殺されてしまったのか、それとも「特赦状」取得に必要な経費の支払い能力を欠いていたのか判然としないが、こうした現象に注目するならば、指導的立場にあった人物で、結果として「特赦状」を取得しなかった者も少なからずいたと考えられる。また、前掲の《資料Ⅳ》の中には、実際には指導的役割を担っていながら罪状「申告」の場面でそのことを隠し通した者もいたに違いない。これはコンピェーニュ郡だけのことではなく、当該蜂起関連地域全体についても言えることである。

恐らく、蜂起地域中最大の規模と強さをもっていたに違いないクレルモン、ボーヴェー両郡ではどうだったのだろうか。《資料Ⅷ》にはオワズ地方の総隊長G＝カール、彼の代役をしたジェルマン＝ド・レヴェイヨン Germain de Réveillon、ボーヴェー地方の隊長であったアシャール＝ド・ビュル Achart de Bulles を別格とすれば、合わせて七名もの指導者が一ないし数か村の隊長として行動している。その中でもアルヌウル＝ギュヌロン Arnoul Guenelon の場合には、カトノワの蜂起衆を率いてG＝カールの蜂起軍に合流したことが述べられている。また、カトゥーの隊長ジョアン＝ル・フルロン Jehan le Freron はボーヴェー地方の隊長A＝ド・ビュルの強制によって隊長にさせられたと証言し、後で詳しく検討されることになる付近の城の破壊を指導したばかりか、遠く離れたセーヌ・アンフェリユール地域ディエップ郡オフェイ城の攻撃にも蜂起軍を移動させたことをほのめかしている。

アミアン郡の動きでは、どうやらコンティ村のコラール＝ル・ムニエ Colart le Meunier が付近の隊長達の中では最大の指導力を持っていたとみられるが、その西隣の数か村の隊長となったシモン＝ドゥブレ Simon Doubler とともにソンム・オワズ両県にまたがる地域の蜂起部隊を指揮していた可能性が高い。

その他の隊長達はどうかといえば、エーヌ地域南部の蜂起部隊を指導したピェール＝ペニャール Pierre Paignart が、主にシャトー‐ティエリー、ニュイリー‐サン‐フロン両郡を中心に移動しているのが確認できる。さらに西南地域のマルヌ川上流域のヴィトリー‐ル‐フランソワ郡では、ペルトワ地方の数か村の隊長に選ばれ、その周辺のティエブルモンやアマンの村々の隊長とともに行動している様子がわかる。

B　G＝カールの情報と組織力

《資料Ⅷ》にみられるG＝カール、G＝ド‐レヴェイョン、A＝ド‐ビュルの三人の隊長は、ソンムからオワズにまたがる地域全体を統括した動きを示している。これまでの研究では、カールを総隊長として位置づけることにおいて一致はしていても他の二人については語られていない。以下、「特赦状」の文言から彼らの動きと組織力について整理してみよう。

一三五八年九月のある書状では、「砲火による暴力と強制によって、カールが、少し前にボーヴェー地方の町の人々や村の人々の総隊長（capitaine général）に選ばれた(7)」とあることから、ジャクリー蜂起中最高位の指導者であったと判断できる。次に、その彼が総隊長として具体的にどのような行動をとっていたのかについての「証言」もある。「そのとき、ジャック達とともに居たボーヴェー地方の隊長が、シャンブリの住民宛に、彼のところへ多くの兵士を送るよう幾つもの命令を通達したり命令書を送ったりした……中略、……もし、拒否すれば前述の隊長と彼の仲間が町に火をつけ、女や子供達を殺す……中略……この隊長の命令によって、ボーヴェー地方の総ての村々はシャンブリの住民の拒否に対抗して彼らをののしるためにそこに行っている(8)」というのである。

この記述内容は、カールが当該蜂起への参加強制を行なっていたことを示す部分であるが、死の恐怖によって参加を迫り、さらに近隣の村々の住民に対してもシャンブリ住民への蜂起への参加を強要する行動を命ずるという、のっぴきならない姿勢で蜂起勢力の拡大を図っていたことがよくわかる。ただ、ここでの参加強制の「事実」を文字通りとることについては慎重であるべきだろう。個人レヴェルでの「強制されて」という言いまわしに似た「特赦状」特有のきまり文句としての側面が無いわけでもないからである。同様の動きは、彼の命令書を受け取ったモンディディエの市長・助役・ブルジョア・住民の行動や、カールの補佐をしたとされる僧侶身分のジャン＝ロズ Jean Rose のコンピェーニュ「進行」決定のところでも見られる。[9]

また、次の「特赦状」はカールが独自の裁判を実施していたことを示している。「反逆の罪を負わせられたジュアン＝ベルニェ Jehan Bernier なる者が、当時、彼らを指揮していた農民達の隊長であったカールの前に裁判をすべく引き立てられた。カールは、その者を殺すよう当時モンタテールの町の隊長であったE＝ド‐ウェズに命じ、委ねた」[10]という。勢力拡大や蜂起行動を推進するかたわら、蜂起衆内部の結束を維持強化することに気を配っていたことがわかる。また、これを検断権の行使とみてとることも出来る。

さて、A＝ド‐ビュルについてはどうであろうか。この点については、一三五九年九月付「特赦状」が次のように説明している。「当時、ボーヴェー地方の農民達の隊長であったA＝ド‐ビュルや蜂起した農民達の死の恐怖による強制によって、前述のジュアンは彼らと騎行し自分の意志に反し隊長になることを認めた」[11]。この記載内容は、A＝ド‐ビュルなる人物がカールと同様の力を発揮し、ジュアン＝ル‐フレロン Jehan le Fréron を蜂起にまき込み、前述のブルトゥイユの集会[12]を開きソンム地域アミアン南部の城の破壊を指揮している。この時にはクレルモン北部地域にまで彼の影響力があったと見られることから、当該蜂起ではカールと同等の立場にあったことが窺える。

三人目のG＝ド‐レヴェイヨンについての「特赦状」の記述は明快である。総隊長のカールがエルムノンヴィルへ行っている三日間、彼の代理を務めたというのである。例によって「強制され」てやむなく引き受けたのであるが、その留守中にメルー、ポン‐サント‐マクサンス、モンタテールへと忙しげに騎行している。また、ナヴァール王軍の攻撃を押し返すためにとられたモンタテールからメロへの山中行軍の間の半日と一晩、蜂起軍を指揮したというのである。彼は富農でモンフォール伯との親交もあったという[13]。短期間とはいえ、カールの代役をこなせる人物であったことから[14]、事実上、彼の側近として行動していたと見て間違いないだろう。

以上のような分析から、《資料Ⅷ》の隊長の役にあったとされる二六名の関係を《資料Ⅸ》のように図示することができるように思う。カールを中心にオワズ地域全体のジャクリーの展開があり、ソンム南部地域をまき込んでいることが読み取れる。しかし、それだけがジャクリーの素顔というわけではないだろう。六名の蜂起参加者の確認できるエーヌ地域のソワッソン郡、二〇名の参加が認められるヴァル‐ドワズのポントワーズ郡、さらには二六名を数える参加のあったパリ南部のコルベイユ郡などに指導者が見えない。この現象の解釈は、当該蜂起全体の性格規定にかかわる見逃せない問題であるが、ここではその事実のみを確認し、詳しい検討は別の機会にゆずることにしたい。

C　蜂起衆をとりまく諸状況

G＝カールが参加強制を行なっていたという「事実」については先に指摘したとおりだが、「特赦状」の中には、クレルモン郡ブルトゥイル小郡のラエレル村[14]やコンピェーニュ郡のサン‐ジェルマン村[15]のように、これに加わらない共同体の事例が多くはないがある。ラエレル村はそのために蜂起部隊によって「占領」されてしまっている。このことは、史料上の参加強制の事実やそれを理由にやむなく加わったという「申告」の真偽の判断とは別に、蜂起展開の中ではこ

《資料IX》 各隊長の蜂起指導地域

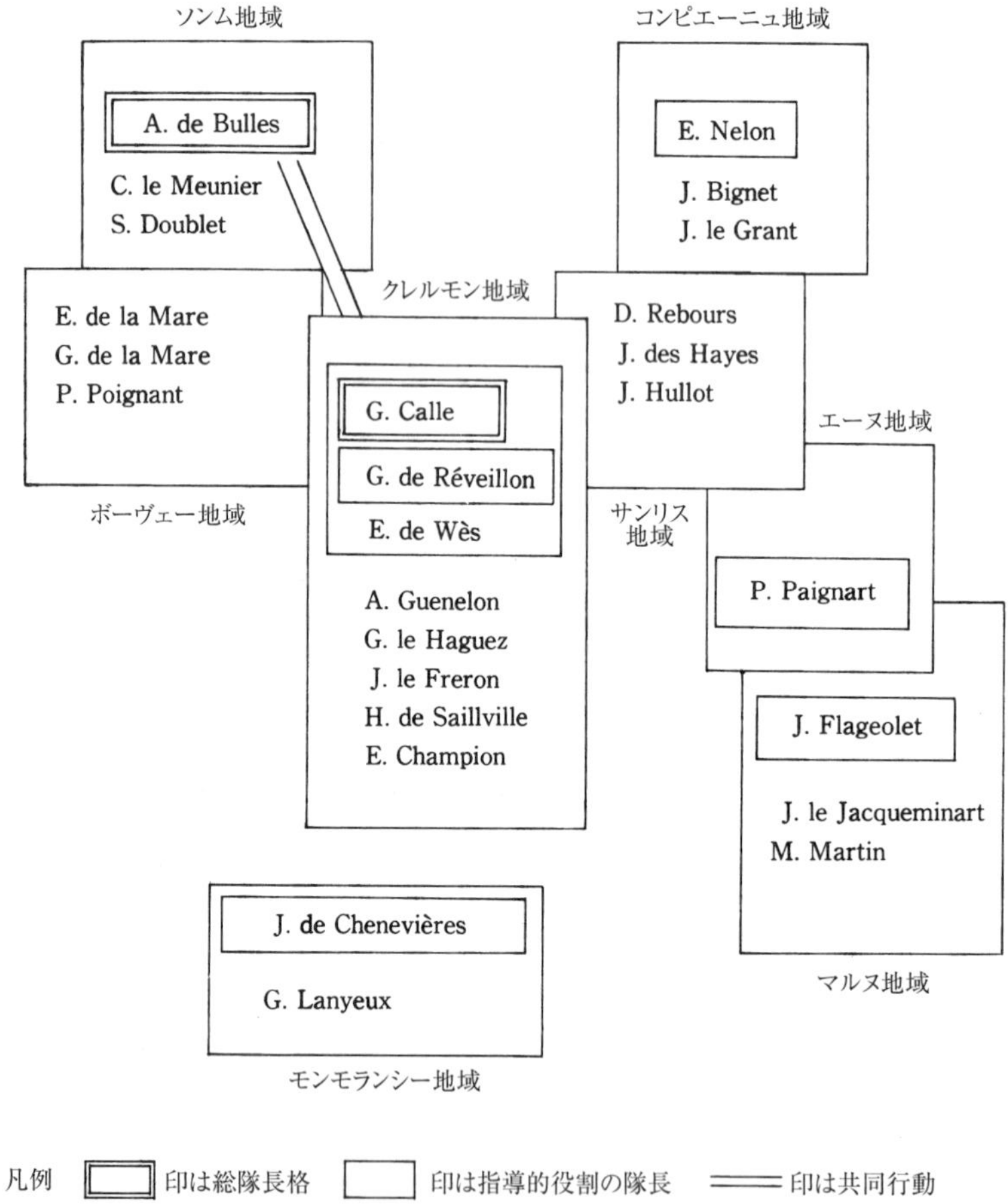
ソンム地域
A. de Bulles
C. le Meunier
S. Doublet
コンピエーニュ地域
E. Nelon
J. Bignet
J. le Grant
クレルモン地域
E. de la Mare
G. de la Mare
P. Poignant
ボーヴェー地域
D. Rebours
J. des Hayes
J. Hullot
G. Calle
G. de Réveillon
E. de Wès
A. Guenelon
G. le Haguez
J. le Freron
H. de Saillville
E. Champion
エーヌ地域
サンリス地域
P. Paignart
J. Flageolet
J. le Jacqueminart
M. Martin
マルヌ地域
J. de Chenevières
G. Lanyeux
モンモランシー地域
凡例
印は総隊長格
印は指導的役割の隊長
印は共同行動

れに参加しなかった共同体のあったという問題は無視できない。しかし、参加要請を断わったが故に「占領」されたのか、または、拒否した場合例外なく見せしめの攻撃があったのかどうかというところまでは断定しにくい。

また、これも件数としては少ないが、マルヌ地域ヴィトリー‐ル‐フランソワ郡の隊長J＝フラジョレ J. Flageolet はよそ者に対抗する防衛の組織化ために行動し[16]、ヨンヌ地域オセール郡のヴェルマントンの町では、町周辺にやってきた野武士勢力に抵抗したという記述[17]がある。これらの事例から思い出されることは、第Ⅲ章で分析ずみではあるが、一三五七年三月三日発布の『大勅令』の第一七、三七の二ケ条の内容である。そこには次のように定められていた。

「**第一七条** 不法に徴発する者に対しては誰でも抵抗することができ、また、略奪された物は刑罰や罰金を恐れることなくすべて奪回することができる。そして、もしこれらの暴力行使に抵抗するに際し、抵抗するに十分な力がない場合には近くの者の救援を乞うことができる。それは大声によって集められる。ところで、この徴発に関係した者については、下級裁判官にのみ訴えられる[18]」。

「**第三七条** フランス人（ここではフランス王国内の者の意味、訳者注）であれよそ者であれ、傭兵は王国内では略奪しないこと。もし、これに違反すれば絞首刑にされる。また暴力行為で彼らに抵抗して差し支えない[19]」。

この不当徴税や野武士達の略奪に対する抵抗権の保障は、発布時より一年数か月しか経っていない当該蜂起時においてもなお効力を失っていなかったであろう。とりわけ担税民として位置づけられていた村や町の共同体成員の側からすれば、成文法化されたこの『大勅令』は彼らの抵抗の正当性・合法性の根拠として機能していたとみることもできる。

ただし、一三五六年九月のポアティエの戦いで、国王ジャンⅡ世がイングランド軍に捕えられ、そのため国王代理となった息子の王太子シャルル（後のシャルルＶ世）と、王位継承問題などを理由にこれに対抗していたナヴァール王シャルル（シャルル悪党王の渾名を持つ）との対立関係が顕在化し、同時に、こうした動きを巧みに利用し起こされたマルセルらパリ都市民蜂起（一三五六～五八）が激化し[20]、摂政シャルルが一三五八年三月一七日パリを脱してサンリス、コンピェーニュに逃れてからは、右の二か条が客観的には効力を失いかけてもいた。

ちょうどそのような時、すでに前章で確認されているように、コンピェーニュで強引に開催された摂政シャルル派の三部会が一三五八年五月一四日『勅令』を発していた。その第五条では、城、砦、館の防禦体制をその地域の財源でとらせている。そして、第一四～一六条では都市民の場合は七〇戸毎に、農民の場合は一〇〇～二〇〇戸毎に一人の兵士を養うのに必要な経費を支払えと定めている[21]。この『勅令』と前年三月の『大勅令』との間の矛盾については、サン‐ルゥ‐デスラン事件の説明あるいは当該蜂起の原因として、先行研究[22]でもしばしば強調されたところであるが、本稿では、蜂起全過程を通して蜂起衆の側に存在した蜂起の正当性の根拠として、言いかえれば、彼らの民衆的制裁の理論的支柱として『大勅令』が位置づけられており、これを根拠として一三五八年五月一四日『勅令』に対抗していったとの図式を「特赦状」に見られた先の二つの事例を手懸りに提起することにする。

（1）　例えば、個別共同体の全住民を対象に出された「特赦状」に含まれる人々はここに入っていない。本章「はじめに」―注(7)参照。

（2）　農民の場合、多少の変形はあるにしても一般的に次のような文言が書状の真中部分に入っている。「この者は、畑の作物を収穫し隠さねばならぬ農夫であるので」«……comme il soit homme de labour qui a à cueillir et mettre à sauveté ses biens qui sont aux champs……» 同時に、S. Luce, *op. cit.*, pp. 175-224 の巻末資料を参考にした。

（3）　Arch. Nat., JJ. 86, n° 384.

（4）　Arch. Nat., JJ. 86, n° 456.

（5） Arch. Nat., JJ. 86, n° 386.
（6） 近江「都市と農村」九頁。
（7） Arch. Nat., JJ. 86, n° 391. «……Par la force et contrainte de feu Guillaume Calle naguère élu capitaine du peuple et commun de Beauvaisis……».
（8） Arch. Nat., JJ. 90, n° 354. «……après ce que le capitaine de Beauvaisis qui pour lors estoit avec les Jacques ait envoyé et mandé divers messagés aux habitants de Chambly que ils allassent par devers lui en Beauvaisis ou envoyassent tél et si grand nombre de gens d'armes……ou si ce non, il et sa compagnie iroient en la dite ville de Chambly, bouter le feu, mettre à mort femmes et enfants……du commandement d'icelui capitaine, les communes de tout le Beauvaisis, venoient à Chambly pour les injurier, à cause de leur refus……».
（9） Arch. Nat., JJ. 86, n° 365 et 473.
（10） Arch. Nat., JJ. 98, n° 252. «……Jehan Bernier, accusé de trahison, fut mené par devers Guillaume Calle, lors capitaine des dites gens du plat pays, pour en ordener et faire justice, lequel Guillaume le bailla et livra à Etienne de Wes pour le dit temps capitaine de la ville de Montataire pour le mettre à mort……».
（11） Arch. Nat., JJ. 90, n° 294. «……le dit Jehan, par contrainte de Achart de Bulles, lors capitaine des genz du plat païs de Beauvoisiz, et aussi des dictes gens, et pour doubte de mort, convint qu'il chevauchast avecques eulx, et contre sa volenté le firent capitaine……».
（12） Arch. Nat., JJ. 90, n° 476.
（13） Arch. Nat., JJ. 86, n° 309.
（14） Arch. Nat., JJ. 108, n° 60.
（15） Arch. Nat., JJ. 86, n° 571.
（16） Arch. Nat., JJ. 90, n° 292.
（17） Arch. Nat., JJ. 90, n° 110.
（18） Grande Ordonnance, art. 17 (F.-T. Perrens, éd., *Histoire générale de Paris, Etienne Marcel, Prévôt des marchands (1354~1358)*, Paris, 1874, p. 134 ; 近江「エティエンヌ＝マルセル市民蜂起と民衆（下）」（『駿台史学』七六号、一九八九年）一二一頁。
（19） *Ibid.*, art. 37（*Ibid.*, p. 136 ; 同右一二一頁。）
（20） 近江「エティエンヌ＝マルセル市民蜂起と民衆（上）」（『駿台史学』七五号、一九八八年）八九~九五頁。
（21） 近江「農民蜂起の原像」二四~二五頁。

（22） J. Flammermont, *op. cit.*, pp. 129-130.

三　行動様式

「特赦状」はジャクリーの蜂起衆の行動についても意外に詳しい情報を与えてくれる。蜂起への参加あるいは動機に関する部分では「強制されて」という表現に統一される傾向にあったのに反し、彼らの行動様式についての言及は多様である。ここでは「特赦状」に書き連ねられた攻撃対象のあれこれを整理しながら、果たして何の目的でそれらを攻撃しているのか、次いで、蜂起衆の振る舞いやそこに作られた舞台装置などについて考えてみよう。

(一)　攻撃対象とその目的

先にも指摘されたように「特赦状」に常套句として出てくる「反貴族の暴動」という表現からして、ジャクリーが反貴族の性格をもつ蜂起であったとの認識では一致している。従って、もうこれ以上の詮索は不必要のようにも思えるが、攻撃対象の内容やその地域的分布の検討から「反貴族」の質に迫ってみよう。

まず、もっともめだった攻撃対象として出てくるのは、城、砦、要塞である。《資料X》をみると、全体で三八件の動きが認められる。蜂起が最も激しく展開したといわれるオワズとソンム両地域で二五件と圧倒的に多く、逆に《資料V》で最も参加者の多かったセーヌ‐エ‐オワズ諸地域では四件しかなく、個人の参加者が六名と少なかったマルヌ地

《資料X》 城砦・要塞の攻撃

地域名	攻撃された城、砦、要塞
Oise	Brasseuse 城　Cateu 城　Mesnil 城　Aufay 城 Coivrel 城　Courteuil 城　Jouy 城　Montépilloy 城 Ermenonville 城　Fontaine-Jes-Cornu 領主の城 Plainville 城　Sains 城　Thiers の砦　Tricot 城
Somme	Arvillier 城　Michel の小さな城館　Moreul 城 Cardonnois 城　Thois 城　Frausures 城　Falaise 城 Esserteaux 城　Courtemanche 城　Pierrepont 城 poix 城
Marne	(Aumale)城　Fère 城　Muret 城（貴族の要塞、砦？）
Seine-et-Oise	Villiers 城　Enghien 城　Palaiseau 城　要塞（？）
Aisne	Jean de Naime（騎士）の城　Rainneval 城
その他	Dreux の所有する城（Côte-d'Or） La Cour 城（Loiret）

《資料XI》 蜂起行動にみられるその他の現象

殺人	Oise	5	
	Somme	5	
	Marne	1	
	Seine-Marne	2	
	Seine-Oise	2	15件
略奪	Oise	1	
	Aisne	1	
	Aube	1	
	Seine-Oise	5	
	Seine-Marne	2	
	Somme	1	11件
家屋の破壊	Oise	3	
	Somme	2	
	Seine-Oise	2	
	Seine-Marne	1	8件
放火・その他	Oise	2	
	Somme	2	
	Seine-Oise	1	
	Seine-Inférieure	1	6件

域では村ぐるみの行動が多かったためか五件が確認できる。ソンム地域も蜂起の展開が南部に限定されていたにもかかわらず、一一件におよぶ攻撃が認められる。このことは蜂起衆の攻撃の照準が貴族の居城、砦、要塞に定められていたことを物語っている。

その他の現象としては、貴族身分の騎士や役人、兵士に対する攻撃、略奪、家屋の破壊、放火などが挙げられている。《資料XI》はその地域毎の発生件数である。略奪件数を別とすれば、他は、オワズ、ソンム両地域で七割近くが発生している。

殺人に至ったケースでは、ソンム地域ではアミアン郡内で起こったものが、計四人。オワズ地域ではクレルモン郡内カトノワの隊長A＝ギュヌロンがG＝カールの下に馳せ参じ、そこで多くの人々を殺したという記述がやや推測的表現として確認できる他は、サン－ルゥ－デスランの九人を含め一二人前後、セーヌ－エ－マルヌとセーヌ－エ－オワズの両地域で四名、そして、オワズ、ソンム地域についで、激化したと思えるマルヌ地域ではたったの一名となっていて、こと被害状況全般について確認できる厳密な数値を提示しているわりには少ない。全体で当該蜂起の犠牲者は二一名前後とこの種の蜂起の死者の数としては少ない。

家屋の破壊ではさらに件数は減り、オワズ地域では、リアンクール、ノアイユ、ボーヴェーで計三件、ソンム地域のモンディディエで二件、他ではポントワーズなどで三件が認められるだけである。

その他の現象としては、放火の事例がルーアン、アミアン、モンディディエ各郡で三件ある他は、文書類が破られたケースとして、オワズ郡で、領主トマ＝ド－ブロワの家屋が壊され家具が持ち去られ、さらに、彼の封土状、貴族相続文書、受領証文書が焼かれた事例(1)、ボーヴェー郡ノアイユ村で貴族の家にあった慣習法書が破棄され(2)、さらに、サンリス郊外の騎士ピエール＝ド－サン－ジャンの家で公文書が破られたという記述が出てくるだけである(3)。略奪行為としては、ソンム、オワズ、エーヌ地域が計三件と少なく、他にパリに近い蜂起発生地域に計八件と比較的多く認められる程度である。

このように蜂起の攻撃対象を全体的にながめてみると、史料上の《恐怖》への参加という表現の割には、貴族を襲い殺害するケースが意外に少なく、また、貴族の動産を略奪するという攻撃も多いとはいえない。それに反し、城、砦、要塞などは蜂起勃発当初から攻撃対象として選択されていたようで、件数の多さも注目に値する。つまり、『フロワサール年代記』などで強調される殺人、略奪、婦女暴行、放火などがそれほど起こっていなかったという事実である。あったとしても、貴族憎しということで最初から貴族の生命をねらったというのではなく、貴族の館なども含めた城、砦、要塞への計四六件におよぶ攻撃の場面で、すなわち交戦中に「戦死」したという類のものであった。

それではなぜ、城、砦、要塞がねらわれたのであろうか。史料上これを直接証明してくれるものはない。「特赦状」にも、その理由なり目的を開陳しているものはない。だが、オワズ、ソンム両地域に限定してみても、貴族の館、城、砦、要塞への攻撃が三五件も確認できるのに、その割に略奪や放火件数が少ないということは、蜂起衆の行動が最初から目的意識的であったことを裏付けてもいる。この点について、先行研究は何もふれていないが、一三五八年五月一四日コンピェーニュ『勅令』第五条を思い出さずにはいられない。その分析は前述のとおりだが[4]、前年三月三日『大勅令』の規定にあるような全国三部会の正式召集もないまま、かつ、古い領主権の発動とも思える賦役の復活を含んだ、いわば領主反動と確実に判断できる内容を盛り込んだこの『勅令』に対する敵意を以上の事実関係から読み取ることができる。つまり、当時の社会的、経済的状況の中で最も庶民の生活を苦しめているその元凶でもある貴族勢力に対する攻撃であったと理解することができるように思う。

《資料XII》　ジャクリー蜂起の波及と都市

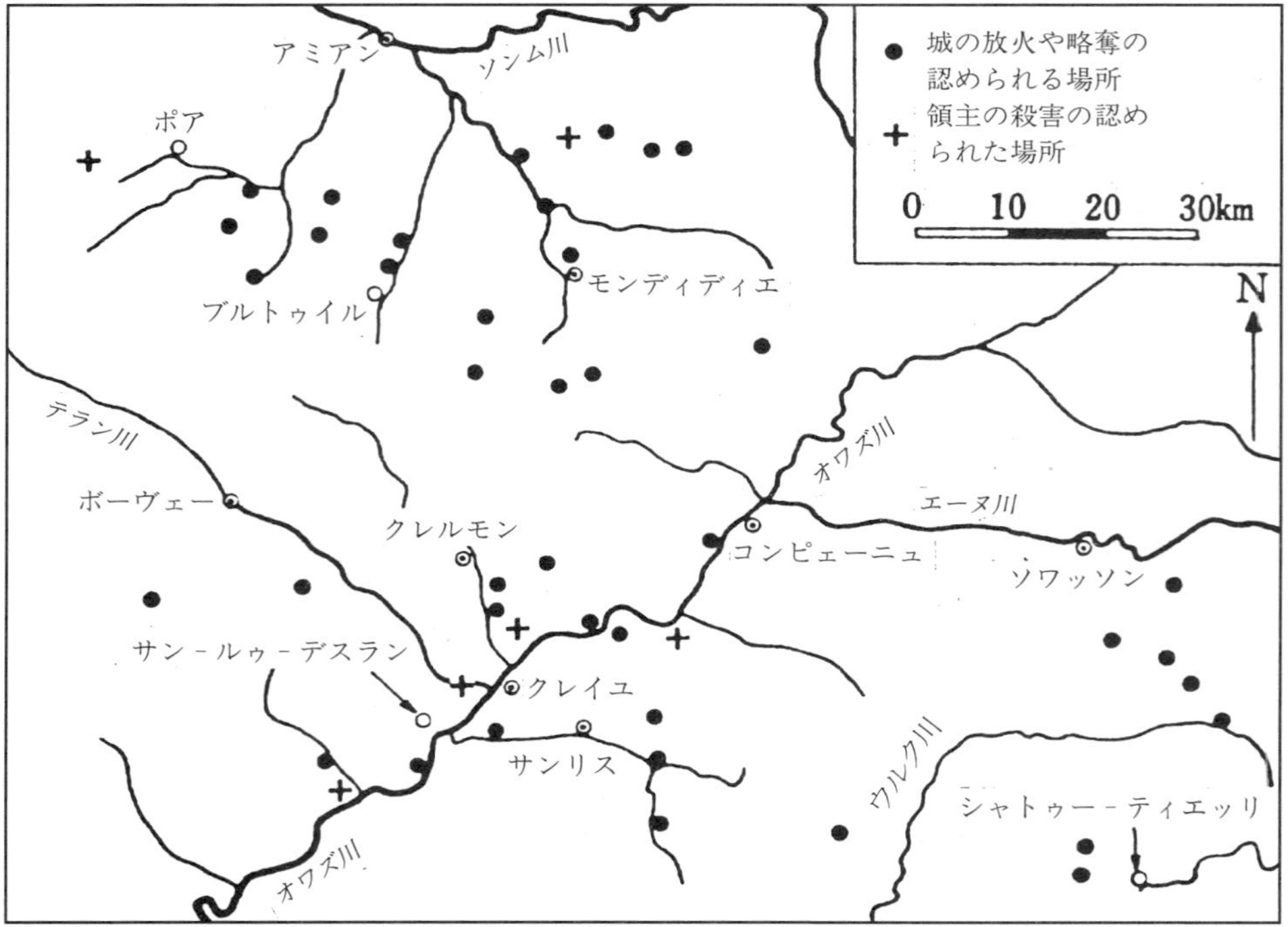

出典：R. Fossier, *Histoire de la Picardie*, p. 203.

(二) 蜂起衆の振る舞い

まず、騎士のルニィエ＝ラピピ Renier Lapipi の事例から見ておこう。この者は、パリから帰る途中、恐らく五月下旬から六月初頭に、コンフラン‐シュル‐セーヌ村を通過する際、村民と口論になった。村民側は叫びや鐘の音で集まった。そのためこの者と仲間の兵士はあわてて逃げざるを得なかったという。[5] 警鐘が鳴り渡ったという現象は先にも注目したとおりだが、[6] 次のヴィトリ‐ル‐フランソワ郡のブラシイの司祭であったジャン＝モレル Jean Morel（《資料Ⅳ》—20、《資料Ⅶ》—9）は、サン‐ヴランで持たれた集会に彼の教区民を行かせている。[7] その際、この警鐘が大きな役割を果たしている。つまり、警鐘が村や町の各共同体の人々の行動を最初のところで誘導していたという事実である。僧侶のコラン＝ル‐バルビエ Colin le Barbier（《資料Ⅳ》—14、《資料Ⅶ》—8）はこの警鐘に動揺しサン‐ヴラン集会に出ている。[8] そんな場合でも、人々の行動は常に共同体単位のものであった。

さらに、先にも確認されたようにヴェマールの町の住民は、農村の蜂起衆達とともに騒々しく《恐怖》に参加し、[9] ヴェルサイユ郡にあるパレスゥ城の攻撃のときには、カーヴのワインを飲み、短剣や木製の取っ手を盗んだともいう。[10] また、先のブラシィの司祭はサン‐ヴランに行ったところで、そこでの集会において教区民達と踊り、そして持っていた短い棒を使い彼らを踊りへと誘ったという。[11] ここからは一種のお祭り騒ぎの雰囲気をイメージすることができる。

蜂起衆の所持した武器についての言及は余りないが、短剣や斧、棒などが想定される。アミアン郡のジャン＝ド‐プラニィ Jean de Blangy（《資料Ⅳ》—27）なる者は、槍を武器にしていた。[12]「特赦状」ではここまでしか確認できないが、実際には、当時の兵士達が使用していたものでさえ、それを奪い利用したとみるのが自然であろう。

このように、彼らの一挙手一投足に目を向けるとき、そこからは中世後期社会特有の共同体的な作法や意識を見出すことができる。あちこちで開かれた《集会》《会合》さえもが、今日的意味でのそれでなく、教区、信心会（コンフレリ）といった彼らの日常的な社会的結合関係を基盤に催され、祭りの気分の漂う場であったということになる。その場面で、彼らには集合心性が働き「自覚的な結集体」として蜂起衆への転化があったとみたい。そうした契機を経て初めて彼らの意図的な蜂起行動が出現してくるのである。

ところで、この蜂起衆のこうした行動をさらに背後で支えた意識のあったことに気付く。先行研究[13]では、百年戦争期における貴族の政治的無能力、とりわけ度重なる軍事的敗北による王国の防衛能力の欠如、軍事的威信の喪失を印象づけ、それが、民衆の貴族に対する憎悪を招いたと分析した。「特赦状」ではこうした意識を裏付ける証拠は存在しなかったが、ただ、蜂起指導者の一人、P＝ポアニャン Philippe Poignant（《資料Ⅷ》—15）の部分に、「そのうえ、多くの人々に対して彼は上述の者達と一緒に行こうという命令を、この者と国王の名の下に強制しようとした[14]」という記述がある。これは下級の国王役人であるこの者が自分及び国王の権威を利用し蜂起衆を指揮した事例である。蜂起衆の側にも、こうした人物を指導者に持ち、なおかつ国王の名の下に行動することに対する違和感を覚えないという意識状況があったことになる。A＝ルゲによれば、こうして「農民は貴族の臆病さと無気力を非難した[15]」のだった。

（1） Arch. Nat., X^{1C}11.
（2） Arch. Nat., JJ. 94, n°26.
（3） Arch. Nat., JJ. 90, n°151.
（4） 二—注(21)参照。S＝リュスは「五月一四日勅令」の非合法性を見ていない（S. Luce, *op. cit.*, pp. 162-163)。
（5） Arch. Nat., JJ. 86, n°373.
（6） Loc. cit.
（7） Arch. Nat., JJ. 86, n°265.

(8) Arch. Nat., JJ. 86, n° 465.
(9) Arch. Nat., JJ. 86, n° 280.
(10) Arch. Nat., JJ. 86, n° 252.
(11) Arch. Nat., JJ. 86, n° 265. この点については、M. Th. de Medeiros, *Jacques et chroniqueurs, Une étude comparée de récits contemporains relatant la Jacquerie de 1358*, Paris, 1979, p. 19. における指摘がある (A. Leguai, *op. cit.*, p. 55).
(12) Arch. Nat., JJ. 97, n° 358.
(13) Ch. de Beaurepaire, «La Complainte sur la bataille de Poitiers» dans la *Bibliothèque de l'Ecole des Chartes*, 1851 ; S. Luce, *op. cit.*, pp. 9-31 ; M. Mollat et Ph. Wolff, *Ongles bleus, Jacques et Ciompi*, Paris, 1970, p. 126 ; M. Mollat, *Genèse médiévale de la France moderne, XIVe-XVe siècle*, Paris, 1970, p. 55.
(14) Arch. Nat., JJ. 90, n° 148. «……En outre le voudroit contraindre à faire commandement de par notre dit seigneur et de par nous à plusieurs personnes qu'ils allassent avec les dessus dits……».
(15) A. Leguai, *op. cit.*, p. 54.

おわりに

以上の分析で明らかになったところを整理してみよう。第一には、それまでの中世期の蜂起にはみられなかった広域的な蜂起が展開されたが、ソンム、オワズ両地域に蜂起の中心があり、サン - ルゥ - デスラン村はその勃発地点として、同地域の他の村や町と同様に徹底した報復を受けている。第二に、エーヌ、マルヌ、セーヌ - エ - オワズの諸地域にもそれぞれ別のジャクリーの動きが見られる。とはいっても近代的な意味での同時蜂起を企図した結果ではない。第三に、警鐘や叫び声の中で共同体の日常的な社会的結合関係を基盤にした蜂起衆が成立し、隣接する共同体の共同行動が多く見られる。その中でも農村民の参加が著しい。また、蜂起のリーダーが各所に出現し、彼らがその他の蜂起部隊を組織し行動している。第四に、最大の攻撃目標として城、砦、要塞があったが、それは一三五七年三月『大勅令』を法的根拠とする民衆的正当性の主張とそれにともなう民衆的制裁の行使である。第五に、蜂起衆の振る舞いからは多分に祭りやシャリヴァリなどに共通する行動形態を見出すことができたが、それらは「自覚的な結集体」としての蜂起衆への転化の舞台装置として機能している、といった点であろう。

これらの結論それ自体は、リュスによってすでに確認ずみのものもあり、多分に屋上屋を架した感もないわけでもないが、民衆の蜂起衆化のメカニックと、そこに成立した蜂起衆の行動様式・抗議形態にみられる諸特徴について新たな側面を強調できたように思う。この点については、ボワが「村民の連帯」solidarité villageoiseとも表現したが、これが「軍事、課税など、あらゆる種類の攻撃に対するコミューン防衛の中で作り出された」[1]という分析に一致する。

また、ポアティエの敗北後の権力内部の分裂という政治的危機状況の中での、領主反動の動きを契機とした、領主の平和維持能力[2]、領主の存在そのものの是非を問う、実力での異議申し立てという面がより明確にされたであろう。

このように本稿で明らかになった結論は、単なるカゼル説批判にとどまらない性質を持ったものと言えるだろう。それは、フルカン[3]、モラ、ヴォルフら[4]の一九七〇年代のジャクリー理解に修正を迫ることとなった。

すなわち、ジャクリーは前者の主張する富農層主導による「一四世紀初めの穀物に関する危機の後遺症に対する蜂起」でも、後者二人のいう「悲惨さ」に対するものでもなく、貴族勢力の統治能力の欠如、合意のない徴税（領主反動）に対する民衆的制裁をともなう反貴族蜂起であったからである。その意味からも、ジャクリーは「領主制の危機」を深く印象づけることになった。

（1）G. Bois, «Noblesse et crise des revenus seigneuriaux en France aux XIVe et XVe siècles», in Ph. Contamine éd., *La Noblesse au Moyen Age*, Paris 1976, p. 229.

（2）藤木久志「村から見た領主――その存在理由を問う」（『朝日百科・歴史を読みなおす』一三、朝日新聞社）六二頁。

（3）G. Fourquin, *Les Campagnes de la région parisienne à la fin du Moyen Age*, Paris, 1964, p. 233 ; id., *Les Soulèvements populaires au Moyen Age*, Paris, 1972.

（4）M. Mollat et Ph. Wolff, *Ongles bleus, Jacques et Ciompi*, Paris, 1970, p. 129.

第Ⅵ章　一三五八年ジャクリー蜂起鎮圧をめぐって

はじめに

一三五八年六月一〇日に始まるジャクリー蜂起の鎮圧過程については、当該蜂起の代表的研究者であるリュスと、その彼と同時代のフラメルモンの仕事によって、その全容がほぼ語り尽くされている。[1] 彼らが主に依拠した史料は、『初期ヴァロワ年代記』[2]と『大年代記』[3]、それに「特赦状」[4]であった。彼らの論議内容についてはすでに紹介ずみであるが、[5]これまでのこの問題についての検討範囲は、クレルモン郡メロ村付近において、ナヴァール王シャルル（Charles II, le Mauvais, roi de Navarre, 一三三二～八七）の貴族混成軍がギョーム＝カール指導下のジャクリー主力軍を奸計により打破した六月一〇日から、摂政シャルル（le régent Charles, le duc de Normandie, 一三三七～八〇、後のCharles V〈在位、一三六四～八〇〉）により『全体特赦状』の発給される八月一〇日までであった。

しかし、鎮圧に関する具体的分析は、六月一〇日前後の状況とその成行きが注目されるだけであった。とりわけ六月二四日以降は、摂政軍のパリ平定（パリ都市民蜂起鎮圧、七月三一日のマルセル殺害）過程の中に自然消滅してしまうのが常であった。そのため、ジャクリー蜂起の意味やその影響力がマルセル等パリ都市民蜂起（一三五六～五八）の後方に押し込められ、当該蜂起の歴史的評価が不透明にされてきたといえる。

とはいえ、本稿の検討課題は単なる鎮圧の最終日の確定問題ではない。この点については、すでにリュスが六月二四日までのジャクリー継続を示唆していて、[6]フラメルモンもその後のジャクリーの動きを『大年代記』の記述をもとに確認している。[7]また、「ジャクリー蜂起六〇〇周年」の企画に携わったM＝ドマンジェ[8]は、厳密な意味でのジャクリー最後の日を六月一八日から二〇日あたりに定めた。本稿が目的としたいのはナヴァール王の立ち振る舞いはいうに及ばず、鎮圧に馳せ参じた貴族勢力など支配層の繰り広げた鎮圧の仕方についての分析である。

つまり鎮圧の惨状をただ掘り起こすというのではなく、鎮圧の内容分析から当該蜂起に関するデータを拾い出し、その作業を通して、貴族側がこの蜂起をどのように受けとめていたのかを見ることによって、ジャクリーに参加した蜂起衆のめざした思いの断片を探り出すことにある。

従って展開としては、まず先行政治史研究が明らかにしてきている当時の政治状況を整理し、次いで、「特赦状」にしたためられた鎮圧行動の様子を分析し、最後に、八月一〇日『全体特赦状』の役割を再度検討することになる。

ところで、一四世紀中葉のこの蜂起は、政治史研究の中でも注目されはじめている。前期百年戦争下にあり、国王ジャンⅡ世がイングランド国王軍の捕虜となり、いわば国王不在の中で、ヴァロワ王権をめぐる摂政シャルルとナヴァール王シャルルの対立が最終局面を迎えていたからである。従来からも、カゼルの研究などによれば[9]、この二人の政治的ヘゲモニー争いに加えて、パリのマルセル都市民蜂起とのからみで[10]、マルセルとナヴァール王シャルルとの微妙な関係が当該蜂起に及ぼした影響について指摘されることはあった[11]。ところが、最近の政治史研究の中では「封建制の危機」現象の一つとしてこの段階が注目され、その「政治的危機」状況の中でジャクリーを捉える傾向が一般的となり[12]、当時の権力の側が抱えていたそうした危機認識が当該蜂起の激化の中でどう顕在化したかという面にも関心が向けられてきているようにも見える[13]。

その意味でも、当該蜂起鎮圧の場面で打ち出される権力側の対応からは、蜂起が直接・間接に示した自己主張とは別の角度からのジャクリー評価が浮き彫りにされるであろう。「特赦状」の検討に際しての重要な分析視角として注目することにしたい。

（1） S. Luce, *la Jacquerie*, pp.147-163 ; Jueles Flammermont, «La Jacquerie en Beauvaisis, mélanges et documents» , *R. H*, n. IX, 1869, pp. 137-143.
（2） Chron. des Valois(1327-1393), éd. par S. Luce, *S. H. F.*, Paris, 1862.
（3） Grandes Chron, t. V; nouv. éd. par R. Delachenal, sous le titre Chronique des règnes de Jean II et Charles V, t. I, *S. H. F.*, Paris, 1910.
（4） 「特赦状」(lettres de rémission)については、近江「マイエ蜂起（一三八二年）にみられる『蜂起衆』と『ソシアビリテ』」（『専修人文論集』第五三号、一九九四年）一三二頁、同「ジャクリー蜂起における蜂起衆の成立とその展開——『特赦状』の分析から——」（『専修人文論集』第五六号、一九九五年）二六頁、注（5）（6）（7）参照。
（5） 近江「一四世紀北フランスにおけるジャクリーの意義」（『専修史学』第五号、一九七二年）一〇一〜一〇四頁。
（6） S. Luce, *La Jacquerie.*, p. 155.
（7） J. Flammermont, *op. cit.*, p. 142.
（8） M. Dommanget, *La Jacquerie*, Paris, 1970, p. 11.
（9） R. Cazelles, *La Société politique et la crise de la royauté sous Philippe de Valois*, Paris, 1958 ; id., «Les Mouvements révolutionnaires du milieu du XIVe siècle et le cycle de l'action politique», *R. H.*, n. 228, 1962 ; id., *Nouvelle histoire de Paris de la fin du règne de Philippe Auguste à la mort de Charles V, 1223-1380*, Paris, 1972 ; id., *Société politique, noblesse et couronne sous Jean le Bon et Charles V*, Genève-Paris, 1982. 日本での研究としては、井上泰男「初期ヴァロア朝の「『政治的危機』について」（『北大人文科学論集』第三号、一九六四）、高橋清徳「一四世紀パリにおける経済危機と王権の政策——一三五一年勅令の歴史的位置づけをめぐって——」（世良晃志郎編『ヨーロッパ身分制社会の歴史と構造』一九七八年、創文社）などがある。
（10） J. d'Avout, *Le Meutre d'Etienne Marcel*, Paris, 1968（ジャック＝ダヴゥ、橋口倫介・大島誠・藤川徹　編訳『エティエンヌ＝マルセルのパリ革命』一九八八年、白水社）；R. Cazelles, *Etinne Marcel, champion de l'unité française*, Paris, 1984 ; 近江「エティエンヌ＝マルセル市民蜂起と民衆（上・下）」（『駿台史学』第七三号　一九八八年、第七六号、一九八九年）。
（11） 代表的研究としてR＝カゼルのものがある（R. Cazellee, «La Jacquerie fut-elle un mouvement paisan?», *Comptes-rendus des séances de l'Académie des Inscriptions et Belles-Lettres*, année 1978, juillet-octobre, pp. 654-666）が、この彼の主張に対しては批判的見解が多い。A. Leguai, «Les Révoltes rurales dans le royaume de France du milieu du XIVe siècle à la fin du XVe, *Le Moyen Agé*, série 4, T.37, 1982, 近江「R＝カゼルの仏・一四世紀民衆蜂起理解をめぐって」（『フラターニティ』創刊号、一九八八年）、

近江「民衆蜂起にみる都市と農村」（『歴史学研究』五八七号、一九八八年）。

（12） G. Bois, «Noblesse et crise des revenus seigneuriaux en France aux XIVe et XVe siècle: essai d'interprétation», in *La Noblesse au Moyen Age*, éd. par Philippe Contamine, Paris, 1976, p. 229 ; J. Le Goff, «Le Moyen Age», in *Histoire de la France*, éd. par Jacques Revel, Paris, 1989, pp. 127-140.

（13） Ph. Contamine, *Des Pouvoirs en France 1300/1500*, Paris, 1992 ; p. 41 ; Marie-Thérèse Caron, *Noblesse et pouvoir royal en France, XIIIe-XVIe siècle*, Paris, 1994, pp.113-114 ; Olivier Guillot, Albert Rigaudière, Yves Sassier, *Pouvoirs et institutions dans la France médiévale*, t. II, Paris, 1994, pp.186-187.

一　メロ村の敗北とジャクリー鎮圧

ジャクリー蜂起は、ボーヴェー地方を中心とする一帯のギヨーム＝カールを隊長とした蜂起衆の動きのみをさすのではない[1]ので、一三五八年六月一〇日のクレルモン郡メロ村でのG＝カール指揮下の蜂起軍の敗北をもって、ジャクリー蜂起の終りとみることはできない。リュスは、六月二四日まで蜂起鎮圧が続くとしているが、それも『大年代記』が犠牲者数をサン＝ジャン祭の六月二四日[2]までに二万人以上としていることに依拠しているだけである。まだ不明の部分が多い。

まずは、メロ村事件からのジャクリー鎮圧の様子を既研究の範囲内で捉えておくことにしよう。そもそもマルセルら改革派パリ都市民とともに「王国改革派」に属し、しかもその中で重要な役割[3]を担っていたナヴァール王シャルルが、ピカルディーやノルマンディの貴族の要請に応えて、[4]地方騎士、ナヴァール＝イングランド国王連合軍、野武士（ブリガン）などからなる約四〇〇名の貴族混成軍を指揮して、クレルモン、ラングヴィルの町近くの蜂起軍に迫ったという事実は意味深長である。[5]この動きには、単なる政治判断だけの選択としてのみでは説明のつかない、もっと根本的な動機があったと見るのが自然であろう。つまり、領主制の存否の問われたジャクリーの反貴族闘争の真只中に登場せざるを得なかった彼の立場が、当時の北部フランスの「政治的危機」状況をはっきり示していたことになる。

クレルモンでG＝カールと彼の仲間を処刑した後、[6]ナヴァール王シャルルがモンディディエ方面に北進しその地域の蜂起軍を鎮圧し、ロアとジェルベロワの間では八〇〇人の蜂起衆を殺害するなど徹底した鎮圧を行ない、さらに南進してガイルフォンテーヌに向かう様子が『初期ヴァロワ年代記』[7]に詳しい。これが六月一三日[8]までの四日間の動きである。しかし、ナヴァール王シャルルの鎮圧行動範囲はオワズ流域に限られていた（二七八頁「蜂起鎮圧関連地図」参照）。

他地域のジャクリーはどうであったのだろうか。今の段階ではまだ情報不足であるが、摂政シャルル配下の貴族軍の動きが気になる。六月一一日にモーをパリ都市民軍から奪い返していたことについては『フロワサール年代記』[9]に詳述されているが、肝心のジャクリーとのかかわりが不透明である。摂政は、一三五八年三月二二日、マルセルらパリ都市民蜂起の展開するパリを脱出し、コンピェーニュで三部会を開催し、五月一四日には『コンピェーニュ勅令』[10]を発布するなど、配下の軍事力を補強し、その主力軍をモーを拠点にマルヌ・セーヌ・オワズの各河川の要衝に配置するなど、パリの都市民蜂起鎮定を目差した事実上のパリ経済封鎖を強化していた。また、ジャクリーに対しては蜂起勃発後、五月末には内偵を行なうべく、サン‐ソフリィユ侯 Saint-Sanflieu をオワズ地域の防衛隊長に任命していた。[11]

しかし、「年代記」などの記述はナヴァール王らの貴族混成軍のジャクリー鎮圧行動には詳しくても、摂政とその配下の部隊とジャクリーとのかかわりについては、『フロワサール年代記』[12]のモー攻略の部分を別とすれば極端に沈黙を決め込んでいるようでもある。まして、オワズ地域と同様に蜂起展開の激しかったエーヌ・マルヌ両河川地域のジャクリーについての言及はない。唯一、ブリー地域でルーシ伯 Roussi がジャック（蜂起衆のこと）達を藁ぶき家の入口で絞首刑にしたことが確認されるのみである。[13] それも時期は定かでない。

ところで、ナヴァール王シャルルはパリ入市の六月一四日までに、確認されているところでは、サンリスの都市民と有力農民の側から保護を求められていて、それに応じている。[14] 先行研究では、ともに『一三五八年七月一一日付E＝マルセルの各王国都市及びフランドル都市宛手紙』をその根拠としている。それによると、彼らはナヴァール王シャルルの保護の下に身を置くべくクレルモンに出頭し、メロの戦闘における虐殺とその後の四回にわたるナヴァール軍による責め苦が十分な償いであったと表明し、そのかわりに「損害を受け、傷つけられたボーヴェーやヴェクサン地方の貴族との平和維持の合意と、同時に、ボーヴェー地方の村々に対しては、残虐行為を行なった者の中の主要人物四人を捕え裁くことと、貴族に対して行使された「暴力」による損害や村々や個々人が被った被害を調査し、ナヴァール王に報告することがボーヴェー地方の一〇人の者達に課せられた。それによりナヴァール王は前述の貴族の損害を然るべく復元させ、また、ボーヴェー地方の有力者や村々は約束と許しを取得するつもりであった[15]」というのである。

この文面だけから見れば、ナヴァール王シャルルがオワズ流域の平和維持に成功し、秩序回復を含めた危機管理においてその能力を誇示したことになる。

しかし、その同じ手紙の中ではジャクリー鎮圧の様子が次のように述べられている。「貴族達は、有罪かどうかの区別もなく、善悪の見境もなく、殺し強奪するためにソンム手前からオワズにやってきた。彼らの多くは何の被害を被っていないのに、村々を焼き、人々を殺害し、婦人や子供、司祭や修道士には彼らが所有しているもののありかを言わせるために脅したり、かすめ取ったりの略奪を働いた。このように、彼らは騒乱の中で多くの人々を殺し、教会や聖域を冒瀆し、さらには司祭の聖務遂行の隙に長袍祭服や聖杯まで持ち去り、聖別された聖体のパンを彼らの従者に投げ、『キリストの血』を壁に振り掛け、放火しなかった教会、修道院、小修道院も同様に脅して金品を奪い、生娘を誘惑し、夫の目前で婦人を犯した。一言でいえば、かつてのサラセン人よりもひどい悪事を働いた」(16)と、辛辣な表現が続く。

以上の二つの記述はどちらも一面の真実を伝えているように思える。前者においては、「王国改革」路線上から、フランドル方面への交易ルート上にあるオワズ流域でナヴァール王シャルルが如何に影響力を発揮していたかが強調され、後者では、現実にそれがナヴァール軍の蛮行であるにもかかわらず、傭兵や野武士集団と同様の行為が貴族一般の報復行動の中にあったことを印象付けようとの姿勢が読み取れる。それどころか、これがパリを包囲する摂政配下の貴族軍の仕業であるかの如き雰囲気さえ漂わせている。実際には、ナヴァール王シャルル及びナヴァールらの貴族連合軍がその両面を合わせ持っていたと考えるのが自然である。いずれにしても事態収拾の立役者としてナヴァール王シャルルが位置付けられ、摂政シャルルは姿を見せていない。

このように、ナヴァール王シャルルやマルセルとのかかわりでのみ見えてくるジャクリー鎮圧の様子がジャクリー全体のそれを一般化させてしまっている現象は妙である。つまりメロ村事件前後の断片的な鎮圧行為だけが継ぎ接ぎされて、例えば「ジャックは城を破壊したが貴族はあばら家を焼き払った」(17)、「百姓を殺せ」(18)といった表現で、徹底鎮圧という面のみがクローズアップされて今日に至っている。しかし、繰り返しになるが別稿(19)で明らかなように、他地域で展開したジャクリーがどうなっていたのかが確認されない限り、それのみでジャクリーの全体的な蜂起鎮圧状況と納得するわけにはいかない。

（1）近江「蜂起衆の成立」（本書第Ⅴ章）参照。

（2）S. Luce, *op. cit.*, p. 155 et 159 ; J. Flammermont, *op. cit.*, p. 142.

（3）R. Cazelles, *Société politique*, pp. 259-273 ; 近江「エティエンヌ＝マルセル（下）」一〇三～一三三頁（本書第Ⅲ章、一二二～一五一頁）。

（4）Chron. des quatre premiers Valois., p. 72. «Sire, vous estes le plus gentil homme du monde. Ne souffrés pas que gentillesse soit mise à neant. Se ceste gent qui se dient Jacques durent longuement et les bonnes villes soient de leur aide, ilz mettront gentillesse au neant et du tout destruiront.» ; J. Flammermont, *op. cit.*, p. 138 ; 近江「ジャックリーの意義」九九頁。

（5）S＝リュス、J＝フラメルモンは、ともに政治的動機に基づいた行動としているがR＝カゼルは、貴族側の体制的危機に基づくものと見ている。例えば、メロの鎮圧の際、大同団結した貴族がその後も全員ナヴァール派として行動したのでないという。ルイ＝ダルクール Louis d'Harcourt・ムトン＝ド‐ブランヴィル Mouton de Blainville・ロール＝ド‐レンヌヴァル Raoul de Renneval は後に摂政軍に再結集している（R. Cazelles, *E. Marcel*, p. 304.）。

（6）S. Luce, *op. cit.*, pp. 150-153 ; 近江「ジャックリーの意義」一〇一～一〇三頁。

（7）Chron. des Valois, p. 76.

（8）Chron. Jean II, pp. 184-185 ; R. Cazelles, *Société politique*, p. 333. パリ入市を果したナヴァール王シャルルは、翌日の六月一五日、市庁舎前のグレーヴ広場で演説をしている。そこで彼は、自分が王家の一員で、彼の母がフランス王の唯一の子供であるので、もし男であったならフランス王であっただろうといったという。さらに彼は王国都市との関係をたたえ、とりわけ、パリの人々と生死を共にすると言明したともいう（R. Cazelles, *E. Marcel*, p. 305.）。これに対し、シャルル＝トゥサック Charles Toussac（パリの市参事会員であった）は王国のよりすぐれた頭領としてナヴァール王しかいないと発言し、また、これにサクラが「ナヴァール！　ナヴァール」と叫んだという。こうして彼はフランス王国の《統治者》にされた（*Ibid.*, pp. 305-306）。

（9）S. Luce, *op. cit.*, p. 154 ; J. Flammermont, *op. cit.*, pp. 139-140 ; R. Cazelles, *Société politique*, p. 333.

（10）S. Luce, *op. cit.*, p. 162 ; 近江「ジャックリー農民蜂起の原像」（『歴史学研究』第五一九号）二四～二五頁、近江「蜂起衆の成立」七八頁、（本書第Ⅴ章、二四五頁）。

（11）S. Luce, *op. cit.*, p. 154.

（12）Chron. de Froissart, t. V (1356-1360), Paris, 1874, *S.H.F.* (S. Luce, *op. cit.*, pp. 129-146).

（13）S. Luce, *op. cit.*, p. 153, et 217-218.

（14）Lettre d'Etienne Marcel aux bonnes villes de France et de Flandre, publiée par M. Kervyn de Lettenhove dans *les Bulletins de l'Académie royale de Belgique*, tom. XX, n° 9 (F.-T. Perrens, *Etienne Marcel, gouvernement de la bourgeoisie au quatorzième siècle*, Paris, 1860, p. 406); J. Flammermont, *op. cit.*, 141-412 ; F.-T. Perrens, *La Démocratie en France au Moyen Age*, t. I, Paris, 1875, p. 307.

（15）Lettre d'Etienne Marcel. (F.-T. Perrens, *E. Marcel.*, p. 406), «……mist le paiis tout à pais et du consentement des nobles du paiis de Beauvoisis et de Veqcin, qui avoient esté domagé et injurié, et aussi des gens des villes du plat paiis de Beauvoisis ordonna que de chascune ville quatre des plus principauls de ceuls qui avoient fait les excè seraient pris et justicié, et dix du paiis de Beauvoisis seroient pris qui savoient les domages qui avoient esté fait aus gentils hommes, les villes et les personnes par qui ce avoit esté fait et seroit rapporté à monseigneur de Navarre, et il feroit faire restitucion convenable des domages ausdis gentils hommes, ……»; R. Cazelles, *Société politique*, p. 331.

（16）Lettre d'Etienne Marcel, (F.-T. Perrens, *E. Marcel*, p. 263 et 403). «……Les nobles, dit-il, sont venus en deçà de la Somme et de l'Oise, pour tuer et voler sans faire distinction des coupables et de ceux qui ne l'était pas, des bons et des mauvais ; et, quoique plusieurs d'entre eux n'eussent souffert aucun dommage, ils ont brûlé les villes, tué les gens, dérobé et pillé, mis à la torture femmes, enfants, prêtres, religieux, pour leur faire dire où était ce qu'ils possédaient ; ils ont fait mourir dans les tourments beaucoup de ces gens-là, profané les églises, les sanctuaires, enlevé la chape et le calice au prêtre au moment où il officiait, jeté à leurs valets l'hostie consacrée, aux murailles le sang de Notre-Seigneur, mis à rançon les églises, abbayes, prieurés qu'ils ne brûlaient pas, ainsi que les prêtres, corrompu les pucelles et violé les femmes en présence de leurs maris, fait en un mot, plus de maux que jadis les Sarrasins.……»; F.-T. Perrens, *La Démocratie*, pp. 305-306. この点については、R＝カゼルが明確な分析を試みている。彼の説によれば、ナヴァール王シャルルにジャクリー鎮圧を要請した貴族達は、貴族体制の防衛とその修復のために、一種の反ジャクリー十字軍に参加するような思いで鎮圧にあたったという。それはフランドル地方のようにジャクリーの攻撃を直接受けていない地域の貴族に特に強かった。従って、貴族階級の連帯意識はジャクリーに参加した農村民に対する略奪の可能性によってさらに強化されたのだと捉えられている（R.Cazelles, *E. Marcel*, pp. 304-305.）。

（17）J. Flammermont, *op, cit.*, p. 142.

（18）S. Luce. *op. cit.*, p. 155.

（19）近江「蜂起衆の成立」（本書第Ⅴ章）参照。

二　「特赦状」にみられる鎮圧状況

「年代記」や「手紙」がオワズ川流域とモーの鎮圧についてしか語っていないのに反し、「特赦状」にしたためられた鎮圧関連の情報はそれ以外の地域の動きに直接言及しているものが多く、その叙述は具体的である。

この点については、リュスの研究でもふれられてはいるが、そこではパリ都市民軍の行動範囲内の地域の動きが注目されただけで、また、ジャクリーに加担した都市などの共同体に罰金を課すべく摂政シャルルによって代理官(lieutenants)が送られたとの指摘はあるものの、それもあらゆるところへという表現のみで、それらの地域が特定されていたわけではなかった。(1) ただ前述のように、全部で一八八通の「特赦状」を検討し、(2) 改めて鎮圧に関連したところを分析した結果、《資料Ⅰ》のようなことがわかった。

《資料Ⅰ》からはさまざまなことが窺えるが、まず、地域別に整理してみると、《資料Ⅱ》のように、ソンム・オワズ両地域同様、エーヌやマルヌ地域における鎮圧の件数も多い。エーヌ地域をみると、蜂起参加を理由に殺害され、その結果財産を没収された事例が二件（《資料Ⅰ》20、21）、さらに、逮捕され絞首刑にされたケースや、この地域の隊長であったピェール＝ペニャン Pierre Paignant のように投獄されていた様子など生々しい情報が含まれている。マルヌ地域に関しては、ランス近くのロワヴル Loivre に鎮圧のために貴族軍が集まったことが判明した。日時の確定はできないが、サン‐ティエリ Saint-Thierri の住民をはじめ、シェルネイ Chernay 村、ロワヴル村、メルリ‐ル‐グラン Merly-le Grand 村、メルリ‐ル‐プティ Merly-le-Petit 村、ティル村 Thil 村、ヴィレー‐フランクゥ Villers-Franqueux 村、ヴィレー‐スゥ‐サン‐ティエリ Villers-sous-Saint-Thierry 村で計五〇人以上が貴族鎮圧軍によって殺害されている。鎮圧のために貴

《資料Ⅰ》「特赦状」にみられるジャクリー鎮圧の動き

	ソンヌ地域	発給年月	鎮　圧　内　容	史料番号
1	Guillaume de Haleinghes Guillaume Le Pont （盾持ち貴族＝écuyers） Amiens	1358. 8.	アミアンのブルジョアであるにもかかわらず国王に反抗し裏切ったJean de la Marcheから没収した財産を、この者達の奉仕に報いて、また、彼らの被った損害の補償金として、摂政が与える。	86-227
2	Jean de Clermont et de Nesle（騎士） Montdidier 郡 Coutemmanche 村	1358. 6.	Courtemancheの彼の館が破壊されたという報せに、この者は何人かの盾持ち貴族と共に駆けつけ、Henniquet（農民）と彼の息子のJean Heinnquetの膝を切った。	92-237
3	Jean de Buissery（盾持ち貴族） Amiens 郡 Picquigny 区 Hangest 村	1375. 7.	この者は、動乱の時の事を理由にJean Doulle, Jean Sirejean, Hangestなど他の多くの住民を訴える。	107-186
4	Robert Rogois（騎士） Montdidier 郡 Breteuil 区 Villers-aux-Erables 村	1376. 1.	Fouencampsの領主で騎士のこの者は、動乱のとき2人の者を殺害した。	108-60
	オワズ地域			
5	Pont-Sainte-Maxence（村） Senlis 村	1358. 6.	貴族軍によって占領される。	94-4
6	Mathieu de Roye Raoul de Coucy Raoul de Rainneval Jean de Roye Bernard de Honcourt Gui de Honcourt Waleran 他、多数の騎士 Compiègne 郡 Plessis-de Roye 区	1358. 6.	ジャック達を攻撃し、打ち破り、多数を殺した。Montdidierも含めたボーヴェー地方、クーシ、ヴェマンドワ、フランドル、エノーなど各地方の貴族と一緒に不従順な農民に襲いかかり、虐殺を行った。	86-131
7	Chaponval（村）	1358. 6.	ボーヴェー地方の平原の人々によって行われた損害の補償	86-153
8	Raoul de Bouconvillers （Angelotといわれた） Clermont St. Just 区、Beaupuits 村	1358. 6	ボーヴェー地方の蜂起に参加したBeaupuits出のJean Courtinから没収した財産をこの者に与えた。	86-152
9	Jean de Chaponval （騎士で司厨長） Senlis 郡	1358. 7	ボーヴェー地方の平原の人々の行為によって被った損害の代償として、暴動への参加のかどで処刑されたJean Roseがサンリスの裁判管区内に所有していた不動産が与えられた。	86-153
10	Jacques des Essarts （忠実な騎士） Senlis 郡	1358. 7.	サンリスの町の攻撃で死亡した、故Henri de Muratから没収した不動産をこの者に与えた。	86-171
11	Jean Maquille Senlis 郡	1358.10.	摂政によってこの者に与えられた<サンリスの住民を導き――>	86-510 et 511

12	Robert de Lorris （騎士で、国王顧問官） Ermenonville 町	1358.	Ermenonville 城をジャックによって破壊され、略奪された。3人のクレルモンのブルジョア（Pierre le Cirier, Jean Aliaume, Henri du Breuil）を裁判所に召還。そこで、彼は次のように要求した。①6000リーヴルの罰金、②家具の破壊と略奪について2500リーヴル、③城と家畜飼育場の破壊について2500リーヴル、④訴訟の経費として5000リーヴル	Xla20, fol.321 et 302
13	Guerart de L'Esglantier Beauvais 郡 Sorgeons 区	1360.	ボーヴェーの貴族とともにGerberoyの守備隊にいて、そこでの非貴族との戦闘で過度の罪をおかした。	88-31
14	Jean Ourcel（蜂起軍の隊長） Senlis 郡	1363. 9.	非貴族の威厳ある隊長のJean Ourcelが2人の盾持ち貴族の殺害に加担したとして告訴された。	96-179 et 425
15	Robert de Lorris Senlis 郡 Montépilloy 村	1363.	蜂起に続く数年の間に、この者はMontépilloy 城の破壊につき彼らに対する訴訟を起こし、彼らに10000リーヴルの損害賠償を要求した。1360年11月25日の判決によって調査が命じられた。	Xla 18, f° 63
16	Jean Hauchet（盾持ち貴族） Beauvais 郡 Songeons 村	1370. 3.	四旬節の日（3月、Carême）、Choule といわれた、若者のMartin le Tauneurを＜動乱参加の疑念＞の下に殺害した。	99-480
17	Gilot Dudelonge（盾持ち貴族） Beauvais 郡 Saint-sulpice 村	1371. 2.	仲裁人として選ばれたLorin de la MareとRessons修道院（Oise県、Compiègne郡）は、Doréといわれたjeanに対し、金貨10万フランをこの者に支払うよう命じた。支払いを拒否したので、彼はJeanを殺した。	102-96
18	Sicart le Barbier （サンリスの弁護士） Senlis	1371. 5.	ならず者で恐れられたナヴァール王が、サンリスの町を掌握すべく、町の前面に兵士や貴族の大軍団を引き連れてやってきたとき、町の住民を王国の真の愛と統治の下に誘い込み、王国に寄与したので100リーヴルが付与される。	102-276
19	Pierre de Villers （盾持ち貴族で僧侶）18歳 Clermont 郡、Liancour 区	1374. 9.	動乱により被った損害を理由に、この青年は、殺人を含む数々の罪を犯してシャトレの牢に留置されていた。	105-585
	エーヌ地域			
20	Isabelle Perrot de Soissons の未亡人 Soissons	1358. 9.	貴族に対するeffroisに参加したRegnaut NaquetとPerrinet Jobartの友人、加担者として貴族によって殺されたソワッソン出のPerrotの未亡人Isabelleに送られた特赦と財産没収の解除。 夫の財産はランス大司教が没収	86-352

21	Rerrette (Jaquet Diacreの未亡人)	1358. 9.	同　上	86-356
22	Colin Barde Vermandois	1358. 10.	Avaumain, Thibaut de Merueil, Guillaume Blondelらの領主たちの命令によってこの者は、effroisに参加したとして有罪の判決を下された3名の者たちを絞首刑にした。	86-534
23	Pierre Paingnant Château-Thierry 郡 Neuilly-Saint-Front 村	1359. 9.	Neuilly 裁判管区の住民の隊長の資格でeffroisに参加したとしてソワッソンの鐘楼に投獄された。	90-364
24	Ancel la Pippe（盾持ち貴族） Braine 郡、区 Acy 村	1360. 5.	Soissons前方のAcyの住民によるDhuizyにある、この者の家の略奪に復讐すべくそこの住民の馬と家畜を奪った（反貴族のcommotionの時に。）	90-530
	マルヌ地域			
25	Girard Lamiraut（Avenay 在住） Epernayの町	1358. 8.	分捕り品を着服した。	86-230
26	philippe de Baucencourt （盾持ち貴族） Vitry-le-François 郡 Sompuis 村	1358. 8.	この者は、6月24日、Saint-Jean方面より摂政の軍役から戻った時、Sompuisの全住民によって受けた損害を埋め合わすべく、Bar-Sur-Aubeから出発した3台の馬、馬具付き荷車と10頭の馬を横領した。	86-258
27	Chernayの住民 Reims 郡 Fismes 区	1358. 8.	Saint-Thierriの傘下の村むら、とりわけ、Chernay村の住民50人以上が、Reimsの手前のLoivreにいた貴族達によって虐殺された。	86-380
28	Loivre Reims 郡 Bourgogne 区	1358. 8.	Saint-Thierriの傘下のこれらの村の住民に追撃を加える為に、貴族達がLoivreに集まった。	同上。
29	Merly-le-Grand 村　同上。 Merly-le-Petit 村	同上。	同上。	同上。
30	Saint-Thierriの住民　同上。	同上。	同上。	同上。
31	Til（Thil）の住民　同上。	同上。	同上。	同上。
32	Villers-Franqueux 村　同上。	同上。	同上。	同上。
33	Villers-sous-Saint-Thierry 村 同上。	同上。	同上（Saint-Thierryの近くで、この時、村は破壊され、後にVillers-Sainte-Anneと呼ばれる）。	同上。
34	Faux-sur-Coole 村 Vitry-le-François 村	1358. 9.	破壊される。	86-379
35	Renier Lapipi Epernay 郡 Anglure 区	1358. 10.	彼は復讐のため仲間の兵士を連れて戻り多くのConflans-sur-Seine村住民を攻撃した。	56-373

セーヌ-エ-マルヌ地域				
36	Sellain Bria の守備隊の多くのブリガンや騎士・歩兵に Melun 区、La Celle en Brie 村	1360. 3.	1958 年 9 月 10 日以来、国王の兵役で犯された過度の暴虐に対して。	90-444
37	Jean le Gentil（Marolles 出） Corbeil 郡 Arapajon 区 Marolles-en-Hurepoix 村 （Les-Arapajon 村）	1358. 9.	effrois, commotions に参加のかどで、Marolles の修道院長の下級裁判所の囚人。	86-383
38	Maraquos Behosque Melun 郡 Tournon 区 Ozoir-la-Ferrière 村	?	1358 年 6 月 23 日以前に、Chalons にラシャと他の商品を買い付けに来ていたパリの食料品屋でブルジョワの Jean Lesparre と François から、羊、1100 フローラン 40 王国金、鞍、引き具付きの馬 3 頭を奪った。	86-406
39	Montry 村 Meaux 郡 Crécy 区	1358. 11.	Meaux 市場の守備隊の射手達と 5 人の野武士達によって、《Montery》港が略奪された。	86-420
40	Lagny Meaux 郡	?	effroisの時、ジャックの蜂起鎮圧のために、貴族達が Lagny に集合した。	91-333
41	Tassome（Massé の女性） Meaux 郡 Lagny 区	?	ジャック鎮圧のために Lagny 近くの Vaires に集まっていた貴族がこの者を誘拐。	同上。
セーヌ-エ-オワズ地域				
42	Pierre Hardi（Saint-Denis 在住）	1358. 8.	殿下の顧問官とサン＝ドニ修道院の裁判によって、P.d'Orgemont の家屋の略奪に関係があるとみなされ、1361年6月19 日に逮捕。	86-299
43	Gui le Conte Corbeil 町	1358. 10.	effroisのとき、他の大勢の貴族と共に駆けつけ彼らの財産を奪う。	86-372
44	Eudes（Grancey の領主） Jean（Saint-Dizier の領主） Pontoise 郡 Champagne 村	1359. 7.	Champagneの諸地方の蜂起衆の残虐行為を罰するために、この2人の者によって行使された報復。	90-161 bis
45	Jean de Bonneuil（ジャックによって館を破壊される） Pontoise 郡 Gonesse 区		この者は蜂起鎮圧のための Lagny-sur-Marne で行われた貴族の集会に参加。	91-333
ヨンヌ地域				
46	Aucerrois にある Vermenton の町の住民 Auxerre 郡	1359. 5.	王国の敵、とりわけ Ligny-le-Chastel や周辺の同様の砦に、数年前から住み着いている連中によって金品を強奪された。	90-110

（凡例）史料番号は、パリ国立文書館所蔵の「証書収蔵帳簿」（JJ.系列）番号を示している。また、一「パリ高等法院文書」（X.系列、S. Luce, *op. cit.*, より引用）も入っている。

《資料Ⅱ》地域別件数

地域名	件数
ソンム	4
オワズ	15
エーヌ	5
マルヌ	11
セーヌ・エ・マルヌ	6
セーヌ・エ・オワズ	5
(計)	46

族が結集しているケースとしては、他に、セーヌ - エ - マルヌ地域のラニィ - スュル - マルヌ Larny-sur-Marne の町の事例が確認できる。

さらにマルヌ川中流域のヴィクトリー - ル - フランソワ郡での貴族による報復らしき事例がある（《資料Ⅰ》26、34）など、総じてオワズ流域外の地域での鎮圧行為が少なくないことがわかるだろう。つまり、メロ村事件のような事例が、オワズ流域だけでなく、ジャクリー蜂起の展開した全地域に発生していたと見ることができよう。しかも、鎮圧は村毎に制裁を加えるという方式が取られている。これらの事例は、当該蜂起が共同体を土台に繰り広げられたことに対する、貴族鎮圧軍側の無意識の反応とみたい。

また、鎮圧の時期も「特赦状」の発給日や「申告」内容などからして、六月一〇日前後というよりもその後であり、しかも盾持ち貴族のフィリップ＝ド - ボーサンクール Philippe de Baucencour（《資料Ⅰ》26）が、摂政の軍役から六月二四日に解除されたという事実と、『大年代記』の「六月二四日までに二万人以上」[3]という記述などからして、オワズ流域での鎮圧とは別に、摂政の指揮の下、六月一〇日以降の二週間の間に、ランス近郊やラニィ - シュル - マルヌの町に結集した貴族鎮圧軍による報復の嵐が吹きまくったと見てよいだろう。ただし、ラニィ - シュル - マルヌに集まった貴

族軍の主要な任務は、ジャクリー鎮圧というよりもマルセルらパリ都市民との軍事的対立に備えたものと判断できる。(4)

このようにナヴァール王がパリに入市した六月一四日以後も、今度は貴族や傭兵からなる摂政軍によって、場所も変わりマルヌ及びその支流域においてジャクリー鎮圧が繰り広げられていた。摂政の政治的・軍事的意図は、明らかにパリ都市民蜂起鎮圧によるパリ平定とナヴァール王とのヘゲモニー争いにおける勝利をめざしたものであたが、配下の兵士によるジャクリー鎮圧が六月二四日頃まで重点的に進められていたのである。

さて、次に《資料Ⅰ》の記述内容から鎮圧の仕方について検討してみることにしよう。それらをまとめると《資料Ⅲ》のようになる。全部で四六件のそれぞれの内容も、ただ手当たり次第に復讐しまくるといったものだけでないことに気付く。殺害・強奪で二一件と確かに多く、明らかに報復のためと思える動きが全体で三〇件と合法的形式による対応件数を上回っている。だが、逮捕・投獄など合法的処置で進められた一三件も見逃せない。

最も目立つのが騎士で国王顧問官のロベール＝ド・ロリス Robert de Lorris のケースである。この人物は二度にわたって訴訟を起こしている。まず、一三五八年の事例（《資料Ⅰ》12）では、エルムノンヴィル Ermenonville 城がジャック（蜂起衆）によって破壊され強奪されたという件で、クレルモンの三人の都市民に対して総計一万六〇〇〇リーヴルを要求し、後れて、一三六三年のもの（《資料Ⅰ》15）では、モンテピロワ Montépilloy 城の破壊に対し、村民に対して一万リーブルの損害賠償を要求している。後者の場合、一三六三年一一月二五日の判決で調査が認められている。

同様に、損害賠償の支払いを命じた事例としては、盾持ち貴族のギィロ＝デュドロンジュ Gilot Dudelonge（《資料Ⅰ》17）の訴えに基づいて、ジャン Jean なる者の蜂起中の破壊行為に対して金貨一〇万フランの支払いが命じられたものがある。このケースでは、ジャンが支払いを拒否したので殺されている。その他の事例としては、ずっと後の一三六〇年代と七〇年代のものがソンムとオワズに二つ確認できる（《資料Ⅰ》3、14）。一般的に訴訟のスタイルをとっている

《資料Ⅲ》鎮圧方法一覧

	鎮圧内容	件数
軍事力	殺害	14
軍事力	強奪	7
合法	その他	9
合法	逮捕・投獄	4
合法	告訴	5
合法	財産没収（補償）	4
（計）		46

事例は、蜂起後かなり時間の経過した段階のものも多いが、それ程、当該蜂起によって受けた貴族勢力の物的・精神的痛手が大きかったことを示している。また、ジャクリーの攻撃目標が、貴族の城や館（領主制のシンボル）に集中していたことを裏付けてもいる[5]。

さて、蜂起参加を理由に没収した土地などの物件の分配の事例も出てくる。この場合、ジャクリーによって受けた損害の補償として提示されたものと、いわば一種の恩賞として、ジャクリー鎮圧に功績のあった人物に対して出されたものとがある。

前者の事例としては、ジャン＝ド・シャポンヴァル Jean de Chaponval（《資料Ⅰ》9）のものがその典型であろう。この人物は「ボーヴェー地方の平原地方の人々（農民）の行為によって被った損害の代償として、暴動への参加のかどで処刑されたジャン＝ロズ Jean Rose がサンリスのバイイ管区内に所有していた不動産[6]」を受け取っている。同様のケースとして、ギヨーム＝ド・アラング Guillaume de Haleinghes とギヨーム＝ル・ポン Guollaume Le Pont（《資料Ⅰ》1）が認められる。また、個人ではなく村落に対して出されるケースもあった（《資料I》7）。後者の事例としては、ロール＝ド・ボーコンヴィレー Raoul de Bouconvillers（《資料I》8）の場合も含め四件を確認できる。以上の諸事例は、一三七一年五月の一例を除いて、発給日が一三五八年六月から一〇月に集中している。このことは、蜂起鎮圧をめぐる混乱の最中にあっても財産没収とその分配が意外にスピーディーに処理されていたことを物語っている。

このように、これまでの一般的なジャクリー鎮圧のイメージからは読み取れなかった多様な鎮圧の仕方が存在していたことは注目すべきことだろう。逮捕・投獄のケースも合わせて、摂政シャルルの対応には、「年代記」や「E＝マルセルの手紙」に書かれた貴族勢力の現場における反ジャクリー報復行為の理不尽さとは逆に、むしろ冷静で、また秩序回復や治安維持といった次元の意図からだけでもないところの政治的判断とさえ思わせる強かさが感じとれる。

つまり、摂政個人のジャクリー鎮圧行動には、領主制の危機を深刻に受けとめ鎮圧に反射的にかかわったナヴァール王シャルルらとは違った、単にジャクリー対策だけにとどまらない具体的意図が見えている。言うまでもなく、それはナヴァール王シャルルへの対抗姿勢である。換言すれば、摂政シャルルの立場からする「政治的危機」克服の戦略上にジャクリーが位置づけられていたと捉えることができる。

（1） S. Luce, *op. cit.*, p. 158.
（2） 近江「蜂起衆の成立」（本書第V章）参照。
（3） Grande Chron., in-f° 1475 et 1476.
（4） カゼルの研究によれば、ナヴァール王シャルルのパリ滞在中、六月二〇日頃、摂政は妻子のいるモーに戻り、主にセーヌ・マルヌ両河川間地域のジャクリー鎮圧を指揮し、その反ジャクリーの決着がついた頃、今度はパリ攻略を決断したという。六月二六日にはシェル Chelles に入り、二八日夕方から二九日にパリに接近し、シャラントン Charenton に宿営したとしている（R. Cazelles, *Société politique*, p. 334 ; id., *E. Marcel*, p. 307.）。

(5) 近江「蜂起衆の成立」(本書第Ⅴ章)参照。
(6) Arch. Nat., JJ. 86, n° 171.

三 『全体特赦状』の位置

ジャクリー鎮圧の検討に際し、もう一つ注目すべきは、一三五八年八月一〇日付の『全体特赦状』である。この「特赦状」については、リュスの徹底した分析があり、その結果、農民に対しての情け容赦のないふるまいを禁じた部分を重視し、これを以て、ジャクリー報復が禁止されたと理解されてきた(1)。しかしながら、前述のように「特赦状」の発給は八月一〇日以降も継続され、また、当該蜂起勃発地の一つサン゠ルゥ゠デスラン村に対する「恩赦状」も発見されて(2)いて、報復行為を一切禁止するといってもそれは法的拘束力を持つものではなかったので実質的効果は薄かった。リュス自身もそのことは認めている(3)。それでは、この『全体特赦状』は当該蜂起とどのような関わりがあるのか、この点に限って検討することにしたい。

それに先立ち、六月下旬から八月一〇日までの政治的・軍事的な動きを整理しておくことにしよう。ただし、パリ内部のマルセルらパリ都市民の動向についての詳論は避け、主に、摂政シャルルとナヴァール王シャルルの行動に注目することにしたい。

六月二九日、摂政はパリに接近しシャラントン Charenton 近くに軍を移動させ(4)パリ攻囲の拠点としている。その頃リ

《資料Ⅳ》 ジャクリー蜂起鎮圧関連地図

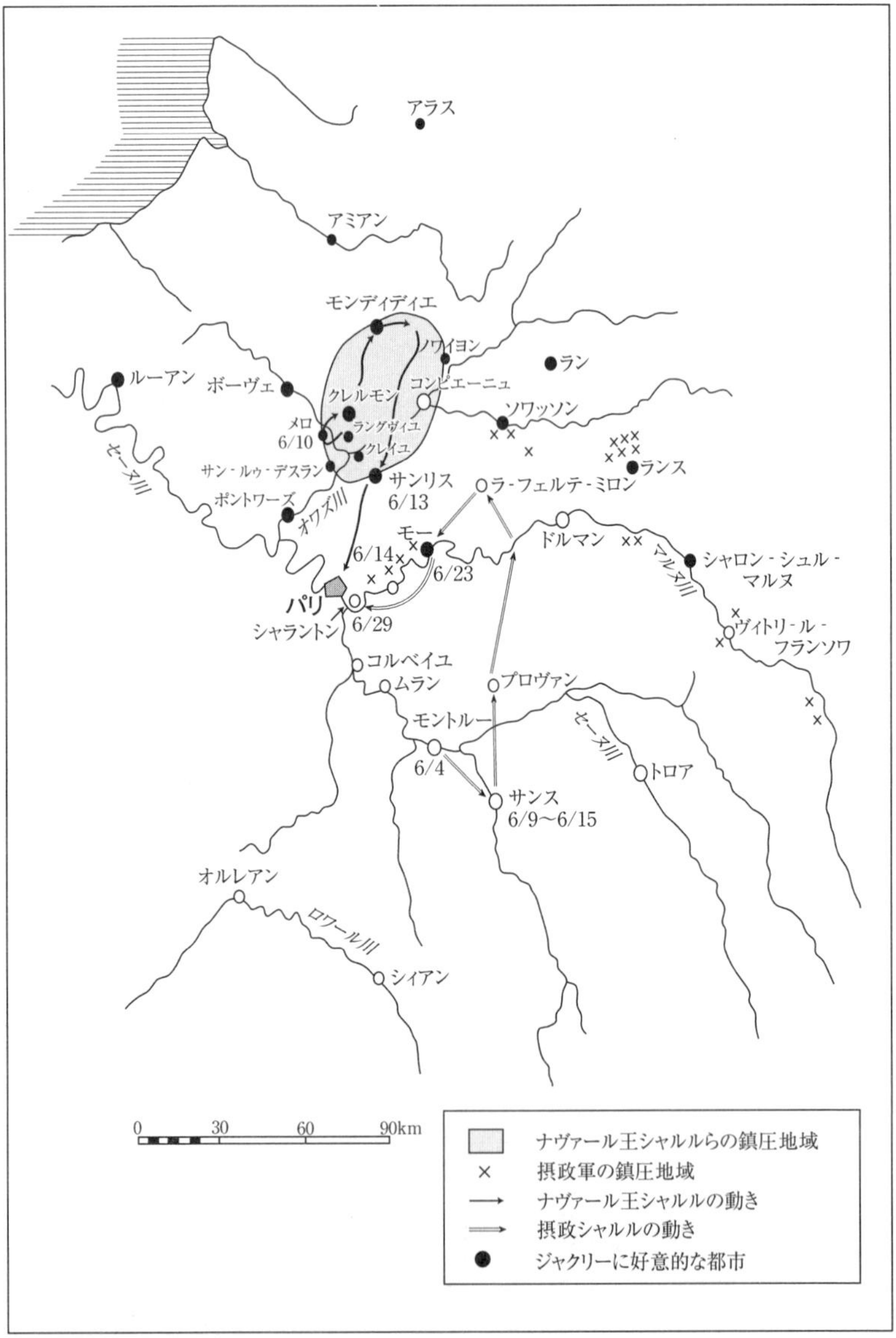

出典：R. Cazelles, *Société politique*, p. 334.

ヨン大司教のレイモン＝サケ Raymond Saquet、パリ司教のジャン＝ド‐ムラン Jean de Melan、サン‐マルタン‐デ‐シャン修道院院長のジャン＝デュ‐パン Jean Du Pin によって両シャルルの調停の企てが試みられている。しかし、これをナヴァール王は拒否している。(5) さらに、七月一九日には、三人の聖職者の他に、パリの二人のブルジョア、市参事会員のジャン＝ベロ Jean Belot とニコラ＝ル‐フラマン Nicolas Le Flament を加えて再度会合が持たれている。(6) そこでは、王妃ジャンヌ、オルレアン公、エタンプ伯が両者の係争問題仲裁人に任命されている。そして、恐らくマルセルらパリ都市民対策の秘密計画に基づいてだと思えるが、摂政は、パリの人々がナヴァール王、王国都市、あるいはその他の個人や共同体との間に結んでいる総ての同盟が維持され、「あらゆる食料品と商品がパリに運び込まれ届くよう総ての街道と河川を開放する」としてパリ封鎖を解除している。(7) そして、翌二〇日にかけて、摂政は軍を解散させ、彼自身はドフィネへと向かうことを決め、(8) ヴォ‐ラ‐コンテス Vaux-la-Comtesse へ次いでモーへと退却している。

ところが、七月三一日にマルセルが反対勢力によって殺され、パリ都市民蜂起で活躍した人物が逮捕・処刑されると摂政は八月二日にサン‐タントワーヌ門からパリに入市し権力奪取に成功している。(9) 他方、ナヴァール王シャルルはパリの急変をみてパリから去り、サン‐ドニの町と修道院を襲撃し、パリ北方の農村部に向かい、クレイユ城を占領しロベール＝ド‐ピキニィ Robert de Picquigny にオワズ川の通航を遮断(10)させている。こうして今度はナヴァール王がパリ包囲策をとっている。

このような状況の下で、八月一〇日付のいわゆる『全体特赦状』が発給されるのであった。正確には「ジャクリーに際し、相方において犯された暴力行為に対する全体特赦状」となっていて、直接的にはパリ都市民に対して出されたものである。ジャクリーに関する部分は次のようになっている。

「(摂政は以下の如く知らしめる)……前略……襲撃し占領した城や砦を拠点に、イングランド兵やフランス国王の敵どもが、あちこちを荒し、破壊し、略奪するという、しかも日増しに激しくなるその犯罪行為に対し、各地方がいかに合法的に抵抗しえたかということについて。

非常に多くの王国都市や王国の臣民が、王国都市のパリや新旧のパリ伯裁判管区、さらには、ブリ、ミュシアン、アレ城、エタンプ伯の管轄地域の大勢の人や多くの共同体と一緒に、余及び王国の領主の許可も受けず権限もなく、少し前に武装し田園のあちこちに勇んで集まったということについて。

そして、話合いの後に、前述の地方の多くの砦や城、貴族の館に赴き、攻撃し略奪し破壊した。もっと悪いことには、そこに居た兵士や女・子供が大勢殺され、彼らの財産も略奪され運び去られたことについて。

そうした事態に対して、彼らの行為や悪意に抵抗すべく、王国の大勢の貴族は、彼らの復讐に対抗して彼らに大損害をもたらし、しかも、それが日増しに強化されたことについて……後略……(平和と全体の和合のために、誠意と善意に基づき、寛大に許される。)」

この文面についてのリュスの解釈はこうなっている。彼はまず、マルセルらパリ都市民蜂起鎮圧後のこの段階における王権の義務は貴族の残忍な報復を止めさせ、彼らの激高を抑えるために仲裁することであったと認識している。[11] 次いで、蜂起衆がブリガン(野武士団)を攻撃することは正当防衛権の単なる行使であり、敵軍に占領されたり、彼らの手に落ちそうな城にジャクリーが火をかけることは、犯罪や暴虐を防ぐ唯一の方法であったと理解する。[12] そして、この「特赦状」をジャクリーに参加した者たちのためを思って摂政によって発給されたものとまで言い切っている。[13]

しかし、この見方は一面的なもののように思える。この「特赦状」では、「余及び王国の領主の許可も受けず権限もなく」行動したことも問題となっていて、「前述の地方の多くの砦や城、貴族の館に赴き、攻撃し略奪し破壊した」ことを良かったとは一言も言っていない。城などの攻撃についても、放っておけば敵軍や野武士らに利用され混乱の拠点になりかねないので予め占領したと言うのも説得的ではないだろう。この点については、一三五八年五月一四日の『コンピェーニュ勅令』の違法性に対する異議申し立てとする理解の方が有力である。[14]そもそも、オワズやマルヌ地域に野武士や余所の兵士を傭兵として集めたのは摂政シャルル自身だったからである。

八月一〇日までの政治状況をも合わせ考えてみると、摂政のジャクリーに対する姿勢を文面通り理解することには慎重でなければならない。まして、八月初旬段階の政治的力関係は、むしろ摂政にとって厳しいものであった。パリを掌握したとはいえ、とりわけパリ北部の王国都市や農村部においてはナヴァール・イングランド連合体制の前に劣勢を強いられていたからである。[15]そのことはジャクリー勃発地の一つサン゠ルゥ゠デスラン村宛の「恩赦状」にも確認できる。[16]とすれば、この『全体特赦状』はナヴァール王シャルルを意識した政治的プロパガンダと見做すのが妥当なように思える。その意味で、ここでの最大のねらいは王国の「政治的危機」打開を目差したものといえる。

そうした脈絡の中で摂政のジャクリー理解を読み直してみると、もっと深い意味が隠されているように思える。まず文面上わかることは、第一に、イングランド兵やフランス王国の敵どもの「犯罪行為」に対し、各地方が「合法的抵抗」をしていたということ。第二に、王国都市や王国の臣民が「大勢の人々や多くの共同体と一緒に」、「武装し、田園のあちこちに」結集したこと。第三に、「話合い」の結果、貴族の城・砦・館を攻撃したこと。第四に、その事態に対し貴族側が感情的な報復行為に走り、大損害をもたらしたという点である。ここで留意すべきことは、「犯罪行為」の中に摂政軍配下の貴族や傭兵を加えていないことである。そのための「合法的抵抗」をイングランド兵やフランス王国の敵に対してばかりでなく、各地方の人々が自らの領主である王国の貴族の城・砦・館に対しても行なったことの原因が示されていない。そして最大の矛盾は、本来ジャクリーの行動がイングランド兵やフランス王国の敵に対するものであるならば、しかもそれが「合法的抵抗」ならば、貴族側は何故イングランド兵やフランス王国の敵でなくジャクリーを弾圧したのかということである。

だが、語るに落ちるということになるが、そうした言い方から逆に次のようなジャクリーの動きが浮び上がってくる。つまり、ジャクリーは本来領民や都市民を保護し、領域の平和を維持しなければならない貴族勢力の「犯罪行為」[17]に対し、「合法的抵抗」[18]をするために蜂起衆の側の独自の判断で、「大勢の人々や多くの共同体と一緒に」結集し、「話合い」を持ち、それから領主側のシンボルでもある貴族の城・砦・館を攻撃するという制裁行動に出たというに読み替えることができる。そうであれば、これは確かに領主制の屋台骨を揺がしかねない性格を持った蜂起であるので、貴族勢力は必死になり、前後の見境もなく報復行為に奔走したとすれば納得がいくというものである。

(1) S. Luce, *op. cit.*, p. 157. この点について、カゼルはパリの市民に対しては『全体特赦状』が発給されたが、それ以外には出されていないので、ジャクリーの諸行為は赦免されなかったとしている (R. Cazelles, *Société Politique*, p. 331)。しかし、実際には蜂起参加の個人・共同体に対する個別具体的な「特赦状」も発給されており、また、『全体特赦状』でも特定はしていないものの文面上は、貴族による農民一般に対する復讐を禁じているという点では、リュスの指摘どおりである。カゼルは、この『全体特赦状』をむしろジャクリーとマルセルとの共謀の証拠を示すものとして重視している (R. Cazelles, *E. Marcel*, p. 300)。

(2) Arch. Dep. de Creil, N° 2442, Lettres de grâces du Roy accordées Religieux et habitans de S. Leu pour avoir payé des contributions aux ennemys du Royaume ; 近江「蜂起衆の成立」一三一～一四頁（本書第V章、一一〇～一一一頁）。

(3) S. Luce, *op. cit.*, p. 157.

(4) R. Cazelles, *Société politique*, p. 334.

(5) *Loc. cit.*

(6) *Loc. cit.*

(7) *Ibid.*, p. 335.

(8) *Loc cit.*

(9) F.-T. Perrens, *E. Marcel*, p. 322.

(10) J. d'Avout, *Le Meurtre*, p. 253（橋口他訳、前掲書、一九九頁）

(11) S. Luce, *op. cit.*, p. 157.

(12) *Ibid.*, p. 161.

(13) *Ibid.*, p. 163.

(14) 近江「農民蜂起の原像」二四～二五頁。『コンピェーニュ勅令』では、第一四～一六条の臨時賦課役、第五条の地域財源による城・砦・館の防御体勢の確立の部分がむしろ問題である。

(15) J. d'Avou, *op. cit.*, p. 252（橋口他訳、前掲書、一九九頁）.

(16) 近江「蜂起衆の成立」二三頁（本書第Ⅴ章、二一〇頁）。一三五九年六月付のこの「恩赦状」の中で、「……前述の修道士達や周辺の全地域に対する圧政の張本人とみられたクレイュの守備隊のイングランド兵や、ナヴァール兵、とりわけクレイュの隊長は、近隣の総ての町の住民に対して……」とあって、圧政があったかどうかは別として、蜂起鎮圧の翌年までナヴァール・イングランド両軍が居据わっていたことがわかる。

(17) 近江「農民蜂起の原像」二六～二七頁。この手紙（Lettre du 18 avril 1358 au régent, publiée par kervyn de Lettenhove dans *Bull. Ac. royale de Belgique*, 1853, t. XX. 3° partie, pp. 93-95 ; J. d'Avout, *op. cit.*, pp. 301-303）では次のように指摘されている。「……殿下の命令書に基づいて、ドフィやブルゴーニュから、そして他の場所から遅れてやってきている傭兵達が、殿下や臣民に対して敬意も示さず、利益になるどころか、税金を浪費し、人民を略奪し強奪しているということです……」（二七頁）

(18) S. Luce, *op. cit.*, pp. 161-163. 一三五七年三月三日発布の『大勅令』第一七・三七条（近江「エティエンヌ＝マルセル（下）」一二頁、本書第Ⅲ章、一四〇頁）と一三五八年五月一四日付『コンピェーニュ勅令』との矛盾については前注（14）参照。

おわりに

限られた史料ではあったが、ジャクリー蜂起鎮圧をめぐる諸検討のなかで見えてきた点を整理して結論としよう。

まず確認されたことは、直接の鎮圧が六月一〇日前後のそれで終るのではなく、六月二四日頃まで続行され、その範囲も蜂起発生地全域に及んでいたということである。鎮圧についての総ての情報が網羅されたものではないが、「特赦状」の幾つかの記述からも窺い知ることができた。同時に、蜂起によって被った損害を回復しようとする動きや、蜂起関係者を捜し出し断罪しようとする権力側の対応が、一三五八年六月末以降も執拗に続けられていた。これらの事実は、当該蜂起の規模の大きさと衝撃の強さを示したものといえる。

次いで、蜂起それ自体の性格についての直接・間接の痕跡を見出せた。とりわけ『全体特赦状』には、蜂起に立ち上がった蜂起衆の思いの一端と、彼らが何を問題としていたのかの手懸りが含まれていた。つまり、蜂起衆には正義の闘いであるとの認識（民衆的正当性）があり、それは一三五七年三月の『大勅令』を法的根拠にしていて、制裁の対象としたのは、領主制の象徴的存在でもあった貴族の城・砦・館などであったことがはっきりしたように思う。また、その際、彼らが共同体毎に行動したことも複数の事例で見ることができた。これらは別稿の分析結果と一致するところでもある。[1]

そして、ナヴァール王シャルルと摂政シャルル両者の、当該蜂起をめぐる対応の違いの中からは、恐らく蜂起衆達自身も自覚しなかったであろう、ある客観的な蜂起の基本性格を検出できたように思う。今までも「年代記」の叙述にその断片があることは指摘されていたが、[2]それは体制としての領主制の否定の動きを権力側が嗅ぎ付けている点である。

特にナヴァール王らの鎮圧行動を誘発させたのがこの「危機」意識であった。その場面では、「王国改革」のプログラムは一時的に棚上げにされている。確認はできないが、カールやマルセルらが予測できなかったのは、このナヴァール王の「変化」であったのではないかと思える。しかも、王権の維持しか念頭にない摂政シャルルの認識の中にはそれさえ見出せなかった。その意味で、当該蜂起鎮圧の最大の「功労者」はナヴァール王であったと言えなくもない。

さて、「領主制の危機」研究との関連で見れば、ジャクリー蜂起の持つ領主制否定の本質を見抜いたナヴァール王シャルルは、そのことによって逆に、その時の危機管理も含めた摂政シャルルとの政治的ヘゲモニー争いに敗北していったことになる。つまり、ヴァロワ王権の権力的再編をめぐる「王国改革」路線に徹しえなかったが故に、とくに、パリのマルセル ら都市民蜂起が鎮圧されてからは、ナヴァール王はフランス王国の「政治的危機」克服の闘争での主導権を摂政に奪われていったと言える。その「政治的危機」認識において、ジャクリーばかりかパリの動向やナヴァール王派勢力の動きまで同列に置き、それらを巧みに利用しながら、一つ一つの「危機」を乗り越え、さらに「王国改革」路線まで組み込んでいった[3]摂政シャルルの戦略がナヴァール王を上回ったということになろう。従って、マルセルとジャクリーを一蓮托生とみる歴史認識はこの時の摂政シャルルの政治的駆け引きの副産物だったということになる。

(1) 近江「蜂起衆の成立」(本書第Ⅴ章)参照。
(2) 近江「農民蜂起の原像」参照。
(3) M.-T. Caron, *op. cit.*, p. 115 ; Ph. Contamine, *op. cit.*, p. 41.

第Ⅶ章　ジャクリーJacquerieの伝統

はじめに

ジャクリー Jacquerie の用語が、一三五八年五月二八日、フランス北部諸地方農村部・諸都市に発生した民衆蜂起に対して使用されるようになったのは、蜂起後もずっと後のことで、それも実は一六世紀になってからのことと言われている[1]。また、ジャクリーの呼称が一般的に流布され始まったのは、一七世紀後半になってからで、オワズ地方のボーヴェーの歴史家、P＝ルーヴェ[2] Pierre Louvet（一五六九～一六四六）の一六一四年の仕事以降だというのが通説となっている。そして一九世紀中葉以後、ジャクリーは大規模な「農民反乱」を広く示す普通名詞として使用されるようになり[3]、一四世紀のジャクリー前後の民衆蜂起や、一七八九年のグランド‐プール期の農民蜂起、一八四〇・七〇年代の農民運動も「ジャクリー」として認識されている。

ところで、「ジャクリー」にはどのような意味が込められてきているのだろうか、また、何故その後の農民蜂起一般を指し示す用語として定着してきてしまったのであろうか。これらの点について、ドマンジェは『ジャクリー』[4]（一九七一）の中で全体的整理をし、また、メデイロが一九七九年の仕事で[5]「年代記」などの検討から、史料用語として確認できる《Jacques「ジャック」》《Jacques Bonshommes「お人好しのジャック」》《effrois「恐怖」》《commocions de plat pay「平原の動乱」》などの表現との比較の中でその背景を探っている。

本稿では、ドマンジェとメデイロの研究成果に基づき、まず、《ジャック》《ジャクリー》の呼称について、その語源やその用語の意味を確認しながら一三五八年段階における一般的呼称を整理し、第二にはジャクリーの用語の定着過程を追跡し、一三五八年のジャクリー蜂起認識の推移を辿ってみたい。最後に、挿絵や詩の中でジャクリーがどのようにイメージされ、かつ物語として語られ、また、当該蜂起にどのような思いが込められてきたのかを抽出していくことにしたい。

（1） Syndicat National des Institutrices et Instituteurs de l'Oise, *La Jacquerie 600e anniversaire des "Effrois"*, Creil, 1958, p. 19. それによると、ニコル＝ジル（Nicol Gilles, *Les Chroniques et annales de la France*, 1572）の仕事が最初だという。N＝ジルはその中で、「上述のボーヴェー地方に集まった人々を、ジャクリーと呼んだ。何故なら、彼らは皆ジャーキンといわれる胴着を身に付けていたからであった」としている（S. Luce, *Histoire de la Jacquerie*, Paris, 1894, p. 5, n°1. «Et la dicte assemblée de Bauvoisin, qu'on appelloit la Jacquerie, parce qu'ils estoient tous habillez de jaques.»）。
（2） *Loc. cit.*; P. Louvet, *Histoire de la ville de Beauvais*, Rouen 1614, Marseille〈Laffitte reprints〉, 1977.
（3） *Ibid.*, p. 9.
（4） M. Dommanget, *La Jacquerie*, Paris, 1971, p. 125.
（5） M.-T. de Medeiros, *Jacques et chroniqueurs, une étude comparée de récits contemporains relatant la Jacquerie de 1358*, Paris, 1979.

一　ジャクリー蜂起の呼称

前述のように、蜂起勃発から鎮圧にかけての時期、および鎮圧後においても「ジャクリー」なる呼称は存在しなかった。果たして、ジャクリー蜂起は同時代人の意識の中でどのように認識され、また、如何なる用語で蜂起衆や蜂起それ自体が表現されていたのであろうか。いくつかの史料の中にそれを捜し求めてみよう。

ジャクリーについて早い時期に言及した史料として注目すべきなのは、一三五八年七月一一日付、「エティエンヌ＝マルセルのフランドル諸都市宛の手紙」であろう。その中で、ジャクリーがマルセル及びパリ都市民蜂起（一三五六～五八、以下、マルセル蜂起と略記）の意志とは無関係に始まったとの文脈の中で[1]、蜂起衆を《「平原地方の人々」gens du palt paiis》[2]と表記し、その彼らが闘争《riot》[3]を開始したのだと書きしたためている。「ジャック」「ジャクリー」との言い方は出てきていない。

次いで注目されるのが、ジャクリー鎮圧直後から数多く発給されている「特赦状」[4]である。《資料Ｉ》を見ると明らかなように、一三五八年六月一〇日のメロ村での鎮圧開始直後の表現として圧倒的に多いのは、《genz du palt paiz》で、その他には《commun「庶民」》《gens de commune de plat païs「平原地方の庶民」》《compagnie des genz du plat païs「平原地方の一団」》《habitantes「住民」》《peuple du plat païs「平原地方の下層民」》《personnes du païs「地方の連中」》などの言い方がされている。《jacques》《jacques bonshommes》との表記が出てくるのは一年後の一三五九年になってからである。さらに、一三六〇年以降になると《non nobles「非貴族」》《hurons「無作法な人々」》といった表現を見出すことができる。この変化は、当時の摂政シャルル（後のシャルルⅤ世）等権力側のジャクリー蜂起認識の変容を示すものとして興味深い。鎮圧直後の表現では、まだジャクリーに対する情報不足の中、実態把握の困難な状況下での捉え方しか出来ていなかったものが、蜂起後一年を経過する頃からは、冷静な対応の中での政治的な言い方に変わったのがわかる。つまり、最初は「平原地方の人々」「平原の人々」「某村の住民」であったのが、一年後ぐらいからは農民の蔑称でもあった「ジャック」「お人好しのジャック」となり、一三六〇年以降は「非貴族」の表現で統一されるようになった。権力側によるジャクリー蜂起の評価が徐々に定まっていった様子が窺える。

ジャクリーの呼称に最も近い《Jacques》《Jacques Bonshommes》の使用事例を見ておこう。「ジャック」については、ま

《資料Ⅰ》「特赦状」にみられる同時代のジャクリーの呼称

	名称	件数	史料[série JJ]番号(発給年月)	備考
1	genz du plat païs	24	85-152 (58/6) 86-342 (58/8) -153 (同) -344 (同) -221 (53/8) -345 (同) -228 (同) -368 (58/10) -235 (同) -369 (58/9) -256 (同) -372 (58/10) -269 (58/9) -378 (58/9) -280 (58/8) -379 (同) -291 (同) -397 (58/10) -297 (同) -430 (?) -309 (同) 90-62 (59/7) -322 (同) -629 (60/5)	contre les nobles の表現が入る場合が多い
2	commun	6	86-142 (58/7) 86-267 (58/9) -173 (同) -391 (同) -239 (58/9) -596 (58/12)	n°239 は commun peuple
3	peuple du plat païs	1	86-308 (58/8)	
4	personne du païs	1	86-275 (58/8)	
5	compagnie	1	86-365 (58/9)	du gens du plat païs が後に付く
6	gens du commune	2	86-395 (58/9) -465 (?)	du plat païs が後に付く
7	rebelle	1	86-131 (58/7)	
8	habitantes	7	86-246 (58/8) 90-496 (60/4) -308 (?) -530 (60/5) -311 (58/8) 91-71 (?) 90-476 (60/3)	
9	hurons	1	89-377 (60)	
10	Jacques	3	87-321 (59/4) 100-184 (?) 90-354 (59/11)	jakes, jaques *Arch. de la Dep. de Creil, n°2442 *Arch. de la Coté-d'Or, B. 1451, f°85v°
11	Jacques Bonshommes	3	89-377 (60) 90-488 (60) 90-425 (60/1)	
12	mon nobles	14	86-320 (58/8) 102-9 (70/5) 90-151 (59/4) -96 (71/2) 96-393 (65/1) 106-393 (75/4) 99-370 (60/8) 107-186 (75/7) -480 (70/3) 108-60 (76/1) 100-478 (?) -86 (76/1) -643 (70/7) 109-173 (76/8)	du plat païs contre les nobles の表現が後に付く場合が多い

ず、一三五九年四月七日、カーンの町に対して発給された「特赦状」である。この中では、ピエール＝ド‐モンフォールという人物が「ジャックの仲間に入っていた」[5]ということを、カーンの助役（jurez）や富裕ブルジョア達が調べ上げたというくだりの中に出てくる。

第二の事例としては、一三五九年一一月にシャンブリChamblyの住民の隊長ジル＝ル‐アギュGilles le Haguezに発給された「特赦状」に出てくる。そこでは、「その時、ジャック達と一緒であった」[6]と明記されている。

次いで、「お人好しのジャック」はどうであろうか。今までのところ三例が確認できている。最初は、一三六〇年の一月、ルーヴシエンヌLouveciennesのロバン＝イエルヌRobin Yerneに発給された「特赦状」に次のように出てくる。「一三五八年という年は、あたかもMagdalène（聖マグダラのマリア祭）の祭りの前後のようであった。アンリ＝ル‐ブシールHenri le Bouchire、ジュアン＝リュイリエJehan l'Huilier、ギィロ＝ウルゥGuillot Heuleu等他の多くの者がお人好しのジャックと言われた」[7]と、蜂起参加者全員を「お人好しのジャック」と規定している。

二つ目は、一三六〇年にアルゥム＝ド＝マレキエルAleaume de Maresquielに対して発給されたものの中で、この者が「貴族に敵対するお人好しのジャックといわれたhurousの軍団の中にいた」[8]とされている。ここでは、「無作法な人々《hurons》」[9]の別称として使用されていて、蜂起軍と化した蜂起衆を指していることがわかる。

しかしながら、「特赦状」の中で圧倒的に多い表現は「恐怖《Effroiz》《Effroy》」であり、文字通りジャクリー蜂起それ自体を「評価」したもので、同時代人の正直なジャクリー認識を表明した表記として見逃せない。その他にも、蜂起や騒擾を示す普通名詞の《commocions》《excès》が使用されているケースもあり、前述のように、総じて当該蜂起に関する情報収集の不十分な段階での、実態把握の混乱状況を如実に示したものとして興味深い。

続いて着目しなければならないのが、ジャクリーについて豊富な情報を書きとめているいくつかの「年代記」である。

これらの「年代記」がジャクリーをどう表記しているかについては、前述のようにメデイロのすぐれた研究[10]があるので、その成果を整理して利用することにしたい。

《資料Ⅱ》を見ると明らかなように、《jakerie》の表記は、『フロワサール年代記』にしか確認できない。しかも一箇所のみである。ただ、これも編纂されたのが一三七三年から一四四〇年にかけてということなので、一四世紀末以降の認識とみなければならないし、また、当該「年代記」の他所では《jake》《jakes et villains「下劣な者達」》あるいは《méchans gens (assemblés)「凶暴な連中」》などの言い方[11]が統一されることなく使用されているので、《jakerie》の用語がジャクリーの固有名詞として定着していたとは言い難い。

他では、同時期に執筆された『ジャン＝ド‐ヴェネット年代記』がメデイロも強調[12]するように、《Jacque Bonhomme》の用語を農民一般に示す蔑称として使用している。また、『リシャル＝レスコー年代記』では、小タイトルに《De Jacquria》が使われてはいるものの、本文中には《Jacques》《Jacque Bonhomme》の表現はみられない。ジャクリー蜂起衆を、前者では《rustici habitantes[13]「農村民」》、後者では《agrestes「農夫」》《quodam rustico[14]「農民」》とただ表記しているだけである。

これに対して、《資料Ⅱ》からもわかるように、『大年代記』の表現は、他とやや趣を異にしている。書かれたのが蜂起後二〇年を経過してからということで、ジャクリーの政治的評価が定まったからなのであろうか、蜂起衆を《Jacques》[15]《Jacques Bonomme》[16]の用語で表記するようになっている。しかし、これも蜂起関連記述全体に統一されているわけではなく、勃発当初の部分では、《menus gens「細民」》《menus de mauvais esprit[17]「悪意をもつ細民」》といった表現になっている。

その点で、『初期ヴァロワ年代記』の記述では首尾一貫している。《Jacques》《Jacquesz》の用語で蜂起衆を書き表わす

《資料Ⅱ》「年代記」に見られるジャクリーの呼称

	「年代記」名（推定編纂年）	表　　記
1	『ジャン＝ド・ヴェネット年代記』 （同時期に執筆される）	《Jacque Bonhome》の用語が《vilain》に置き変えられ、農民に与えられたあだ名として機能する。 《Jacque》という用語は一度しか使用されておらず、それも反徒（insurgés）と同様の意味。
2	『ジャン＝ル・ベル年代記』 （15世紀前半記）	《Jacques》あるいは《Jacques Bonhome》の用語は、蜂起民衆を示すようには機能していない。とりわけ、《Jacques Bonhomme》は蜂起衆の隊長に与えられた呼称である。
3	『フロワッサール年代記』 （1373-1400年）	《jakerieといわれる者によって焼かれるという大災難にあい》と表現。 《Jacque Bonhomme》は単に農民をさしているだけかもしれない。蜂起衆には《méchans gens assemblés》をあてている。 《フランスに甚だ有害であったJacque Bonhomme が騒ぎ、決起したのと同じような》との表現
4	『ノルマンディー年代記』 （1369-1372年）	反ジャクリーに関連し、《以前、Jacquesと呼ばれたVillains（百姓）に抵抗すべく多くの地方で集合した》という表現の部分で使用されるのみ。
5	『大年代記』 （ジャクリー後20年経過の後）	《……これらJacques Bonhommeと呼ばれた農村民の大集合……》 《……貴族を殺した農村民のJaquesという群れであった》 《Jacques》・《Jacques Bonhomme》と蜂起農民との間に一致がある。
6	『初期ヴァロワ年代記』 （14世紀後半）	《Jacques》の用語を間断なく使用している。1358年のジャクリーと《Jacques》とを同一視している。
7	『リシャール＝レスコー年代記』 （同時代に執筆される）	小タイトルで《De Jaqueria》との表現がみられる。 しかし、史料中には《Jacques》も《Jacque Bonhomme》の表現も出てこない。

出典：M.-T.de medeiros, *op.cit.*, pp.181-184 ; M. Dommanget *op.cit.*, pp. 14-18

ようになっていて、しかも、ジャクリー全体の動きをも《Jacques》で示している。また、史料中においては、何故この呼称を用いたのかということについてまで言及していて、「長い間、ジャックと言われた人々[18]」「いわゆるジャックに食糧を与えたために[19]」という部分では、当時、貴族が農民一般に対してこの呼称を与えていたということを裏付けてもいる[20]。

このように、ジャクリー蜂起鎮圧一年後ぐらいから一四世紀末にかけて、ジャクリー蜂起衆および蜂起それ自体に対する言い方として、農民一般に対する蔑称であった《Jacques》《Jacques Bonshommes》の用語が代用されるようになっていったことが、「特赦状」や「年代記」の比較検討によって結論づけられる。権力側にすれば、決して忘れることのできない農村地域の民衆エネルギーのすさまじさとして、他方、農村民衆の側からすれば、政治的安定や平和維持を求めた権力側に対する異議申し立ての伝統として、ジャクリー蜂起は両者の脳裏に焼き付けられていくこととなったのである。しかし、それでも「ジャクリー」という言い方はされていなかった。

（1） Lettre d'Etienne Marcel (F.-T. Perrens, *E. Marcel*, p. 406), «……Plaise vous savoir que les dites choses furent en Beauvoisis commencées et faictes sens nostre sceu et volenté, ……». リュスも、マルセルとジャクリーとの関係を分析したところで同所を引用している（S. Luce, *La Jacquerie*, p. 101）。

（2） *Ibid.*, p. 405 et 406.

（3） *Loc. cit.*

（4）「特赦状 lettres de rémisson」は、フランス国立古文書館の「証書修蔵帳簿 registres du trésor des chartes」（séris JJ. 九万四八〇四通）の中に含まれる史料で、全部で五万三八二九通ある。リュスはその内の六八通を取上げている。詳しくは、近江「ジャクリー蜂起における蜂起衆の成立とその展開――『特赦状』の分析から――」（『専修人文論集』第五六号 一九九五年）二六頁（本書第Ⅴ章、一九三～一九四頁）参照。

（5） Arch. Nat., JJ. 87, n°321, fol. 204 et 205 (S. Luce, *La Jacquerie*, p. 291-292) ; S. N. de l'Oise, *op. cit.*, p. 20 ; M.-T. de Medeiros, *op. cit.*, p. 181.

（6） Arch. Nat., JJ.90, n° 354 (S. Luce, *La Jacquerie*, p. 297) ; S. N. I. de l'Oise, *op. cit.*, p. 20 ; M.-T. de Medeiros, *op. cit.*, p. 181.

（7） Arch. Nat., JJ. 90, n° 425 (S. Luce, *La Jacquerie.*, p. 299) ; S. N. I. de l'Oise, *op. cit.*, p. 20 ; M.-T. de Medeiros, *op. cit.*, p. 181.; JJ. 90, n° 488も同様に Seine-et-Oise 県 Versailles 郡の農民に対して発給されたものの中に出ているが、ここの蜂起衆達は Jean de la Villeneuve の館の略奪に参加しているとなっている。

（8） Arch. Nat., JJ. 89, n° 377 (S. Luce, *La Jacquerie*, p. 176).

（9） S. N. I. de l'Oise, *op. cit.*, p. 20-21 ; 近江「都市と農村」一一頁。

（10） M.-T. de Medeiros, *op. cit.*, Appendice I, p. 181-184.

（11） Chron de Froissart, t. V, p. 99-106.

（12） M.-T. de Medeiros, *op. cit.*, p. 182 ; M. Dommanget, *op. cit.*, p. 17.

（13） Chron. de, G. Nangis., t. II, p. 263.

（14） Chron. de R. Lescot, p. 126.

（15） Grandes Chron., t. VII, p. 119.

（16） *Ibid.*, p. 117.

（17） *Ibid.*, p. 110.

（18） Chron. des Valois, p. 72.

（19） *Ibid.*, p. 76.

（20） M.-T. de Medeiros, *op. cit.*, p. 183.

二　ジャクリーの用語の出現とその定着

前述のように、「ジャクリー」の用語は一六世紀末から一三五八年の当該蜂起の呼称として使用され始まったことが確認されている。ここでは、この用語がフランス社会に定着していく様子とその過程にみられるジャクリー認識の変遷を辿ることにする。先行研究では一八四〇年代前後に大きな変化があるとされているので[1]、さしあたりこの理解に基づき以下分析に入ることにしよう。

まず、一八四〇年代以前についてであるが、歴史研究の分野で最初に確認できた仕事はM＝スクゥスのものである[2]。その中でM＝スクゥスは「ジャクリー」の呼称が、一三五八年フランス北部地方に起こった反貴族の農民蜂起として知られているとしたうえで[3]、さらにこの呼称の基礎となったのが「お人好しのジャック」Jacques bon-hommeという農民蔑称であり、それが一三五八年の農民蜂起に限らず、その他の蜂起した農民をも示す一般呼称として存在していたことを指摘している[4]。一八世紀中葉におけるこの見解は重要である。なぜならば、「ジャクリー」が一三五八年の農村地域の民衆蜂起の呼称として確定されていただけでなく、広く農民達の蜂起一般がそう呼ばれていたことを暗に示しているからである。

このことを裏付けるかのように、一七五一年～六五年に出版されたディドロとダランベール編『百科全書』[5]では、すでに「ジャクリー」の項目が設けられており、扱われ方はそれほどでないにしても、その解説ではジャクリーが「一三五六年末に起こった」農民の蜂起に付与された渾名であると明記され、その理由をスクゥスと同様に貴族の「農民」Jacque-bon-homme に対する嘲笑の中に求めている。ただし、この項目の執筆者はそうした農民を「貧しい農夫malheureux laboureurs」と表現している。

ドマンジェ等の整理によれば、フランス革命期から一八三〇年代にかけての、ジャクリーに関する情報も稀薄であるとされている[6]。しかし、筆者の最近の調査の結果、きわめて興味深い一八二八年刊の劇作本[7]『封建的な大騒乱・ジャクリー』を入手することができた。原作者は、P＝メリメという劇作家であるが、場面をボーヴェー近郊に設定し、登場人物もボーヴェー地方の領主（七名）、高位の騎士（二名）、イングランド兵の隊長（二名）、ナヴァールとガスコーニュの騎士（二名）、法律家（一名）、ボーヴェーのサン－リュフロア修道院の修道士（五名）、ボーヴェー都市民（四名）、盗賊の首領（一名）、高位騎士の従者（一名）、ボーヴェー地方の農民（八名）、高位騎士の子供（三名）と、全部で三六名を登場させ、全三六場の本格的な「ジャクリー」を再現している。その緒言には次のように書かれている。

「ジャクリーについての歴史的情報はまったく存在しない。『フロワサール年代記』にあっては、精緻さに欠けた、不公平な情報でしかない。農民蜂起はフロワサールという歴史家には深い嫌悪感を抱かせているように思える。また、この歴史家も、槍兵隊の手柄や貴族身分騎士の偉業を記念することに満足している。

ジャクリーを生み出した原因については、それらを推察することも難しい。封建制の残虐行為がさらにもう一つの残虐行為を引き起こしたに違いない。ほぼ同時期に同じような蜂起が、フランドル、イングランド、ドイツ北部に起こったということには注目する必要がある。

ある修道士が蜂起の指導者になったということを仮定することによって、私は、歴史の真実に対して罪を犯したとは思わない。よく起きる喧嘩から、当時の聖職者と貴族は不和になった。例えば、イングランドの蜂起では、ジョン＝ボールと言われたある司祭によって指導された。

私は、一四世紀の残虐の風習の観念を示そうと努めたが、描写の色あいを悲しげにするというよりは、むしろ和らげられたと信ずる[8]」

この文章からは、一八二〇年代の知識人のジャクリー認識及びその周辺状況を垣間見ることが出来る。まず、当時にあっても一般的にはジャクリーを扱った歴史研究は知られることはなく、唯一『フロワサール年代記』の中のジャクリー記述が流布されていた。第二に、フロワサールの封建制擁護の姿勢が嫌われていた。第三に、ジャクリーの原因については、封建制の残虐性に求められていて、同時期の他地域の蜂起と同列に置かれる傾向にあった。第四には、ワット＝タイラー蜂起におけるジョン＝ボールの役割の反映からか、聖職者と貴族との間の対立を想定していたことなどである。このように、この劇作本は「ジャクリー」の用語の定着状況を見事に示してくれる作品であると同時に封建制後期の諸矛盾の中にジャクリーが位置付けられた最初の作品として特筆に値するものである。

ところで、これが一八四八年の二月革命後の五〇年代に入ると様相が一変する。時期的にはジャクリー五〇〇周年前後（もちろんこのような認識は無かった）に、著者不明の『ジャクリーまたは農民蜂起[9]』、ユジーヌ＝ボンヌメールの『ジャクリー（一三五八）の歴史[10]』、さらにシメオン＝リュスの『ジャクリー史[11]』が確認できる。

まず、一八五三年刊の著者名無しの本は、研究書というよりは新書本タイプのもので、扉の印刷から、これが「鉄道叢書――第二シリーズ、歴史と旅」の一冊であることがわかる。一種の啓蒙書とみることが出来る。その序の部分では「ジャクリー」の用語が農民蜂起の総称であることが指摘され、一三〜五世紀のバガウダエ、一二六五年の牧人蜂起などがジャクリーの先駆的農民蜂起と位置付けられ、ともに「ジャクリー」と表現されている。ただし、その理由は「常に同様の容赦のない暴力、無分別な激しさ、復讐と享楽の欲求をともなっているからである[12]」という。このジャクリー像それ自体は問題だとしても、ここにいたって一般の読み物のレヴェルでも「ジャクリー」が一三五八年のそれのみならず、フランス史上の主だった時期の「農民反乱」をさし示す用語として普通名詞化していることが認められる。

また、もう一つの傾向としては、E＝ボンヌメールの『ジャクリー（一三五八）の歴史』に看取できるものである。この中で、彼は九七九年の「ノルマンディーの農奴達の蜂起」を一三五八年のそれのプロローグと捉えている。[13] 同じ「ジャクリー」でも、一三五八年の農民蜂起に最大の意味を込めようという意図が感じ取れる。

このジャクリー認識は、リュスの一八五八年一一月一五日付でパリ古文書学院に提出された学位論文の中でより鮮明になった。つまり、「奴隷蜂起がローマ共和政崩壊の前奏曲であり、バガウダエの蜂起がローマ帝国の衰微と一致していたように、ジャクリー蜂起は、かつては必要で役に立ったが、その時以来、我国にとっては決定的に重荷になった体制の終りと没落の前奏曲であった[14]」というのである。ジャクリーに社会変革の役割を付与しようとする狙いのあることがわかる。換言すれば、「ジャクリー」の用語が広く農民蜂起を意味する普通名詞になったと同時に、歴史認識としてそうした農民蜂起が歴史の歩みをおし進めるのに大きく貢献したとの思いが吐露されている。この点からも、リュスが単なる素朴実証史家でないことが証明されるところでもある。

この「ジャクリー」解釈の傾向は、一八七三年刊の『一九世紀ラルース事典』においても確認することが出来る。V＝ユゴーの「ジャクリー」評価としての「富裕者に対する貧民階級の蜂起[15]」という文言を載せているところからもそのことが窺える。

M＝ボーデの『テュンシャンのジャクリー』[16]もそうした一九世紀末の歴史的状況の中で生まれた仕事といえるだろう。ここでは、南フランスのテュシャン蜂起（一三六七～八四）を最も徹底した農民蜂起として認識するために「ジャクリー」が使用されている。また、「ジャクリー」の表現はとらないものの、L＝マネッスの『一七八九年以前の農民と領主』[17]では、九九七年のノルマンディー蜂起から、牧人蜂起、一三五八年のジャクリー、クロカン蜂起（一六世紀末から一七世紀前半、アンリⅣ世期とリシリュー期にフランス西部と南部に起こった農民蜂起）、ニュ・ピェ蜂起（一六三九）が農民蜂起の通史として描写されている。F・T＝ペランにいたっては、[18]パリ＝コミューン前後の政治的事態がそうさせたのであろうが、一三五七〜五八年のパリのマルセル蜂起との関連性がひときわ強調され、そこではジャクリーが民主主義をめざす戦いの一環として位置づけられてしまっている。[19]

このようにして、今日ではさらにフランス革命のグランド・プール期の農民蜂起や一八四八年のそれまでをも「ジャクリー」に含め、一三五八年のジャクリーだけでなく広く「ジャクリー」全体を歴史学の中で問題にしようとする動きも出てきている。

（1）M. Dommanget, *op. cit.*, pp. 101-114.

（2）M. Secousse, *Mémoires pour servir à l'histoire de Charles II, roi de Navarre comte d'Évreux surnommé le Mauvais à Paris*, Paris, 1758

（3）*Ibid.*, p. 225.

（4）*Ibid.*, p. 227.

（5）M. Diderot et M. d'Alembert éds., *Encyclopédie, ou, Dictionnaire raisonné des sciences, des art et métiers, par une société de gens de lettres*, t. VIII, Paris, 1751-1765.

（6）M. Dommanget, *op. cit.*, pp. 101-103. 空想的社会主義者の一人、サン＝シモンが「公然とジャック・ボノーム」を自ら標榜して、一七九〇年九月二〇日には、ペロンヌ市の市議会に現われ、「ボノーム市民 le citoyen Bonhomme」と自称することを言明したという（*Ibid.*, p. 102）。グランド・プール期のジャクリーについては、G＝ルフェーヴルの研究以来いくつかの仕事において確認されている（G. Lefebvre, *La Grande peur de 1789*, Paris 1972; A. Ado, *Paysans en Révolution: Terre, pouvoir et jacquerie 1789-1794*, Paris, 1996）。

（7）M.-Prosper Mérimée, *La Jacquerie, scènes féodales, suivies de la famille de Carvajal*, Paris, 1828.

(8) *Ibid.*, Préface.

(9) Anon., *La Jacquerie ou les insurrections des paysans, d'après Mathieu Paris, le continuateur de Guillaume de Nangis, Froissart, etc.*, Paris, 1853.

(10) Eugène Bonnemère, *Histoire de la Jacquerie (1358)*, Paris, 1857.

(11) S. Luce, *La Jacquerie.*

(12) Anon., *La Jacquerie*, pp. I-II.

(13) E. Bonnemère, *op. cit.*, p. 11.

(14) S. Luce, *La Jacquerie*, pp. 173-174. « la révoite des esclaves avait été le prélude de la ruine de la République ; l'insurrection des Bagaudes avait coïncidé avec la décadence de l'Empire romain ; le soulevement de la Jacquerie fut le prélude de la chute et de la fin d'un régime qui naguère avait été nécessaire et utile, mais qui désormais était devenu un fardeau écrasant pour notre pays».

(15) M. Pierre Larousse éd., *Grand dictionnaire universel du XIXe siècle*, t.IX, Paris, 1873, p. 871.

(16) Marcellin Boudet, *La Jacquerie des Tuchins 1363-1384*, Riom, 1895.

(17) L. Manesse, *Les Paysans et leurs seigneurs avant 1789*, Paris, 1885.ただ、この中で彼は一三五八年のジャクリーを、扇動者達の訳のわからない指導の下に、政治的目的もなく動いた人々の絶望的な行動だとして、従ってジャクリーは、急進的な政治集団ではなく、無意識的に激怒した連中であったと捉え、農民蜂起としての「ジャクリー」を同時期のE＝マルセル等パリ都市民蜂起と比較して否定的に評価している（*Ibid.*, pp. 229-230）。

(18) François-Tommy Perrens, *La Démocratie en France au Moyen Age, histoire des tendances démocratiques dans les populations urbaines au XIVe et au XVe siècle,* 2 vols, Paris, 1873.

(19) G. Lefebvre, La Grande Peur ; Guy Fourquin, *Les Campages de la région Parisienne à la fin du Moyen Age,* Paris, 1964 ; Y.-M. Bercé, *Histoire des Croquants,* Paris-Genève, t. II, 1974. p.661 et 694.

三　ジャクリー像の変遷

すでに指摘してきたように、ジャクリー蜂起は歴史研究の対象としてあったばかりでなく、一九世紀に入ると演劇の素材として扱われたり、さらには絵に描かれ詩に読まれたりしてきている。それらを系統的に検討することは史料の残存状況からして現時点では不可能であるが、確認できるいくつかの史料から、ジャクリー像の変化の断片を見出していくことにしよう。

この問題では、まずジャクリーの同時代において当該蜂起がどのように捉えられていたかを整理することから始めるのが妥当であろう。この点についてはもはや多言を要しないが、「ジャック」「ジャック‐ボノーム」の表現が意味するところの、農村民に対してあびせかけられた最大級の蔑称が蜂起衆に対しても用いられていたことからもわかるように、ジャクリー蜂起は「サラセン人でもしなかったような」[1]残虐行為を行なった、いわば暴徒として描かれている。

『大年代記』[2]の次のミニアチュール《資料Ⅲ》には、束縛された農民達を連行する兵士集団の模様が描かれている。兵士達のきびしい顔立ちと、困惑し切った感じの農民達（?）の様子は伝わってはくるが、暴徒集団としての雰囲気は無い。そればかりか、農民達（?）の中には婦人達や子供達が含まれているのがわかる。この彼らが「特赦状」[3]で確認されているような蜂起参加都市民層なのか、それとも富農層なのか判断はできないが、少なくとも貧農層の感じではない。

次の『フロワサール年代記』[4]のミニアチュール《資料Ⅳ》と比較してみよう。これは有名なマルヌ河畔の都市モーMeaux（当時は「モー市場」といわれ、パリの商業圏の東端に位置した。マルセル蜂起の最後の局面で、パリを逃亡し

《資料Ⅲ》

手を縛られた「農民達」を連行する兵士達
出典：*le manuscrit de Charles* V. Bibl. Nat., n° 2813, f. 414.

た摂政シャルルがこの都市をおさえてパリを経済封鎖していた）での戦いの場面であるが、摂政シャルル配下の兵士達と、ピエール＝ジル（パリからモー奪回のために派遣された）指導下のパリ都市民軍と、途中からこれに参加した周辺農民達の戦闘である。勝敗は明らかに貴族連合軍の兵士達の方に有利で、傷ついたパリ都市民軍の側が無残にもマルヌ川に放り投げられている。この絵からは、「恐怖」を生み出した「ジャック」達の行為に対する報復というプロパガンダを読み取ることができる。市庁舎前の広場なのであろうか、画面左側の館からはモーに避難していた貴族の婦人達と思わしき女性達が安心し切った表情で、この鎮圧の惨状を遠巻きにながめているのが見える。《資料Ⅲ》（同Ⅳ）ともに、ジャクリー

《資料Ⅳ》

モーにおけるジャックの虐殺
出典：*le manuscrit de Froissart.* Bibl. Nat., n° 2643, f. 226.

蜂起の実像からはかなりかけ離れた画面構成となってはいるが、『大年代記』の方がジャクリーの本質を正直に表現しているように思える。つまり、前者からは当該蜂起が村毎のあるいは町全体の民衆蜂起であったことが示されているように思える。いずれにしても、両者ともに評価の定まらない時期のジャクリー描写として注目しておく必要がある。

その後、一九世紀初頭までジャクリーが本格的に語られることもまた描かれることもなかった。一八世紀中葉にM＝スクゥスの研究や『百科全書』の項目での説明が確認できるが、前述のように用語としての定着は見られるものの、ジャクリー像としては、一四・一五世紀段階と同様、農民に対する差別意識をその背後に含んだものでしかなかった。

「ジャクリー像の変遷」ということで注目すべきなのは、やはり一八二八年刊の劇作本『封建的な大騒乱ジャックリー』であろう。その緒言についてはは前節でふれたが、「精緻さに欠けた、不公平な情報しかない」[5]と嘆き、「一四世紀の残虐な風習の観念を示そうと努めたが、描写の色あいを悲しげにするというよりは、むしろ和らげられたと信ずる」[6]との発言は、それ以前のジャクリー像には無かったものである。

第四場の農民達の酒を飲みながらの雑談に次のようなくだりがある。

ルナール：皆んなが言うには、王国の射手はみなしっかり闘ったのに、貴族どもが全部台無しにしたんだと。
ブロン：そのとおりだ。
ガイヨン：本当にそうさ。連中は何もかもダメにしているんだ。そう思わない者なんていないさ！[7]

これは、貴族の無能力を痛烈に非難した部分である。これが、演劇用の台本として七月革命の直前に出版され、しかも「クララ - ガズュル Clara Gazul 劇団」によって上演されていたことの意味については別に検討することとして、リュスの研究以前に領主制の矛盾の中にジャクリーを位置づけ、それまでの暴徒としてのジャクリー解釈を大きくのり越えている点に注目しておきたい。

一九世紀にもう一つの画期を置くとすれば、それは第二帝政成立期であるといわれている。[8]社会主義者アシーユ = レイマリ Achille Leymarie（一八一二～一八六二）は、社会主義者運動の中でジャクリーに思いを馳せながら、「われわれが待望しているのは、もはや単なる内乱ではなく、ジャクリーである」[9]と明言している。そのような雰囲気の中で、前述のようにフーリェ主義者のE = ボヌメールの作品や、アルシヴィストのリュスの詳細で冷静な分析が続き、社会変革の役割を担った農民蜂起としてのジャクリー像が作り上げられていったとみてよい。

パリ - コミューン以降、数はそれほど多くないが、ジャクリーが詩に詠まれ絵に描かれるようになった。《資料Ⅴ》

《資料Ⅴ》

モーの虐殺
出典：Y. Guyot / S. Lacroix, *op. cit.*, p. 593.

はＹ＝ギィヨとＳ＝ラクロワの『プロレタリアの歴史』[10]に載せられた挿絵であるが、『フロワサール年代記』の鎮圧の場面と違い、同じ「モーにおけるジャック」を扱いつつも、ここでは貴族連合軍の騎馬兵に対して蜂起軍が勇敢に闘っている様子が強調されている。この作風は、ジャクリーに対する評価は低いものの、Ｌ＝マネッスの『一七八九年以前の農民と領主』[11]に使われた挿絵（《資料Ⅵ》）の「エルムノンヴィル城の攻撃」からも感じ取れる。ジャック（蜂起農民）対貴族という対抗の構図の中に、ジャクリーの打倒対象が城を守る貴族側守備騎馬兵であることが描き込まれている。このように、領主制のシンボルでもある城を攻撃するという構図は、領主制打倒の闘争としてのジャクリー像がすでに作り上げられていたことを象徴的に示している。つまり、反貴族の運動としてジャクリーが理解されていたということである。

これは、ほぼ同時代のいくつかの詩の中にも見出

《資料Ⅵ》

ジャック達のエルムノンヴィル城攻撃
出典：L. Manesse, *op. cit.*, p. 233.

される。その一つ、ジャン＝リシュパンの『ジャック』[12]では、ジャクリーが「赤い復活祭」と表現され、次のように詠まれている。

ジャーン、ジャーン、カラーン、ジャーン、カラーン ｝くり返し
ジャックだ！　ジャックだ！
赤い復活祭が始まるぞ
われわれはなんにも食べられず、へとへとだ
短剣のかわりに、長柄の鎌を持とう
警鐘が鳴り響き、弔鐘が鳴り渡る
赤い復活祭が始まる ｝くり返し

われわれがつけた火が
恐れられた城の主塔の下に
聞け！　暗がりの中でパチパチいっている

あちこちで通りがかりに火の手が
光り輝く風見鶏のように燃え上がる
血で真赤なとさかの形のように

館と城を燃やせ
高貴な婦人や金持の僧侶に！
ヴィランに代ってサン‐ジャン祭の火を！

この詩で詠まれたジャクリー像は、まず反貴族闘争という設定になっていて、「城の主塔」「館と城」に火をつけるという表現には貴族打倒の思いが込められている。また、それにとどまらず「赤い復活祭」という言い方には、現実の政治的願望が吐露されているとみてよい。

さらに「インターナショナル」の叙事詩人、ウジェーヌ＝ポッティエは『赤いジャック』[13]の中で、「いや、ジャックは死なない。まだ生きているから、われわれはジャック、お前に乾杯する。お前のことを思い出すのだ」と詠んでいる。ここではジャクリーの存在が一三五八年の世界から引き抜かれ、一九世紀末のきびしい歴史的現実の中に登場させられている。つまり、当時の社会主義的理念をもつ人々の思いの中では、社会変革や革命運動が模範とすべき英雄的行為としてジャクリーが位置づけられてしまっている。農民を蔑視してジャクリーを暴徒と強引にきめ付けてしまう姿勢とは全く裏返しの「読み直し」がなされていた。

この流れは、第二次世界大戦後の一九五八年の「ジャクリー六〇〇周年」企画として、オワズ県教員組合が会報・特集号『恐怖・ジャクリー六〇〇周年』[14]を出版したが、その編集内容からも読み取れる。その後、この企画との関連でまとめられた『ジャクリー』[15]を出版することになるが、一八世紀労働運動史の研究者、M＝ドマンジェの協力を得、さらに、詩人のE‐L＝クレルモン[16]等の革命的な詩を採用するなど、篇別構成およびその内容とは別に、この企画が一九五〇年代フランスの政治的状況・教員組合運動とのかかわりの中で提起されたものであることは歴然としている。

《資料Ⅶ》

城を攻撃する蜂起衆
出典：S. N. I de l'Oise, *op. cit.*, p. 5.

E‐L＝クレルモンがH＝ルーヴェ Henri Louvet（詳細は不明）の挿絵（《資料Ⅶ》）に対して詠んだ詩は、「呪いに満ち、報復に飢えたジャックは、満ち潮のごとく城の周囲に押し寄せ、砕け散った⑰」と挿絵同様革命的ジャクリー像を提示している。

そして、ジャクリーから六〇〇年以上も経た今日においても、まだ振幅の激しいジャクリー像が徘徊している。それほどにジャクリーは強烈な印象を今なお放ち続けているのである。同時代人の捉えたジャック達の「暴動」というジャクリー像から、フランス革命への繋がりを持った「農民反乱」像へ、さらには、一九世紀末の社会主義的運動の先駆的な闘いとしてのジャクリー像へと、それぞれの時代的諸状況の中でジャクリーが多様な姿に読み替えられてきたことがわかるであろう。

（1）Chron. de Froissart, t. I, p. 102.
（2）Bibliothèque Nationale, manuscrit n° 2813, folio 414 ; L^2k 3920.
（3）近江「蜂起衆の成立」六六頁。
（4）Bibl. Nat., manu. n° 2643, f°. 226.
（5）M. D. Mérimée, *op. cit.*, préface.
（6）*Loc. cit.*
（7）*Ibid.*, p. 42.
（8）M. Dommanget, *op. cit.*, p. 104.
（9）*Loc. cit.*
（10）Yves Guyot et Sigismond Lacroix, *Histoire des prolétaires*, Paris, 1874, p. 593.
（11）L. Manese, *op. cit.*, p. 233.
（12）Jean Richepin, *Les Blasphèmes*, Paris, 1884, pp. 223-226 (S. N. I. de l'Oise, *op. cit.*, p. 6).
（13）Eugène Pottier, *Almanach de la question sociale pour 1898* (*ibid.*, p. 119).
（14）S. N. I. de l'Oise, *op. cit.*
（15）M. Dommanget, *op. cit.*
（16）S. N. I. de l'Oise, *op. cit.*, p. 10. この本には、他にも彼の作品が掲載されている。「タブローについて」"Sur le tableau d'Henri Louvet" (*ibid.*, p. 44)、「善良な巨人の幼年期」"Les Enfances d'un bon Géant" (*ibid.*, p. 12)、「火山」"Le Volcan" (*ibid.*, p. 17)、「汝等の如く、否、汝等と共に」"Sic vos non vobis" (*ibid.*, p. 24)、「役立たず」"Un Inutile" (*ibid.*, p. 34)、「君主」"Tête Couronnée" (*ibid.*, p. 44)、「ギョーム＝カール」"Guillaume Cale" (*ibid.*, p. 51)、「卓越した聖戦」"L'Unique Guerre Sainte" (*ibid.*, p. 66)、「見事な輝き」"La Clarté Magnifique" (*ibid.*, p. 90)、「判定」"Opinions" (*ibid.*, p. 91)、「貴族」"Gentilshommes" (*ibid.*, p. 102)。

(17) *Ibid.*, p. 4.

おわりに

ここまでの分析で明らかなように、一三五八年のジャクリーには実に多様な思い入れ、偏見、誤解、読み込みに基づく「ジャクリー」認識があり、そうした認識の発露として、またいくつかのジャクリー像が作り上げられてきた。ジャクリーから六四三年が経ようとする今日までの、それらの流れを以上の分析結果をふまえて大雑把ではあるが時系列的に整理しておこう。

まず、ジャクリーと同時代の一方的な「ジャック」認識(第一段階)の後、一八世紀以降使用される「ジャクリー」の用語が、一三五八年のジャクリーのみならず、その他の「農民反乱」一般をも示す普通名詞として一人歩き始め(第二段階)、次いで、しかし一九世紀前半には、ジャクリーの基本性格として、そこに反貴族・反封建の動きを見出そうとするジャクリー認識が表われ(第三段階)、さらに、一九世紀後半およびそれ以降には、ジャクリーの中に反権力一般の動きを見出し、その側面を現実の生き方の中に投影しようとする認識が目立つようになった(第四段階)、という具合にまとめられるであろうか。

この流れを別の視点から捉えてみると、ジャクリーのイメージとして二つの潮流が認められる。まず、第一段階から第二段階までは、ジャクリーを農民達の「無目的」「無分別」「無組織」の自暴自棄的な暴動とみる点で一致しており、普通名詞としての「ジャクリー」はそうした農民蔑視の脈絡の中で定着してきた。ジャクリーをマルセル蜂起の影響下にあるいはその指導の下に発生した「農民反乱」と考える一九世紀末の人々もこの認識から脱却し切れていない。このジャクリー理解はその後も連綿と続いてはいるが、他方で、そうした理解とは逆に、第三段階以降においては緻密な実証的史料批判の結果、ジャクリー蜂起参加者の社会層分析や蜂起行動分析の中で、ジャクリーのより正確な歴史的性格が明らかになるにつれて、ジャクリー蜂起を蜂起主体の側から、つまり、蜂起参加者の立場から彼らの思いを代弁しようとする動きが出てきていると言えるだろう。

この二つの潮流を意識しつつ一九七〇年代以降のジャクリー研究をふり返ってみると、ジャクリーを非農民的蜂起と解釈するカゼルのジャクリー論[1]には、前者の流れが感じとれる。これは、すでに別稿[2]にて分析したことではあるが、カゼルが農民蔑視論者だというのではなく、第一段階の政治的プロパガンダの中で作成され残された史料の批判の仕方によって決まってくる問題ではあるのだが。

ルゲが「ジャクリーの年代記的記述をもう一度改作しようと願うのではなく、この民衆運動の特徴的な諸要素を明確にし、固定するよう試みよう[3]」と強調するように、これからのジャクリー研究の課題は、本稿で分析した「ジャクリーの伝統」をただ守ることではなく、それらの諸側面を重視しつつも、全体史的なジャクリー像の構築を求めることが肝心である。

（1）近江「都市と農村」参照。R. Cazelles, «La Jacquerie», pp. 645-666.
（2）近江「蜂起鎮圧をめぐって」（本書第Ⅵ章）参照。
（3）A. Leguai, «Les Révoltes rurales», p. 51.

終章

第Ⅰ章の整理で明らかなように、ジャクリー蜂起の解釈やその評価をめぐる論議はいまだ終息していない。リュスはフランス革命の前奏曲としての「農民反乱」とジャクリーを位置づけ、フルカンは一四世紀初頭の穀物危機の後遺症に対する富農層主導の農民蜂起と捉え、モラとヴォルフは、経済的要因のほかに社会・政治すべての面にみられる困難・悲惨さに対する蜂起と規定し、さらに、カゼルに至っては経済的要因を全面否定し、初期ヴァロワの政治的危機状況下の一現象、つまり、マルセル等諸都市のブルジョア勢力、王太子（摂政）シャルル、ナヴァール王シャルルの政治的対抗図式の副産物的「作品」との解釈を示した。

本書では、そうした先行研究の諸主張やそれを裏付ける分析内容を尊重し、それぞれの研究成果を取り入れながら、同時に、新たな史料批判・分析をおこない、結果としてこれまでの解釈の矛盾や限界を問題にしてきた。終章として、ここでは本書の第Ⅱ章以下の諸分析で明らかになったところを整理しつつ、著者自身の解釈の全体を再確認し、また、その作業を通して構築されたジャクリー像を明示して、これまでのジャクリー研究の批判を行なうこととする。ついで、序章で提起した諸課題に対しても一応の回答を出し、本書のまとめとしたい。

一　新たなジャクリー像を求めて

さて、これまでの研究史上、解釈の面で大きな違いの出ているところは、蜂起の原因をめぐる問題であった。本書第Ⅱ章の分析に基づけば、カゼルの政治的原因説でも、フルカンの経済的原因説のみでも単純に説明しきれないことがはっきりした。つまり、それは複合的であったからである。換言すれば、一四世紀前半期に顕在化した領主制の危機の経済・政治・社会の場面における諸現象がからみあってジャクリーを引き起こすことになったと結論づけられよう。リュスはジャクリーを反領主の性格をもつ「農民反乱」とは言ったが、体制としての領主制の危機状況が蜂起の原因であるとの認識には到達しておらず、またモラ・ヴォルフ説も、悲惨さの要因に関して、政治的状況と経済・社会における困難さの増大とを結合させて、これが黒死病の結果と重なって悪化したとの指摘はあるが、ジャクリーについては中世領主制の展開とのかかわりでは論じられていない。

蜂起勃発の契機についてはどうであろうか。一三五八年五月二八日の蜂起勃発の契機を本書でも五月一四日の『コンピェーニュ勅令』に求めた。この点は、カゼルを除いて一致しているところであるが、問題は、この勅令のどの部分が何故ジャクリーという蜂起衆を生み出し、これほどの広域的な蜂起へと彼らを導いてしまったのかということについての解釈である。この点については、本書第Ⅳ・Ⅴ章において力説したように、これを前年の三月三日『大勅令』の第一七・三七条の規定との関連で捉えることが肝心なことである。それらのつながりは一三五八年八月一〇日発給の「特赦状」によっても裏付けられた。先行研究においては、「大勅令」についての言及はあるものの、リュスと彼の説を支持したデュルヴァンを除いてマルセル蜂起分析の中で検討されるだけであった。

「サン゠ルゥ゠デスラン事件」の全体像についても、本書はこれまでの解釈に修正を加えた。「年代記」のほかに「特赦状」の情報に注目した結果である。勃発日は通説どおり五月二八日としたが、この事件が突如として発生するのではなく、すでに蜂起衆と化していた農村地域の民衆が、これに先立ち複数の村落間において、何らかの形において合流していた形跡が関連史料から読み取れたからである。これは蜂起衆形成の問題でもあるが、「特赦状」も加え検討した結果、さらに、この事件で殺害された九名が野武士の集団ではなく摂政シャルル配下の役人と兵士であり、同時に、この事件がサン‐ルゥ‐デスランのクリュニー派ヴェネディクト会に属する小修道院前という当村の中心地で発生したことからして、これが『コンピェーニュ勅令』に基づく税徴収の場面であることが想像され、またそうした状況がねらわれていた可能性の高いことが判明した。これはこの事件における殺害規模がジャクリー蜂起中最大であったことと無関係ではない。だから「年代記」は、この農村地域の民衆の行動の始まりを「恐怖」の開始と表現せざるをえなかったのである。

また、「特赦状」の再検討の結果、蜂起はサン‐ルゥ‐デスランから波及したというだけでなく、東部ノルマンディー・ピカルディー・シャンパーニュなどの諸地方においても、ほぼ同時期に発生していたことが明らかとなった。確かに、カールが指揮する蜂起軍はその中でも最大の動きで、しかも軍隊編成を持つなど組織化されていたが、その他にも指導者の存在した特定のまとまりある蜂起衆集団の行動が捉えられるのである。何らかの連携が取れていたのはクレルモン・ボーヴェー・ソンムの諸地域だけであった。

蜂起発生地域の広域化にともなう特徴は鎮圧の経過にも表われた。従来の見解では、一三五八年六月一〇日のナヴァール王シャルル等貴族混成軍によるカール指揮下の蜂起軍鎮圧で、ジャクリー蜂起は「終了」したと捉えられていたが、第Ⅵ章の分析結果からすれば、六月一〇日以降も、貴族による報復の過程とみるのではなく、むしろオワズ川流域以外の諸地域では、蜂起の継続の面を重視すべきであることが明瞭になってきた。この蜂起期間をめぐる認識のズレは、先行研究が当時の摂政シャルルの「反ナヴァール・反マルセル」政策の戦略的発想・行動を無批判に尊重してきた結果なのであるが、それぞれの地域の共同体毎の行動およびそれらの連携した動きなどをもっと丁寧に見直していく必要が出てきた。この事実を逆に捉えれば、ジャクリーが計画的でないにもかかわらず一三五八年の五月末から六月にかけて、地域によっては八月まで、パリ北部・北東部を中心にそれぞれのジャクリーを展開したことの意味は、第Ⅱ章の蜂起原因についての解釈との整合性を裏付けている。

ところで、当時の摂政シャルルの認識においては、ジャクリーもパリ都市民軍も同列に置かれていた。それが、八月一〇日発給の「特赦状」によく表われていた。つまり、この「特赦状」は直接的にはモー（市場）攻撃にかかわったパリ都市民軍関係者を対象としたものであったのだが、第Ⅵ章の分析により、同時にジャクリー蜂起そのものの性格を規定するものであることがわかった。これは、摂政がマルセル蜂起とジャクリーを連動した動きと判断したからというのではなく、また、ジャクリーをマルセルの指導・影響下にあるとみたからというのでもない。そもそも当時の摂政の戦略的視野の中にあっては、ジャクリーもマルセル蜂起も、さらにはナヴァール王シャルル勢もイングランド勢も同一の土俵上で処理されなければならなかっただけのことである。その結果としてこの「特赦状」が政治的に作成された。いくつかの「年代記」の記述は、この歴史認識に引きづられ、さらにそれに拡大解釈を施すことになったその結果とみたい。カゼル説は、その典型ということになる。第Ⅲ章で分析したマルセル蜂起の第三段階の動きを見てもマルセル蜂起側が政治的な意味でジャクリー蜂起の勃発をうながす諸条件は確認されなかった。また第Ⅳ章四節からも明らかなように、戦略的に冷静であったマルセル等パリ都市民軍のねらいが、ジャクリーとの同盟ではなく摂政によって展開されていたパリの経済封鎖打破をめざしたモー攻撃でしかなかった点は強調されねばならない。

二　ジャクリーの全体史的位置

蜂起主体としての蜂起衆の形成、その行動形態から整理しておこう。主に、第Ⅴ・Ⅵ章の結論にしたがえば、まず、蜂起衆への参加が共同体ぐるみであった点が強調されねばならない。「特赦状」で確認されるだけのものでも一五四の町村（コミューン）にのぼる。あちこちで集会・会合がもたれ蜂起参加を決定したところもあれば、また、警鐘の響きに煽られて参加していく過程も確認された。村教会の司祭の役割も大きかった。当然、参加を渋る共同体も出たが、それには参加強制がかけられていた。

蜂起衆の出現という点では、共同体内のコンフレリ（兄弟団）や夜警の組織が、民衆の蜂起衆化における一定の社会的結合関係のベースとなり、機能した場面も鮮明にというわけにはいかなかったが透けて見えてきた。人々が集まり蜂起衆へと変化していく過程で、彼らは騒々しく振る舞い、あるところでは踊りの輪が作られ、城の攻撃のときにはカーヴのワインを飲むなど、一種のお祭騒ぎの状況を生み出していた。

次いで、蜂起衆の暴力行使の面に注目してみよう。先にもふれたように、蜂起発生地域は摂政シャルル発布の『コンピェーニュ勅令』に基づき実施された臨時税徴収地域とほぼ一致していた。八月一〇日の「特赦状」において、摂政はそのことには言及せず、しかし、ジャクリーの城や砦への攻撃が王国の敵に対する合法的抵抗であることを追認している。この読み替えは、ジャクリー蜂起衆の暴力行為の性格を的確に証明している。つまり蜂起衆側からすれば、前年の『三月大勅令』の精神からして『コンピェーニュ勅令』に抵抗することは正当であったのである。しかも、臨時税徴税のために動き回る兵士たるや摂政によって呼び集められた兵士には傭兵が含まれており、その彼らが略奪行為に及ぶようであればそれに抵抗することがすでに認められていたばかりでなく、第Ⅱ章で明らかな如く、野武士団の横行をひどく恐れていたパリ北部・北東部の人々にとって、領主権力にも国王権力にも何の期待も持てなくなっていたこの状況下においては、当然の集団的自衛権の発動としての側面もあったのである。モンジョアの鬨の声も百合の花柄の旗の使用も、蜂起衆の暴力行使にそなわった合法性・正当性の面を正直に証言している。また、他方で蜂起衆の暴力は内に向かうこともあった。蜂起中における蜂起衆の実施した裁判・処刑は、彼らのいわゆる「自検断権」行使の場面として注目されるところである。

ジャクリーの性格はそればかりではなかった。確認されているものだけでも全体で三五箇所におよぶ城・砦・館などへの攻撃があったということの意味も検討されねばならない。第Ⅵ章で見たように、中世領主制の存否が問われた反貴族闘争としての側面である。この部分は、摂政との政治的ヘゲモニー争奪戦を繰り広げていたナヴァール王シャルルをして、一時的にとはいえ、「王国改革」の戦いを棚上げにしてまでも、カール指揮下の蜂起軍鎮圧へと向かわしめたジャクリーの本質的性格の一つである。だからといって、蜂起衆の側が、自らの闘争を中世領主制打倒のそれと認識していたとする証拠は見出せない。恐らくこの自覚はきわめて薄かったものと思える。

ただ、蜂起衆の貴族批判の思いを示した『フロワサール』の中の「万事うまく事を運ぼう。そしたら皆で主人になろう」との発言は、千年王国論の影響を受けたとも受け取れる中世領主制の否定を含んだくだりとして無視できないだろう。しかし、残念ながら他の史料で傍証するまでには至らなかったので、この部分から当蜂起全体の性格規定をするわけにはいかなかった。

三　フランス中世後期の民衆蜂起史におけるジャクリーの位置

ジャクリーをフランス中世後期全体の民衆蜂起史の流れの中で捉えたら何が見えてくるだろうか。第Ⅱ章で領主制の危機の実態やその進行状況を検討したが、その危機の開始期とされる一三世紀後半から、回復の徐々に確認され始まる一五世紀中葉にかけての約二〇〇年間の、長期波動の中には実に多様な形態・規模の蜂起が発生している。本書ではそれらの個別実証は避けざるをえなかったが、通史のなかで一般に理解されているそれぞれの蜂起像を整理し著者なりの時期区分を行ない、そこに当蜂起を位置づけ、中世後期全体の民衆蜂起の歩みから逆照射してみたい。

フランス中世後期の民衆蜂起の時期区分をいち早く試みたのは、モラとヴォルフである。彼らの仕事は、西ヨーロッパ全域（中欧も入る）をフォローしたもので、本書での検討の基礎となるものである。それによれば、一二八〇年代から一四三〇年代までが五つの時期に整理されていて、第一期（一三世紀末、経済的拡張の社会的諸結果）、第二期（一四世紀前半、『大市民』と『中層市民』の対立）、第三期（一三五〇〜六〇年代、悲惨さに対する蜂起）、第四期（一三八〇年代前後、民衆革命の五年間）、第五期（一五世紀前半、旧い紛争と新しい紛争）となっている。[1]次いで、シュヴァリエ[2]とルゲ[3]のものがある。前者は、都市蜂起に限定してではあるが、第一期を一二八〇〜一三四〇年、第二期を一三五五〜五八年、第三期を一三七〇―八三年、第四期を一四一二〜一三年と四区分した。また、後者はその「農民蜂起版」として、①一三二三〜二八年フランドル沿岸地方の蜂起、②ジャクリー、③一三六三〜八四年のテュシャン、④一四三四〜三六年のイングランド支配に対するノルマンディーの抵抗、の四蜂起の比較を行なっている。

これらの諸区分は、時期の設定としてはほぼ重なるものの、各時期をどのように認識しそれぞれの蜂起を如何に整理し捉えるかは、当然異なっている[4]。ここでは、これらの三説を参考にしながら、次のような時期区分をしてみた。Ⅰ 都市成長・領主反動開始期の蜂起（一三世紀末から一四世紀初頭）、Ⅱ 領主制の混乱・戦乱期の蜂起（一三三〇年代から一三六〇年代）、Ⅲ 王権伸長・国王課税再検討期の蜂起（一三八〇年代）、Ⅳ 王国再編期の蜂起（一五世紀）、の四区分である。

第Ⅰ期は、農村地域において一三世紀末からの領主反動に対する闘争（「農奴解放」反対運動、森林伐採権などの共有権をめぐる闘争[5]）が共同体毎にあちこちに起こっていて、一三二三—二八年には、フランドル沿岸に大規模な蜂起が発生した[6]。都市部のそれとしては、一三世紀末までと一三〇二年以降とで若干の変化が見られるが、大きく整理すれば、都市の諸特権を有する都市貴族層に対するものと、領主権力や国王権力に対抗する動きとに類型化される[7]。この時期は、まだ人口の増大がみられた時期で、都市も成長の傾向にあった頃であるが、本書第Ⅱ章で若干ふれたように、経済や社会、さらには政治の関係の中に同時に分解の兆候が表われ諸矛盾が顕在化し、一三一〇年代中葉からは天変地異なども加わり都市や農村がまともにそれらの影響を受けはじめてもいた。そのため、一三二〇年には新牧人蜂起[8]といった宗教的外観をともなう非共同体民衆中心の運動が突発することもあった。

第Ⅱ期は、百年戦争開始前後から一三六〇年代までの戦乱の世における動きである。総体として戦争経済に突入した時期で、中世領主制の機能麻痺の状況が深く潜行し、また、そうした事態が黒死病の蔓延にも手を貸すこととなった時期である。本書が分析対象とした時期であるが、マルセル蜂起とジャクリー蜂起以外にも都市を中心に蜂起発生が認められる。一三六三年に始まる中部・南部フランス諸地域の初期テュシャン蜂起[9]もこの時期に起こっている。

第Ⅲ期は、シャルルⅤ世の死後前後から数年間の動きである。フランドルから南部フランスにかけての各地において都市蜂起[10]が頻発した。後期テュシャン蜂起も猛威をふるった。一三七九年には黒死病が再び流行し、また、一三七三、八二年に飢饉の発生が認められ、とくに農村地域の人口減少傾向がさらに強まった時期でもあった。政治的にはシャルルⅥ世への代替わりも順調に進み安定していたが、シャルルⅤ世の遺言として戸別賦課金などの国王課税が廃止されるとの過度の期待が広まり、一種の徳政を期待する人々にそれが歓迎されるという雰囲気がただよう中で、国王側がアンジュ公ルイを中心に一三八二年二月一五日に、葡萄酒・羅紗・貨物などの取り引きに対する物品税という形での援助金徴収を強引に決定したことが直接の引き金となって、ルーアンやパリなど多くの王国都市で蜂起が発生した。

第Ⅳ期は、一五世紀の諸蜂起全体が入る。この百年はさらに、①一四一三年のカボシャン蜂起前後、[11] ②百年戦争終結前後、[12] ③一四九〇年代ブルターニュのジャクリー[13]の三期に分けられる。この時期は、とくに平和維持能力を喪失した伝統的な領主権力の統治に代わりうる国王権力内部において、アルマニャック勢・ブルギーニョン勢・イングランド勢の三つ巴の、ヘゲモニー争奪戦が激化（王権再編）した。一五世紀末にはブルターニュを中心に、王権の拡大に対する「地方」の自立・独立をめぐる蜂起が発生するなど王国再編期の特徴がみられた。

以上の時期区分に基づけば、約二〇〇年間の民衆蜂起の歴史にも一定の流れを見出すことができよう。一言でいえば、中世の政治・経済・社会の諸関係の分解過程に現われた、中世的タイプの蜂起から近世的タイプのそれへの変容過程と規定できる。しかし、この変化は段階を経て順序正しく次のレヴェルへと移行するというようなものではなく、中世末期の民衆蜂起が多様な顔・性格を同時に併せ持つということからも理解されるように、中世・近世の両面を持ちながら行きつ戻りつ、傾向として徐々に変化していった。都市部か農村地域か、北部か南部かあるいはフランドルかでもその流れは一定でない。

その第Ⅱ期にあたるジャクリーは、本書で分析してきた如く、カゼル説のように農民を後方に追いやる訳にはいかないまでも、パリ北部・北東部地域の農村・都市両方にまたがる農村民や都市民の蜂起であった。その意味において、ヌヴーの主張どおり当蜂起は単なる「農民蜂起」ではなかったということになる。その蜂起衆が聖職者や下級の国王役人まで巻き込み、結果として領主制打倒に向かって走ったという事実は、第Ⅰ期のフランドル沿岸地域の蜂起には認められるもののまだ支配的とはなっておらず、また第Ⅲ期のテュシャン蜂起にもはっきりと見られたわけではないが、明確な近世的タイプの蜂起の最初のものと結論づけられる。

同時に、当蜂起は戦乱の世に発生した蜂起としての特徴を色濃く持っていた。各共同体が集団であるいは単独で自らの生命・財産の維持のために、一種の集団的自衛権を行使した蜂起行動を展開した。この集団的な暴力行使による一時的な地域権力奪取の形は、フランドル沿岸地域のそれにもみられたが、計画性はないにしても広域的に一斉に蜂起したということも含めて、当蜂起が最初であった。この面でも、近世的性格を帯びた蜂起であったということになる。近世的と言えば、マルセル蜂起の都市内対立・反王権の性格も、テュシャン蜂起の反野武士団・反国王課税の動きもこれに含まれる。

このように、ジャクリーは中世的蜂起から近世的なそれへの過渡的諸側面をそなえた民衆蜂起であったということになる。後に当蜂起の名称が、「農民蜂起」を示す普通名詞にされてしまった要因の一つは、この農村地域を中心に展開された最初の近世的な性格の部分にあったのであろう。リュスをして「フランス革命の前奏曲」と言わしめたのもこの側面であったのである。

＊　　＊　　＊

言うまでもなく、ジャクリーは約一か月前後という短期間の民衆蜂起であり、戦略的にも戦術的にも未熟な素人の集団が蜂起衆として取り組んだものだということを忘れるわけには行かない。民衆蜂起の作法に基づく蜂起衆の暴力行使も整然と実行されたというよりも、一種の祭りの気分と共通する意識状況の下で繰り広げられたもので、日常的なさまざまなしがらみの積み重ねに基づいていた。蜂起参加を強制する場面も少なからずあり、合法性・正当性の根拠が明確であっても、順調に、組織的に進められたわけでもなかった。集団的な自衛権を行使した後どうなるのかという不安も当然抱えていたとみて間違いない。

そのような状況の下で、勃発後二週間も立たないうちに結成されたナヴァール王シャルル等の貴族混成軍によって血なまぐさい報復が開始され、多くの蜂起衆が命を落としている。「特赦状」からも読み取れたように、鎮圧直後からの蜂起関係者に対する追求の姿勢は徹底したものであった。言ってみれば、ジャクリーの異議申し立ての企ては結果としてうまく行かなかったのである。

しかしながら、そうした弾圧を承知しつつ、また、民衆自身も彼ら特有の弱さを抱えつつも、パリ北部・北東部の諸地域の農村や都市部の人々が蜂起せざるをえなかった背景には、もはや押し黙ることのできなくなった根深い怒りが醸成されていた。これについては、第Ⅱ章で分析したとおりであるが、その野武士化した傭兵集団の行為や臨時税徴収の理不尽さへの反発・抵抗という、彼らの直接行動の背後にあったより本源的な怒りの中に、われわれが受けとめるべき課題が隠されているように思える。本源的なそれとは、体制維持のための旧態依然たる発想しか持たず、それにしがみつき、そこから一歩たりとも歩みだそうとしない権力に向けられ拒否の姿勢である。すなわち領主制の危機という、放っておいたらどうなるかわからない一つの体制とそれを支える諸制度の制度疲労は、民衆の側の直接的な発言・批判・行動が伴わなければ、つまり民衆の側の問題打開に向けての具体的な解決のための模索が始まらなければ、克服の方向が提起されないのだということを示している。そして、その行動の基礎となる怒りの根底には、人間として譲ることとのできない人間の尊厳に対する畏敬の念が横たわっていた。

（1）M. Mollat et Ph. Wolff, *op. cit.*
（2）B. Chevalier, «Corporations».
（3）A. Leguai, «Les Révoltes rurales».
（4）近江「書評・M＝モラ・Ph＝ヴォルフ『ヨーロッパ中世末期の民衆運動』（瀬原義生訳、ミネルヴァ書房、一九九六年）」（『社会経済史』第六三巻第四号、一九九七年）。
（5）本書第Ⅱ章
（6）H. Pirenne, *Le Soulèvement.*
（7）M. Mollat et Ph. Wolff, *op. cit.*, pp. 53-90; A. Leguai, «Les Révoltes rurales», pp. 49-50.
（8）G. Fourquin, *Les Soulèvements*, pp. 117-119.
（9）M. Boudet, *La Jacquerie des Tuchins (1363-1384)*, Riom, 1892; 近江「テュシャン蜂起の実像を求めて――『蜂起衆』成立の諸局面から――」（『人民の歴史学』第一一六号、一九九三年）。
（10）L. Mirot, Les Insurrections urbaines au début du règne de Charles VI (1380-1383), Paris, 1905; 近江「マイエ蜂起にみられる『蜂起衆』と『ソシアビリテ』」（『専修人文論集』第五三号、一九九四年）。
（11）A. Coville, *Les Cabochiens et l'ordonnance de 1413*, Paris, 1888.
（12）A. Leguai, «Emeutes et troubles d'origine fiscale pendant le règne de Louis XI», *M. A.*, T. LXXIII, 1967.
（13）M. Nassiet, «Emeutes et révoltes en Bretagne pendant la Guerre d'Indépendance (1487-1490)», in *Violence et contestation au Moyen Age*, éd., par Actes du 114e C.N.S.S., Paris, 1990.

あとがき

本書は、一九八〇年以降、歴史学研究会西洋中世史部会・比較都市史研究会などでの研究報告や宇都宮大学教育学部・専修大学文学部などでの講義と、それらとあい前後して発表した諸論文を中心に構成し、さらに、一九九一年度のパリ第七大学留学時にG＝ボワ教授の指導の下でまとめた論文などを加えつつ、それぞれに修正と統一をほどこしたものである。

論文の初出の題名・雑誌名・発表年代などは以下の通りである。

（第Ⅱ章）「初期ヴァロワ王権期の『領主制の危機』分析」（『専修人文論集』第六六号、二〇〇〇年）
（第Ⅲ章）「エティエンヌ＝マルセル市民蜂起と民衆（上）（下）」（『駿台史学』第七三・七六号、一九八八・八九年）
（第Ⅴ章）「ジャクリー蜂起における蜂起衆の成立とその展開」（『専修人文論集』第五六号、一九九五年）
（第Ⅵ章）「一三五八年ジャクリー蜂起鎮圧をめぐって」（『専修史学』第二七号、一九九五年）
（第Ⅶ章）「ジャクリーの伝統」（『専修人文論集』第六二号、一九九八年）

なお、第Ⅳ章は未発表のものだが、第Ⅰ章は『歴史学研究』発表論文（第五一九号、一九八三年、第五八三号、一九九八八年）などをまとめて書き直したものである。

当初、M＝ブロックの著作に影響され、フランス農村史に魅せられていた著者が、一三五八年のジャクリー蜂起に着目するようになったのは、日本近世史の林基先生との出会いがあったからである。当時、専修大学文学部人文学科の学部生であったが、後にゼミナール等でお世話になる土井正興先生からの紹介が縁となり、「百姓一揆」研究で注目されていた林先生の指導を受けた。さっそく「封建制の危機論争」の確認とフラメルモン論文の勉強を開始するようにとの指示をうけることと相成った。また、リュスの研究書は日本には無いのであきらめるしかないとのことだったが、後日、それは専修大学図書館の稀覯本の中から発見された。こうして気がついた時にはフランス中世末期の民衆蜂起研究という大海原に漂いはじめていた。それにしても、この学部四年間の林先生のご指導がなければ今日のこの研究は無かったことになる。先生には改めて感謝申し上げねばならない。

その後、立教大学で井上幸治先生の教えをいただくことになったが、先生はフランス中世末期の社会・経済史研究の必要を説かれ、フルカン、ブートリュッシュ、デュビー等の仕事に学び、「領主制の危機」の実証研究へ沈潜すべしとの指導をうけた。「鷲の羽根と鉛の足」の譬えで、研究上の矛盾を厳しく戒められたが、その時の研究の一部が第Ⅱ章になった。

一九七〇年代から八〇年代にかけて、他地域・時代の研究者に学べと主張された土井先生の影響もあり、著者は歴史学研究会・西洋中世史（後に中世・近世）部会に出席したが、そこでは多くの方々との交流を通して学びまた刺激を受けることができた。とりわけ、部会運営を担当されていた新潟大学の赤沢計眞先生からはさまざまな教えをいただいた。卒論作成の頃より、ジャクリー関連「年代記」の史料収集の便宜やそれらの分析に際して懇切丁寧な助言をいただけたことは幸いであった。これが第Ⅳ章にいかされている。

また、二〇年ほど主に高校の歴史教育の現場にあった著者にとって、研究活動の継続が課題であった。この点では、前任校の明治大学付属明治高校・中学校、さらに同大学の先生方には大変お世話になった。とくに、ポーランド史の阪東宏先生の励ましは「天の声」にも等しく、惰眠に陥りがちな著者を幾度となく鞭打ってくれたものである。さらに駿台史学会・明治大学大学院西洋史ＯＢ会の先輩の先生方や仲間たちとの切磋琢磨もそうである。ここで鍛えられた問題意識や方法論が本書の構成の基礎となっている。第Ⅲ章は、その時に進められた研究の一部である。

ところで、一九八〇年代の前半からは比較都市史研究会に、後半からはフランス国制史研究会に参加させていただき、主に、前者では都市民蜂起について、後者においてはアンシャンレジーム期や革命期の民衆蜂起に関して学ぶ機会にめぐまれた。これらの研究会でも多くの方々から教えをいただくこととなった。そして、それは民衆蜂起に限定されるものではなかったが、ここでの交流と学習を通して、ジャクリーを中世末期から革命期に至る長期波動のなかで捉えることの重要性をはっきりと自覚することとなった。それが第Ⅶ章に反映されている。ちょうどそのようなとき、前任校の海外研修制度を利用させていただき、さらに、フランス国制史研の二宮宏之先生のご紹介をいただくなどして、一九九一年から翌年にかけて、パリ第七大学のＧ＝ボワ先生のところで手書史料「特赦状」の読み方についてご指導を得た。同時に、パリ国立文書館にてジャクリー関連「特赦状」のコピーを入手し分析する機会を得た。第Ⅴ・Ⅵ章はその時の成果の一部である。

他方で、著者は一九八〇年代後半ころより、春・夏の休みを利用しての短期の渡仏を重ねて、ジャクリー蜂起のフィールドワークや地方文書館などでの調査を継続的に行なってきた。ボーヴェーにあるオワズ県文書館にあったＨ・二四四二の史料に遭遇することになったのもそうした「短期出張」の結果であった。実は、著者がこのように頻繁に出掛けられたのは、パリ一四区の地下鉄サン‐ジャック駅近くの仕事部屋を幾度となく快くお貸しくださったＩＮＡＬＣＯ

（フランス国立東洋言語文化研究院）教授のピエール＝スイリ氏のおかげであった。氏はそれだけでなく、著者への貴重な助言を惜しまなかった上に、調査の便宜をはかるなどのことをしてくださった。ここに記して感謝申し上げたい。

以上のように、本書は多くの同学の諸先生・先輩・友人の方々、また、幾つかの大学の学生諸君の、有形無形の刺激を抜きにしては成り立ちえなかったのであるが、本書の完成には、さらに著者の恩師の一人で、現在は同僚でもあるインド現代史の中村平治先生の後押しが必要であった。先生の激励がなかったならば、おそらく怠慢な著者は到底ここまで到達できなかったであろう。あらためて御礼を申し上げる次第である。

なお、本書の公刊に当たっては、日本学術振興会の平成一二年度科学研究補助金（研究成果公開促進費）の交付を得たが、昨今の厳しい出版状況のもとで本書の出版を決断された未來社に対し、また、細やかな配慮をめぐらされた同編集部の本間トシさん、田口英治さん、岩崎清さんに心からの謝意を表する次第である。

二〇〇〇年一〇月一五日

市川の寓居にて

著　者

人 名 索 引

ア 行

カ 行

サ 行

タ 行

ナ 行

ハ 行

マ 行

ヤ行・ラ行・ワ行

地 名 索 引

ア 行

カ 行

サ 行

タ　行

ナ　行

ハ　行

マ 行

ヤ行・ラ行

事 項 索 引

ア 行

カ 行

サ 行

タ　行

ナ 行

ハ　行

マ　行

ヤ行・ラ行・ワ行

Histoire de la Jacquerie dans la France de la fin du Moyen-Age

OMI Yoshiaki
Professeur d'Histoire à la Faculté
des Lettres de l'Université SENSHU

1re édition : février, 2001
Librairie **MIRAI- SHA**
7-2, Koishikawa 3-Chomé, Bunkyou-Ku, 112-0002, Tokyo
http://www.miraisha.co.jp
E-mail: info@miraisha.co.jp

TABLE

Histoire de la Jacquerie dans la France de la fin du Moyen-Age

par OMI Yoshiaki

A partir des travaux de F-O.Touati et de Hugues Neveux consacrés dans les années 1990 aux soulèvements populaires, il est devenu possible de s'interroger à nouveau sur la structure des représentations des révoltes. L'analyse peut partir de 4 points de vue différents :

1. une analyse sociologique de la révolte et des émeutiers
2. une analyse portant sur les comportements de groupe, les usages sociaux de la violence, les rituels, la dimension religieuse des phénomènes
3. une analyse sur l'arrière plan socio-politique de la révolte, ses causes économiques et idéologiques
4; une analyse de la place prise par la mémoire populaire dans l'idée d'une tradition de la révolte léguée à la postérité

Ces quatre aspects de l'analyse devraient rendre possible une histoire totale de la révolte et permettre un nouvel examen des images des soulèvements paysans d'autrefois.

Cet ouvrage a pour objet la révolte qui a éclaté dans le nord de la France en 1358. L'histoire des révoltes a été renouvellée ces derniers temps en France notamment, et ce renouvellement n'a jusqu'ici été peu pris en compte au Japon. Il permet une révision des idées reçues et des images que l'on se forgeait jusqu'alors des soulèvements populaires.

Parmi les travaux qui en France méritent d'être cités, ceux de S. Luce sur lesquels j'ai fondé une partie de mon travail et ceux de R. Cazelles que je critique sur de nombreux points. Il faudrait citer aussi ceux de Guy Bois sur la crise du féodalisme ou de Ph. Contamine sur l'histoire militaire ou du même R. Cazelles sur l'histoire politique. Pour cette relecture de la Jacquerie, je me suis inspiré également des réflexions de M. Mollat, Ph. Wolff, A. Leguai, H. Neveux, ou G. Bois.

Parmi les sources nombreuses que nous avons utilisées, nous avons attaché une importance particulière aux chroniques, aux lettres de rémission et à la Grande Ordonnance. Pour lire les archives et interpréter les textes en latin ou en vieux français les ouvrages de S. Luce et de M-T. de Medeiros nous ont été d'une grande aide.

Nous ne pensons que les explications purement politiques (thèse de Cazelles) ou purement économiques (thèse de G. Fourquin) permettent de comprendre les origines de la Jacquerie, dont les causes sont évidemment d'une grande complexité. C'est Guy Bois

avec sa théorie de la crise du système seigneurial dans la première moitié du XIVe siècle qui nous a paru fournir le cadre théorique le plus adéquat à la compréhension du phénomène. Nous pensons aussi comme la plupart des chercheurs que l'Ordonnance de Compiègne du 14 mai 1358 a fourni le prétexte de la révolte et que les articles contenus dans la Grande Ordonnance du 3 mars 1357 ont eu une influence considérable. Nous attachons aussi beaucoup d'importance à l'agitation qui précède l'incident de St-Leu-d'Esserent. L'extension de la révolte à diverses régions du Beauvaisis tend à montrer que la révolte n'est pas achevée le 10 juin mais gronde jusque pendant le mois d'août. Quant aux rapports entre la Jacquerie et le soulèvement parisien d'Etienne Marcel, il ont longtemps été considérés sur le même plan sous l'influence du régent Charles lui-même engagé dans une série de manoeuvres politiques. Enfin, la Jacquerie par son caractère nouveau et radical a forgé l'imaginaire ultérieur des révoltés et de ce fait, annonce les grandes révoltes populaires de la France d'Ancien régime.

Bien que le mouvement des Jacques n'ait duré que très peu de temps (un mois environ), il a néanmoins créé une expérience et une tradition : les insurgés n'avaient aucune expérience militaire, tactique et stratégique et ils ont vécu cette insurrection comme un moment festif, quand les sociabilités ordinaires débouchent sur une expérience collective. Malgré la faiblesse de leur condition et la peur de la répression, on comprend que les paysans du nord et de l'est de la région parisienne ont basculé dans la révolte parce que les conditions économiques associées à une dose certaine d'humiliation avaient atteint un point tel que la révolte paraît quand même le seule issue.

参 考 文 献

1. 欧文文献

<Liste des abréviations utilisées>

A.D.	Archives Departementales.
A.H.R.S	*Annales historique de la Révolution française.*
A.N.	Archives Nationales.
A.E.S.C.	*Annales Economies, Sociétés Civilisations.*
B.E.C.	*Bibliothèque de l'Ecole des Chartes.*
C.N.S.S.	Congrès National des Sociétés Savantes.
C.T.H.S.	Comité des Travaux Historiques et Scientifiques.
M.A.	*Le Moyen Age.*
N.H.P.	*Nouvelle Histoire de Paris.*
R.H.	*Revue Historique.*
R.H.E.S.	*Revue d'Histoire Economique et Sociale.*
S.H.F.	*Publication de la Société de l'Histoire de France.*

I SOURCES MANUSCRIT

A.N. Série J. - Trésor des Chartes.

JJ. 86, 87, 88, 89, 90, 91, 92, 93, 94, 95, 120,122,123.

A.D. (de l'Oise)

Série H. n. 2442.

II SOURCES IMPRIMEES

(1) Les Chroniques

1) Les Grandes Chroniques de France, éd. R. Delachenal, *S.H.F.*, Paris, 1910.
2) Les Chroniques de Froissart, éd. S.Luce, *S.H.F.*, Paris, à partir de 1869.
3) La Chronique de Guillaume de Nangis avec continuations éd. H. Geraud, *S.H.F.*, Paris, 1847.

4) La Chronique des quatre premiers Valois, éd. S.Luce, *S.H.F.*, Paris, 1862.

5) La Chronique normande de XIVe siècle, éd. A.et E.Molinier, *S.H.F.*, Paris, 1882.

6) La Chronique de Richard Lescot, éd. J.Lemoine, *S.H.F.*, Paris, 1896.

7) La Chronique du religieux de Saint-Denys, éd.M.L.Bellaguet, *C.D.I.H.F.*, Paris, 1839.

(2) Publications de Documents

1) Ordonnance des rois de France de la troisième race, Paris, 1723-1849.

2) Les Olim ou Regitres des arrêts rendus par la cour du Roi, t. I, Paris, 1839.

3) Beaumanoir (Rh.Rémi de), *Coutumes de Beauvaisis, texte critique publié avec un introduction, un glossaire et une table analytique, par Salmon Am.*, Paris, t. I, 1899, t. II, 1900.

4) Perrens (F.T.), *Histoire général de Paris, Etienne Marsel, prévôt des marchands (1354-1358)*, Paris, 1874.

5) Luce (S.), *Société de l'histoire de Normandie Assemblée Générale du 21 Mars 1882*, Rouen, 1883.

6) Coville (A.), *Les Etats de Normandie leurs origines et leur dévelopement au XIVe siècle*, Paris, 1894.

7) Delisle (L.), Mandement et actes divers de Charles V(1364-1380). *Recueillis dans les collections de la B.N.*, 1874.

(3) Lettres d'Etienne Marcel

1) Lettre du 18 avril 1358 au régent, publié par Kervyn de Lettenhove dans *Bull. Ac.royale de Belgique*, 1853, t. XX, 3e partie, p.93-95 (J. d'Avout, *Le Meurtre.*, pp. 301-303).

2) Lettre du 11 juillet 1358 aux Flamands, publiè par Kervyn de Lettenhove, loc. cit., p. 95-104 (F.-T. Perrens, *E. Marcel.*, p. 263 et 403).

III TRAVAUX HISTORIQUES

(1) Histoire Générale des Révoltes Populaires

1) Actes du 114e C.N.S.S., *Violence et contestation au Moyen Age*, Paris, C.T.H.S., 1990.

2) Chevalier (B.), «Corpolations, conflits politiques et paix sociale en France aux XIVe et XVe siècles», *R.H.*, n. 543, 1982, pp.18-44.

3) Fourquin (G.), *Les Soulèvements populaires au Moyen Age*, Paris, 1972.

4) Hilton (Rh.), *Class Conflict and the Crisis of Feudalism. Essays in Medieval Social History*, London, 1985.

5) Kaeuper (R.-W.), *Violence in Medieval Society*, Woodbridge, 2000.

6) Holmes (S.), *Europe: Hierarchy and Revolt 1320-1450*, Oxford, 1975, 2000.

7) Manesse (L.), *Les Paysans et leurs seigneurs avant 1789*, Paris, 1885.

8) Mollat (M.) et Wolff (Ph.), *Ongles bleus, Jacques et Ciompi, les révolutions populaires en Europe aux XIVe et XVe siècle*, Paris, 1970（邦訳—76）.

9) Neveux (H.), *Les Révoltes paysannes en Europe XIVe-XVIIe siècle*, Paris, 1997.

10) Walter (G.), *Histoire des paysans de France*, Paris, 1963.

(2) Histoire Générale de l'Epoque

1) Allmand (Ch.) ed, *Society at War: The Fxperience of England and France during the Hundred Years War*, Edinburgh, 1973.

2) Chevalier (B.), *Les Bonnes villes de France du XIVe au XVIe siècles*, Paris, 1982.

3) Duby (G.) éd., *Histoire de la France urbaine*, t.2,Paris,1980.

4) Id. et Mandrou (R.), *Histoire de la civilisation francaise. Moyen Age - XVIe siècle*, Paris, 1968 （邦訳—44）.

5) id. et A. Wallon (A.) éds., *Histoire de la France rurale*, t.1.2, Paris, 1975.

6) Geremek (B.), *Les Marginaux parisiens aux XIVe et XVe siècles*, Paris, 1976.

7) Mollat (M.), *Genèse médiévale de la France XIVe-XVe siècles*, Paris, 1970.

8) Id., *Les Pauvres au Moyen Age*, Paris, 1978.

9) Viollet (P.), *Les Communes francaise au Moyen Age*, Paris, 1900.

10) Wright (N.), *Knights and Peasants: The Hundred Years War in the French Countryside*, Woodbridge, 1998.

(3) Structure Sociale et Economique

1) Bloch (M.), *Les Caractères originaux de l'histoire rurale française*, Oslo, 1931, Paris, 1955（邦訳—73）.

2) id., *La Société féodale. La Formation des liens dépendance*, Paris, 1949（邦訳—74）.

3) Bois (G.), *Crise du Féodalisme. Recherches sur l'économie rurale et la demographie du début du XIIIe au milieu du XVIe siècle en Normandie orientale*, Paris, 1976.

4) id., «Noblesse et crise des revenus seigneuriaux en France aux XIVe et XVe siècle: essai d'interpretation», in *La noblesse au Moyen Age*, éd. par P.Contamine, Paris, 1989, pp.186-187.

5) Id., *La Grande dépression médiévale:, XIVe et XVe siècles, le précédent d'une crise systemique*, Paris, 2000.

6) Boutruche (R.), *La Crise d'une société: seigneurs et paysans du Bordelais pendant la guerre de Cent Ans*, Paris, 1962.

7) id., *Seigneurie et féodalité*, Paris, 1968.

8) Duby (G.), *L'Economie rurale et la vie des campagnes l'Occident médiéval*, Paris, 1962.

9) Favier (J.), *La France médiévale*, Paris, 1983.

10) Fossier (R.), *Paysans d'occident XIe-XIVe siècles*, Paris, 1984.

11) Fourquin (G.), *Les Campagnes de la région parisienne à la fin du Moyen Age*, Paris, 1964.

12) Id., *Seigneurie et féodalité au Moyen Age*, Paris, 1977（邦訳—34）.

13) Id., *Histoire économique de l'Occident médiéval*, Paris, 1979.

(4) Gouvernement et Institutions

1) Caron (M.-T.), *Noblesse et Pouvoir royal en France, XIIIe-XVIe siècle*, Paris, 1994.

2) Cazelle (R.), *La Société politique et la crise de la royauté sous Philippe de Valois*, Paris, 1985.

3) Id., «Les Mouvements révolutionnaires du milieu du XIVe siècle et le cycle de l'action politique», *R.H.*,n.228, 1962.

4) Id., *Nouvelle histoire de Paris de la fin du règne de Philippe Auguste à la mort de Charles V, 1223-1380*, Paris, 1974.

5) Id., *Société politique, noblesse et couronne sous Jean le Bon et Charles V*, Paris, 1982.

6) Contamine (Ph.), *Des Pouvoirs en France*, 1300-1500, Paris, 1992;

7) Chevarier (B.), «Fiscalité municipale et fiscalité d'Etat en France du XIVe à la fin du XVIe siècle: deux systèmes liés et concurrents», in *Genèse de l'état moderne prélèvement et redistribution*, éds. par J.-Ph. Genet et M. Le Mené, Paris, 1986.

8) Contamine (Ph.), *Guerre, état société à la fin du Moyen Age: Etudes sur les armees des rois de France 1337-1494*, Paris, 1972.

9) Id., *Des Pouvoirs en France 1300/1500*, Paris, 1992.

10) Id., *La Noblesse au royaume de France de Philippe le Bel à Louis XII*, Paris, 1997.

11) Coornaert (E.), *Les Corporations en France avant 1789*, Paris, 1941.

12) Gauvard (C.), *La France au Moyen Age du Ve au XVe siècle*, Paris, 1996.

13) Guillot (O.)/ Rigaudiere (A.)/ Sassier (Y.), *Pouvoirs et institutions dans la France médiévale des temps féodaux aux temps de l'Etat*, t. 2, Paris,1998.

14) Kerherve (J.), *Histoire de la France: la naissance de l'état moderne 1180-1492*, Paris, 1998.

15) Meyer (E.), *Charles II: roi de Navarre, Comte d'Evreux et la Normandie au XIVe siècle*, Geneve, 1975.

16) Picot (G.), *Histoire des Etats Généraux considérés au point de vue de leur influence sur le Gouvernement de la France de 1355 à 1614*, t.1, Geneve, 1979.

17) Vivier (R.), «Une Crise economique au milieu du XIVe siècle. La Première grande intervention de la royauté dans le domaine économique: ses causes», *R.H.E.S.*, 1920.

18) Id., «La Grande Ordonnance de février 1351. Les Mesures anticorporatives et la liberté du travail», *R.H.*, n. 138, 1921.

IV OUVRAGES DE CHAQUE REVOLTE POPULAIRE

(1) De la fin du XIIIe siècle au début du XIVe siècle

1) Gontier (N.), *Cris de haine et rites d'unité, la violence dans les villes, XIIIe-XVIe siècle*, Brepols, 1992（邦訳―60）.

2) Lalou (E.), «Les Révoltes contre le pouvoir à la fin du XIIIe et au debut du XIVe siècle», in *Violence et contestation au Moyen Age*, éd. par C.T.H.S., Paris, 1990.

3) Leguai (A.), «Les Troubles urbains dans le nord de la France à la fin du XIIIe siècle et au début du XIVe siècle», *R.H.E.S.*, n. 54, 1976.

4) Pirenne (H.), *Histoire de Belgique*, t. II, Bruxelles, 1900.

5) Id., *Les Soulèvements de la Flandre maritime, 1323-1328, documents inedits*, Bruxelles, 1900.

6) Id., *Histoire économique de l'Occident Médiéval*, Bruges, 1951.

7) Sivery (G.), «Le Mécontentement dans le Royaume de France et les enqêtes de Saint-Louis», *R.H.*, n. 545, 1983.

(2) Milieu du XIVe siècle, Jacquerie

1) d'Avout (J.), *Le Meurtre d'Etienne Marcel, 31 Juillet 1358*, Paris, 1960.

2) Bonnemère (E.), *Histoire de la Jacquerie (1358)*, Paris, 1857.

3) Borzeix (D.), Pautal (R.), Serbat (J.), *Révoltes populaires en Occitainie*, Paris, 1982.

4) Boudet (M.), *La Jacquerie des Tuchins, 1363-1384*, Riom, 1895.

5) Cabrol (E.), *Etienne Marcel, prévôt de marchands drame en cinq actes et huit tableaux, en vers orne de six dessins facsimile*, Paris, 1878.

6) Calmette (R.), *Charles V*, Paris, 1945.

7) Cazelles (R.), «La Jacquerie fut-elle un mouvement paysan ?», Comptes-rendus des séances de *l'Académie des Inscriotions et Belles-Lettres*, annee 1978, juillet-octobre.

8) Id., *Etienne Marcel, champion de l'unite française*, Paris, 1984.

9) Dommanget (M.), *La Jacquerie*, Paris, 1971.

10) Dufour (R.), «Les Effrois ou Jacquerie du Beauvaisis», *Bibliothèque de Travail*, n. 548, 1963.

11) Durvin (P.), «Les Origines de la Jacquerie à Saint-Leu-d'Esserent en 1358», *Actes du 101ᵉ C. N.S.S.*, Lille, 1978.

12) Flammermont (J.), «La Jacquerie en Beauvaisis, mélanges et documents», *R.H.*, n. 9, 1869.

13) Geremek (B.), *Le Salariat dans l'artisanat parisien du XIIIᵉ au XVᵉ siècle*, Paris, 1968.

14) Lambert (E.), «La Jacquerie dans le Beauvaisis et dans le Valois (Mai-Juin 1358)», *Bulletin de la Société Archéologique, Historique et Géographique de Creil (Oise)*, n. 42-45, 1963-64.

15) Le Febvre (Y.), *Etienne Marcel ou le Paris des marchands au XIVᵉ siècle*, Paris, 1926.

16) Leguai (A.), «Les Révoltes rurales dans le royaume de France du milieu du XIVᵉ siècle à la fin du XVᵉ», *M.A.*, sèri 4, t. 37, 1982.

17) Luce (S.), *Histoire de la Jacquerie*, Paris, 1894.

18) Medeiros (M.-T. de), *Jacques et chroniqueurs*, Paris, 1979.

19) Mérimée (M.-P.), *La Jacquerie, scènes féodales*, Paris, 1828.

20) Morel (l'Abbé E.), «La Jacquerie dans le Beauvaisis, principalement aux environs de Compiègne (en 1358)», Abbeville, 1891.

21) Naudet (J.), *Conjuration d'Etienne Marcel contre l'autorité royale ou histoire des Etats-Généraux de la France pendant les annees 1355 à 1358*, Paris, 1815.

22) Perrens (F.-T.), *Etienne Marcel, gouvernement de la bourgeoisie au quatorzième siècle (1356*-1358), Paris, 1860.

23) Id., *La Démocratie en France au Moyen Age, histoire des tendances démocratiques dans les populations urbaines au XIVᵉ et au XVᵉ siècle*, Paris, 1873.

24) Portal (Ch.), «Les Insurrections de Tuchins dans les pays de Langue d'Oc, vers 1382-1384», *Annales du Midi*, 1892.

25) Secousse (M.), *Mémoires pour servir à l'histoire de Charles II, roi de Navarre comte d'Evreux surnommé le Mauvais à Paris*, Paris, 1758.

26) Sède (Gérard de), *700ans de révoltes Occitanes*, Paris, 1982.

27) Tessier (J.), *Etienne Marcel*, Paris, 1859.

28) Valois (N.), *Notes sur la révolution parisienne 1356-1358*, Paris, 1883.

29) Wolff (Ph.), «Les Luttes sociales dans les villes du Midi français, XIIIe-XVe siècle», *A.E.S.C.*, 1947.

(3) Les Années 80

1) Bouard (M. de), *Histoire de la Normandie*, Toulouse, 1970.

2) Cheruel (A.), *Histoire de Rouen pendant l'époque communale 1150-1382*, Rouen, 1843.

3) Deck (S.), «Les Marchands de Rouen sous les Ducs», *Annales de Normandie*, n. 6, 1956.

4) Guitard (M.), «La Draperie à Rouen des origines aux reformes de Colbert», *Positions Thèses Ecole Chartes*, Paris, 1933.

5) Herval (R.), *Histoire de Rouen des origines à la fin du XVe siècle*, Rouen, 1955.

6) Lecarpentier (G.), «La Harelle, révolte rouennaise de 1382», *M.A.*, Janv.-avril, 1903.

7) Mirot (L.), *Les Insurrections urbaines au début du règne de Charles VI*, Paris, 1905.

8) Id., *Essai sur la crise financière de 1380 à 1383*, Paris, 1898.

9) Mollat (M.) dir., *Histoire de Rouen*, Toulouse, 1979.

10) Id., *Le Commerce maritime normand à la fin du Moyen Age*, Paris, 1952.

11) Id., «La Draperie Normande», in *Produzione commercio e consumo dei panni di lana (nei secoli XII-XVIII)*, éds. par Marco Sallanzani, t. II, Florence, 1976.

12) Monteillard (N.), «Artisans et artisanat du métal à Rouen à la fin du Moyen Age», in *Hommes et travail du métal dans les villes médiévales*, éd., P.Benoit et D.Cailleaux, Paris, 1988.

13) Sadourny (A.), «Le Commerce du vin à Rouen dans la seconde moitié du XIVe siècle», *Annales Normandie*, 18e -n. 2, 1968.

14) Vincent (C.), *Des Charités bien ordonnées, les confréries normandes de la fin du XIIIe siècle au début du XVIe siècle*, Paris, 1988.

(4) XVe siècle

1) Fagnen (C.), «Une Jacquerie en Basse-Bretagne à la fin du XV siècle: la révolte de Yann Plouye. Désirs incoscients de reformes ou révolte de la misère?», in *Violence*, Paris, 1990.

2) Leguai (A.), «Emeutes et troubles d'origine fiscale pendant le règne de Louis XI»,

Le Moyen Age, t.LXXIII, 1967.

3) Nassiet (M.), «Emeutes et révolte en Bretagne pendant la guerre d'indépendance (1489-1490)», in *Violence*, Paris, 1990.

V AUTRES OUVRAGES

1)Berce (Y.-M.), *Histoire des Croquants*, Paris - Genève, t. II, 1974.

2) Contamine (Ph,)/ Guyotjeannin (O.) éds., *La Guerre, la violence et les gens au Moyen Age, 2* tomes, 1996.

3) Gauvard (C.), *«De Grâce espécial» crime, état et société en France à la fin du Moyen Age*, Paris, 1991.

4) Geremek (B.), *Le Sarariat dans l'artisanat parisien du XIIIe au XVe siècle*, Paris, 1968.

5) Gonthier (N.), *Le Chatiment du crime au Moyen Age, XIIe-XVIe siècles*, Rennes, 1998.

6) Lefebvre (G.), *La Grande peur de 1789 suivi de les foules révolutionnaires*, Paris, 1988.

7) Leguay (J.-P.), *La Rue au Moyen Age*, Rennes, 1984（邦訳—41）.

8) Le Goff (J.) et Schmitt (J.-C.), *Le Charivari*, Paris, 1981.

9) Muchembled (R.), *La Violence au village. Sociabilité et comportements populaires en Artois du XVe au XVIIe siècle*, Brepols, 1989.

10) Id., «La Fête au cœur, une approche de la sociabilité septentrionale du XIVe au XXe siècle», *Revue du Nord*, t. LXIX, 1987.

11) Tompson (E.P.), *The Making of the English Working Class*, London, 1980.

12) Chanel (Annie), «Les Evenements de 1380-1383 dans la vicomte de Paris à travers les registres du tresor des chartes», Mémoire de maîtrise d'Histoire sous la direction de Guy BOIS, 1989-1990.

13) Silvestrini (Stephen), «La Jacquerie de 1358, à travers les lettres de remission des registres du trésor des chartes», Mémoire de maîtrise d'Histoire Médiévale sous la direction de Guy BOIS, 1990-1991.

2. 邦語文献

1) 赤阪俊一「社会的軋轢と抗争」(朝治啓三・江川慍・服部良久編『西欧中世史（下)』ミネルヴァ書房、1995年)
2) 阿河雄二郎「伝統としての民衆蜂起」(中村賢二郎編『都市の社会史』ミネルヴァ書房、1983年)。
3) ア＝ヴェ＝コノコティン（林基訳)「13－14世紀フランス農村における共同体地のための闘争」(『専修史学』第12号、1980年)。
4) アニェ＝ジェラール（池田健二訳)『ヨーロッパ中世社会史事典』藤原書店、1991年。
5) イェ＝ヴェ＝グトノワ（林基訳)「中世紀農民層のイディオロギーの若干の問題」(『専修史学』第7号、1975年)。
6) 池上俊一「13－14世紀シエナの社会的結合関係」(樺山紘一編『西洋中世像の革新』刀水書房、1995年)。
7) 井上泰男「初期ヴァロア朝の『政治危機』について」(『北大人文科学論集』第3号、1964年)。
8) ―――「中世末期の社会と経済・フランス」(『岩波講座・世界歴史』第11巻、岩波書店、1970年)。
9) ―――『西欧社会と市民の起源』近藤出版社、1976年。
10) イヴ＝マリ＝ベルセ（井上幸治監訳)『祭りと反乱』新評論、1980年。
11) 内田日出海「ジャックリー――フランスの農民一揆」(野崎直治編『ヨーロッパの反乱と革命』山川出版社、1992年)。
12) 江川温「中世末期のコンフレリーと都市民」(中村編『都市の社会史』)。
13) ―――「ヨーロッパの成長」(『岩波講座・世界歴史』第8巻、岩波書店、1998年)。
14) 近江吉明「14世紀北フランスにおけるジャクリーの意義」(『専修史学』第5号、1973年)。
15) ―――「北フランス中世末期における所領経営様式の変化と領主・農民関係」(『歴史学研究』別冊特集号、1974年)。
16) ―――「封建制後期北フランスにおける近代的土地所有関係の萌芽」(『駿台史学』第48号、1979年)。
17) ―――「ジャクリーの叫び」(土井正興編『ヨーロッパ中世の民衆と蜂

起』三省堂、1982年)。
18) ―――「ジャクリー蜂起の原像」(『歴史学研究』第519号、1983年)
19) ―――「エティエンヌ＝マルセル市民蜂起と民衆(上・下)」(『駿台史学』第73号、1988年・第76号、1989年)。
20) ―――「ジャクリー蜂起における蜂起衆の成立とその展開」(『専修人文論集』第56号、1995年)。
21) ―――「1358年ジャクリー蜂起鎮圧をめぐって」(『専修史学』第27号、1995年)
22) ―――「民衆蜂起にみる『変革主体』の形成」(『歴史評論』第564号、1997年)。
23) ―――「ジャクリーJacquerieの伝統」(『専修人文論集』第62号、1998年)。
24) ―――「初期ヴァロワ王権期の『領主制の危機』分析」(『専修人文論集』第66号、2000年)。
25) ―――「ヨーロッパ諸国における民衆運動史研究」(深谷克己編『民衆運動史(第5巻)・世界史のなかの民衆運動』青木書店、2000年)。
26) ―――「民衆蜂起と暴力」(『歴史学研究』第742号、2000年)。
27) 樺山紘一『パリとアヴィニョン――西洋中世の知と政治――』人文書院、1990年。
28) ―――『中世からの光』王国社、1989年。
29) 河原　温「都市における貧困と福祉」(朝治・江川・服部編『西欧中世史(下)』)。
30) ―――「中世都市ヘントの兄弟団と貧民救済」(樺山編『西洋中世像の革新』)。
31) 木村尚三郎「身分制と身分制議会・フランス三部会」(『岩波講座・世界歴史』第11巻)。
32) ―――「フランス封建王政の時代的下限――コミューヌの法人格性と14世紀前半におけるその没落をめぐって――」(『史学雑誌』第65編第3号、1955年)。
33) ―――「フランスにおける近代的土地所有権の形成過程――中世末期ニヴェルネ地方における農民保有権ボルドラージュをめぐって――」(『史学雑誌』第74巻第8号、1964年)。
34) ギィ＝フルカン(神戸大学・西洋経済史研究室訳)『封建制・領主制とは何か』晃洋書房、1982年。
35) ギヨーム＝ド＝ロリス、ジャン＝ド＝マン(篠田勝英訳)『薔薇物語』

平凡社、1996年。
36）クラウス＝ベルクドルト『ヨーロッパの黒死病――大ペストと中世ヨーロッパの終焉――』（宮原啓子・渡辺芳子訳）国文社、1997年。
37）近藤和彦「モラル・エコノミーとシャリヴァリ」（柴田三千雄他編『シリーズ世界史への問い（6）民衆文化』岩波書店、1990年）。
38）シャルル＝プティ＝デュタイイ（高橋清徳訳）『西洋中世のコミューン』東洋書林、1998年。
39）ジャック＝ダヴー（橋口倫介・大島誠・藤川徹編訳）『エティエンヌ＝マルセルのパリ革命』白水社、1988年。
40）ジャン＝ドゥリュモー（永見文雄・西澤文昭訳）『恐怖心の歴史』新評論、1997年。
41）ジャン＝ピエール＝ルゲ（井上泰男訳）『中世の道』白水社、1991年。
42）ジャン＝ヴェルドン（池上監修）『図説・夜の中世史』原書房、1995年。
43）ジョルジュ＝ルフェーヴル（二宮宏之訳）『革命的群衆』創文社、1982年
44）ジョルジュ＝デュビー・ロベール＝マンドルー（前川貞二郎・鳴岩宗三訳）『フランス文化史　第1巻』人文書院、1969年。
45）ジョルジュ＝デュビー・マルク＝ペロー監修（杉村和子・志賀亮一監訳）『女の歴史・中世2』藤原書店、1994年。
46）志垣嘉夫『フランス絶対王政と領主裁判権』九州大学出版会、2000年。
47）鈴木覺・福本直之・原野昇訳『狐物語』白水社、1994年。
48）高沢紀恵「パリの地縁的『共同体』」（『社会史研究』第8号、1988年）。
49）―――「近世パリの民兵――リーグからフロンドへ」（二宮宏之編『結びあうかたち――ソシアビリテ論の射程』山川出版社、1995年）。
50）―――「近隣関係・都市・王権――16―18世紀パリ――」（『岩波講座・世界歴史』第16巻）。
51）高橋清徳「14世紀パリにおける経済危機と王権の政策――1351年勅令の歴史的位置をめぐって――」（世良晃志郎『ヨーロッパ身分制社会の歴史と構造』創文社、1987年）。
52）―――「〔資料〕『パリ市の一般警察および諸職に関する国王ジャンⅡ世の勅令』（1351.1.30）」（『千葉大学法学論集』第1巻第2号、1987年）。
53）―――「中世パリにおける毛織物業の構造」（『史潮』新17号、1985年）。
54）―――「中世パリの毛織物工業――パリ同業組合規約の訳・注解――」

(『千葉大学法経研究』第17号、1985年)。
55) 高橋幸八郎『近代社会成立史論——欧州経済史研究——』御茶の水書房、1955年。
56) 高山　博「フィリップ4世（1285—1314）治世下のフランスの統治構造——バイイとセネシャル」(『史学雑誌』101編11号、1992年)。
57) 竹岡敬温『近代フランス物価史序説』創文社、1974年。
58) 橡川一郎『西欧封建社会の比較史的研究』青木書店、1972年。
59) 中村美幸『フランス中世の衣生活とひとびと』山川出版社、2000年。
60) ニコル＝ゴンティエ（藤田朋久・藤田なち子訳）『中世都市と暴力』白水社、1999年。
61) 新倉俊一『ヨーロッパ中世人の世界』筑摩書房、1983年。
62) 二宮宏之『全体を見る眼と歴史家たち』木鐸社、1986年。
63) ———『歴史学再考——生活世界から権力秩序へ——』日本エディタースクール出版部、1994年。
64) 塙浩「ボーマノワール『ボーヴェジ慣習法書』試訳」(『神戸法学雑誌』第15巻3号～第20巻3・4号、1965—71年)。
65) 原野昇・鈴木覺・福本直之『狐物語の世界』東京書籍、1988年。
66) バート＝S＝ホール（市場泰男訳）『火器の誕生とヨーロッパの戦争』平凡社、1999年。
67) ピーター＝バーク（中村賢二郎・谷泰訳）『ヨーロッパの民衆文化』人文書院、1988年。
68) 藤木久志『雑兵たちの戦場——中世の傭兵と奴隷狩り——』朝日新聞社、1995年。
69) フランソワ＝O＝マルタン（塙浩訳）『フランス法制史概説』創文社、1985年。
70) 堀越孝一「14・15世紀の西ヨーロッパ諸国——フランス」『岩波講座・世界歴史』第11巻)。
71) ———「中世末期の社会」(『世界歴史大系・フランス史』第1巻　山川出版社、1998年。
72) マルク＝ブロック（渡辺国広訳）『領地制史論』慶応通信、1969年。
73) ———（河野健二・飯沼二郎訳）『フランス農村史の基本性格』、創文社、1959年。
74) ———（堀米庸三監訳）『封建社会』岩波書店、1995年。
75) ———（井上泰男・渡辺昌美訳）『王の奇跡』刀水書房、1998年。
76) ミシェル＝モラ、フィリップ＝ヴォルフ（瀬原義生訳）『ヨーロッパ中

世末期の民衆運動』ミネルヴァ書房、1996年。
77）モニク＝リュスネ（宮崎揚弘・工藤則光訳）『ペストのフランス史』同文舘、1998年。
78）山内進『掠奪の法観念史——中・近世ヨーロッパの人・戦争・法——』東京大学出版会、1993年。
79）山瀬善一『百年戦争——国家財政と軍隊——』教育社、1981年。
80）レジーヌ＝ペルヌー（福本秀子訳）『中世を生きぬく女たち』白水社、1988年。
81）ロドニー＝R＝ヒルトン（瀬原義生訳）『中世封建都市——英仏比較論——』刀水書房、2000年。
82）ロベール＝フォシェ（渡辺節夫訳）『ヨーロッパ中世社会と農民』杉山書店、1987年。
83）ロベール＝ミュシャンブレッド（石井洋二郎訳）『近代人の誕生——フランス民衆社会と習俗の文明化——』筑摩書房、1992年。
84）森本芳樹「古典荘園制の解体過程」（『西洋経済史講座』第1巻、岩波書店、1959年）。
85）———「サン・ジェルマン・デ・プレ修道院領の『農奴解放』について——フランス農奴制研究のために——」（『土地制度史学』第17号、1962年。
86）———編訳『西欧中世における都市と農村』九州大学出版会、1987年。
87）渡辺節夫『西欧中世社会経済史関係資料集』杉山書店、1987年。
88）———『フランス中世政治権力構造の研究』東京大学出版会、1992年。
89）渡辺昌美「14世紀の社会」（木村・志垣編『概説フランス史』有斐閣、1982年）。

フランス王家系図（カペー朝）

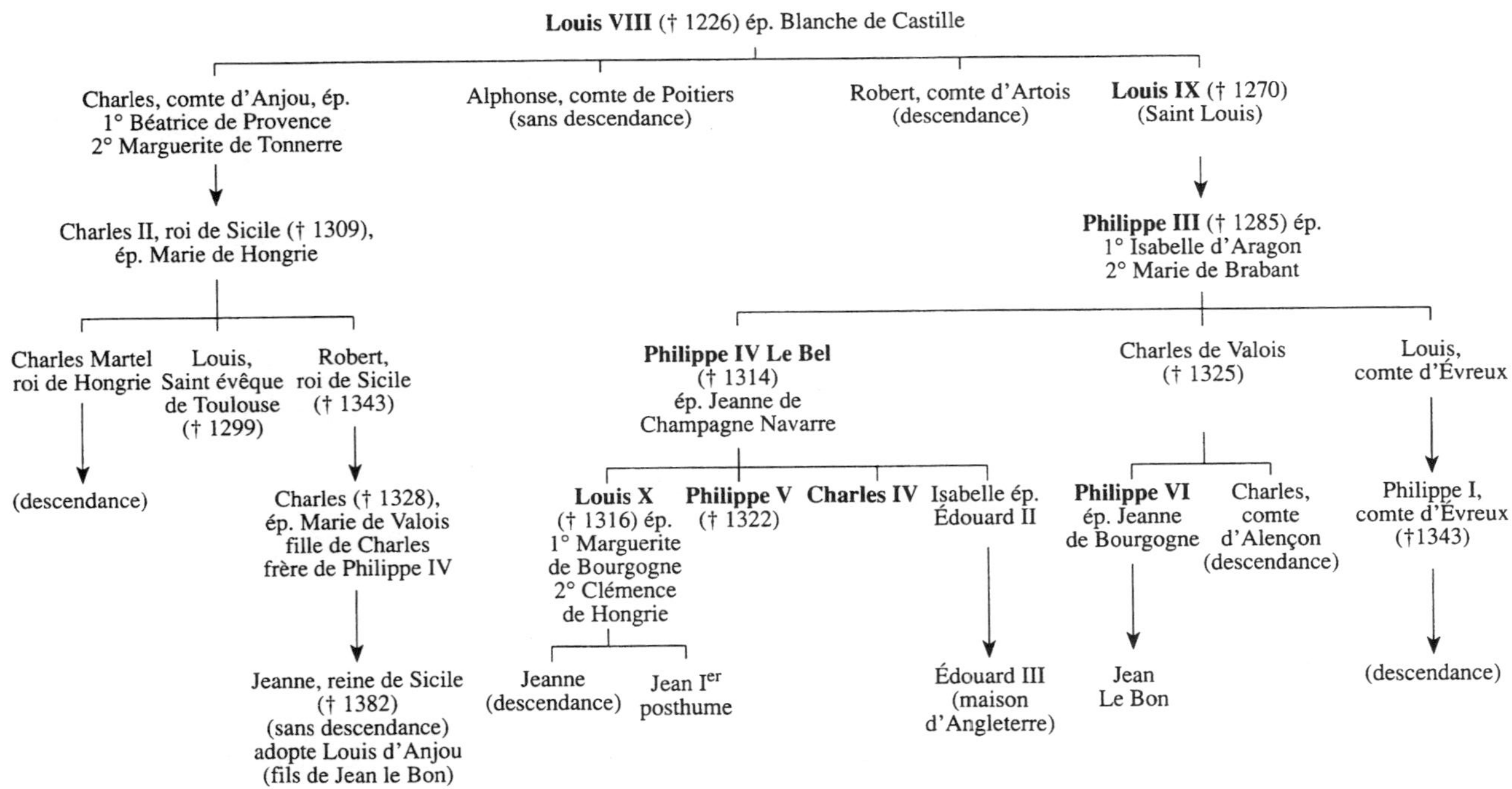

Louis VIII († 1226) ép. Blanche de Castille
Charles, comte d'Anjou, ép. 1° Béatrice de Provence 2° Marguerite de Tonnerre
Alphonse, comte de Poitiers (sans descendance)
Robert, comte d'Artois (descendance)
Louis IX († 1270) (Saint Louis)
Charles II, roi de Sicile († 1309), ép. Marie de Hongrie
Philippe III († 1285) ép. 1° Isabelle d'Aragon 2° Marie de Brabant
Charles Martel roi de Hongrie
Louis, Saint évêque de Toulouse († 1299)
Robert, roi de Sicile († 1343)
Philippe IV Le Bel († 1314) ép. Jeanne de Champagne Navarre
Charles de Valois († 1325)
Louis, comte d'Évreux
(descendance)
Charles († 1328), ép. Marie de Valois fille de Charles frère de Philippe IV
Louis X († 1316) ép. 1° Marguerite de Bourgogne 2° Clémence de Hongrie
Philippe V († 1322)
Charles IV
Isabelle ép. Édouard II
Philippe VI ép. Jeanne de Bourgogne
Charles, comte d'Alençon (descendance)
Philippe I, comte d'Évreux (†1343)
Jeanne, reine de Sicile († 1382) (sans descendance) adopte Louis d'Anjou (fils de Jean le Bon)
Jeanne (descendance)
Jean Ier posthume
Édouard III (maison d'Angleterre)
Jean Le Bon
(descendance)

出典：M. -T. Caron, *Noblesse et pouvoir royal en France XIIIe-XVIe siècle*, Paris, 1994, pp. 305.

フランス王家系図（ヴァロワ朝）

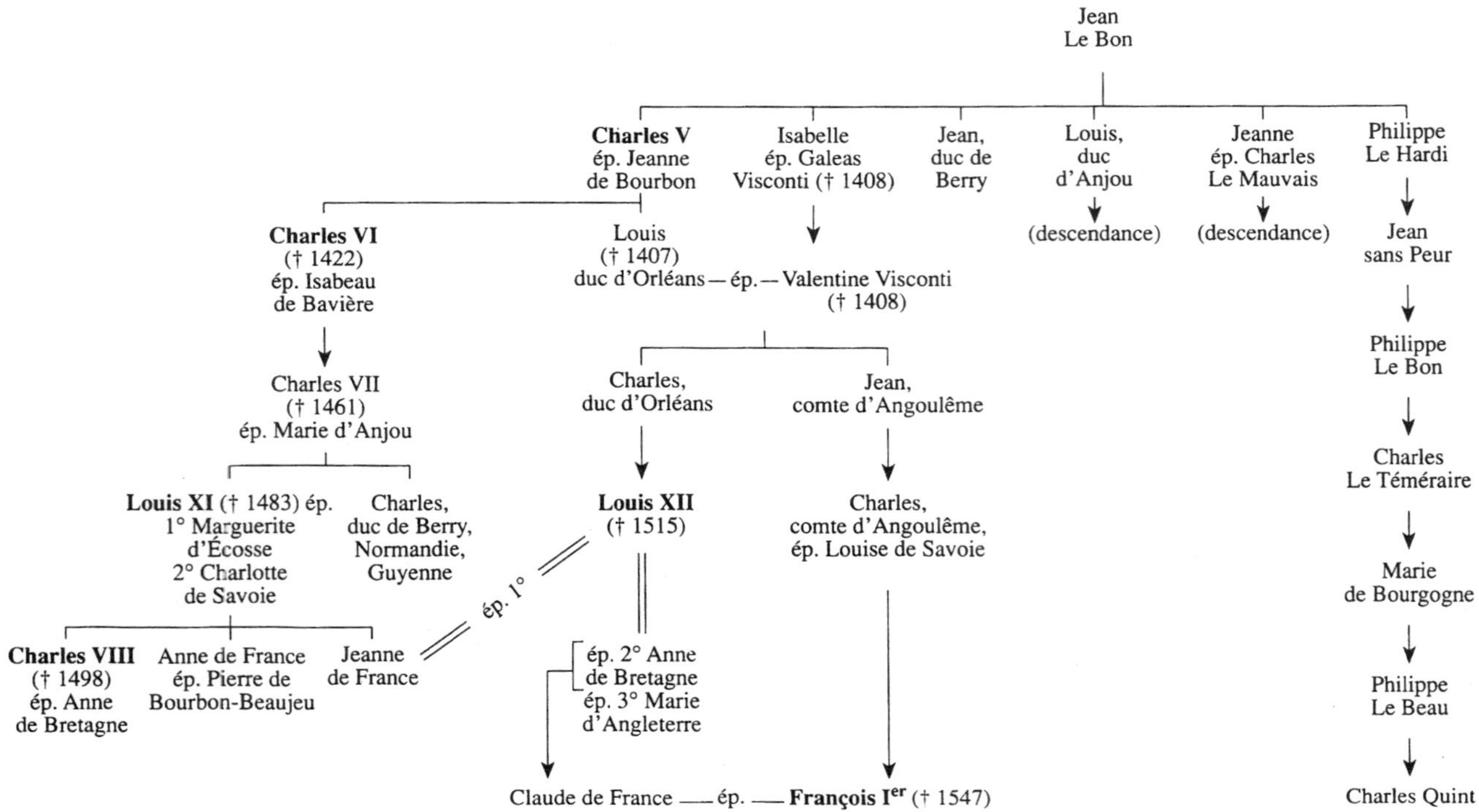

出典：M. -T. Caron, *Noblesse et pouvoir royal en France XIIIe-XVIe siècle*, Paris, 1994, pp. 306.

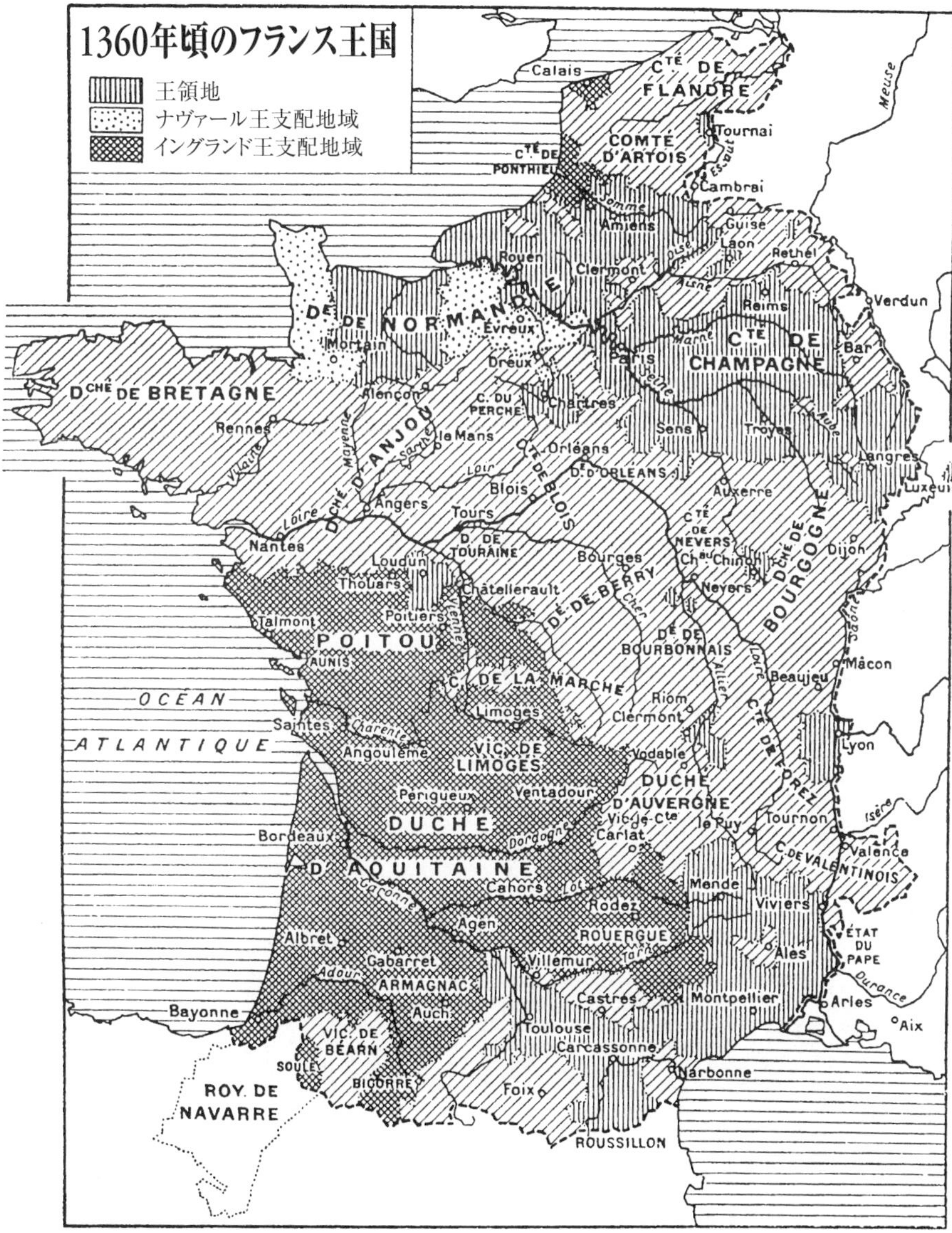

A. et L. Mirot, *Géographie historique de la France*, Grand manuels Picard, réimp. en 1 vol., 1979, p. 176.

民衆蜂起関連年表（13～15世紀）

民衆蜂起		その他	
1251	牧人蜂起		
この頃から「農奴解放」に抵抗する共同体が増大する		1270 1273	聖ルイ十字軍遠征出発 聖ルイ「特許状」発布
1279	プロヴァンの民衆騒擾		
1281	アラス・ルーアンで暴動		
1285	アラスで暴動	1285	フィリップ3世の死
この頃、共同体慣行への領主権介入に対する村落毎の抵抗・裁判闘争激化		1290	貨幣の平価切下げ
1294	ルーアンで蜂起		
1295	ランで蜂起	1295	貨幣の平価切下げ
1298	カレーで蜂起	1301	法廷における教皇と国王フィリップ4世との間の闘争
1299	サン-カンタンで深刻な紛争		
1302	フランドルにおける蜂起	1302	クールトレーでフランス国王軍、フランドル都市民軍に敗北
1303	フランス国王軍の占領に対するボルドーの蜂起		
1305	ボーヴェーで紛争発生 プロヴァンの民衆騒擾(～'06、1310)	1309	教皇庁アヴィニヨンに移る(教皇のアヴィニヨン捕囚、～'77)
		1310	タンプル騎士団の解散
1311	サン-カンタンで深刻な紛争	1311	貨幣の平価切下げ
		1314	悪天候、飢饉、飢餓
1315	プロヴァンの民衆騒擾 「農奴解放」に対する抵抗運動		ルイ10世即位 対フランドル戦争開始 ノルマンディー、ラングドック、ブルゴーニュへ特許状発布
1320	新牧人蜂起	1316	フィリップ5世即位
1323	フランドル沿岸地域の民衆蜂起(～'28)	1322 1328	シャルル4世即位 ジャン2世即位

1337	フランドル伯に対するガンの蜂起	1337	貨幣変更、エドワード3世フランス王を要求
		1339	百年戦争の開始
		1341	フランス王領地における塩税の創設
		1346	クレシーの戦い
		1348	黒死病の蔓延(～’50)
1356	アラスにおける下層民の蜂起 トゥルーズの騒擾 ルーアンにおける民衆騒擾 E＝マルセル等パリ都市民の蜂起開始(～’58)	1356	ラングドウィル全国三部会 ポアティエの戦い、ジャン2世イングランド国王軍の捕虜となる 傭兵が野武士集団と化し略奪行動を取る
1357	アミアンの蜂起	1357	全国三部会の新たな会合 『3月大勅令』発布 ナヴァール王シャルル解放される
1358	パリでペラン＝マルク処刑に対する抗議 ジャクリー蜂起	1358	王太子シャルルの軍司令官の殺害 コンピエーニュ勅令発布
		1360	ブレティニーの和約
		1361	黒死病の新流行
		1362	ブレティニーの和約後解雇された傭兵(大野武士団を形成)による略奪
1364	オーヴェルニュ地方でテュシャン蜂起発生(～’84)		
		1368	悪天候、黒死病の蔓延(～’75)
1378	ル‐ピュイで騒動、ニームで騒擾	1378	野武士団の横行
1379	ガンで紛争、モンプリエで蜂起、アレで蜂起		
1380	ラングドックでテュシャン蜂起、パリ大学で騒擾、サン‐カンタン・コンピエーニュ・ランで援助金に対す	1380	シャルル5世の死 ラングドウィル全国三部会

	る騒擾、パリで援助金に対して示威行進		
1381	ガンで蜂起、サン‐カンタンで騒動 ベジエールでテュシャン蜂起	1381	第2回ゲランド条約 ラングドウィル全国三部会
1382	ルーアンでアレル蜂起 ピカルディー、ノルマンディーの各都市で騒擾 パリでマイエ蜂起	1382	フランドル地方の蜂起を鎮圧
	ルーアンで第2次アレル蜂起 パリで騒擾 ラングドックでテュシャン蜂起	1383	ブルゴーニュで葡萄栽培に関する勅令
1407	ルーヴィエで蜂起	1407	ブルゴーニュ公(ジャン＝サン‐プール)がルイ＝ドルレアン暗殺
		1409	ジャン＝サン‐プール、王政を掌握
		1410	オルレアン党派(アルマニャック)の結成
		1411	百年戦争再開、ジャン＝サン＝プールとイングランド王ヘンリー4世の同盟成立
1413	カボシャン蜂起 三部会改革の「カボッシュ勅令」		アルマニャックとブルギィーニョンの武力衝突 オーセールの和
		1415	アザンクールの戦い 貨幣変更(〜'21)
		1420	トロワ条約
		1423	トゥルーズで貨幣危機
1435	コー地方で大規模蜂起(〜'36) アミアンで紛争	1435	塩税・援助金(商品課税として、1リーブル当たり20ドゥニエ)の復活
		1440	人頭税の義務化
1451	ブザンソンで蜂起		

	1453　百年戦争の終結
1454　ミローで蜂起	
1461　アンジェー・ランス・アランソンで蜂起	
1467　サン‐タマン‐ダン‐ブルボネで蜂起	
1674　ブールジュで蜂起	
1477　ディジョン・ドールで蜂起	
1478　ボーヌ・スミュール・シャティヨンで蜂起	1482　アラスの条約
	1483　ルイ10世の死、シャルル8世の即位
1487　ブルターニュ地方で「独立」をめざした蜂起(〜'90)	
1490　カンペールで蜂起 コルヌアイユにおける「農民蜂起」 (ブルターニュのジャクリー)	

出典：M. Mollat et Ph. Wolff, *op. cit.*, pp. 140-142; M. Mollat, *Genèse médiévale de la France moderne*, Paris, 1970, pp. 348-365; Marie-Thérèse Caron, *Noblesse et pouvoir royal en France XIIIe-XVIe siècle*, Paris, 1994, pp. 73-76, 133-134 et193-198.

附　録

I

II

Aliis igitur civitatibus et civitate Parisiensi sic male tractatis et minime defensatis, accidit prope Parisius casus alias inauditus. Nam eodem anno MCCCLVIII, in æstate, rustici habitantes circa sanctum Lupum de Cherunto, et circa Claremontem in diœcesi Belvacensi, videntes mala et oppressiones quæ ab omni parte eis inferebantur, nec a nobilibus suis tuebantur, imo potius ipsos sicut inimici gravius opprimebant, contra nobiles Franciæ insurgentes arma sumpserunt (2), et seipsos in magna multitudine combinantes, capitaneum quemdam, de villa quæ Mello dicitur, rusticum magis astutum, ordinarunt, scilicet Guillelmum dictum *Karle* (3), et sic, cum armis suis et vexillis procedentes, per patriam cucurrerunt, et omnes viros nobiles quos invenire poterant, etiam dominos suos proprios, occidebant, trucidabant et sine misericordia perimebant. Et non solum sic contenti erant, sed et domos et fortalitia nobilium ad terram prosternebant, et, quod lamentabilius est, dominas nobiles et liberos

---

(1) C'est ainsi que ce mot est écrit dans tous les Mss.; mais le texte est évidemment altéré. A lieu de *Pictavia*, nous lirions volontiers *Picardia*. Ce fut en effet dans la Picardie que les bandes firent le plus de ravages. FROISSART, liv. I, ch. 394 et suiv.

(2) Le premier soulèvement des paysans du Beauvaisis eut lieu le 28 mai. *Grandes Chron.*, t. VI, p. 110.

(3) *Grandes Chron.*, « Guillaume Cale ou Callet. » Voy. ci-dessus, p. 238, not. 1. Il fut décapité avant le 15 juin, par ordre du roi de Navarre. *Grandes Chron.*, t. VI, p. 115.

parvos eorum quos inveniebant atrociter morti dabant. Unde castrum de Cironovilla (1) in Francia fortissimum tunc fregerunt, et ibi multos viros nobiles et mulieres, qui se ibi tuebantur, lethaliter ferierunt. Et in tantum dicta tribulatio convaluit, quod etiam circa Parisius idem fuit. Nam vix audebat nobilis aliquis extra loca fortia comparere; qui, si a rusticis visus fuisset aut in manibus eorum incidisset, interemptus aut male tractatus ab eis recessisset. Et in tantum invaluerunt rurales supradicti, quod ultra quinque millia (2) poterant æstimari, quærentes nobiles et eorum maneria cum uxoribus et liberis exstirpare; propter quod nobiles se aliquo tempore retrahentes, non videbantur incedere sicut prius. Sed istud negotium monstruosum diu non duravit : quinimo sicut a seipso, et non a Deo; nec auctoritate debita, ut puta domini superioris, dicti rurales hoc inchoaverunt, sed a semetipsis; ita totum eorum desiderium cito desiit et finivit. Nam ipsi qui prius, ut eis videbatur, quodam zelo justitiæ hoc inchoaverant, quia domini sui eos non defendebant sed opprimebant, converterunt se ad opera vilia et nefanda, quia, ut fertur, dominas nobiles suas vili libidine opprimebant, parvulos nobiles, ut diximus, innocentulos perimebant, bona reperta rapiebant, se ipsos et feminas suas rusticanas curiosius vestientes; idcirco quod male

(1) D'Achery a imprimé, contrairement à tous les Mss., *unde castrum de Curnovilla*. Il faut sans doute lire *Ermenovilla*. Voy. *Grandes Chron.*, t. VI, p. 111 et 118, not.

(2) Secousse, dans son *Hist. de Charles le Mauv.*, t. I, p. 236, traduit : qu'ils se trouvèrent plus de 15 000. C'est sans doute une faute d'impression.

agebant durare diu non poterat, nec decebat. Unde nobiles hoc videntes se paulative adunaverunt, et sagaci armorum cautela ad eos venerunt, et potissime rex Navarræ, qui aliquos de eorum capitaneis blanditiis advocavit, et non credentes aut cogitantes interfecit. Quibus mortuis, versus villam Montisdesiderii super alios quamplures adunatos et ipse rex cum gente sua, una etiam cum comite sancti Pauli, irruit, et eos gladio occidit et peremit. Sed adhuc sic non remansit dictum fatuum negotium impunitum. Nam milites et nobiles resumentes vires suas, se de prædictis vindicare cupientes, se fortius adunaverunt; et per villas campestres multas discurrentes, quamplures flammis incenderunt, rusticos, tam illos quos credebant nocuos fuisse quam alios, per domos, per vineas fodientes, et per agros miserabiliter occidebant. De incendio prædicto lugent Verbria et Crux sancti Audoeni prope Compendium, et multæ aliæ villæ rurales campestres, quas non vidi nec hic noto.

Eodem anno MCCCLVIII, durante adhuc indignatione ducis Normanniæ regentis regnum, ut dictum est, contra cives Parisienses, fortitudo et congregatio ipsorum (1) major erat Meldis. Unde domina ducissa cum nobilibus existente in fortalitiis Meldensibus, duce absente et remotius existente (2), mota est contro-

(1) Secousse entend par là qu'il y avait à Meaux un grand nombre de bourgeois de Paris, *ipsorum* civium *Parisiensium;* mais ce sens s'accorderait mal avec ce que dit l'auteur quelques lignes plus bas, *aliqui de Parisius armati accesserunt Meldis.* Les mots *fortitudo et congregatio ipsorum* doivent s'entendre, à notre avis, des nobles dont il est question dans le précédent alinéa.

(2) D'Achery s'est trompé en lisant deux fois *exeunte* au lieu de *existente* dans le Ms. 435.

versia inter nobiles clausos in fortalitio illo, et inter majorem (1) civitatis Meldensis et concives. Nam, prout fertur, aliqui de Parisius armati accesserunt Meldis (2), quia cives Meldenses, qui nobiles propter eorum oppressiones odiebant, libenter eos bellicis ictibus, ut dicitur, invasissent, si subsidium bonum a Parisius habuissent, quod et factum est. Nam cives nobiles in fortalitio (3) cum ducissa invaserunt, in porta super pontem pugnantes ad invicem; sed nobiles, magis docti in armis, cives superaverunt ensibus et vicerunt. Quibus superatis nobiles fortalitium exeuntes, per civitatem Meldensem currentes sicut rabidi, populum passim et indifferenter occiderunt, exceptis his qui fugere potuerunt; villam totam deprædati sunt, viros et mulieres captivos duxerunt et in fortalitio Meldensi recluserunt, nihil quod portare possent in ecclesiis et domibus dimittentes. Deinde totam civitatem incendio tradiderunt, et quantum potuerunt, præter fortalitium, destruxerunt. Post hæc per adjacentem patriam furibunde currentes, homines quos reperiebant occidebant, ignes in diversis villis apponentes.

---

(1) Nous adoptons la correction faite ici par Secousse au texte des Mss., qui portent tous *inter majores civitatis. Hist. de Charles le Mauv.*, t. I, p. 253. Voy. *Grandes Chron.*, t. VI, p. 113.

(2) Plusieurs bourgeois de Paris marchèrent en effet sur Meaux, le 9 juin 1358, sous la conduite d'un épicier nommé Pierre Gille. *Grandes Chron.*, ibid.

(3) Cette forteresse de Meaux se nommait le Marché; on en peut voir la description détaillée dans Secousse, t. I, p. 243 et suiv.

La Chronique de Jean de Venette, d'après l'édition H. Géraud, *S.H.F.*, Paris, 1847, tome II, pp. 263-266.

279. — *De Jaqueria.* — Quoniam agrestes incole ubique depredabantur nec erat qui predonibus et adversariis resisteret, XXVII[a] die mensis maii[1], circa villam sancti Lupi de Ceranis[2], Morecelli, Cramosciaci, circa etiam Calvummontem et in dyocesi Belvacensi, sub duce quodam rustico qui Guillelmus Calle[3] vocabatur, insurrexerunt in nobiles. Ab hiis locis, eorum augmentato numero, de Belvovicino usque Compendium et inde Silvanentum sue nequitie dilatantes vestigia, quoscunque insignes viros vel infantes reperiebant, neci [dabant], nec illis parcentes cum quibus fuerant nutriti dulciter et educati. Pluries etiam ingenuas dominas et domicellas[4] construprantes (*sic*), eas postmodum inhumaniter occiderunt etiam cum ipsas[5] percipiebant pregnantes, earum etiam domicilia flamma voraci consumendo. Dum sic canina rabie ibant euntes et redeuntes servirent auxilio Silvanetensium, Armenonvillam[6], Tyers[7] et adjacentia castra solotenus destruentes et ad castrum Bellimontis super Ysaram[8] accedentes, dominam ducissam Aurelianensem, regis

1. Le 28 mai 1358, d'après les *Grandes Chroniques* (t. VI, p. 110).
2. Saint-Leu-de-Sérens.
3. D'après le Continuateur de Guillaume de Nangis (t. II, p. 263), Guillaume Calle était originaire de Mello.
4. Ms. *domicelles.*
5. Ms. *ipsum.*
6. Ermenonville, Oise, arr. de Senlis, cant. de Nanteuil-le-Haudouin.
7. Thiers, Oise, arr. et cant. de Senlis.
8. Beaumont-sur-Oise, Seine-et-Oise, arr. de Pontoise, cant. de l'Isle-Adam.

1358] RICHARDI SCOTI CHRONICI CONTINUATIO. 127

Francie Karoli filiam, Parisius fugere compulerunt, quo cognito, oppidum in magna parte destruxerunt. Ad similia etiam nephanda scelera perpetranda homines Morenciaci vallis incitarunt, ad ipsos etiam multi burgenses turmatim convolabant qui exercendo facinora semper in ore habebant : « Insurgamus in istos nobiles proditores qui, regni deffensionem postponendo, nil aliud intendunt quam plebis substantiam devorare. »

La Chronique du continuateur de Richard Lescot, d'après l'édition J. Lemoine, *S.H.F.*, Paris, 1896, pp. 126-127.

En cest temps [1], s'esmurent les Jacques parmy Beauvoisin, et commencerent vers Saint Leu de Cerens [2] et vers Cleremont en Beauvoisin. Entre eulx estoit ung homme bien sachant et bien parlant, de belle figure et fourme. Cestui avoit nom Guillaume Charles. Les Jacquez en firent leur chief. Maiz il vit bien que c'estoient gens de petit fait, pourquoy il fit reffuz d'en avoir le gouvernement. Maiz de fait les Jacques le prindrent et en firent leur gouverneur avecques ung homme qui estoit hospitalier, qui avoit veu des guerres. Aussi en avoit veu Guillaume Charles qui leur disoit qu'ilz se tenissent ensemble. Et quant les Jacques se virent grant assemblée, si coururent sus aux nobles hommes et en occistrent plusieurs et encores firent ilz pis comme gens desvez et forcenez et de petit ensient. Car femmes et enfans nobles mistrent plusieurs à mort, dont Guillaume Charles leur

1. Cette partie de notre chronique relative à la Jacquerie a été déjà publiée dans l'ouvrage intitulé : *Histoire de la Jacquerie d'après des documents inédits*, par Siméon Luce. In-8, Paris, 1859, chez Durand, p. 226-231.

2. Saint-Leu de Cerens, Saint-Leu d'Esserent, Oise, arr. de Senlis, c. de Creil.

dist souventeffoiz qu'ilz excedoient trop grandement, maiz onc pour ce rien n'en laisserent.

Lors Guillaume Charles vit bien que la chose ne povoit ainsi remaindre; car s'ilz se departoient, les gentilz hommes leur courroient sus. Donc envoya des plus sages et des plus notables devers le prevost des marchans de Paris et lui escript qu'il estoit en son aide et aussi qu'il lui fut aidant et secourant, se besoing estoit. De ce furent les generaulx des trois estas joyeulx, et escriprent à Guillaume Charles qu'ilz estoient du tout prestz à luy faire secours. Iceulx Jacques vindrent jusques à Gaillefontaines[1]. La contesse de Valloiz qui là estoit se doubta d'eulx et leur fit beau semblant et leur fit donner des vivres. Car ilz avoient acoustumé par les villes [et] places où ilz passoient que les gens, femmes ou hommes, mettoient les tables es rues, et là mengoient les Jacques et puis passoient oultre, ardans les maisons aux gentilz hommes.

Adonc les gentilz hommes vindrent devers le roy de Navarre à refuge et lui requirent comme il vousist mettre remede et peine que ces Jacques fussent rués jus, desconfiz et mis à mort et lui distrent : « Sire, vous estes le plus gentil homme du monde. Ne souffrés pas que gentillesse soit mise à neant. Se ceste gent qui se dient Jacques durent longuement et les bonnes villes soient de leur aide, ilz mettront gentillesse au neant et du tout destruiront. » Lors s'acorda Charles roy de Navarre qu'il leur aideroit contre les Jacques. Et là lui promistrent les gentilz

1. Gaillefontaine, Seine-Inférieure, arr. de Neufchâtel, c. de Forges.

hommes que contre luy jà ne seroient et en prist leur foy.

Quant le roy de Navarre oult la foi prinse des gentilz hommes que ja en ses affaires ilz ne seroient contre lui, il se parti de Longueville avec les gentilz hommes et Angloiz environ bien quatre cens combatans. Et vint chevaucant sur les Jacques en Beauvoisin et vint devant les Jacques prez de Cleremont en Beauvoisin. Et là fit des gentilz hommes de France deux batailles dont il conduit l'une et le sire de Piquegny et le viconte des Kesnes l'autre, et Robert Sercot conduit celle des Angloiz.

Les Jacques sceurent bien que le roy de Navarre et les gentilz hommes venoient sur eulx. Lors leur dist Guillaume Charles : « Beaux seigneurs, vous scavez comme les gentilz hommes viennent sur nous, et sont grant gent et duiz de la guerre. Se vous me croyes, nous yrons empres Paris et là prendron aucune place et si auron le confort et l'aide de ceulx de la ville. » Et lors crierent les Jacques que jà ne fuiront et qu'ilz sont assez fors pour combatre les gentilz hommes. Ilz se fioient trop en eulx pour ce qu'ilz se veoient grant nombre. Guillaume Charles et l'ospitallier rengerent les Jacquez et firent deux batailles et en chacune mistrent deux mille hommes. Et ceulx qui avoient arcz et arbalestes mistrent en front devant, et par devant eulx mistrent leur charroy. Une autre bataille firent de leurs gens à cheval où il mistrent bien six cens hommes dont le plus estoient armés, et furent par deux jours ainsi là rengiez.

Le roy de Navarre et les gentilz hommes dont d'aucuns sont retraiz cy les nomz, c'est assavoir monsei-

gneur Louis de Harecourt, monseigneur de Piquegny, monseigneur d'Aubegny, le baron de Coussi, monseigneur Hue de Chasteillon, monseigneur de Roye, monseigneur Mathieu de Roye, monseigneur Raoul de Reneval, monseigneur de Preaulx, monseigneur Mouton sire de Blainville, le preux chevalier monseigneur de Buyville, monseigneur Guillaume du Melle, le viconte des Kesnes, monseigneur d'Ennequin, monseigneur de La Ferté, monseigneur de Basqueville, monseigneur Friquet de Friquans, monseigneur Regnault de Braquemont, monseigneur Ferry de Piquegny, monseigneur de Montmorency, monseigneur de Chantemelle, monseigneur Hue de Villers, monseigneur d'Ivry, monseigneur de Saquainville, monseigneur de Clere, monseigneur de Tournebut, monseigneur de Fontaines, monseigneur Lohier de Trye, monseigneur de Berreville, sire Pierres de Gisors, Le Noir de Graville, monseigneur Guillaume Le Bigot, monseigneur Guillaume aux Espaules, monseigneur Jehan de Bellengues, monseigneur Nichole Paennel, dit Hutin, le seneschal d'Eu nommé Malesmains, Jacquemars de Fiennes o plusieurs autres nobles et Robert Sercot qui guidoit les Angloiz; tous yces nobles, avec moult d'autres dont les noms ne sont pas icy retraiz, tant qu'ilz estoient bien mille hommes d'armes, vindrent en la compaignie du roy de Navarre par devant les Jacques, lesquelz de grant visaige et maniere se tenoient en ordonnance et cornoient et busінoient et haultement cryoient Mont Joye, et portoient moult d'enseingnes paintes à fleur de liz.

Le roy de Navarre manda à trevez au chief d'eulx qu'il veusist parler à lui. Guillaume Charles y ala sim-

plement, car il ne demanda nulz hostages. Et quelque il vint au roy de Navarre, pour ce que les Jacques furent sans chief, Robert Sercot o toute sa bataille prist les Jacques en travers et leur rompi une de leurs batailles à force de glaives. Et à la radeur des chevaulx en celle venue rompoient et abatoient les Jacquez par devant eulx. Adonc furent les Jacques tous esperduz pour leur cappitaine qui n'estoit point avecquez eulx, et furent d'eulx mesmes tous desconfiz. Et en mistrent les Angloiz moult à mort. Puis vint l'autre bataille des gentilz hommes qui vindrent courre sus à l'autre bataille, et la rompirent aux glaives et à la force de leurs chevaulx. Et les barons et seigneurs dessus nommez moult yréement pristrent à occire les Jacques. Ceulx qui estoient de cheval du costé des Jacques, quant ilz virent ceulx de leur costé qui tournoient à desconfiture, ilz s'en fuirent, et s'en sauva la greigneur partie. Monseigneur Friquet de Friquans et monseigneur Regnault de Braquemont les parsuirent à tout cent glaives et en occistrent bien ung cent.

Charles le roy de Navarre, o toute sa bataille qui estoit moult grande, se fery sur les Jacques de pié et les mistrent tous à mort, excepté ung pou qui se tappirent en ung champ de blé qui par nuyt s'en fuirent. Si en occist on moult en ce blé, maiz le champ estoit bien grant. Aprez ce que les Jacques furent desconfis, le roy de Navarre ala à Cleremont en Beauvoisin, et là fit decapiter le cappitaine des Jacques Une route de gentilz hommes où estoit le Baudrain de la Heuse, monseigneur Guillaume Martel, monseigneur Jehan Sonnain, monseigneur Jehan Le Bigot et le bailli de Caux, en leur route bien trois cens glaives, lesquelz

76 CHRONIQUE

aloient en l'aide du roy de Navarre contre les Jacques, et ilz ourent ouyez nouvelles que les Jacques estoient desconfiz, si s'en devallerent en la fin de Beauvoisin où avoit aucunez routes des Jacques. Et assemblerent les diz gentilz hommes Normans o ceulx d'Amiois et de Bray. Et trouverent emprez Poiz[1] une route de Jacques, lesquelz aloient à la grant route que Guillaume Charles gouvernoit. Par les gentilz hommes dessus diz furent mis tous à mort sans mercy plus de treize cens. Puis chevaucerent les diz gentilz hommes à Gerberray[2] monseigneur de Beausaut avecquez eulx, monseigneur le chastellain de Beauvaiz et monseigneur de Boulainvilliers qui là adjousterent avecquez eulx o bien sept cens glaives et quatre vingt et diz archiers. Quant ilz furent assemblés, si se combatirent entre Ray[3] et Gerberray une autre route de Jacques et là en occistrent bien huit cens, et en ung monstier en ardirent bien trois cens. Puis vindrent à Gaillefontaines où madame de Valloiz estoit et luy firent moult d'ennuy pour ce qu'elle avoit donné des vivres aux Jacquez, comme ilz disoient, et là occistrent bien mille paisans. Ainsi furent les Jacquez desconfiz et destruiz en Beauvoisin et es marches d'environ. En Brie, le conte de Roussi en occist grant foison et fit pendre à leurs huis. Ainsi furent tous destruiz.

1. Poix, Somme, arr. d'Amiens, chef-lieu de canton.
2. Gerberoy, Oise, arr. de Beauvais, c. de Songeons.
3. Roye, Somme, arr. de Montdidier, chef-lieu de canton.

La Chronique des quatre premiers Valois, d'après l'édition de S. Luce, *S.H.F.*, Paris, 1862, pp. 71-76.

En ce temps estoit Charles le regent à Meaulz, et assembla aucuns de ses chevaliers feables et se plaingnit à eulz[2] des cruaultés, que on faisoit à lui et à ses amis. Lors fut le regent conseillié que il mandast aux chevaliers de France et de Beauvoisin, qui avoient forteresses, que briefment ilz meissent des garnisons dedens grant planté pour mettre des gens d'armes dedens pour destraindre la ville de Paris, que vivres ne marchandise n'y peussent entrer pour la ville gouverner. Lors fut fait ce mandement à pluseurs chevaliers, et ceulz qui forteresses avoient s'assemblerent ensemble pour savoir comment ilz pourroient acomplir le mandement du regent, car li pluseurs n'avoient mie pourvoiance pour les chasteaux garnir. Et eurent conseil que ceulz qui pourvoiance n'avoient en prenissent sur leurs hommes. Par ce conseil prindrent aucuns des biens de leurs hommes oultrageusement, tant que les paisans distrent que les chevaliers,

1. Robert B.
2. à eulz *manque* B.

qui les devoient garder, avoient prins conseil de leur oster touz leurs biens. Pour ce fait s'esmeurent[1] les paisans moult merveilleusement[2] et coururent sur les chevaliers et sur touz les nobles et mesmes sur leurs seigneurs, et s'assemblerent et moult cruelment occirent pluseurs nobles femmes et enffans, et abatirent leurs forteresses et leurs maisons. Quant le prevost des marchans seut la crueuse esmeute des paisans, il fist yssir hors la commune de Paris, et alerent abatre la tour de Gornay, le fort de Palesuel et Trappes[3] et Chevreuse[4] .... engesme et pluseurs autres villes et[5] forteresses, qui estoient entour Paris.

En ce temps alerent les paisans à Beauvoisin entour Compiengne et manderent que on leur envoiast et rendist tous les nobles, qui léans s'estoient mis, mais les bourgois les reffurerent et porterent garant aux nobles hommes, qui en la ville de Compiengne estoient. En ce temps s'en alerent pluseurs des nobles hommes de France et de Beauvoisin hors du pais, car moult doubtoient la cruaulté des paisans, qui sanz pitié et sanz rançon occioient hommes, femmes et enffans de nobles lignées. Et alerent les diz paisans assegier un chastel, qui estoit nommé le Plaissie[6], lequel estoit Mahieu de Roye, là où pluseurs nobles s'estoient mis à garant. Mais Raoul de Coucy et pluseurs autres chevaliers se assemblerent et alerent contre les diz pai-

1. se mistrent A.
2. moult merveilleusement *manque* B.
3. Trible 5610.
4. *Ici un blanc dans* A *et* B; 5610 *porte* Lenne et Engencie.
5. villes et *manque* A.
6. Plessie B; le Plaisier 5610.

sans et les desconfirent et en occirent pluseurs et grant foison. Puis se rassemblerent autres paisans en pluseurs lieux, en Beauvoisin et en France, et mesmes ceulz de Beauvoisin qui estoient contre les nobles en envoierent pluseurs à Beauvaiz, qui furent occis par le consentement du commun de la ville. Et aussi le maire d'Amiens y envoya c hommes du commun[1], mais il en despleut au conseil de la ville et s'en retournerent assez brief[2]. Les nobles du royaume de France[3] s'assemblerent de pluseurs pais pour resister aux villains, qui furent de là en avant appellez Jaques. Bien III mil d'iceulz Jaques alerent ardoir[4] et destruire le chastel de Pois, et destruisoient ce que ilz povoient trouver des nobles et de leurs ostelz, et alerent vers Aumarle jusques à Ligneres, et là les trouverent bien VI^xx hommes d'armes, Normans et Picars. Et se mistrent les Jaques en belle ordonnance, mais ilz furent desconfiz et furent bien mors XXII^c, et y fut mort un chevalier, nommé Testart de Pinquigny, que les Jaques tuerent en parlant à eulz à leur seurté, avant que on combatist. De là passerent iceulz nobles jusques[5] à Poix et vers le Beauvoisin et grant foison en tuerent[6].

1. en l'aide des villains *ajoute* 5610.

2. s'en retournerent sans riens meffaire as nobles hommes se moult pau non 5610.

3. de France *manque* B.

4. aler ardoir A.

5. jusques *manque* B.

6. *La fin de ce paragraphe manque dans* 5610 *depuis les mots* assez brief (*p.* 129). *En outre la rédaction du paragraphe qui suit immédiatement est assez différente dans ce manuscrit, pour que nous jugions utile de la donner :* Adont manderent li noble de Franche secours en mainte contrée par le Crestienté, et firent mainte pit-

En ce temps assembla le roy de Navarre grans gens et ala vers Cleremont en Beauvoisin, et en tua[1] plus de VIII^c^ et fist copper la teste à leur cappitaine, qui se vouloit tenir pour roy[2], et dient aucuns que les Jaques s'attendoient que le roy de Navarre leur deust aidier pour l'aliance, que il avoit au prevost des marchans, par lequel prevost la Jaquerie s'esmut[3], si comme on dit.

En ce temps alerent ceulz de Paris à Ermenonville et assaillirent le chastel et le prindrent d'assaut. Là estoit de Lorris, qui avoit l'ordre de chevalerie, mais par paour il regnia gentillesse et jura que il amoit mieulx les bourgois et le commun de Paris que les nobles, et par ce fut sauvé et sa femme[4] et ses enffans, mais ses biens furent touz robez et prins, qui dedens le chastel estoient. Lors reppairerent ycelles gens à Paris.

Et adont ala le regent à Compiengne pour assembler sa chevalerie et ses nobles hommes, et laissa la royne[5] à Meaulz, et avecques elle le Begue de Villaines,

teuse clameur en leurs lettrez, dont s'assamblerent li noble de maint paiis. — En che tamps avoit li rois de Navare assanblé mout grant gent et plenté de gens d'armes, Engles et Normans. Et en alerent au castel de Clermont et là manda I des cappitaines des villains, qu'il allast parler à luy et qu'il voloit estre de leur partie. Lors y alla chis, mais tantost qu'il y fu venus, li roy li fist copper le teste. Puis alla à toute se gent sur les villains, qui cuidoient qu'il leur deuist aidier, ainsy comme il leur avoit mandé, mais il leur fally et se gent, et en ochisent plus de VIII chens.

1. tua *manque* A; tuerent B.
2. le roy B.
3. se suivit B.
4. qui de Paris estoit *ajoute* 5610.
5. se femme 5610.

Heron de Mail, le Borgne de Chambeli[1] et pluseurs autres nobles hommes, et garnirent la forteresse du Marché de Meaulz grandement. Mais ceulz de Meaulz manderent secours au prevost des marchans, et le dit prevost y envoya XIIII^c hommes d'armes du commun de Paris. Et ceulz de Meaulz alerent sur le pont pour assaillir la forteresse du Marchié, mais les nobles se defendirent bien et fut mort le Borgne de Chambeli. Et en ce point vint le conte de Fois à Meaulx, et tantost alerent courre seure aux Jaques ceulz qui par avant estoient en la ville et lui[2], et furent les Jaques desconfiz et grant nombre mors et prins, et bouterent le feu en la ville et la gasterent et coururent[3].

Quant le prevost des marchans sceut que le regent et ses nobles hommes s'efforçoient et faisoient grant assemblée, lors fist tant au commun de Paris, que ilz s'accorderent que le roy de Navarre feust cappitaine de Paris. Et il y vint et amena grant foison d'Anglois et

1. Chambelly B.
2. et lui *manque* B.
3. *Voici le récit du siège de Meaux, d'après le ms.* 5610 : Et laissa se femme à Miaux, avec luy le Beghe de Villainnes et le Beghe de Chambely, qui firent garnisonz grant plenté mettre en le fortresche du Marquiet, car il y metoient tout l'avoir des villains, qu'il avoient mort et desconfit en pluiseurs lieux. Lors se doubterent chil de la ville et de Miaux et manderent secours à chiaux de Paris, dont leur envoia li prouvos des marchans XIIII^c hommez du commun de Paris. Chil les rechurent liement. Dont alerent sur le pont pour assallir le fortresche du Marquiet, mais li noble se deffendirent fort, et là fu ochis li Beghes de Chambely, qui estoit boins chevaliers. Mais toutefois tinrent li noble le fortresche du Marquiet tant que chil de Paris s'en ralerent. Et tantost apprés entrerent li noble en le ville et le fourrerent et y bouterent le fu et ochirent grant plenté de gent, et fu moult le ville essillie par fu.

de Navarrois et autres gens d'armes, et par conseil yssirent de Paris XIIIIm hommes de commun pour aler avec lui assegier le regent à Compiengne, et alerent jusques à Senliz, et oirent dire que grant foison de nobles venoient à la semonse du regent de France et retournerent de Senliz à Paris.

En ce temps s'assemblerent les[1] nobles de pluseurs contrées[2], et fut le pais de Beauvoisin ars en pluseurs lieux et le peuple occis et chaciez et leurs richesses tolues, dont moult en avoient. Lors assembla le regent les nobles hommes jusques à X ou XII mil[3] et autres gens combatans, et ala à siege devant la cité de Paris, et requist conseil à ses amis comment il pourroit seignourer[4] ceulz, qui lui et ses amis grevoient si cruelment. Là ot conseil le regent, que [se] sa bataille feroit contre ceulz de Paris et il estoit victorieus et il abandonnoit aux nobles hommes à destruire la ville de Paris, moult seroit merveilleuse la perte et moult en pourroit ennuier au roy Jehan son pere, qui estoit prisonnier en Engleterre; et se il avenoit que il feust desconfiz et son peuple occis, il seroit en aventure d'estre chaciez hors[5] du royaume, car le roy de Navarre, dont ilz avoient fait leur gouverneur, tendoit moult à le desheriter. Adont par conseil fut traitie la paix du regent et du roy de Navarre, et fut tendu un paveillon entre la maison Saint Anthoine et le bois de Vinciennes.

1. plusieurs B.
2. de ..... contrées *manque* B.
3. XL mil ou plus 5610.
4. seigneurir B; guerre mener contre 5610.
5. hors *manque* B.

La Chronique Normande du XIVe siècle, d'après l'édition A. et E. Molinier, *S.H.F.*, Paris, 1882, pp. 127-132.

LXXIV.

Du commencement et première assemblée de la mauvaise Jaquerie de Beauvoisin.

Le lundi, vint-huitiesme jour dudit moys de may, s'esmurent pluseurs menues gens de Beauvoisin des villes de Saint-Leu de Serens, de Nointel, de Cramoisi (1) et d'environ, et se assemblèrent par mouvement mauvais. Et coururent sur pluseurs gentils hommes qui estoient en ladite ville de Saint-Leu et en tuèrent neuf : quatre chevaliers et cinq escuiers. Et ce fait, meus de mauvais esprit, alèrent par le pays de Beauvoisin, et chascun jour croissoient en nombre, et tuoient tous gentils hommes et gentils femmes qu'il trouvoient, et pluseurs enfans tuoient-il. Et abattoient ou ardoient toutes maisons de gentils hommes qu'il trouvoient, fussent forteresces ou autres maisons. Et firent un capitaine que on appelloit Guillaume Cale (2). Et alèrent à Compiègne, mais ceux de la ville ne les y laissièrent entrer. Et depuis il alèrent à Senlis, et firent tant que ceux

(1) *Nointel, Saint-Leu* et *Cramoisi* sont aujourd'hui trois villages : le premier au-dessus de Beaumont-sur-Oise; le second sur la même rivière, à cinq lieues au-dessous; le troisième entre Mello et Saint-Leu. Quant à *Serens*, ce doit être le surnom du village de Saint-Leu, et il faut le reconnoitre dans le *Sanctum-Lupum de Cherunto* du Continuateur de Nangis. La carte de Desnos *(Généralité de Paris)* écrit : *Saint-Leu Desservant. Tiers* et *Ermenonville*, que les paysans abattirent, sont des villages situés aux deux extrémités de la forêt d'Ermenonville, à quatre ou cinq lieues de Saint-Leu. La chronique inédite du Msc. 530 dit également que « la première esmeute des paysans contre les nobles fu » commenciée dans la première sepmaine du moys de juing. » (F° 69, V°.)

(2) *Guillaume Cale.* « Capitaneum quemdam de villâ quæ *Mello* dicitur, » rusticum magis astutum ordinarunt, scilicet *Guillermum* dictum *Karle.* » (Continuateur de G. de Nangis.) La Jaquerie, l'un des épisodes de la déplorable année 1358, offre les plus grands rapports avec les bandes qui, presque de nos jours, crioient : *Guerre aux Châteaux*, *Paix aux Chaumières.*

de ladite ville alèrent en leur compaignie. Et abattirent toutes les forteresces du pays, Armenonville, Tiers et une partie du chastel de Beaumont-sur-Oyse. Et s'enfouy la duchesse d'Orléans qui estoit dedens, et s'en ala à Paris.

LXXV.

De la mort du maistre du pont de Paris et du maistre charpentier du roy, par les gouverneurs de Paris.

Le mardi vint-neuviesme jour dudit moys, le prévost des marchans et les autres gouverneurs de Paris firent couper les testes et après escarteler les corps, en Grève à Paris, au maistre du pont de Paris, appellé Jehan Peret, et au maistre charpentier du roy, appellé Henry Metret, à tort et sans cause; pour ce, si comme il disoient, que il devoient avoir traictié avec aucuns dudit duc de Normendie, ainsné fils du roy de France et régent le royaume, de mettre gens d'armes dedens ladite ville de Paris pour ledit régent. Et firent pendre les quartiers desdis maistres aux entrées de ladite ville de Paris. Et je qui ceci escris vi (1) que quant le bourel, appellé lors Raoulet, voult coupper la teste au premier maistre, c'est assavoir audit Peret, il chaï et fu tourmenté d'une cruelle passion tant que il rendoit escume par sa bouche; dont pluseurs de Paris disoient que ce estoit miracle, et que il déplaisoit à Dieu de ce que on les faisoit mourir sans cause. Et lors un advocat du Chaste-

(1) *Et je qui ceci escris.* Ces mots ne sont que dans le manuscrit de Charles V : les autres avec les éditions gothiques portent : « *Et virent pluseurs.* » Notre texte doit être le véritable et prouve que le Chroniqueur étoit à Paris dans ce temps là, sans doute assez mal à son aise, en raison de ses sentimens de loyauté. — Les éditions précédentes ne nomment pas *Peret.*

let, appellé maistre Jehan Godart, lequel estoit aux fenestres de l'ostel de la ville, en la place de Grève, dist haultement oïant le peuple qui là estoit : « Bonnes gens, ne vous » vueilliez esmerveillier sé Raoulet est ainsi chéu de » mauvaise maladie, car il en est entechié (1), et en chiet » souvent. »

LXXVI.

De la cruauté de ceulx de Beauvoisin; et coment le régent se parti de Meaux pour aler à Sens.

En ce temps multiplièrent moult ces gens de Beauvoisin. Et se resmuèrent et assemblèrent pluseurs autres en diverses flotes en la terre de Morency, et abatirent et ardirent toutes les maisons et chastiaux du seigneur de Morency et des autres gentils hommes du pays. Et aussi se firent autres assemblées de tels gens en Mucien (2) et en autres lieux environ. Et en ces assemblées avoit gens de labour le plus, et si y avoit de riches hommes, bourgois et autres; et tous gentils hommes que il povoient trouver il tuoient, et si faisoient-il gentils femmes et pluseurs enfans; qui parestoit trop grant forsennerie.

En ce temps, ledit regent qui estoit au marchié de Meaux que il avoit fait enforcier et faisoit de jour en jour, s'en parti et ala au chastel de Monstereil au fort d'Yonne; et assez tost après s'en parti et ala en la cité de Sens, en laquelle il entra le samedi neuviesme jour de juing ensuivant, à matin. Et fu receu en ladite cité par les gens

(1) *Entechié*. Affecté.

(2) *Mucien* ou *Mulcien*. « Pagus Melcianus. » C'est la partie de Brie renfermée entre *Crepy* et *Crécy*. Elle comprend Meaux, May-en-Mulcien, Rosoy-en-Mulcien, etc. (Voy. M. *Guérard*, Provinces et Pays de la France, dans l'*Annuaire de la Société de l'Histoire de France*, année 1837.)

d'icelle moult honnorablement si comme il le devoient faire, comme à leur droit seigneur après le roy de France son père. Et toutesvoies, avoit lors pou de villes, cités ou autres en la Langue d'oyl qui ne fussent meues contre les gentils hommes, tant en faveur de ceux de Paris qui trop les haoient, comme pour le mouvement du peuple. Et néantmoins fu-il receu en ladite ville de Sens à grant paix et honorablement. Et fist ledit régent en ladite ville grant mandement de gens d'armes.

LXXVII.

Coment ceux de Paris furent desconfis à Meaux; et de la mort du maire de la ville appellé Jehan Soulas.

Celuy samedi meisme, qui estoit le neuviesme jour de juing, l'an mil trois cens cinquante-huit, pluseurs qui estoient partis de la ville de Paris, jusques au nombre de trois cens ou environ, desquels gens estoit capitain un appellé Pierre Gille espicier de Paris, et environ cinq cens qui s'estoient assemblés à Cilly en Mucien (1), desquels estoit capitain un appellé Jehan Vaillant prévost des monnoies du roy, alèrent à Meaux. Et jasoit ce que Jehan Soulas, lors maire de Meaux, et pluseurs autres de ladite ville eussent juré audit régent que il luy seroient bons et loyaux et ne souffreroient aucune chose estre faite contre luy né contre son honneur, néantmoins il firent ouvrir les portes de ladite cité auxdis de Paris et de Cilly, et firent mettre les tables et les nappes parmy les rues, le pain, le vin et les viandes sus; et burent et mangièrent sé il voul-

(1) *Cilly* ou *Silly*. Aujourd'hui hameau à quatre lieues au-delà de Dammartin, près de la route de Soissons.

10.

drent et se resfraichirent. Et après se mirent en bataille, en alant droit vers le marchié de ladite ville de Meaux auquel estoit la duchesse de Normendie et sa fille, et la seur dudit régent, appellée madame Ysabel de France qui puis fu femme du fils du seigneur de Milan et fu contesse de Vertus que le roy Jehan, son père, luy donna à son mariage. Et avec eux estoit le conte de Foys, le seigneur de Hangest et pluseurs autres gentils hommes que ledit régent y avoit laissiés pour garder ladite duchesse sa femme, sa fille, sa seur et ledit marchié.

Si issirent dudit marchié lesdits conte de Foys, le seigneur de Hangest et aucuns autres, jusques au nombre de vint-cinq hommes d'armes ou environ, et alèrent contre les dessusdis Pierre Gille et sa compaignie ; et se combattirent à eux. Et là fu tué un chevalier dudit marchié appellé monseigneur Loys de Chambly, d'un vireton près de l'euil. Finablement ceux dudit marchié eurent victoire. Et furent ceux de Paris, de Cilly et pluseurs de la cité de Meaux qui s'estoient mis avec eux, desconfis. Et pour ce, ceux dudit marchié mirent le feu en ladite cité et ardirent aucunes maisons (1).

Et depuis furent informés que pluseurs de ladite cité avoient esté armés contre eux et les avoient voulu trahir, et pour ce ceux dudit marchié pillièrent et ardirent partie de ladite cité. Mais la grant église ne fu pas arse né aussi aucunes maisons des chanoines : mais toutesvoies fu

(1) Le manuscrit de Charles V donne ici, dans une miniature, la représentation du combat. Le *marché* de Meaux est une forteresse dont on distingue trois tours, surmontées chacune d'un petit pennon blanc. Le drapeau blanc étoit donc, dès le règne du roi Jean, celui de la monarchie françoise ; je ne crois pas qu'on l'ait encore remarqué dans un monument aussi ancien. Au reste, il se pourroit que les couleurs *bleu et rouge* du parti populaire eussent été la première cause de l'adoption d'une troisième couleur, le *blanc*, pour signe de ralliement des royalistes.

tout pris ; et aussi fu le chastel qui estoit au roy ars ; et dura ledit feu tant en ladite ville comme audit chastel plus de quinze jours. Et pristrent ceux dudit marchié Jehan Soulas, le maire de ladite ville de Meaux, et pluseurs autres hommes et femmes, et les tindrent prisons audit marchié. Et depuis fit-l'en mourir ledit maire, si comme droit estoit.

LXXVIII.

De la mort Guillaume Cale par le roy de Navarre; et coment ledit roy ala de Beauvoisin à Saint-Ouyn, pour parler au prévost des marchans.

En celuy temps chevaulcha le roy de Navarre en Beauvoisin, et mist à mort pluseurs de ceux des communes ; et par espécial fist coupper la teste dudit Guillaume Cale à Clermont en Beauvoisin. Et pour ce que ceux de Paris luy mandèrent que il alast vers eux à Paris, il se traist à Saint-Ouyn, en l'ostel du roy appellé la Noble-Maison. Et là ala le prévost des marchans parlementer audit roy. Et le jeudi, quatorziesme jour dudit moys de juing, ala ledit roy de Navarre à Paris. Et contre luy alèrent pluseurs de ladite ville de Paris pour luy accompagnier jusques là où il descendi, c'est assavoir à Saint-Germain-des-Prés.

LXXIX.

Du preschement que le roy de Navarre fist en l'ostel de la ville, et coment par l'énortement de ses aliés fu fait capitain de Paris : dont pluseurs de ladite ville furent courrouciés.

Le vendredi, quinziesme jour de juing, ledit roy de Navarre vint en la maison de la ville et prescha. Et entre les

autres choses dist que il amoit moult le royaume de France et il y estoit moult bien tenu, si comme il disoit; car il estoit des Fleurs de lis de tous costés, et eust esté sa mère roy de France sé elle eust esté homme; car elle avoit esté seule fille du roy de France. Et si luy avoient les bonnes villes du royaume, par espécial celle de Paris, fait très grans biens et haus honneurs, lesquels il taisoit; et pour ce estoit-il prest de vivre et de mourir avecques eulx.

Et aussi prescha Charles Toussac et dist que le royaume de France estoit en petit point et avoit mal esté gouverné, et encore estoit; si estoit mestier que il y féissent un capitain qui mieux les gouverneroit et luy sembloit que meilleur ne povoient-il avoir du roy de Navarre.

Et à ce mot furent pluseurs forgiés et ordenés à ce, qui crièrent: *Navarre! Navarre!* tous à une voix ainsi comme sé il voulsissent dire: Nous voulons le roy de Navarre. Et toutesvoies, la plus grant partie de trop de ceulx qui là estoient se teurent et furent courrouciés dudit cry; mais il ne l'osèrent contredire.

Si fu lors esleu ledit roy en capitain de la ville de Paris; et luy fu dit, de par le prévost des marchands de Paris, que ceux de Paris escriproient à toutes bonnes villes du royaume, afin que chascun se consentist à faire ledit roy capitain universal par tout le royaume de France.

Et lors, leur fist ledit roy serment de les garder et gouverner bien et loyalement, et de vivre et morir avec eulx contre tous, sans aucun excepter; et leur dist: « Biaux seigneurs, ce royaume est moult malade, et y est la maladie » moult enracinée; et, pour ce, ne puet-il estre si tost gary: » si ne vous vueilliés pas mouvoir contre moy sé je ne » apaise si tost les besoingnes, car il y faut trait et labour. »

LXXX.

Coment ledit régent s'en ala de Sens à Provins, à Chasteau-Tierry et à Gandelus; et du nombre des Jaques tués par gentilshommes.

Celui vendredi meismes, ledit régent qui toute celle sepmaine avoit demouré à Sens, s'en parti et s'en ala à Provins, et d'illec vers Chasteau-Tierry et vers Gandelus (1) où l'en disoit qu'il avoit grande assemblée de ces communes que l'en appelloit Jaques-Bonhomme; et tousjours luy venoient gentilshommes de tous pays. Et la royne Jehanne estoit à Paris, laquelle mettoit grande diligence de faire aucun traictié entre ledit régent, par devers lequel elle envoioit souvent, et ceulx de Paris. Et pour ce se parti ladite royne de Paris le samedi vingt-troisiesme jour de juing pour aler par devers ledit régent qui estoit environ Meaulx, en attendant les gens d'armes qui luy venoient.

Et tousjours ardoient les gentilshommes aucunes maisons que il trouvoient à ceulx de Paris, sé il n'estoient officiers du roy ou dudit régent; et prenoient et emportoient tous les biens meubles que il trouvoient et estoient auxdis habitans; et ne se osoit homme qui alast par pays, avoer de Paris (2). Et aussi tuoient les gentilshommes tous ceux

(1) *Gandelus*. Aujourd'hui bourg du département de l'Aisne, à quatre lieues de *Château-Thierry*.

(2) C'est que ces *Marseillais* du XIVe siècle avoient été bien réellement soulevés par les anarchistes de Paris. Je demande la permission de citer à l'appui de cette opinion la précieuse chronique manuscrite conservée sous le no 530, Supplément françois. A l'occasion de l'expédition du roi de Navarre contre les Jacques, on y lit : « En ce temps » assembla le roy de Navarre grans gens et ala vers Clermont-en-Beau- » voisis, et en tuèrent plus de huit cens et fist copper la teste à leur » cappitaine *qui se vouloit tenir pour roy;* et dient aucuns que les Jacques

que il povoient trouver qui avoient esté de la compagnie des Jaques, c'est-à-dire des communes qui avoient tué les gentilshommes, leur femmes et leur enfans, et abattues maisons; et tant que on tenoit certainement que l'en en avoit bien tué dedens le jour de la saint Jean-Baptiste vint mil et plus.

LXXXI.

Coment les gentilshommes de Bourgoigne laissièrent le roy de Navarre.

Le vendredi vingt-deuxiesme jour dudit mois de juing, le roy de Navarre parti de Paris et avecques luy pluseurs de ladite ville et pluseurs de ses gens. Et estoient environ six cens glaives, et alèrent à Gonesse où pluseurs autres des villes de la visconté de Paris les attendoient. Et deux jours ou trois devant, pluseurs des gentilshommes qui avoient esté avec ledit roy de Navarre une partie de la saison et encore estoient, espécialement ceulx du pays de Bourgoigne, prisrent congié dudit roy de Navarre, quant il virent que il avoit accepté la capitainerie de ceus de Paris, en disant que il ne seroient point contre ledit régent né contre les gentilshommes; et s'en partirent et s'en alèrent en leur pays. Et ledit roy et sa compaignie s'en alèrent vers Senlis.

» s'attendoient que le roy de Navarre leur deust aidier, pour l'aliance » que il avoit au prévost des marchans, par lequel prévost la Jaquerie » s'esmeut, si comme on dit. En ce temps alèrent ceux de Paris » — (non pas les Navarrois) « à Ermenonville, et assaillirent le chastel et le prin- » drent d'assaut. Là estoit de Lorris, qui avoit l'ordre de chevalerie; mais » par paour il regnia gentillesse et jura que il amoit mieulx les bourgois » et le commun de Paris que les nobles; et par ce fu sauvé et sa femme » et ses enfans. Mais ses biens furent tous robés et prins qui dedens le » chastel estoient. Lors repairèrent icelles gens à Paris. » Notre chronique a dit plus haut qu'Ermenonville avoit été pris par les *Jaques*. Parisiens ou Jaques, c'étoit tout un.

Les Grandes Chroniques de France, d'après l'édition P. Paris, Paris, 1910 ~1920, tome VI, pp. 110-118.

§ 413. Assés tost après la delivrance dou roy de Navare, avint une mervilleuse et grande tribulations en pluiseurs parties dou royalme de France, si comme en Biauvoisis, en Brie et sus le rivière de Marne, en Laonnois, en Valois, en la terre de Couci et entours Soissons. Car aucunes gens des villes champestres, sans chief, s'assamblèrent en Biauvoisis. Et ne furent mies cent hommes li premier, et disent que tout li noble dou royalme de France, Chevalier et escuier, trahissoient le royaume, et que ce seroit grans biens, qui tous les destruiroit. Cescuns d'yaus dist : 《 il dist voir, il dist voir ; honnis soit (celi) par qui il demorra que tout li gentil home ne soient destruit. 》

Lors se cueillièrent et s'en alèrent, sans aultre conseil et sans nulle armeure, que de bastons fierés et de coutiaus, en le maison d'un chevalier qui priès de là demoroit ; si brisièrent le maison et tuèrent le chevalier, la dame et les enfans, petis et grans, et ardirent le maison. Secondement, il en alèrent à un aultre fort chastiel et fisent pis assés, car il prisent le chevalier et le loiièrent à une estache bien et fort, et violèrent se femme et se fille li pluiseur, voiant le chevalier ; puis tuèrent la dame, qui estoit enchainte, et se fille et tous les enfans et puis le dit chevalier à grant martire, et ardirent et abatirent le chastiel.

Ensi fisent il en pluiseurs chastiaus et bonne maisons, et montepliièrent tant qu'il furent bien six mil. Et partout là où il venoient, leurs nombres croissoit, car cescuns de leur samblance les sievoit : si ques cescuns chevaliers, dames, escuiers, leurs femmes et leurs enfans, les fuioient. Et enportoient les dames et les damoiselles leurs enfant dix ou vingt liewes loing, là où il se pooient garantir, et laissoient leurs maisons toutes vaghes et leur avoir dedens. Et ces mescheans gens assamblés, sans chiés et sans armeures, reuboient et ardoient tout, et occioient tous gentilz hommes que il trouvoient et efforçoient toutes dames et pucelles, sans pitié et sans merci, ensi comme chiens esragiés.

Certes, onques n'avint entre crestiiens ne Sarrasins tèle forsenerie que ces meschans gens faisoient ; car qui plus faisoit de maus ou plus de villains fais, telz fais que creature humaine ne deveroit oser penser, aviser ne regarder, cilz estoit li plus prisiés entre yaux et li plus grans mestres. Je n'oseroie escrire ne raconter les horribles fais et inconvignables que il faisoient as dames. Mès, entre les aultres ordenances et villains fais, il tuèrent un chevalier et boutèrent en un hastier, et tournèrent au feu et le rostirent, voiant le dame et ses enfans. Apriès ce que dix ou douze eurent la dame efforcie et violée, il les en vorrent faire mengier par force, et puis les fisent morir de male mort. Et avoient fait

un roy entre yaus, que appelloit Jake Bonhomme, qui estoit, si com on disoit adonc, de Clermont en Biauvoisis, et le eslisirent le pieur des pieurs.

Ches meschans gens ardirent et abatirent ou pays de Biauvoisis, et environ Corbie et Amiens et Montdidier, plus de soixante bonnes maisons et fors chastiaus. Et, se Diex n'i euist mis remède par sa grasce, li meschiés fust si montepliiés que toutes communautés euissent destruit gentilz hommes, sainte Eglise apriès, et toutes riches gens, par tous pays ; car tout ens otel manière si faites gens faisoient ens ou pays de Brie et de Partois. Et couvint toutes les dames et les damoiselles dou pays et les chevaliers et les escuiers qui escaper leur pooient, afuir à Miaus en Brie, l'un apriès l'autre, empurs leurs cotes, ensi que elles pooient, ossi bien le duçoise de Normendie et la duçoise d'Orliiens et fuison de hautes dames, comme aultres, se elles se voloient garder de estre violées et efforcies, et puis apriés tuées et mourdries.

Tout en samblable manière si faites gens se maintenoient entre Paris (et Noion, et entre Paris) et Soissons, et entre Soissons et Hen en Vermendois, et par toute la terre de Couci. La estoient li grant violeur et maufaiteur, et essillièrent, que en le terre de Couci, que en le conté de Valois, que en l'eveschiet (de Laon), de Soissons et de Noion, plus de cent chastiaus et bonnes maisons de chevaliers et d'escuiers, et tuoient et roboient quanqu'il trouvoient. Mès Diex, par sa grasce, y mist tel remède de quoi on l'en doit bien regraciier, si com vous orés chi après.

§ 414. Quant li gentil homme de Biauvoisis, de Corbisis et de Vermendois et de Valois et des terres ou ces meschans gens conversoient et faisoient leur foursenerie, veirent ensi leurs maisons destruites et leurs amis tués, il mandèrent secours à leurs amis en Flandres, en Haynau, en Braibant et en Hesbain ; si en y vint tantost assés de tous costés. Si s'assamblèrent li estragnier et li gentil homme dou pays qui les menoient. Si commencièrent ossi à tuer et à decoper ces meschans gens, sans pité et sans merci, et les pendoient par fous a arbres où il les trouvoient. Meismement li rois de Navare en mist un jour à fin plus de trois mil assés priés de Clermont en Biauvoisis. Mès il estoient jà tant montepliiet que, se il fuissent tout ensamble, il euissent esté cent mil hommes. Et quant on leur demandoit pourquoi il faisoient çou, il respondoient que il ne savoient mès il le veoient les aultres faire, si le faisoient ossi ; et pensoient que il deuissent en tel manière destruire tous les gentilz et nobles hommes du monde, par quoi nulz n'en peuist estre.

En ce temps, se parti li dus de Normendie de Paris sans le sceu de chiaus de Paris, et toute se route, et se doubta dou roy de Navarre, dou prevost des

marchans et de chiaus de sa secte, car il estoient tout d'un acord. Et s'en vint au pont à Carenton sus Marne, et fist un grant mandement de gentilz hommes là où il les peut avoir, et deffia le prevost des marchans et chiaus qui le voloient aidier. Quant li prevos des marchans entendi que li dus de Normendie estoit au pont à Charenton et qu'il faisoit là son amas d'armes, chevaliers et escuiers, et qu'il voloit heriier chiaux de Paris, si se doubta que grans maulz ne l'en presist et que de nuit on ne venist courir Paris, qui à ce temps n'estoit point fremée. Si mist ouvriers en œuvre, quanqu'il peut avoir et recouvrer de toutes pars ; et fist faire grans fossés autour de Paris, et puis çaingles, murs et portes et y ouvroit on nuit et jour. Et y eut le terme d'un an bien troi mil ouvriers : dont ce fut uns grans fais que de fremer, sus une anée, d'enclore et environner de toutes deffenses une tèle cité comme Paris est et de si grant circuité. Et vous di que ce fu li plus grans biens que onques li prevos des marchans fesist en toute sa vie, car aultrement elle euist esté depuis courue, robée et essillie par trop de fois, et par pluiseurs actions, si com vous orés ci après. Or voeil jou revenir à chiaus et à celles qui estoient afui à Miaus en Brie à sauveté.

§ 415. En ce temps que ces meschans gens couroient, revinrent de Prusse li contes de Fois et li captaus de Beus ses cousins. Si entendirent sus leur chemin, si com il devoient entrer en France, le pestillence et l'oribleté qui couroit sus les gentilz hommes ; si en eurent cil doi signeur grant pité. Si chevaucièrent par leurs journées tant que il vinrent à Chaalons, en Campagne, qui riens ne se mouvoit dou fait des villains, ne point n'i entroient. Si leur fu dit en le ditte ville de Chaalons que la duçoise de Normendie et la duçoise d'Orliiens et bien troi cens dames et damoiselles et li dus d'Orliiens ossi estoient à Miaus en Brie, en grant meschief de cuer, pour celle jakerie.

Cil doi bon chevalier s'acordèrent que il iroient veoir les dames et les reconforteroient à leur pooir, quoique li captaux fust englès ; mais il estoit pour le temps triewes entre le royaume de France et le royaume d'Engleterre. Si pooit bien li dis captaus chevaucier partout ; et ossi il voloit là remoustrer sa gentillèce en le compagnie le conte de Fois. Si pooient estre de leur route environ quarante lances et non plus car il venoient d'un pelerinage, ensi que je vous ay jà dit. Tant chevaucièrent il qu'il vinrent à Miaus en Brie ; si alèrent tanstot devers la duçoise et les aultres dames qui furent moult lies de leur venue, car tous les jours elles estoient manecies des jakes et des villains de Brie, et meimement de chiaus de le ville, ensi qu'il fu apparant. Car encores

pour çou que ces meschans gens entendirent que il y avoit grant fuison de dames et de damoiselles et de jones gentilz enfans, il se cueillièrent ensamble, et cil de le conté de Valois ossi, et s'en vinrent devers Miaulz.

D'autre part, cil de Paris, qui bien savoient ceste assamblée, se partirent un jour de Paris par fous et par tropiaus et s'en vinrent avoecques les aultres. Et furent bien neuf mil tout ensamble, en très grant volenté de malfaire. Et tout dis leur croissoient gens de divers lieus et de plusieurs chemins qui se racordoient à Miaus, et s'en vinrent jusques as portes de le ditte ville. Et ces meschans gens de le ville ne veurent contredire l'entrée à chiaus de Paris, mès ouvrirent leurs portes. Si entrèrent ens ou bourch si grant plenté que toutes les rues en estoient couvertes jusques au marchiet.

Or regardés la grant grasce que Diex fist as dames et damoiselles, car pour voir elles euissent esté violéee, efforcies et perdues, com nobles que elles fuissent, se ce n'euissent esté li gentil homme qui là estoient, et par especial li contes de Fois et messires li captaus de Beus, car cil doi chevalier donnèrent l'avis pour ces villains desconfire.

§ 416. Quant ces nobles dames, qui estoient herbergies ou marchiet de Miaux, qui est assés fors, mais que il soit gardés et deffendus, car la rivière de Marne l'environne, veirent si grant quantitet de gens acourir, si furent moult esbahies et effraées. Mès li contes de Fois et li captaus et leurs routes, qui estoient tout armet, se rengièrent sur le marchiet et vinrent à le porte dou marchié et le fisent ouvrir toute arrière ; et puis se misent au devant de ces villains noirs et petis et mal armés, et le banière le conte de Fois et ceste dou duch d'Orliiens et le pennon le captal et les glaves et les espées en leurs mains, et bien apparilliés d'yaux deffendre et de garder le marciet.

Quant ces meschans gens les veirent ensi ordonnés, comment que il n'estoient point grant fuison encontre eulz, si ne furent mies si foursené que devant. Mès se commencièrent li premier à reculer et li gentil homme à yaux poursievir, et à lancier sus yaus de leurs lances et de leurs espées et yaus abatre. Adonc cil qui estoient devant, et qui sentoient les horions ou qui les ressongnoient à avoir, reculoient de hideur tout à une fois et cheoient l'un sus l'autre.

Adonc issirent toutes manières de gens d'armes hors des barrières et gaegnièrent tantost le place et se boutèrent entre ces meschans gens ; si les abatoient à fous et à mons et les tuoient ensi que bestes, et les reboutèrent tout hors de le ville que onques nulz d'yaus n'i eut ordenance ne conroi, Et en tuèrent tant qu'il en estoient tout lassé et tout tané, et les faisoient sallir à

mons en le rivière de Marne. Briefment, il en tuèrent ce jour que misent à fin plus de sept mil ; ne jà n'en fust nulz escapés, se il les volsissent avoir caciés plus avant.

Et quant li gentil homme retournèrent, il boutèrent le feu en le desoustrainne ville de Miaus et l'ardirent toute et tous les villains dou bourch qu'il peurent ens enclore. Depuis ceste desconfiture qui en fu faite à Miaux, ne se rassamblèrent il nulle part ; car li jones sires du Couci, qui s'appelloit messires Engherans, avoit grant fusion de gentilz hommes avoech lui, qui les mettoient à fin partout où il les trouvoient, sans pité et sans merci.

Les Chroniques de Froissart, d'après l'édition S. Luce, G. Raynaud, L. Mirot, *S.H.F.*, Paris, 1869-1967, tome V, pp. 99-106.

Comment aucunes gens sans chief se leverent à l'intencion de tuer les gentilz hommes, dames et damoiselles, et firent de maulx inhumainement[1].

Si tost que vinrent les nouvelles en France que les II roys s'estoient acordez par eulx mesmes et qu'ilz estoient alliez l'ung à l'aultre encontre toutes gens, le prevost des marchans eut plus grande doubtance que devant, car il sçavoit bien qu'il estoit durement hay du duc de Normendye, qui se complaingnoit partout de luy pour le despit qu'il luy avoit fait ou palais de Parys. Si quist tant de manieres d'acord que le roy de Navarre fut mandé, et quant il fut venu[2], ilz firent tant envers luy, le prevost et les bourgoys de Parys, que il leur jura et promit qu'il demourroit avecques eulx encontre et envers tous, nuls exceptez, non pas le roy, dont biacop de gens eurent moult grande merveille.

Assez tost aprez, environ à Penthecouste[3], avint une

1. Cf. *Froissart*, éd. Luce, t. V, p. 99, § 413, à p. 102, l. 20. Il omet le premier paragraphe et celui dans lequel Jean le Bel accuse les receveurs de maltôte ou l'évêque de Laon, le prévôt des marchands et le roi de Navarre d'avoir fomenté la révolte des Jacques. Variantes, p. 317 à 322.

2. C'est le 15 juin 1358 que le roi de Navarre fut élu capitaine de la ville de Paris et qu'il promit aux bourgeois de vivre et mourir avec eux contre tous, « sans aucun excepter ». (*Grandes chroniques*, t. VI, p. 115 et 116.) Ce fait eut donc lieu non avant, mais après la Jacquerie.

3. La Pentecôte, en 1358, tombait le 20 mai. D'après S. Luce, *Histoire de la Jacquerie*, nouv. éd., p. 53, n. 2, et *Froissart*,

merveilleuse tribulation en pluseurs parties du royaume de France, en Biauvoisis, en Amynois, en Brye, en Partoys, en France et en Valois jusques à Soissons, car aucunes gens des villes champestres s'assemblerrent es villages, partout, sans chief; et ne furent pas c au premier, et dirent que les nobles, chevaliers et escuiers honnissoient et gastoient le royaume, et que ce seroit bien fait qui tous les destruiroit. Chascun dit : « Il dist voir, il dist voir. Honny soit par qui il demourra! »

Ainsy premierement s'en alerent, sans aultre conseil, sans armeures que de bastons ferrez et de coustiaulx en la maison d'ung chevalier; si briserrent l'ostel et le tuerent, et sa femme et ses enfans, et puis ardirent l'ostel. Aprez, ilz alerrent à ung fort chastel et firent pis assez, car ilz prirent le chevalier et le loyerent à une estache moult fort, et violerent devant ses yeulx la dame et la fille, puis tuerent la dame enchainte et la fille, et puis le chevalier et tous les enfans et ardirent le chastel. Ainsy firent ilz en pluseurs chasteaulx et bonnes maisons, et tant multiplierent qu'ilz furent bien vi m; et partout là où ilz venoient, leur nombre croissoit, car chascun les suivoit qui estoit de leur oppinion; siques chevaliers et dames, escuiers et damoiselles s'enfuioient partout où ilz pouoient, en portant souvent à leur col leurs petis enfans x ou xx liewes loing, et laissoient les manoirs

t. V, p. xxviii, n. 4, la Jacquerie aurait éclaté le lundi 21 mai. Flammermont corrige cette date et propose avec raison la date du 28 mai. (*La Jacquerie en Beauvaisis*, dans *Revue historique*, t. IX, p. 130. Cf. Denifle, *la Désolation des églises... en France*, t. II, Ire partie, p. 212, et *Grandes chroniques*, t. VI, p. 110.)

et chasteaulx. Ainsy ces gens assemblez sans chief ardoient et roboient tout et murdrissoient gentilz hommes et nobles femmes, et leurs enfans, et violoient dames et puchielles sans misericorde quelconques.

Certes entre les crestiens ne serrasins n'avint oncques rage si desordonnée ni si dyablesse, car qui plus faisoit de maulx et de vilains faiz, telx maulx que seulement creature humaine ne les debvroit penser sans honte et vergongne, il estoit le plus grand maistre. Je n'oseroie escrire ne raconter les horribles faiz ne les inconveniens que faisoient aux dames; mais, entre les aultres deshonnestes faiz, ilz tuerent ung chevalier et le mirent en haste et le rostirent, voyant la dame et les enfans. Aprez ce que X ou XII eurent enforcié la dame, il luy en voulurent faire mengier par force, puis ilz le firent morir de male mort. Ilz ardirent et abastirent en Byauvoisis plus de LX bonnes maisons et forts chasteaulx, et se Dieu n'y eust mis remede par sa grace, le meschief fut si multiplié que les communaultés eussent tous les nobles destruit, et saintte Esglise, et toutes riches gens par tous pays, car en celle maniere faisoient celles gens ou pays de Brye et de Partoys, sur la riviere de Marne, et convint tous les nobles hommes, chevaliers et escuiers qui eschaper pœurent, dames et damoiselles, affuir à Myaux en Brye l'ung aprez l'aultre, en pure chemise aucuns.

Pareillement faisoient ou pays de Normendye et entre Paris et Noyon, et entre Paris et Soissons, par devers la terre du seigneur de Coussy; et en ces deux pays exillerrent plus de LXXX chasteaux, bonnes maisons et notables manoirs de chevaliers et d'es-

cuiers[1]. Si tuoient et gastoient tout; mais Dieu y mist tel remede par sa grace que chascun bonhomme l'en doibt remercyer, ainsy que vous orrez cy aprez.

On se doibt bien esmerveillier dont ce courage vint à ces meschans gens en divers pays loing l'ung de l'aultre et tout en ung mesme temps, se ce ne fut par le pourchas et conseil d'aucun de ces gouverneurs et rechepveurs de maletotes qui ne voulsissent pas que la paix se feist ou royaume, par quoy ilz fussent ostez de leurs offices.

Aucuns souspechonnoient l'evesque de Laon qui estoit et fut tousjours malicieux, et sur le prevost des marchans[2] pour tant qu'ilz estoient d'une secte, et d'ung acord, et du conseil du roy de Navarre. Je ne sçay s'ilz en furent coulpables, mais je m'en tairay à tant et parleray du remede que Dieux y envoya.

Sachiez que quant ces seigneurs de Biauvoisis et de Corbyois virent ainsy leurs maisons destruites et leurs

1. M. Luce, à la suite de son *Histoire de la Jacquerie*, donne une longue liste des lieux où sévit cette insurrection.

2. M. Luce, dans son *Histoire de la Jacquerie*, 2e éd., p. 93 à 104, tout en n'affirmant pas qu'Étienne Marcel souleva les Jacques, laisse cependant entendre que les accusations formulées à ce sujet contre lui semblent bien fondées, malgré ses dénégations. En tout cas, s'il est douteux qu'il ait été l'instigateur de la Jacquerie, « il est certain du moins que, la première impulsion une fois donnée, le prévôt des marchands seconda le mouvement de la manière la plus active ». (*Ibid.*, p. 105.) Voy. aussi p. 105 à 128. Le P. Denifle, *op. cit.*, p. 212, prétend au contraire que si Étienne Marcel prêta quelque temps son concours aux Jacques, il fut complètement étranger à leur soulèvement. Cf. Flammermont, *op. cit.*, p. 127.

amis ainsy tuez meschantement, ilz manderent secours à leurs amis en Flandres, en Poytou et aultre part. Si coururent sus à ces meschantes gens de tous costez et les tuoient et pendoient aux premiers arbres qu'ilz trouvoient[1], et quant on leur demandoit pour quoy ilz avoient ainsy fait, ilz respondoient qu'ilz ne sçavoient fors qu'ilz l'avoient veu aux aultres faire; si le faisoient aussy, et bien pensoient en telle maniere destruire tous les gentilz hommes. Si y en avoit de telz qui confessoient avoir aidié à enforcer, les ungs VI dames, les aultres VII, les aultres VIII et IX et X et XII, et les avoient tué mesmement, elles enchaintes.

Si tost que ces estranges gens furent venus en Biauvoisin, et ilz eurent fait la premiere desconfiture, ces meschans gens furent si esperdus et sy esvanuys qu'ilz ne sçavoient que devenir. Si alerent ces gens d'armes de ville en ville parmi le pays jusques à Creel, dont ilz pensoient que ces meschans gens fussent; si y ardirent et roberrent tout aussi bien sur les ungs comme sur les aultres, car ilz n'avoient point loisir de faire enqueste.

Comment eust on pœu penser que telles gens eussent osé encommencier celle dyablerie, sans le confort d'aucuns aultres certainement, il est à croire mesmement ou royaume de France. Par semblable maniere manda le sire de Coussy gens partout où il le pœut avoir; si

1. La répression de la Jacquerie par les nobles fut féroce, si l'on s'en rapporte à la lettre adressée par Étienne Marcel, le 11 juillet 1358, aux communes de Picardie et de Flandre. (*Froissart*, éd. Kervyn de Lettenhove, t. VI, p. 468 et 469. Cf. *Grandes chroniques*, t. VI, p. 117 et 118; *Chronique de Guillaume de Nangis*, éd. Géraud, t. II, p. 266.)

courut sus ses voisins, et le destruit, et en pendi, et fist morir de male mort tant que merveille seroit à recorder; et avoient ces meschans gens ung chappitaine[1] qu'on appelloit Jaque Bonhomme, qui estoit un parfait vilain et vouloit adeviner que l'evesque de Laon l'avoit enhorté à ce faire, car il estoit de ses hommes. Le seigneur de Coussy aussy n'amoit pas ledit evesque.

Chapitre CI.

Sommaire.

Le comte de Foix et le duc d'Orléans, avec environ deux cents hommes d'armes et trois cents femmes avec leurs enfants, sont réfugiés au marché de Meaux. Une troupe, formée à Paris, les assaille, grâce à la connivence des habitants de Meaux. L'attaque est repoussée et la ville incendiée.

Comment aulcuns chevaliers et escuiers qui s'estoient retrays à Myaulx en Brye tuerent biacop de ces communes[2].

Or vueil je revenir à ceulx qui estoient affuis en la cité de Myaulx, ainsy que vous avez ouy. Il y estoit le conte de Foix, le duc d'Orliens et bien IIc hommes

1. Le chef des Jacques fut un certain Guillaume Cale ou Karle, paysan originaire de Mello. (*Grandes chroniques*, t. VI, p. 110. Cf. Luce, *op. cit.*, p. 77, et Flammermont, *op. cit.*, p. 132.) Le roi de Navarre, Charles le Mauvais, l'ayant pris par trahison, le fit mettre à mort. (*Chronique des quatre premiers Valois*, p. 72, 74 et 75; *Chronographia*, t. II, p. 272.)

2. Cf. *Froissart*, éd. Luce, t. V, p. 103, § 415, à p. 106, § 417. Il dit que l'attaque du marché de Meaux par les Jacques et les Parisiens fut repoussée par le comte de Foix et le captal de Buch, qui revenaient de Prusse. Variantes, p. 324 à 327.

d'armes, chevaliers et escuiers, et bien CCC dames, à tout leurs enfans, et se tenoient ou marchyé, voyans leurs maisons abatre et leur villes ardoir par le pays, si n'osoient issir pour les deffendre.

Quant nouvelles furent venues à Parys que ces grandes dames et gentilz hommes estoient à Myaulx et ne s'osoient mouvoir, gens se partirent de Parys[1] malicieusement et s'assemblerent en ung lieu, tant qu'ilz furent bien VI^{M}[2], et puis s'en alerent par devers Myaulx et arresterent ung petit devant la porte. Quant ces seigneurs et gentilz hommes, dames et damoiselles, virent si grand nombre de gens, ilz eurent paour merveilleusement et ne sceurent que faire, ne quel conseil prendre; les ungs conseilloient le fuir par l'aultre porte, les aultres disoient qu'ilz ne sçavroient où fuir et que aussy chier avoient il à morir là tost que tart. Si s'en coururent armer, puis vinrent aux barrieres. Les meschans gens de la ville ne voulurent pas contredire l'entrée à ceulx de Parys, si ouvrirent les portes, et ces meschans gens entrerent apertement et s'en coururent comme gens arragiez par devers le marchié pour tout tuer. Quant ilz vinrent aux barres et ilz trouverrent ces gens appareilliez à deffense, ilz ne furent pas si arragiez comme devant. Aucuns cou-

1. C'est le samedi 9 juin 1358 que les Parisiens, sous la conduite de Pierre Gilles, avec l'aide des Jacques et des habitants de Meaux, attaquèrent le marché de cette ville. (*Grandes chroniques*, t. VI, p. 113-115. Voy. sur ce fait Luce, *Histoire de la Jacquerie*, 2e éd., p. 134 à 144 et 227 à 244.)

2. Froissart, éd. Luce, t. V, p. 104, donne le chiffre, certainement exagéré, de 9,000. La *Chronographia*, t. II, p. 274, en indique seulement 1,400.

rurent avant et commencerrent à lanchier, mais ce ne fut pas longuement, car on ne pourroit si tost dire ung *Ave Maria* qu'ilz reculerent arriere et se mirent à fuir si durement que l'ung cheioit parmi l'aultre, et ces gens d'armes issirent hors sur eulx et les tuoient comme pourceaulx les ungs sur les aultres. Tant entendirent à tuer et les rues estoient si estroittes qu'on ne s'y pouoit avanchier, que grande partie de ceulx de Parys s'en issirent hors et alerent aux champs. Et ces gens d'armes, quant ilz eurent tué ceulx qu'ilz trouverrent, ilz se retirerent, puis bouterrent le feu en la ville, et l'ardirent jusques au marchié, et prirent tout ce qu'ilz trouverrent, car il leur sembla que les gens de la ville fussent de leur adverse partie, puisqu'ilz avoient laissé entrer ceulx de Parys ainsy.

Ces seigneurs, dames et damoiselles, demourerent longuement en ce marchié à grand mesaise, aprez ce que celle belle aventure leur fut avenue, laquelle fut mout belle pour eulx et pour toute crestienté, car s'elle fust tournée au contraire, ces gens n'eussent jamais esté reboutez, ains fussent tousjours multipliez en orgueil et leur dyablerie, et s'enforchassent de jour en jour contre les nobles, et tant se fussent eslevez par le monde, se Dieu n'y eut mis remede par sa saintte misericorde, France especialment estoit deffaitte. Quant le prevost des marchans sceurent ces nouvelles et ceulx de sa secte, ilz firent semblant d'en estre courouchiez; mais oncques personne qui y alast ne fut corrigée ne punie par eulx.

La Chronique de Jean Le Bel, d'après l'édition de. J. Viard, *S.H.F.*, Paris, 1905, tome I, pp. 255-262.

付録II

1.「特赦状」①(1358年8月、コラール＝デュ‐フール宛)

Août 1358, Paris.

Charles, ainsné filz du roy de France, etc. Savoir faisons à touz, presenz et à venir, que, de la part Colart du Four dit Mellin, demourant à Feilleuses [1] en Beauvoisins, nous a esté exposé que, comme en la commocion ou esmeute du peuple du païs de Beauvoisins n'a gaires faite contre les nobles dudit païs, ledit Colart, par contrainte dudit peuple et de leur capitaine, et mesmement pour ce qu'il li vouloient ardoir sa maison et coper la teste, s'il ne faisoit leur voulenté, eust chevauchié en leur compaignie devant Mellou [2], dont il se departi et s'en retourna en son hostel si tost qu'il pot eschaper d'eulx, sans ce qu'il ait autrement chevauchié ne en aucune manière pillé, bouté feux, ne fait autre malefice quelconque. Mais depuis les diz nobles li ont ars, pillé et gasté tous ses biens meubles et héritages, tant que il ne li est demorré que sa fame ; lequel Colart et sa fame n'osent encores demourer ou dit païs sur leurs héritages, pour yceulx faire labourer et coultiver, mais convient qu'il se démeusent et tapissent, à grant misère et pouvreté, par boys et autres liex divers, pour doubte des diz nobles.... Donné à Paris, l'an de grace mil CCCLVIII, ou moys d'aoust.

Par monseigneur le regent en son conseil : R. Potin.

JJ. 86, n° 308.

[1] Feigneux (Oise), arr. Senlis, c. Crépy.

[2] Mello (Oise), arr. Senlis, c. Creil.

Letters de Rémission, JJ. 86, n 308 (S. Luce, *La Jacquerie*, p. 260).

2.「特赦状」②(1358年8月、ジェルマン＝ド - レヴェイヨン宛)

Août 1358, Paris.

Charles, ainsné fils du roy de France, regent le royaume, duc de Normandie et dalphin de Viennois, savoir faisons à touz, presenz et à venir, à nous avoir esté exposé par Germain de Reveillon, demourant à Sachy-le-Grant [1] en Beauvoisin, familier du conte de Montfort, que, comme, en la commocion ou esmeute du peuple du plait païs de Beauvoisins n'a gaires faite contre les nobles dudit païs, ledit Germain, par contrainte dudit peuple et de leur capitaine, lors eust chevauchié par trois jours ou environ en leur compaignie à Mellou [2], à Pons-Sainte-Maixance [3] et à Montathère [4], à la derreine des quelx trois journées, ledit peuple estant en armes et esmeu, sur la montaigne de Montathère, eust requis audit Germain qu'il vousist pour lors estre leur capitaine en l'absence de leur capitaine général, qui lors estoit devant Ermenonville [5]; lequel Germain s'en excusa par plusieurs fois et pour plusieurs causes et raisons. Et finablement, pour ce qu'il ne vouloit obéir à leur requeste et à leur voulenté, le pristrent par son chaperon injurieusement, en disant qu'il seroit leur capitaine pour demi jour et une nuit, vousist ou non, et le vouldrent sachier jus dessus son cheval, et avec ce sachèrent plusieurs espées sur lui pour li coper la teste s'il n'eust obéy à eulx. Lequel, pour doubte et pour eschever au péril de la mort, fu leur capitaine demi jour et une nuyt tant seullement, au dit lieu de Mellou, encontre les genz du roy de Navarre, qui lors s'efforçoient d'entrer ou dit païs de Beauvoisins pour ycelui grever et gaster, duquel lieu de Mellou le dit Germain se departi et s'en reppaira en sa maison si tost comme il post eschaper, senz ce qu'il ait autrement chevauchié, ne en aucune manière bouté feu, pillé ne occis personne, ne meffait en aucune manière autrement; mais, qui pis est, depuis, les diz nobles ont ars, pillé, gasté et essillé audit suppliant touz ses biens meubles et héritages,

qui pis est, depuis, les diz nobles ont ars, pillé, gasté et essillé audit suppliant touz ses biens meubles et héritages, et li ont fait dommage jusques à la value de trois mile moutons, ou environ, et ne li est rienz demouré fors sa famme et ses enfanz; et encore n'ose il, ne sa dicte famme et enfanz, demourer sur leurs diz héritages en ycelui païs, mais convient que il, sa famme et ses enfanz, demeurent et se tapissent en boys et en autres divers lieux en grant misère et pouvreté, pour doubte des diz nobles....; comme il soit homme de labour qui a à cueillir et mettre à sauveté ses biens.... Donné à Paris, l'an de grace mil CCCLVIII, ou mois d'aoust.

Par monseigneur le regent en son conseil : R. POTIN.

1 Sacy-le-Grand (Oise), arr. Clermont, c. Liancourt.
2 Mello (Oise), arr. Senlis, c. Creil.
3 Pont-Sainte-Maxence (Oise), arr. Senlis.
4 Montataire (Oise), arr. Senlis, c. Creil.
5 Oise, arr. Senlis, c. Nanteuil-le-Haudouin.

Letters de Rémission, JJ. 86, n 309 (S.Luce, *La Jacquerie*, p.261-262).

3.「特赦状」③(1358年8月10日、全体特赦)

Charles, ainsné filz du roy de France, regent le royaume, duc de Normandie et dalphin de Viennois, savoir faisons à touz, presenz et à venir, que, comme, pour avoir avis et deliberacion comment chascun païs en droit soy pourroit mieulx resister au fait des Engloys et autres ennemis du royaume de France, qui par les chastiaux et forteresses que il ont pris et tiennent en ycelui, ont gasté, destruit et pillié, et encores font de jour en jour, moult grant quantité de bonnes villes et subgiez du dit royaume, avec leurs biens, pluseurs et grant quantité du peuple et commun de la bonne ville de Paris, de la prevosté et viconté d'icelle et de leurs ressors nouvaus et anciens, du plait païs de Brie et de Mussian, de la Ferté Aalès et de la conté d'Estampes, sanz l'auctorité et licence de nostre dit seigneur ou de nous, se feussent n'a gaires assemblez en pluseurs et divers lieux sur les champs, en armes, au plus efforciement qu'il pouvoient, et, par leur deliberacion, se transportèrent et alèrent en pluseurs lieux, forteresses, chasteaux et maisons d'aucuns nobles es diz païs, et ceulx combatirent, prindrent et destruèrent, et, qui pis est, les genz d'armes, femmes, enfens et autres genz que dedens trouvèrent et estoient, occirent et mirent à mort, à moult grant foison et quantité, et les biens d'yceulx pillèrent, ravirent et emportèrent : pour laquelle chose, et pour resister à leur fait et male volenté, pluseurs et grant quantité des nobles du dit royaume, pour eulx contrevengier du dit pueple, qui telz grans griefz et dommages leur avoient faiz et portez, et de jour en jour s'efforçoient de plus grans faire et porter, et aussi d'aucuns habitans de la ville de Paris, qui mis à mort avoient, en nostre presence, ou palais royal à Paris, et en la chambre où nous gesions, noz amez et feaulz chevaliers et conseilliers,

Robert de Clermont et le mareschal de Champaingne, et aussi maistre Renaut d'Acy, ailleurs en la dite ville, se fussent assemblez et alliez ensemble, et depuis alez et transportez par touz les lieux où il savoient le dit pueple et commun des diz païs sur les champs, et, par fait de guerre, occis et mis à mort moult grant nombre, multitude et quantité d'yceulx, et leurs maisons arses et autres biens quelconques pillez et gastez en pluseurs et divers lieux des diz païs, et plus encore eussent fait senz pitié, merci ou misericorde aucune, se de la dite discension ne nous feussions chargiez, et aussi se deffense ne leur eussions fait faire que en ce fait plus ne procedassent. Et pour ce que bien ont considéré que, par les choses dessus dites, grant offense et vitupère ont fait à nostre dit seigneur, à nous et à sa majesté royal.... avonz à touz nobles et non nobles des diz païs, qui coulpables en sont, pardonné, remis et quitté....; pour ce que aussi, à nostre requeste et de nostre volenté, pour bien de pais, devant tout le pueple ou la plus grant partie de Paris pour ce assemblez devant nous, ont pardonné, de bonne foy et volenté, generaument, l'un à l'autre, à fin de bonne pais et union ensemble, les faiz et inconveniens dessus diz, sauf et reservé à l'une partie et à l'autre leurs poursuites civiles....

Letters de Rémission, JJ. 86, n 241, fol. 80 (S.Luce, *La Jacquerie*, pp. 251-252).

パリ国立文書館所蔵・コラール＝デュ‐フール宛「特赦状」

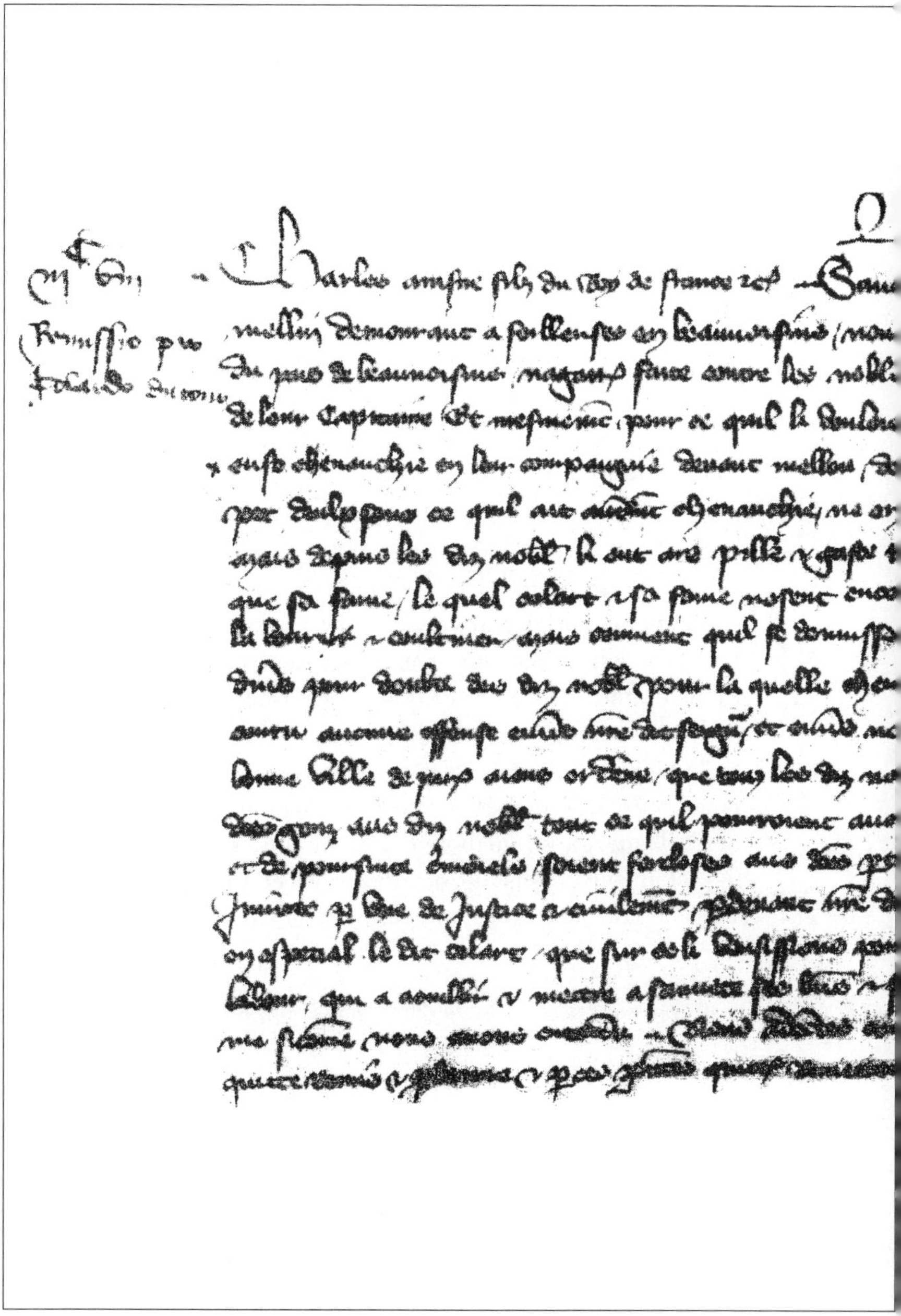

(Arch. Nat., JJ. 86, nº 308)

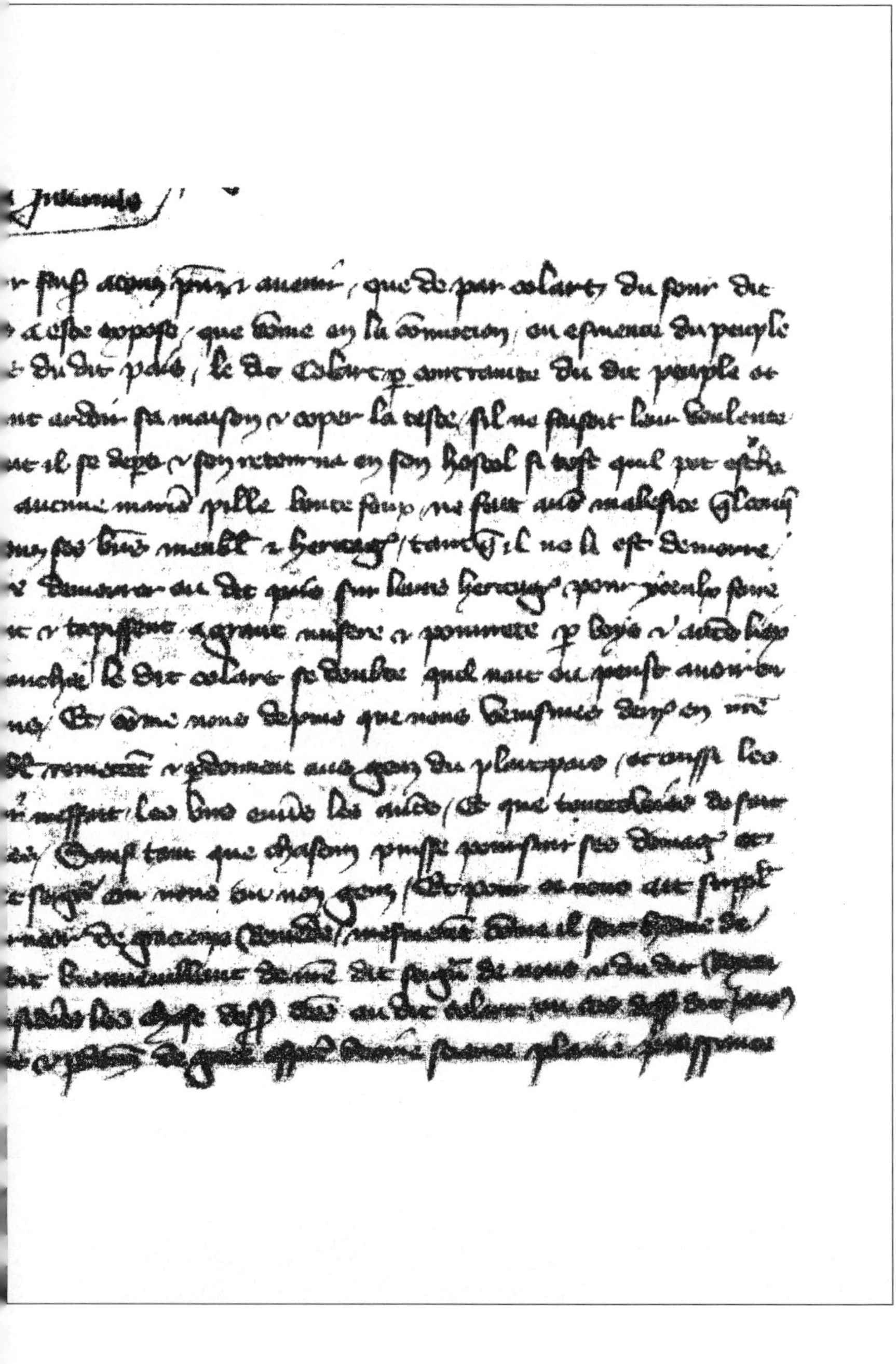

オワズ県文書館（在：ボーヴェー）所蔵・サン-ルゥ-デスラン村宛「恩赦状」

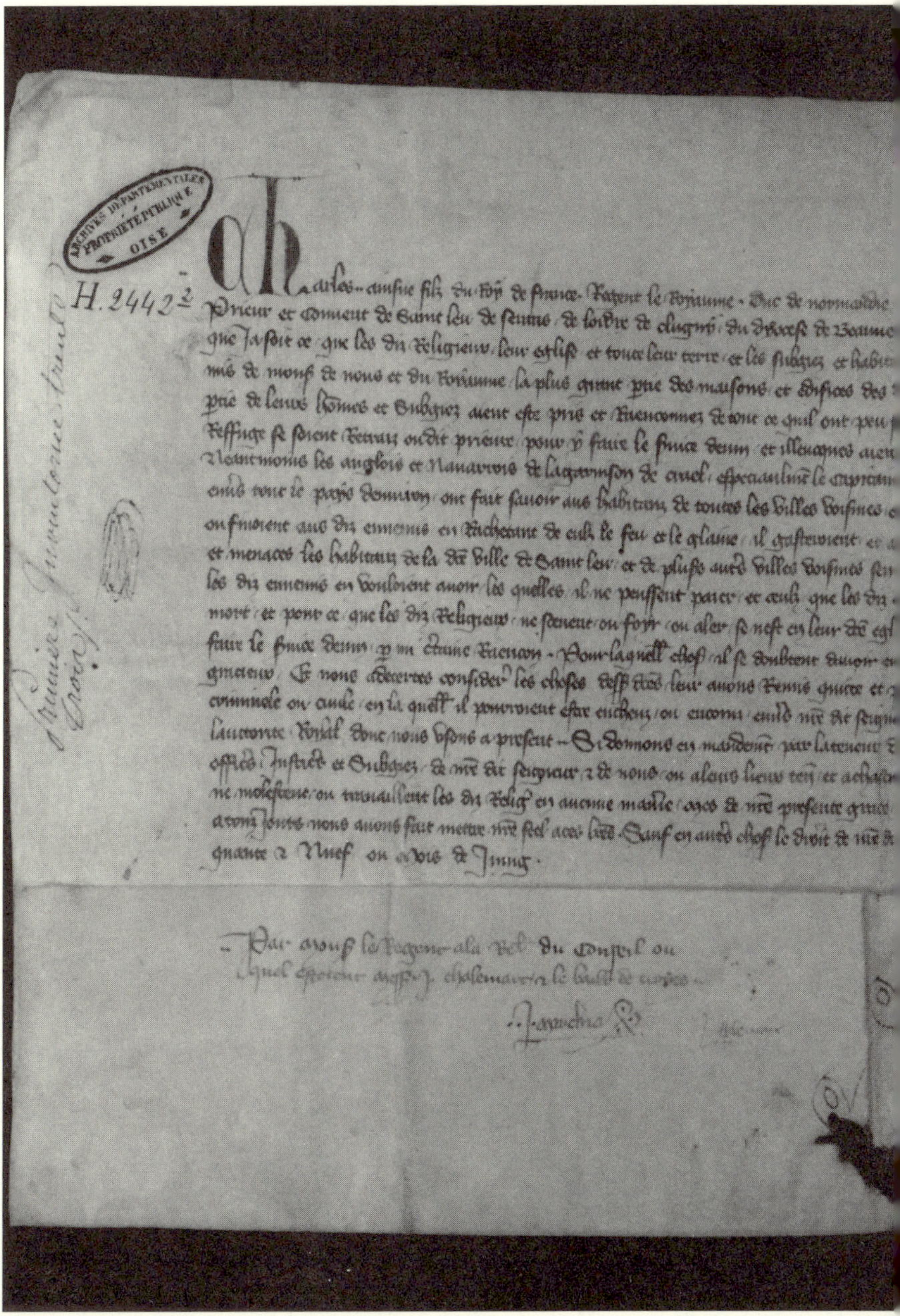

(Arch. Dep., de l'Oise, H. nº 2442)

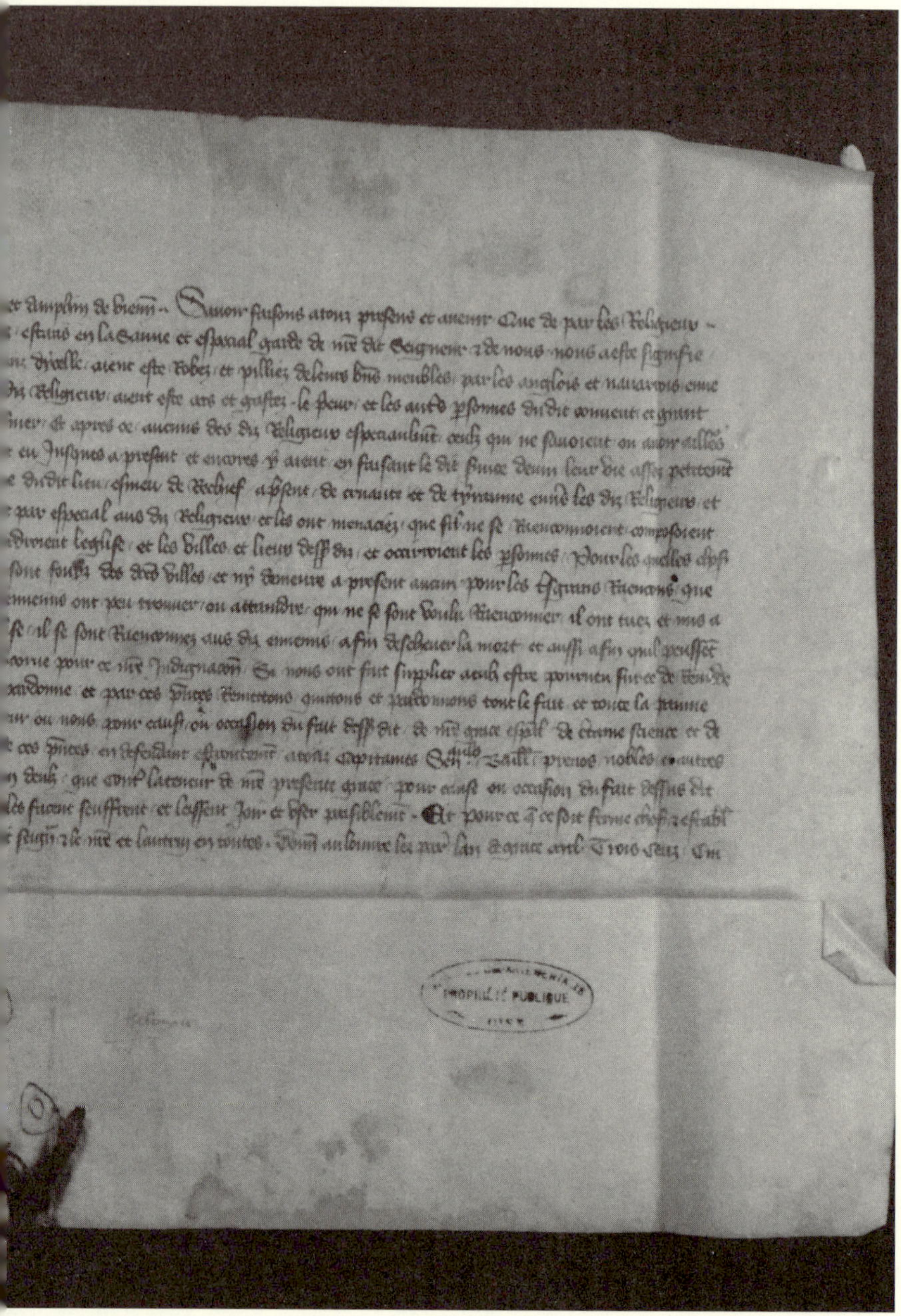

著者紹介
近江　吉明（おうみ・よしあき）
1950年　山形県酒田市に生まれる
1972年　専修大学文学部人文学科卒業
1974年　立教大学大学院文学研究科修士課程修了
現　在　専修大学文学部教授

〔主要著書・論文〕
『ヨーロッパ中世の民衆と蜂起』（共著、三省堂、1982年）
「民衆蜂起にみる都市と農村」（『歴史学研究』587号、1988年）
「民衆蜂起にみる『変革主体』の形成」（『歴史評論』564号、1997年）
『フランス革命とナポレオン』（共著、未來社、1998年）
「民衆蜂起と暴力」（『歴史学研究』742号、2000年）

黒死病の時代のジャクリー

2001年　2月28日　初版　第1刷発行

定価（本体9600円＋税）

著者©　近　江　吉　明
発行者　西　谷　能　英

発行所　株式会社　未　來　社
〒112-0002　東京都文京区小石川3-7-2
電話03-3814-5521(代)　振替00170-3-87385
http://www.miraisha.co.jp/ E-mail: info@miraisha.co.jp

印刷＝精興社／製本＝黒田製本
ISBN 4-624-11180-X C3022